Corporate Law Practice: Challenges and Solutions

中华全国律师协会公司法专业委员会 编著

律师公司业务前沿问题案例及评析

北京大学出版社
PEKING UNIVERSITY PRESS

图书在版编目(CIP)数据

律师公司业务前沿问题案例及评析/中华全国律师协会公司法专业委员会编著.—北京:北京大学出版社,2013.10
ISBN 978-7-301-23315-3

Ⅰ.①律…　Ⅱ.①中…　Ⅲ.①公司-案例-中国　Ⅳ.①D922.291.915

中国版本图书馆 CIP 数据核字(2013)第 237031 号

书　　　名:律师公司业务前沿问题案例及评析
著作责任者:中华全国律师协会公司法专业委员会　编著
责 任 编 辑:苏燕英
标 准 书 号:ISBN 978-7-301-23315-3/D·3431
出 版 发 行:北京大学出版社
地　　　址:北京市海淀区成府路 205 号　100871
网　　　址:http://www.yandayuanzhao.com
新 浪 微 博:@北大出版社燕大元照法律图书
电 子 信 箱:yandayuanzhao@163.com
电　　　话:邮购部 62752015　发行部 62750672　编辑部 62117788
出版部 62754962
印　刷　者:北京宏伟双华印刷有限公司
经　销　者:新华书店
730 毫米×1020 毫米　16 开本　21.5 印张　433 千字
2013 年 10 月第 1 版　2014 年 6 月第 2 次印刷
定　　　价:48.00 元

出版说明

编写本书的缘由

中华全国律师协会公司法专业委员会(以下简称公司法委员会)在2012年组织委员对涉及律师公司法业务实务的前沿问题进行了认真梳理和专项调研。初衷是通过对律师公司法业务实务操作典型案例的汇集、整理和评析,归纳和总结律师开展公司法实务所遇到的各类前沿问题,交流律师应对各类前沿问题的实务操作经验,帮助律师提高从事公司法业务的整体素质和业务水平,同时向有关立法机关、司法机关和行政部门提出相应的立法、执法建议。调研完成后,形成了一批具有一定质量和典型意义的案例,公司法委员会经反复论证后,决定筛选、优化这些案例并组织公司法委员会委员进行评析,公司法委员会通过主任办公会形式,多次就调研的整体思路、方案设计、应该注意的重点问题,在筛选、优化、评析方式、方法等方面作出了详细的安排并提出具体要求,就工作布置和分工进行了多次商讨,最终形成本书,经过部分骨干委员审校完善后,发送全体委员对案例及其评析与立法建议再提出意见,经两轮深加工以后,提交出版社出版。

本书的主要内容

本书分为律师公司非诉讼业务前沿案例及评析和公司诉讼业务前沿案例及评析两大部分。两大类业务都涉及四个方面的问题,包括公司设立和股东出资、公司治理、公司并购重组、公司破产及清算。

关于非诉实务前沿问题的探讨内容。公司非诉实务前沿问题结合案例进行,内容主要包括案例描述、案例评析和建议三大部分。案例描述包括律师工作任务、交易背景、律师法律尽职调查工作、交易方案和交易结果五个方面的内容。案例评析则侧重于以下方面的分析和总结:(1) 交易涉及公司法等法律法规及规范性文件的主要法律问题(主要是难点、焦点、争点);(2) 对上述问题涉及的现有公司法等法律法规及规范性文件的规定;(3) 对上述问题的具有代表性的理论、学术观点;(4) 律师对案例和与案例相关的法律问题、相关的规范性文件规定以及相关的学术观点进行的综合评价。

关于诉讼实务前沿问题的探讨内容。公司诉讼实务的前沿问题结合案例进行。内容包括争议焦点、基本案情介绍、律师代理思路介绍、法院裁判思路和裁判结果概述、相关法律规定解读、焦点问题评析、结语和建议七大部分。

公司法委员会委员在对每篇案例进行陈述、评析的基础上提出了律师实务建议、学术建议和立法建议。

本书涉及的主要公司法实务具体前沿问题与研究成果主要包括:

1. 涉及股东出资方面的研究成果;
2. 涉及公司成立和公司章程制定方面的研究成果;
3. 涉及公司僵局处理的研究成果;
4. 涉及国有股无偿划转方面的研究成果;
5. 涉及受让股东的股权被原股东擅自转让时的司法救济、股权转让纠纷、股权转让协议效力和股权工商登记变更之间的关系等方面的研究成果;
6. 在如何认定第三人是否善意受让股权方面的研究成果;
7. 在股权转让过程中,受让人何时取得股东资格方面的研究成果;
8. 涉及公司并购和重组其他方面的研究成果,尤其是公司拟申请公开发行股票并上市前的重组和历史遗留问题解决方面的研究成果;
9. 公司破产清算方面的研究成果;
10. 涉及公司法适用的公司诉讼成果;
11. 涉及行政机关在公司章程审查和公司股权变更协议审查方面的研究成果。

本书的读者对象

本书是从全国律协公司法专业委员会委员所在律师事务所长期执业中积累的大量案例中经反复筛选、评价后精选的,案例具有典型意义和代表性,并对所收集入选的案例进行了充实和整理后,再经过有针对性的深入解剖、分析,分门别类编撰而成。评析意见贯穿着以案例基本事实为基线,案情所涉及问题紧扣相关法律、法规的规定。对其中的重点法律或事实问题作了进一步展开的讨论和挖掘,全面展示了案例的生动一面,相信各位律师对案例的准确和深刻分析,将对读者有所启发。

本书可供律师、企业法务人员、法学理论研究者、法律院系的师生、立法部门、行政管理部门和司法部门的专业人士等使用。

作者所属委员会

本书作者全部隶属于全国律协公司法专业委员会，均是该委员会的资深委员。全国律协公司法专业委员会是全国律协理事会批准设立并进行组织管理和业务活动指导的下属法律业务专业委员会。

本书中所选案例及其评析，是作者执业感悟和研究的结果，并不代表公司法委员会以及全国律协的意见。在此特别感谢北京大学出版社的蒋浩先生和责编苏燕英女士，他们为此书的出版发行付出了智慧和辛劳。

由于编辑时间仓促，加之对案例所涉及的事实和法律适用可能仁者见仁、智者见智，以及相关的理论研究并无定论，本书中的不妥甚至谬误之处敬请见谅，也敬请读者不吝赐教。

全国律协公司法专业委员会

2013 年 7 月

序　言

2005年,《中华人民共和国公司法》进行了大规模的修订,这次修订在认真总结我国公司发展实践经验的基础上,吸收了国际上一些行之有效的做法,突出了立法的针对性和可操作性。基于这种制度的修订和再造,在完善我国公司制度的同时,也使提供法律服务特别是从事公司法业务的律师面临新的巨大的挑战。在此背景下,广大律师为应对这种挑战,开展了大量的专项研究和代理实践。八年时间过去了,通过大量的司法实践和代理活动,使得我们更加清楚地感受到这次修法所带来的一系列变化,不仅从理论上,更重要的是在实践中使得我们获得了更多的体会和经验,与此同时也发现了完善的空间所在。

公司法业务在律师法律服务门类中是一项带有普遍性的业务,经济发达地区和相对欠发达地区都大量存有这样的需求。公司法委员会中这些常年从事于这项业务的资深律师们,以他们自身代理活动所获得的实践经验总结,采用案例的形式,通过本书提炼出对广大律师同行有益的示范和启示,做了一件十分有意义的工件。

本书的内容基本是围绕公司法的体系分别阐述,并且基于公司法业务在现实实践中的偏重和常见,以真实案例为背景,在解析代理过程中的专业思考和处置的同时,强化了与理论的结合和对已胡律师实务经验的拓展,希望可以借助对这些实际发生的案例的剖析,更进一步交流理论的研究和办案心得。

本书体系完整、结构严谨、内容前沿，涵盖一公司由设立、存续、变更和终止等过程中关主题之间的各种代表性的问题、纠纷以及应对方法、解决思路和成功操作经验，对指导律师从事公司法业务无疑具有探索、借鉴、学习和提高等方面的多重意义。

我们有理由相信，本书的出版将会使更多的律师同行从中受益，也希望能有更多的律师在此基础上开展公司法理理论的研究和业务交流，借此大幅度提升对企业服务的热忱的能力，使律师的专业服务水平达到一个新的高度。

中华全国律师协会秘书长 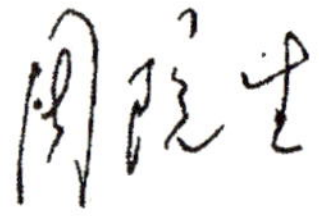

2013 年 7 月

目　录

上篇　律师公司非诉业务前沿问题

第一章　公司设立与股东出资　003

从X科技有限公司收购Y机械有限公司案看公司章程对股权转让的限制性规定的效力
——兼谈对《公司法》第72条及本条第4款的理解/张晓森　廖焕辉　003

一、案例情况　003

二、案例评析　005

三、建议　011

某中外合资服装公司诞生的律师随录/章朝晖　012

一、案例情况　012

二、案例评析　019

三、建议　022

外商投资企业外资比例降至25%以下的法律分析/朱增进　023

一、案例情况　023

二、案例评析　029

三、建议　033

第二章　公司治理　035

设计平衡控制权的交易方案/龚志忠　035

一、案例情况　035

二、案例评析　043

三、建议　045

如何打破公司股东僵局
——由一起典型案例说起/杨威　郭静　047

一、案例情况　047

二、案例评析——我国关于解决公司僵局问题的司法途径 048
三、案例评析——其他国家关于解决公司僵局问题的司法途径 049
四、案例评析——司法解散的立法意义 050
五、律师观点——通过其他途径解决是否股东提起解散之诉的前置程序? 050
六、律师观点——判决公司解散的标准如何确定? 051
七、律师观点——在股权转让或回购中,如何合理确定股权价值? 052
八、结论 052

股东会能否推翻董事会的决议/张东平 廖文斌 053
一、案例情况 053
二、案例评析之比较法分析 053
三、案例评析之股东会无权否决董事会在其职权范围内所作出的决议的理由分析 056

厘清并购重组对价关系,化解公司僵局/祝传颂 061
一、案例情况 061
二、案例评析 066
三、建议 067

从一宗行政许可纠纷案,看外资企业行政许可中的若干问题/黄振辉 070
一、争议焦点 070
二、案例情况 070
三、策划和代理 071
四、法院裁判 073
五、焦点问题评析 074
六、结语 079

第三章 公司变更与重组 080

收购房地产公司股权项目的交易方案/陈启 080
一、案例情况 080
二、法律尽职调查 080
三、交易设计方案及交易结果 083
四、案例评析及思考 085

某化工企业架构设计及业务重组方案/邓露茸 089
一、案例情况 089
二、案例评析 096
三、建议 098

从国有企业并购国企、民企的两个案例谈律师实务/孔伟平 099
案例一：某大型国有建筑集团并购某国有施工企业 099
一、律师工作任务 099
二、交易背景 099
三、尽职调查 100
四、影响交易的节点——各方的利益诉求分析 101
五、交易可行性评价 102
六、交易方案 102
七、交易结果 103
案例二：某大型国有矿业集团并购民营矿业公司 104
一、律师的任务 104
二、交易背景 104
三、尽职调查 104
四、影响交易的节点——各方的利益诉求分析 105
五、交易可行性评价 106
六、交易方案 106
七、交易结果 108
从收购上海某电器有限公司案例分析企业并购重组后续时期关注的法律问题实务/李大明 109
一、案例基本情况 109
二、案例评析 111
唐钢股份换股吸收合并邯郸钢铁、承德钒钛案例研究/刘治海 董寒冰 115
一、案例背景 115
二、案例情况 116
三、重点法律文件——换股吸收合并协议 117
四、评析 118
五、结语 121
有限责任公司股权整合交易
——增资扩股的法律机制/孙蓉 122
一、案例情况 122
二、案例评析 130
三、建议 131
国有股权无偿划转方案/孙艺茹 133
一、案例情况 133

二、案例评析 135
三、建议 136
护航重大资产重组/张嘉良 137
一、案例情况 137
二、案例评析 147
三、建议 147
企业上市前的资产重组方案设计/朱增进 149
一、案例情况 149
二、案例评析 157
三、建议 159
拟上市企业股东向公司借款出资解决方案/朱增进 162
一、案例情况 162
二、案例评析 166
三、建议 171

下篇 律师公司诉讼业务前沿问题

第一章 公司设立与股东出资 175
代理进口合同纠纷背后的公司法律关系/李占英 任红蕾 175
一、焦点问题 175
二、基本案情 175
三、策划和代理 177
四、终审裁判 179
五、焦点问题评析 180
六、结语 184
对一份关于入股协议效力的判决所引发的思考/莫雷 185
一、争议焦点 185
二、基本案情 185
三、代理思路 185
四、法院判决 187
五、焦点问题评析 187
六、结语 189

买卖合同纠纷案牵涉的出资到位问题/吴和平　秦进 190
一、争议焦点 190
二、基本案情 190
三、两审情况概要 190
四、再审申请人申请再审,需解决的焦点问题 196
五、再审裁判 199
六、案件评析 199

股东追偿权纠纷案
——公司发起人承担被告股东瑕疵出资连带责任及其追偿权的限制/朱涤非 201
一、争议焦点 201
二、基本案情 201
三、代理思路 202
四、法院裁判 203
五、相关法律规定 203
六、焦点问题评析 204
七、结语 208

第二章　公司治理 209

公司诉公司董事、高级管理人员损害公司利益赔偿纠纷案
——论董事、高级管理人员损害公司利益的若干问题/黄振辉 209
一、争议焦点 209
二、基本案情 209
三、法院裁判 210
四、焦点问题评析 212
五、结语 218

企业家巨额"借条"证据的公司法、税法综合破解之道
——为"民间借贷争议"案件败诉方提供法律救济方案/吕俊山 219
一、争议焦点 219
二、基本案情 219
三、救济策划 222
四、焦点问题评析 226
五、结语 232

股东与公司财产损害赔偿纠纷案
——《公司法》第20条第3款的适用条件/熊杰 235
一、争议焦点 235
二、基本案情 235
三、代理思路 236
四、法院裁判 236
五、相关法律规定 237
六、焦点问题评析 238
七、结语 240

从一起案例看公司章程条款和公司强制性规定冲突的问题/张茂泉 241
一、争议焦点 241
二、基本案情 241
三、法理解析 241
四、焦点问题评析 244

第三章　公司变更与重组 248

与职工持股会有关的股权转让纠纷/贺宝银 248
一、争议焦点 248
二、基本案情 248
三、一审当事人诉辩主张 249
四、一审法院裁判 250
五、二审法院裁定 252
六、重审一审诉辩主张 252
七、重审一审法院裁判 254
八、重审上诉诉辩主张 254
九、重审二审法院裁判 257
十、焦点问题评析 258

受让股东的股权被原股东擅自转让时的司法救济
——王某、吴某与陶某等人股权转让合同纠纷案/吴正林 260
一、争议焦点 260
二、基本案情 260
三、策划和代理 261
四、法院裁判 261
五、相关法律规定 261
六、焦点问题评析 262

七、结语 264

民营企业股权转让纠纷案
——民营企业股权转让过程中真实意思表示的认定/许巧蓉 266
一、争议焦点 266
二、基本案情 266
三、策划和代理 267
四、法院裁判 267
五、焦点问题评析 268
六、结语 269

股东权确权赔偿纠纷案
——最高人民法院首例判决:瑕疵出资股东的股东权利应受限制/张保生 270
一、争议焦点 270
二、基本案情 270
三、策划和代理 271
四、法院裁判 274
五、焦点问题评析 275
六、结语 282

A与B的股权转让合同纠纷/张秀华 283
一、争议焦点 283
二、基本案情 283
三、代理思路 284
四、法院裁判 285
五、法院裁判要点 286
六、焦点问题评析 287
七、结语 291

第四章 公司解散与清算 293

公司解散案件的诉讼要件分析/陈启 293
一、争议焦点 293
二、基本案情 293
三、法院裁判 294
四、焦点问题评析 294
五、结语 298

清算责任纠纷/张东平　苏清枝 299
一、争议焦点 299
二、基本案情 299
三、代理思路 300
四、法院裁判 301
五、相关法律规定 303
六、焦点问题评析 304
七、结语 308
北京兴昌达博公司破产重整案/张庆　贾艺文 309
一、基本案情 309
二、案例评析 314
三、建议 315
河北省首例房地产公司破产办案实录/张智远 322
一、基本案情 322
二、破产企业基本情况 322
三、破产申报实录 322
四、破产受理及指定清算组实录 324
五、破产清算实录 325
六、地产公司破产特殊问题办理实录 326
七、案例评析 327

上 篇

律师公司非诉业务前沿问题

第一章　公司设立与股东出资

从X科技有限公司收购Y机械有限公司案看公司章程对股权转让的限制性规定的效力

——兼谈对《公司法》第72条及本条第4款的理解

中咨律师事务所　张晓森　廖焕辉

一、案例情况

2011年2月，×科技有限公司（以下简称“×公司”）展开了对Y机械有限公司（以下简称“Y公司”）的股权收购，我所律师为上述整个股权并购作了最终股权并购方案的设计，并为上述整个股权并购的全过程提供了法律服务。

在进行此次股权并购之前，我所律师受×公司的委托，先期对Y公司进行了现场法律尽职调查，在调查过程中，我所律师查证到：Y公司成立于20世纪50年代，是原隶属于省辖市的一家知名国有企业，该企业于2008年11月进行了企业改制，改制后变成有限责任公司，注册资本为600余万元，公司的显名股东为该省辖市的财政局、自然人A、自然人B等27名自然人。改制后，Y公司的股权结构为财政局占注册资本15.67%，其他自然人占注册资本84.33%。在上述自然人股东中，最大的自然人股东为A，占注册资本的4.08%。

在调查中我所律师还发现，Y公司为规避我国《公司法》对有限责任公司的股东人数最多不超过50人的上限的限制，采取了股份代持方式。其中Y公司的股东C、D、E、F、G、H（共计6名自然人）除自身为股东外，还作为显名股东代持131名隐名股东的股份，因此，Y公司实际自然人股东数量为152名（但在工商登记备案的系列文件中，没有关于隐名股东的记载）。该股份代持行为有《职工持股管理委员会章程》、工会《关于选举职工持股管理委员会委员的会议纪要》《持股委员会委员名单》《股东花名表》等文件佐证，上述文件中对隐名股东的人数、姓名、所属部门、出资金额及对应的显名股东均有明确的记载，且Y公司的《公司章程》中有以董事长签发的出资证明书作为个人股权凭证的表述，隐名股东的范围应可确定。在法律尽职调查时，未见任何显名股东与隐名股东之间的《股权代持协议》或其他类似的文件安排。

此外，在尽职调查中，我所律师查证到：Y 公司的出资协议及公司章程对于本次股权转让的顺利进行形成了实质性的限制。根据我们查证，在 Y 公司《公司股东出资协议书》中，有“股东在公司章程签字之日起，即为公司股东，不再接纳新的股东，除因发生公司章程中所规定的终止条件外，不得退股，但可依照公司章程中股权转让的规定转让其出资”的表述。同时，Y 公司在工商管理机关备案的《公司章程》中关于股权转让有如下表述：“公司股权设立及转让应遵守下列原则：(一) 职工可将改制的经济补偿金自愿入股，管理人员按其职位所定比例现金入股；入股人员以其认缴的出资额为限对公司承担责任……(三) 入股人员不得抽逃出资，不得私下转让股权，转让股权必须经董事会同意，未经董事会同意的股权转让不受保护。(四) 管理人员离职，职工离岗、退休时，其所持股权按公司即时资产状况对应的股价内部收回，以现金支付本人。(五) 经董事会同意转让的股权，由董事会收回在股东内部转让。(六) 职工以经济补偿金入股的股权，由职工持股会按其章程管理。由董事长签名的出资证明书作为个人股权的凭证，由本人持有；转让后，向新股东签发出资证明书。”

对于代持问题，我们在前期法律尽职调查的基础上，确切掌握了代持关系和具体代持状况。根据不同情形并结合税务筹划规则，分别采取了授权转让、解除代持并显名、转让并解除代持等方式，全面消除了 Y 公司股东的代持情形，解决了由于代持所涉及的股权转让的充分、有效的授权和股权转让的效力问题。

对于公司章程的限制问题，为了排除上述障碍，我所律师建议 × 公司在进行股权并购前，督促 Y 公司依照法定程序和 Y 公司《公司章程》的规定，对《公司章程》进行修改，消除了《公司章程》对外转让股权的限制性规定；待修改完毕并取消对外股权转让的限制后，× 公司再对 Y 公司进行股权收购。× 公司采纳了本所律师的建议，最终完成了上述股权并购。公司章程对公司股权的转让所持何种原则，规定何种规则，开放或封闭，鼓励、限制或禁止，这些股东将对公司股东的权益构成何种影响，将对公司发展构成何种影响，是本案例讨论的重点和意义所在。

对于如何理解《公司法》第 72 条第 4 款的规定，一直伴随着收购方案的设计、论证和实施。有限责任公司的股权转让是经常发生的交易行为。对这种交易行为如何进行规制，是公司法的重大理论问题。我国现行《公司法》第 72 条第 1 款至第 3 款对有限责任公司的股权转让条件进行了明确规定：“有限责任公司的股东之间可以相互转让其全部或者部分股权。股东向股东以外的人转让股权，应当经其他股东过半数同意。股东应就其股权转让事项书面通知其他股东征求同意，其他股东自接到书面通知之日起满三十日未答复的，视为同意转让。其他股东半数以上不同意转让的，不同意的股东应当购买该转让的股权；不购买的，视为同意转让。经股东同意转让的股权，在同等条件下，其他股东有优先购买权。两个以上股东主张行使优先购买权的,协商确定各自的购买比例;协商不成的,按照转让时各自的出资比例行使优先购买权。”该条在对公司股东的股权转让行为作出了明确规定的同时,也注重了公司的自治性特征,因此,在该条作出上述规定后,第 4 款又规定:“公司章程对股权转让另有规定的,从其规定。”这显然是一项授权性规定,也就是说,我国《公司法》授权公司章程可以对有限公司股权转让行为作出不同于第 72 条第 1 款至第 3 款的规定,即在一定程度上认可公司章程对有限公司股权转让行为的“另有规定”——但是,这种“另有规定”的自由空间与范围,是否仍需要受到限制,受到限制的标准或者界限,无论在律师、法官、立法者、学界均有不同的理解甚至争论,是本案例的另一个重点和意义所在。

二、案例评析

(一) 案件要旨

公司章程可以对公司股东的股权转让行为进行例外规定,但是基于契约理论,上述例外规定只对同意的股东产生法律效力,且上述规定不得禁止或变相禁止股权转让,也不得有损其他股东的在先权利。

(二) 案例的焦点问题

本案有三大焦点问题:

1. 如何确定股权代持对股权转让效力的影响?

代持涉及股权转让的主体及其是否得到充分、有效的授权,直接制约了股权转让的效力。

2. 如何认定公司章程限制股权转让规定的效力?

Y 公司章程对股东股权的转让设置了以下限制:第一,股东私下不得转让股权,无论是对内转让还是对外转让;第二,股东转让股权有程序上的限制,即必须征得董事会的同意;第三,经董事会同意转让的股权,由董事会收回,在股东内部转让。从章程的以上规定来看,该公司章程实际上是禁止了股东对外的股权转让行为,这些限制直接排除了股东向原股东以外的投资人转让股权的机会。如果依此规定,×公司作为外部收购人,将无法通过股权收购的方式对该公司进行股权并购。虽然我们在并购前要求 Y 公司通过修改公司章程的方式消除了上述限制性规定,从而推动了后续股权转让行为的顺利进行,但有限责任公司的股权转让是经常发生的交易行为,公司章程是否有权对公司的转股行为进行限制以及限制的边界问题,既是公司法的重大理论问题,也是公司并购中不能回避的现实问题。

3. 如何理解《公司法》第 72 条第 4 款?

《公司法》第 72 条第 4 款规定:“公司章程对股权转让另有规定的,从其规定。”也就是说,我国《公司法》在一定程度上认可公司章程对有限公司股权转让行为的“另有规定”——但是,这种“另有规定”的自由空间与范围究竟是多大?这种“另有规定”是否仍需要受到限制？如果需要受到限制，限制的标准或者界限是什么？

（三）焦点问题评析

就本案而言，最大的问题是公司章程限制股东对外转让股权的规定是否有效？为了阐述这一问题，本文将对公司章程对股权转让进行限制这一问题展开讨论，从而引出笔者对这一问题的观点。

1. 有限责任公司的章程对股权转让事宜进行规制的类型归纳

根据我们的实践工作经验，我们发现，有限责任公司的章程对股权转让事宜的规制有以下几种基本类型：

类型一：公司章程禁止或变相禁止股权转让

所谓禁止，是指公司章程明确规定股东所持有公司的股权不得转让，如甲、乙、丙三人成立一有限责任公司，公司成立时章程规定：“甲、乙、丙在有生之年均不得将股权转让予他人。”

所谓变相禁止，是指虽然公司章程中并没有“禁止”“不得”转让股权等表述，但是通过其他一些直接或间接的方式规制了股权转让，从规定的实际效果来看，实质上是剥夺了股东的转股权，如甲、乙共同出资设立一公司，公司成立时的章程规定：“一方转让股权必须经另一方股东同意方为有效，另一方股东如不同意其转让，亦无购买其股权的义务。”该类规定在股东之间形成了“既已同生，亦求共死”的关系。此约定虽然在文义上无“禁止”“不得”等表述，但在履行过程中，一旦另一股东不同意其转让，就无法实现股权转让之目的。

类型二：公司章程从股权转让的时间、对象、价格、比例、程序、股权权能等方面对股权转让进行限制

（1）公司章程限制股权转让的时间。如公司章程规定：“公司在成立之日起两年内公司的股东不得对外转让公司股份。”

（2）公司章程限制股权转让的对象。如某公司原为国企，后经政府批准，公司改为有限责任公司，全体职工出资认购公司股权，成为股东，并将股权分成两大块：即职工平均股和岗位股，具体体现是，在公司章程中规定：担任公司某几个高级管理职务的员工，可以出资认购高于职工平均股的股权（即岗位股），享有这些股权所带来的表决、分红等股东权利。如这部分股东因故不再担任这些职务时，应按上一年度财务报表计算所得的股权净值，将这部分因任职而取得的股权由公司回购后转让给继任者。此约定，将股东股权的转让对象限制在“公司”内，股东无法向其他人，甚至是股东转让股权。上述股权转让对象的限制，一般发生在国有企业改制过程中，本案在某种程度上就属于这种类型。

（3）公司章程限定股权转让的价格。如一家公司在章程中规定：“股东在进行股权转让时，股权转让价格不论公司到时盈亏状况，一律以实际认缴出资的原值结算。”将股东的股权转让价格限定在出资原值上。

（4）公司章程限定股权转让的比例。如一家公司在其章程中规定：“股东担任

董事、监事、高级管理人员，在任职期间内，每年转让的股权不得超过其所持有本公司股权总数的百分之二十五。”该规定实际上限制了股东自由转让全部股权的权利，仅允许其转让部分股权。

(5) 公司章程对股权转让的程序进行限制。如在本案中，Y公司的章程规定，股权转让必须经董事会的同意，就属于典型的股权转让程序限制。在实践中，一些公司在程序上设定了一些严苛的条件，如在章程中规定，股权转让“必须经全体股东的三分之二以上同意”等，比《公司法》规定的“股东向股东以外的人转让股权，应当经其他股东过半数同意”更为严格。

(6) 公司章程限制转让股权的部分权能。如某有限公司章程规定：“为奖励对公司具有特殊贡献的高管或者技术骨干，公司控股股东可将其持有的部分股权进行赠与，但出让股东仅转让相应比例的分红权，受让股东不享有表决权和转让权以及其他股东权益。”此约定，就是将股权中的分红权能进行了转让，股权中其他的各项权能，仍然属于公司控股股东。

类型三：公司章程对股权转让无限制

如某有限公司章程约定：“股东向股东以外的人转让股权，无需经其他股东同意，其他股东也不行使同等条件下的优先购买权，出让股东和受让股东仅需要将签署的股权转让协议书递交公司，即视为转让完成。公司收到股权转让协议书后，应当注销原股东的出资证明书，向新股东签发出资证明书，并相应修改公司章程和股东名册中有关股东及其出资额的记载。对公司章程的该项修改不需再由股东会表决。如果公司怠于行使上述义务，出让股东和受让股东均有权向人民法院提起诉讼，要求公司履行相应的义务并承担有关诉讼费用和实际支出的其他合理费用。”该约定系典型的无任何限制的自由转让模式，内部股东系放弃《公司法》第72条前3款规定的权利（知情同意权、优先购买权），只要股东与其他第三人签订股权转让协议，向公司履行告知义务，即可完成有关股权转让手续。

笔者认为，就上述公司章程对股权转让的三种类型的规定而言，第三种类型对股权转让无限制的规定，应该讲并无多大问题，因为现代公司法越来越注重公司的自治，法律对上述自治不应多加干涉。但是对于第一、二种类型的规定，由于禁止和限制了股东的股权转让，这种禁止和限制的效力是目前争论较多也是最需要讨论的问题，下文将对此展开分析。

2. 对公司章程中股权转让限制效力的争论

公司章程是否有权对股权的转让进行限制？现行《公司法》第72条第1至3款是否为强制性规定？第4款到底作何种解释？目前，无论是我国实务界还是理论界，都没有对此形成一个统一的认识。

以司法实务界为例，广东省高级人民法院认为，公司章程不能禁止和变相禁止股权转让。[①] 江苏省高级人民法院在其下发的《关于审理适用公司法案件若干问题的意见》中明确提出:“股东订立股权转让合同,必须遵守章程的约定,违反章程的限制性规定的股权转让合同无效。”可见,司法实务界对是否准许公司章程对股权转让进行限制存在较大分歧。

而在理论界,对于章程对股权转让的约束力分歧大致可以分为自由派、管制派和折中派。自由派认为,法律允许公司章程对股权转让另作规定。这将意味着,一方面,公司有权根据自身的实际情况自主决定是否设定这样的限制,体现了法律的灵活性;另一方面,本款规定同样也意味着公司章程可以提高限制条件。这实质上是认为《公司法》第 72 条第 1 至 3 款的规定是非强制性的规定。与自由派不同的是,管制派认为,要对股权转让限制施加严格的管制。管制派内部又可细分为三个支流:

(1) 只能宽于《公司法》的规定,即如果公司章程规定的转让条件严于《公司法》规定的转让条件,应当视为无效。持这种观点的理由是,如果公司章程规定的转让条件高于《公司法》的规定,将被视为有效,此时《公司法》的效力就将受到挑战。

(2) 只能严于《公司法》的规定,即公司章程可以作出严于《公司法》限制条件的规定,但不能宽于或低于《公司法》设定的条件,《公司法》设定的限制性规定是一种基本要求或最低条件。

(3) 只能对《公司法》没有规定的内容进行补充。章程另有规定不得与《公司法》第 72 条第 1 至 3 款的规定相冲突。只有当《公司法》没有规定时,才适用公司章程的规定。

与自由派和管制派不同,折中派并不完全承认也不完全否认公司章程限制股权转让的效力,他们从公司章程的契约性出发,认为如果公司章程在对股权转让进行限制时,若取得了所有股东的一致同意,则该章程对股权转让的规定有效;而如果有些股东在公司章程通过对股权转让限制时未能行使表决权或投了反对票,则该章程的约定对该股东在股权转让上的规定无约定效力。[②]

笔者认为,从上述观点看,有的过于笼统和绝对,有的则缺乏说服力,上面的任何一种观点都不能形成对《公司法》第 72 条第 4 款的合理解释,更无法指导司法实践中的股权转让活动。以管制派的观点为例,公司法示范的内容似乎成了章程有效与否的判断标准,这不仅违背了立法原意,而且对为什么章程只能严于或者宽于公司法示范的内容,给不出具有说服力的答案。而从折中派的观点来看,虽然该观点考虑到了公司章程的股东意思自治,但是却忽视了股权的自由转让原则,不利于股权的自由转让和小股东利益的保护。笔者认为,要正确理解《公司法》第 72 条第

---

① 参见广东省高级人民法院:《公司股权转让审判实务调研》,载《法制日报》2007 年 10 月 21 日。

② 参见陈彦晶、董惠江:《论有限责任公司章程中股权转让限制的效力》,载《黑龙江社会科学》2011 年第 4 期,第 151 页。

4款“公司章程对股权转让另有规定的，从其规定”的内涵，必须回归于对股权自由转让原则和公司章程性质的认识。基于此，笔者对公司章程限制股权转让效力的认识有下面两个基本的观点。

笔者观点之一：章程对股权转让的限制不得违背股权自由转让原则

笔者认为，股权的自由转让是公司法的基本原则之一，公司章程对股权转让的限制不得违背上述基本原则，换言之，公司章程对股权转让的绝对或变相禁止应当被认定无效，理由如下：

（1）财产的可转让性。股权作为一种财产，不应当丧失它的流动性。财产的可转让性体现所有者对于财产支配的权利，绝对的禁止转让将财产所有者的意志加以限制，不符合私法自由的理念。另外，绝对的禁止转让也不符合公司的基本性质。“股份完全自由转让性仍是商事公司得以区别合伙以及其他各类型企业组织形式的基本法律特征。股份的自由转让使得公司在股东身份发生变化的情况下，仍然毫不间断地开展交易活动，并免遭常见于合伙、合作社或者其他互助组织中的成员退出投资而带来的困扰。反过来，股份的自由转让又提高了股权的流通性，有助于股东实现多元化的投资组合。”①

（2）出售股权是股东的基本权利。股东的权利有多种，也分为多个层次，出售股权是股东的一项基本权利。公司法制度必须为股东提供退出公司的机制，出售股权是其中的一种重要方式。当公司章程规定的股权转让条件非常苛刻，导致股东在事实上根本不可能转让出资时，事实上就剥夺了股东的基本权利，应该认定无效。②

（3）从有限责任公司人合性保护来看，股东既然想退出公司，说明其已经不愿意与其他股东继续合作，至少相对于留在公司与其他股东共事，对外的转让更加重要。在转让股东心目中，公司人合性的基础已经不再重要，因此没有必要仍然束缚在公司。有意退出的股东仍留在公司，对于人合性的保护非但没有好处，反而有所损害。

（4）笔者之所以会有上述认识，还基于笔者对国内外法律、法规的比较考察。以美国为例，从美国早期到现在的公司法案例来看，无限期地对于股权流动性的绝对限制，几乎无一例外会被法院宣告无效。③ 日本《商法典》第204条也明确规定，除法律另有规定外，股东有权决定自由转让其所持有的股份。最后再看我国现行《公司法》，该法第138条规定：“股东持有的股份可以依法转让。”基于此种认识，笔者认为，上述公司章程绝对或变相的股权禁止转让行为，应该被认定无效。

---

① 〔美〕莱纳·克拉克曼等：《公司法剖析：比较与功能的视角》，刘俊海等译，北京大学出版社2007年版，第13页。

② 参见胡明玉：《有限公司股权转让的自由与限制研究——兼评新〈公司法〉72条—76条》，载《湖北经济学院学报》（人文社会科学版）2006年第4期。

③ 参见〔美〕史蒂文·L. 伊曼纽尔：《公司法》，中信出版社2003年版，第431页。

笔者观点之二:公司章程对股权转让的限制应当尊重股东的意思自治

笔者认为,判断公司章程对股权转让的效力,还应回归对公司章程性质的认识。目前在理论界,关于公司章程的性质主要存在以下三种学说。①

(1) 自治说。自治说认为:“公司章程作为一种行为规范,是公司依法自主制定和执行的,能够充分体现其个性的自治规则。在日本,自治说为通说。”②自治说认为,公司作为一个社会团体,在这个团体中,法律赋予了团体“自治立法权”,公司章程就是这种“自治立法权”的体现。公司章程仅具有内部效力,公司章程不仅对公司创立时的股东和高级管理人员有约束力,对后来加入者当然也具有效力。我国《公司法》第11条规定:“设立公司必须依法制定公司章程。公司章程对公司、股东、董事、监事、高级管理人员具有约束力。”公司章程具有对内效力,公司、股东及公司的高级管理人员都应受公司章程的约束。从该条规定来看,公司章程无疑可以被认为是公司内部的自治规则。公司章程作为公司的自治规则,必然对公司、股东及高级管理人员具有约束力。公司章程规定了股权转让的限制必然对股东有效。于是在自治说的逻辑推理下,公司章程对股权转让进行限制,符合法律的规定,股东应当遵守之。

(2) 契约说。英美法系多认为,公司章程具有合同的性质,认为公司章程约束公司和其他股东,就像由每个股东签字盖章的文件一样,并且包含着每个股东都会遵守有关条款的保证。大陆法系多对此种理论进行过批判,认为其无法说明章程对股东以外人员有约束力的原因。但这种理论对股东之间权利义务的分配而言,更能体现意思自治原则的要求,对于分析章程限制股权转让的效力问题大有裨益。按照契约理论,公司章程对公司股东的股权转让的限制是股东共同的意思,当然具有效力。契约包括要约和承诺,股东没有对其权利限制进行承诺,则该限制对此股东就不具有约束力,因此,公司章程中限制股权转让并不当然对所有股东有效。

(3) 综合说。由于自治说和契约说都有其合理性和不完善性,有论者把此两种学说加一综合,认为公司章程既是自治规则又是股东之间的契约。此种学说认为,涉及股东之间权利义务者,视公司章程为契约,此种权利义务的安排对同意者有效,对反对和弃权者不生法律效力,并且要求,此种权利义务的新安排不得使反对和弃权者的权利小于之前享有的权利。对于其他事项,视公司章程为自治规则。

笔者认为,公司的章程就其性质而言,更加接近于上述综合说,即公司章程既是公司的自治规则又是股东之间签订的契约,既然是契约,就应该尊重股东之间的意思自治,这种规定当然也应该体现在公司章程对股权转让的约定之中。只要股东之间的约定不违反法律的禁止性规定和股权转让的规定,不损害其他股东的在先权利,应当被认定为对签约的股东具有法律约束力。基于此种认识,笔者认为,

---

① 参见施天涛:《公司法论》,法律出版社2006年版,第178—182页。

② 徐衍修:《有限责任公司章程强制或限制股权转让效力的实证分析》,载《法治研究》2008年第7期,第67页。

公司章程对股权转让设定的转让时间、对象、价格、比例、程序、股权权能等方面的限制性规定并不必然无效，虽然这些限定条件对股权的自由流转形成了诸多限制，但是上述限制只要不禁止股权转让，不损害其他股东的在先权利，应该被认定为有效。当然，由于上述限制在很大程度上影响到股东对其股权的处分，关系到股东的切身利益，在此种情形下，应该尊重股东的意思自治和明确章程的契约性质，上述限制性规定只对同意的股东产生约束力。

三、建议

1. 立法建议

从我国现行《公司法》对股权转让的规定来看，还有很多不足。特别是该法第72条第4款的模糊界定，更是引起了理论和实务界的巨大分歧。作为法律实务工作者，我们在遇到这种案子时，通常也会感到无所适从。更加糟糕的是，很多法律工作者仅从该条款的字面含义出发，片面地认为，为了维护公司人合性的特点，该例外条款实际上赋予公司章程可以完全限制股权转让的效力。这种解释实际上违背了股权自由转让的基本原则，不利于小股东利益的保护。股权自由转让原则，目的在于促进资本流通，实现资源的优化配置。按照股权自由转让原则的要求，股权不应当被完全固定下来，从而失去流通的可能。任何永久禁止股权转让或使股权转让不可能的安排，都不应当具有法律效力。因此，我们应该立足契约说，以股权自由转让原则为指导，完善《公司法》第72条第4款。

笔者建议，基于股权自由转让原则和契约说，现行《公司法》第72条第4款可以进行如下修改：公司章程可以对股权转让进行例外规定，但不得禁止股权转让。例外规定只对同意者有效，且不得有损其他股东的在先权利。

2. 律师实务操作建议

当然，在法律未进行修改和相关立法、司法机关未进一步明确该款含义之前，建议所有的企业在制定公司章程时，应结合公司的实际情况，在不违反法律的禁止性规定的情况下，在章程中对股权转让进行制度设计，在进行上述设计时，企业应该不违背股权的自由转让原则，防止明确禁止或变相禁止股权转让的情形出现。而对于从事法律工作的同行而言，在遇到上述类型的股权并购或股权纠纷时，不应仅仅从法律条文本身的不确定含义出发，得出偏离立法目的的结论，而应该从基于股权自由流转和股东意思自治的角度考虑章程对股权转让规定的法律效力问题。

某中外合资服装公司诞生的律师随录

中豪律师集团(重庆)事务所　章朝晖

一、案例情况

(一) 律师工作任务

重庆市大型服装连锁集团公司(以下简称“M公司”)拟与丹麦某服装集团(以下简称“丹麦H公司”)共同组建成立合资公司(以下简称“MH公司”)。MH公司成立后,将独家经销丹麦H公司旗下L品牌及S品牌服装。M公司希望通过我方律师的代理,在MH公司20年的合资期内运营需全部依赖丹麦H公司品牌和产品的前提下,一方面保持MH公司经营的可持续性和稳定性,另一方面在公司治理架构中尽量争取对M公司有利的安排,以保障M公司的投资者权益。围绕上述目标,律师制定了交易架构、交易方案、交易策略。由于本次交易的各方签订了保密协议,因此本案例中隐去各方当事人的真实名称。

(二) 交易背景

M集团是我国西部一家专业从事国际名牌代理业务及进出口贸易的大型服装连锁民营企业。成立20年来,在成功代理了诸多欧洲、美国的国际一线、二线著名服饰品牌并建立了完善的市场推广和营销网络后,经营网点覆盖中国大陆若干大中型城市。

H公司是丹麦著名的服装设计和销售公司,旗下有十几个世界知名的服装品牌,其中L品牌的商标已经在中国国家工商行政管理总局商标局(以下简称“国家商标局”)注册,S品牌的注册申请也已经向国家商标局提交,商标权人均为H公司。

一方面,由于M公司多年来在中国大陆的持续经营,已培育出一支有丰富服装营销经验的团队及合理布局的营销网络;另一方面,丹麦H公司的服装品牌及质量、设计定位具有一定的市场竞争力,双方希望整合、利用各自的优势,共同在重庆设立合资企业MH公司,代理L品牌和S品牌服饰在中国大陆的经销。双方在律师介入前的洽谈中,对于MH公司的成立达成了如下初步共识:

1. MH公司是一个新组建的公司,并非业已存续的实体的增资扩股;设立公司的宗旨是,通过合资双方的合作,联合向中国大陆市场引进L品牌和/或S品牌,并且在中国大陆的实体店和网络上营销或销售相应品牌的产品,不断拓展合资双方的国际市场并提高双方的国际影响力,通过利用重庆的政策和地理优势,在平等互利的基础上,获得满意的经济效益。

2. MH 公司注册资本初步确定为 800 万元人民币，双方各自占比 50%。公司成立后，根据实际资金需求，不排除在运营期间各股东再向 MH 公司增资。

3. 初步拟定的 MH 公司的经营范围是：在中国大陆从事货物的进出口贸易，商品批发与零售。

4. MH 公司的经营期限为 20 年，其将获得 H 公司授予的在中国大陆的独家经销权，负责 L 品牌和/或 S 品牌在中国大陆的日常经营管理，货物将由 H 公司向 MH 公司提供。

5. MH 公司将由双方平等出资设立，双方的初步意向是，任何一方都不能对 MH 公司进行绝对控制或施加绝对性影响。基于这一出发点，双方同意 MH 公司董事会由 5 名构成，其中 H 公司委派 2 名，M 公司委派 3 名，董事长由 H 公司委派的董事担任，副董事长由 M 公司委派的董事担任；总经理由 M 公司委派的人员担任。

（三）相关调查

鉴于 H 公司旗下的服装品牌具有一定的国际知名度且已合法存续多年，M 公司的总经理此前也曾多次赴丹麦的公司总部考察及洽谈合作，还到过其股东家中造访，因此 M 公司认为，本项目的实施无须律师进行尽职调查。

出于律师行业审慎、勤勉尽职的职业要求，在与 M 集团签订委托代理合同后，经过深入的法律、法规、政策查阅和初步调查分析，律师认为，丹麦 H 公司的投资比例已经达到《中华人民共和国中外合资经营企业法》（以下简称《中外合资经营企业法》）第 4 条外国合营者的投资比例的要求，合资双方的主体资格、公司性质、经营范围、外商投资领域等未违反我国法律、法规的相关禁止性规定。

此外，由于 L 品牌及 S 品牌是 MH 公司赖以运营的根基，H 公司对相应品牌的权利是否存在瑕疵，对于交易的成败具有生死攸关的影响。因此，律师专门向商标局进行了查询，后者提供文件表明，L 品牌在中国大陆已经合法登记在 H 公司名下，商标局已经接受了 H 公司递交的 S 品牌的注册申请材料。

（四）交易方案及争议焦点

由于 H 公司旗下拥有众多国际品牌，按照其操作惯例，都由该公司向交易对方提供基础合同条款。经律师审查，M 公司提供的基础的 MH 公司合资合同条款，具备我国《公司法》《中外合资经营企业法》等法律、法规、规章所要求的所有必备条款和要素，并结合本次交易的特殊背景，增加了独家经销权、知识产权保护等条款。但是，我方律师发现，出于 H 公司的立场，该版本有若干基本的合同对价被遗漏，如 H 公司的货物供应义务等，如果不予以补充，将使 M 公司面临巨大风险。

在合资合同的起草、修订和谈判过程中，围绕下列核心条款及争议焦点，律师协助 M 公司与丹麦 H 公司展开谈判：

1. 独家经销权

（1）独家经销权的撤回。在 H 公司起草的合资合同的初稿中，就 MH 公司享有独家经销权事宜进行了如下约定：

> H公司给予MH公司在中国大陆独家经销权，通过100%自有经营的零售店和与符合H公司品牌和店铺概念的第三方经营者达成协议的特许经营店，营销和贩卖L和S品牌。独家经销权只有在如下条件达成的情况下才会生效：2016年12月31日前，公司最少运营50个L品牌的实体店；并且在2018年12月31日前，公司最少运营50个S品牌的实体店。否则，H公司有权选择授予公司每个上述品牌在中国大陆的如下特定区域内有限的经销权：（列出授权经销的地点）

律师认为，上述条款对M公司来说，存在以下重大风险：第一，这一约定对MH公司保有独家经销权有极大的不确定性，随即将使MH公司的生存面临巨大的不确定性；第二，合同中仅限制了H公司通过实体店经营品牌，未考虑到在互联网时代网络购物如此发达的今天，H公司还存在通过网络经销的方式侵害合资公司的独家经销权的可能性；第三，S品牌尚在注册过程之中，MH公司应有权利选择届时是否经营该品牌，而H公司对此下达了如此刚性的销售指标，并配以独家经销权单方撤回条款，这对MH公司来说是不公平的。

对于我方律师的第二、第三点意见，H公司认为是合理的。但对第一点有异议，其认为，独家经销权的授予与销售业绩挂钩是完全符合商业规律的，不愿意作出修改。M公司认为，L品牌及S品牌目前在中国大陆并没有任何消费者认知度，M公司愿意在这种谈不上任何优势的条件下与H公司合作，投入自己的现金资产、成熟的销售团队及销售网络，自己一方已作出了巨大付出；并且，如果前期销售业绩不好，可能会有多方面原因，其中产品自身和品牌因素是绝对不能排除的，如果H公司就此可以不问原因地轻易撤回独家经销权，对M公司来说有失公平，M公司是不愿意进入到风险如此巨大的交易当中来的。

面对M公司如此强硬的态度，H公司同意将相应条款修改为：

> 公司计划在2016年12月31日前最少运营50个L品牌的实体店，并且在2018年12月31日前，当S品牌在中国大陆成功注册并且双方均认可经营该品牌现实可行的情况下，最少运营50个S品牌的实体店。前述计划只在每个店铺的营业额达到人民币15万元/月，即店铺成功运营的情况下得以实施，否则双方可决定终止或继续在中国大陆的独家经销权。

我方律师指出，H公司有关“否则双方可决定终止或继续在中国大陆的独家经销权”的表述，在法律概念上是混淆的。因为，在中国法框架内，独家经销权的撤回如没有合同条款约束，仅需单方行为即可，而H公司的上述修改提议，仍然继续使H公司独家经销权的单方撤回权利处于自由状态。因此，修改后的条款并不能实质性地降低M公司进入本次合资交易的风险。

H公司坚持，销售业绩不好时，独家经销权相应撤回既符合商业规律，也是该公司进入本次交易的底线和原则。但其愿意作如下妥协：

> (在店铺不能成功运营的情况下)合资双方有权选择:(1) 终止合资公司的独家经销权;或(2) 修改商业计划并继续授予合资公司的独家经销权。

对此,我方律师指出,虽然我们理解独家经营权的授予与销售业绩挂钩的必要性和合理性,但是独家经销权的相对稳定性是MH公司存在的基础,双方之间的这种合作,不是建立在一般意义上的合同法基础之上,而是建立在《公司法》《中外合资经营企业法》基础上的一种更为紧密的合作关系,M公司将会按照MH公司存续20年的预期来投入自己的管理团队和营销网络,如果独家经销权外方一旦可以单方撤回,交易的安全性和稳定性根本无法得到保障,这已超过了M公司的底线。为此,我方律师建议,相应条款调整如下：

> (在店铺不能成功运营的情况下)合资各方可以决定在修改商业计划的基础上继续经营公司,如果公司继续经营,则公司仍享有在中国大陆的独家经销权。

这一相对妥协性的表述,最终得到了合资双方的认可,从而扫除了本次合资合同交易的最大障碍。

(2) 关于违反独家经销权后果的法律安排事宜,我方律师将在后文“退出机制”部分加以详述。

2. 货物供应

在20年合资期内,MH公司货物来源的唯一渠道就是H公司提供的产品。可是,H公司提供的最初版本中,只字未提自己向MH公司的供货义务。而货物来源的合法、稳定、保质保量,对于MH公司这一专门从事营销的企业来说,就像空气和水一样攸关性命。为此,我方律师提议增加如下条款：

在H公司对MH公司的责任与义务项下,增加如下三个条款：

> (1) 保证提供的L品牌和S品牌的货物能通过中国相关政府主管部门的检验、检查。
>
> (2) 保证提供符合中国法律、法规规定,并满足相关质量和数量标准的L品牌和S品牌的货物。
>
> (3) H公司应以美元或欧元以FOB价格加上相当于FOB价格×　%的概念许可费,向MH公司销售品牌产品。

在违约责任项下,增加如下两个条款：

> (1) 如果任一季度30%及以上的经H公司(即H公司)确认的货物订单下的供货不能通过中国主管部门的质量和/或安全检验,或者任一季度经订单确认的货物的短缺达30%及以上,H公司应按照相当于零售价格(含增值税)70%的金额,对不合格货物或在短货超过总订单金额(以人民币价值)的

15%时进行赔偿。如发生不可抗力,H公司免除赔偿责任。

(2) H公司应每季度向MH公司提供每个类别下最低采购货物量的清单。只要MH公司的订单满足最低采购货物量的要求,则H公司必须确认全部订单。如果H公司仅能满足MH公司订单总量的不足70%,H公司应按照上一款中关于短缺货物赔偿标准的规定向MH公司进行赔偿。如发生不可抗力,H公司免除赔偿责任。

显而易见,上述条款的合同相对方并非是H公司与M公司,而是H公司与MH公司。可是,当时MH公司尚未成立,怎样保证相应权利能够被MH公司享有呢?我方律师提议,在上述(1)、(2) 项赔偿责任之前,加上如下题述条款,以使今后MH公司成立后能够无缝对接地享有上述权利:

公司成立后30天内,H公司应与公司就供货事宜签订合同,该供货合同应包含如下条款:(列出本条前文所述的相应内容)。

3. 单方退出机制

在当事人双方决定以成立合资公司的方式进行合作之际,事实上就意味着如果任何一方想主动退出,只能以公司解散的方式来实现。然而,这样的退出机制对于一家20年只做一至两个品牌营销业务的企业来说,埋藏了大量出现公司僵局的隐患。从市场规律来说,90%以上的品牌的商业周期,根本无法达到20年。对于H公司来说,一旦出现公司僵局,其原创设立的品牌概念将无疾而终,多年来的心血将付诸东流。而就M公司而言,也不愿意看到因内耗而白白地让自己辛苦打造的半壁江山枯竭荒芜。因此,建立切实可行的单方退出机制,成为合资双方的迫切需求,他们共同向我方律师征询解决方案。我方律师向双方当事人建议,一套切实可行、具备可操作性的退出机制可以包括如下基本要素:第一,谁是更适当的退出方;第二,什么样的退出条件是合理、公允且成本相对最低的;第三,单方退出将以什么为对价。H公司及M公司非常认同我方律师提出的思路。经过几轮谈判,双方在以下几方面达成了共识:

(1) 由于H公司手中持有MH公司所有的经营品牌及货物来源,由H公司担任退出方显然是不可行的,退出方只能是M公司;

(2) 退出条件应严格限定在对于MH公司经营产生根本性影响的事件或因素范围内,以保持MH公司经营的连续性和稳定性。

在律师的协助下,双方认可以下事项的出现可以作为M公司的退出条件:

① 在MH公司经营期限届满前,MH公司(实际上或效果上)被剥夺根据本合同相关条款约定而享有的独家经销权,但若因M公司重大违约或M公司原因造成的MH公司违约而导致情形发生的除外。

② 在MH公司经营期内,H公司违反上述独家经销权的相关义务,比如以明示或默示的方式将附件三所列L品牌在中国的知识产权转让给任何其他第三方,或

以明示或默示的方式同意第三方或由自己在中国大陆经营 L 品牌。在 MH 公司决定在中国大陆经营 S 品牌(正在进行商标申请)后,该义务同样适用于 S 品牌。

③ 出现除以下三种情形以外的其他情形而导致 MH 公司营业终止或停止:(A) M 公司提出终止;(B) 出现 M 公司对 MH 公司实施刑事犯罪的事件。

④ MH 公司的经营期限到期。

(3) 如果上述退出条件成就,且 M 公司也愿意退出,H 公司届时应按照经评估的公允的市场价格收购 M 公司在 MH 公司的股份。并且,H 公司还应按照以下计算公式对 M 公司予以补偿:

① 对每个满足最低销售额的店铺进行的赔偿为:(1 + 经营期间收入的平均增长率)乘以平均每个月的人民币收入(含增值税)乘以 0.1(利润率)乘以 12(每年月份数)乘以 5(总期间)乘以 0.5 (其在 MH 公司的股权比例)。

② 对于库存货物及物品补偿的计算标准为:对于两年内的货物,其购买价值的 50%;对两年以上的货物,其购买价值的 50 % 的 50%;折旧计算后,家具和装潢的购买价值的 50%。

在上述补偿条件满足后,H 公司应在 M 公司提出赔偿要求之日起 60 日内,完成补偿支付。

(4) 如果上述退出条件成就,且 M 公司也愿意退出,H 公司届时应按照公允的市场价格收购 M 公司在 MH 公司的股份。在赔偿 M 公司后,H 公司应当成为包括但不限于品牌经营店(承租店面在内)、存货、授权经营协议、商誉等在内的公司所有财产的唯一所有权人,由此获得对公司及其业务的全面管理和控制,并有权独立或者同中国或非中国的合作方以实体(实体店铺、商场等)和网络的方式合作,继续经营业务。

4. 公司治理

(1) 董事会。在董事会构成已然确定的前提下,董事会议事规则成为双方争议的重点领域。由于 H 公司距离 MH 公司路途遥远,对于 MH 公司的管控更多地寄希望于范围宽泛、非常明晰的董事会权限加以实现。在 H 公司提出的初步方案中,将所有三十余项公司重大决策事项全部列为董事会一致表决事项。显然,外方提出的治理机制,将严重制约 MH 公司的决策效率,从而会对公司的经营带来严重负面影响。我方律师代表 M 公司提出了若干修改建议,其中包括:应设立董事会部分事项简单多数表决机制、召集机制以及僵局避免机制等。通过双方多轮协商,达成如下协商结果:

> ① 经两名董事提议,便可召开临时董事会。这样使合资双方中任何一方希望召开董事会的想法都不至于落空。
>
> ② 未出席会议又未授权代表参加会议应被视为放弃出席会议的权利(即缺席),缺席不影响通过任何董事会决议(包括但不限于任何需要董事会一致同意的决议),最低参会人数(4 名董事)的限制在此情形下可不适用。这样的

安排最大限度地避免了公司僵局的出现。

③ 从原董事会决策事项中,剥离出7项相对来说非绝对重大但又不宜由MH公司管理层径自决定的事项,作为董事会简单多数决策事项。由于M公司在董事会5个席位中有3个席位,这事实上赋予了M公司在履行相应程序后获得更大的决策权限范围。

在上述简单多数表决事项之外,合资合同还列举了22项董事会一致表决通过的事项,对MH公司最重大事项,双方事实上都享有一票否决权。这种一致表决事项与简单多数表决事项相结合的安排,一方面体现了中外双方希望实现对MH公司平等治理的初衷,另一方面也给予了管理方一定限度的自主权,以避免束缚MH公司的自由发展。

(2) 法定代表人。2001年《中华人民共和国中外合资经营企业法实施条例》(以下简称《实施条例》)第34条规定,董事长是合营企业的法定代表人;而根据2005年修订的《公司法》第13条的规定,公司法定代表人依照公司章程的规定,由董事长、执行董事或者经理担任。为此,我方律师专程向注册地工商行政管理部门了解其观点和过往的实务操作模式。后者的意见是,应以上位法的《公司法》为准,总经理可以兼任企业法定代表人。在本次交易中,因为H公司已经要求董事长由其委派的人员担任,出于公平合理的考量,双方最终同意由M公司派出自己的董事长担任MH公司的法定代表人。

(3) 日常经营管理机构。虽然双方都同意由M公司的董事长担任MH公司的总经理,从而可以更好地有效利用M公司董事长的现有社会资源和管理经验,但这必然面临兼职总经理要兼顾两个公司显然时间和精力不够的难题。常规的想法是,可以通过聘任能干的副总经理来弥补总经理常常缺位的问题。但是,这种机制有可能因岗位称谓因素而阻碍能干的人才到MH公司实现其人生价值。为此,我方律师建议,可否设立一个首席执行官的岗位,代行部分总经理的职责;同时律师声明,这样的安排在我国公司法框架内没有禁止性规定约束。对此建议,H公司曾有强烈的质疑,认为没有设置该职位的必要性,经过双方及时沟通,H公司最终妥协让步,同意设立,条件是首席执行官的选任必须经董事会全体一致表决通过。由于首席执行官的一部分职权是由总经理的职权剥离出来的,因此M公司并不同意H公司所提条件,并坚持享有首席执行官的任命权。经过长时间的拉锯谈判,确定了首席执行官的任命机制及工作职责。具体包括:

① 首席执行官的职责是在总经理的日常指导和监督下,执行董事会会议的决定并组织和进行公司的日常管理。部门经理由首席执行官提名,并由总经理任命,其对各自负责的部门工作负责、处理首席执行官交付的工作并对首席执行官负责。总经理有权自行决定解聘部门经理。

② 首席执行官由M公司任命,在总经理对董事会负责的基础上,首席执行官同时对董事会和总经理负责。

③ M 公司在更换首席执行官时，应书面通知 H 公司。

此外，在 H 公司的首次方案中，还提议由 H 公司向 MH 公司委派零售控制专员，专门负责店铺装修执行、产品购买、市场推广等工作，我方律师坚决反对这一安排。因为，如果该专员的角色是替代总经理的工作，将很荒谬；如果他的角色是协助总经理工作，他可以当副总经理；如果他的角色是监督者，监事会又拿来何用呢？H 公司无言以对，便放弃了这一想法。

5. 仲裁地

根据《中华人民共和国民事诉讼法》《中华人民共和国中外合资经营企业法》的规定，成立中外合资企业只能适用中华人民共和国法律。因此，合同双方就争议解决机制而展开的谈判的重点集中在仲裁地的选择上。H 公司坚持，双方一旦产生争议，应提交香港国际仲裁中心仲裁解决。当然，M 公司希望能在中国大陆，最好能选择重庆仲裁委员会。显然 H 公司不可能接受在 M 公司住所地重庆仲裁。但经过短暂交流，H 公司接受了我方律师的理由，同意将争议提交中国国际经济贸易仲裁委员会仲裁。我方律师是如何做到的呢？

我方律师认为，要使对方心甘情愿地接受由中国大陆的仲裁机构仲裁，就要说服对方：这样的选择是对他们最有利的选择。于是律师告诉 H 公司，解决争议的目的不只是为了胜诉，而是能够掌握属于自己的财产。只有中国大陆的仲裁机构，才能适用中国法律所规定的财产保全机制，在诉前或诉讼过程中，实现对对方当事人的财产保全，以使今后的生效判决得以全面执行。这一理由击中了 H 公司关注的要害，因为 MH 公司的日常具体运营，均由 M 公司指派的总经理负责，H 公司非常担心如果等到官司打完，可能财产早已转移殆尽。这样，仲裁地的安排就顺利地遂了 M 公司的心愿。

（五）交易结果

经过历时 5 个月艰苦的谈判，合同双方最终就合同的所有关键性问题达成了一致意见，经相关行政主管部门审批及工商注册登记，MH 公司于 2012 年 10 月在重庆正式挂牌成立。委托人认为，律师的介入使他们打破了常规经营中形成的诸多惯性思维定式，弥合了中外经营者之间商业操作模式的分歧，总的来说，既维护了委托人的利益，又兼顾了 MH 公司的长远发展，对律师的服务给予了较高评价。

二、案例评析

（一）关于交易主体

通常来说，公司投资人合资设立目标公司，签署合资合同的主体只能是合资双方，而目标公司当时尚未成立，无法作为合同当事人享有权利并承担义务。可是，合资协议中往往有很多内容是股东对目标公司的权利与义务，如在目标公司运营期间，公司股东如何协助目标公司开展业务。在多数情况下，此类约定局限于股东对目标公司的义务,目标公司往往只享受权利而不承担义务。而在本次交易中,股东与目标公司之间的关联交易将构成目标公司的核心业务,双方之间将互有诸多交织的权利与义务。对于这样的三角关系,我国《合同法》《公司法》都没有给出任何具体的规则。因而,通过怎样的法律安排,才能使目标公司承接合资合同中的权利义务呢?根据我方律师多年的经验,通常需结合以下三个方面因素予以综合考量:

1. 根据相关权利义务的重要程度分别对待

如果公司股东向目标公司担负的权利义务对后者来说非常重要也非常关键,二者之间最好另行签订合同。如果相对来说对目标公司意义不是很重大,则可以作为君子协议,简单地约定在合资合同里就可以了。

2. 根据相关权利义务的具体化程度分别对待

如果在签署合资合同当时,股东对目标公司的权利义务完全可以明确具体地一步到位,为了防范目标公司成立后的诸多变数,保持交易的安全稳定,建议最好另行签订目标公司与股东之间的合同。如果签订合资合同当时无法预见将来权利义务的具体情形,也就不具有另行签约的可能性了。

3. 根据相关权利义务是双务还是单务分别对待

如果股东对目标公司只有义务,没有权利,则从简便考虑,无须另签合同,只需在合资合同中写明:目标公司成立后,如未以明示方式放弃本合资合同项下的权利,则视为其愿意作为本合资合同的一方当事人,享有本合同所约定的权利,并可以据此要求本合同的其他当事人承担违约责任。如果股东与目标公司互负权利义务,则建议以另签合同的方式锁定责任更为稳妥。

如果合资各方或一方确定需在目标公司成立后与其另签合同,从保护交易稳定考虑,可以像本次成立 MH 公司的交易一样,在目标公司成立前各方已达成合意的,就股东与目标公司之间权利义务的原则性、实质性条款写入合资合同,以尽量降低变数;如果相应权利义务十分重要,还应建议附以违约责任或合同解除条件的约定,使之更具有可操作性。

(二)关于交易对价

虽然本次交易是围绕成立中外合资公司的合资合同展开的,但鉴于其独有的特殊性,事实上该合资合同又会具有经销授权合同的若干特征。因此,对于这种两类不同性质的协议合为一体的合同,客户难免可能考虑不周。由于本次交易合同的主体架构是以合资合同为基础的,而合资合同、公司章程等都有非常格式化的现成版本,遗漏基本条款的可能性不大。为此,下面的建议步骤也许对律师发现多种法律关系竞合的合同版本是否有重大事项遗漏有所帮助:

1. 律师在审核最初的合同版本时,首先应全面审核客户提交的合同版本是否有可能遗漏重要的核心事项,即有关交易对价的条款

在进入本次交易之初,经我方律师全面梳理,总结出双方提供的主要对价如

下:除了各自对合资公司的出资外,外方 H 公司为本次交易提供的主要对价是 L 品牌及 S 品牌的中国大陆独家经销权,以及上述品牌的货源;而中方 M 公司的主要对价提供的是中国境内的营销管理团队、营销渠道以及对外方商标权和商业秘密的保护。围绕上述对价来梳理、完善合同,双方的权利义务方能完整、准确地体现在合资合同中,从而更好地保障双方的交易安全,降低交易风险。

2. 为了维护自己委托人的合法权益,律师在合法、合情及合理的范围内,往往更多考虑的是为自己的客户争取最大利益或便利

为此,我方律师的着眼点主要在于对方提供的对价描述的完整性和准确性上,即对方的义务描述是否完备、是否欠缺违约责任。在本次交易中,我方律师审查发现,对方对于其主要义务,即提供保质保量的货源的责任完全没有体现在合同中,更不用说相应义务项下的违约责任了;同时,对方赋予自身的独家经销权的单方撤回权也有可能构成对于中方 M 公司的致命性风险,且对方对自己的商标权无权利瑕疵也没有任何承诺。在后续的谈判和修订过程中,弥补了上述漏洞。当然,对于对方要求我方作出的业绩、知识产权保护等承诺,我方也本着诚实信用原则予以了认可。不过,对方遗漏了对管理团队的职业操守责任进行详尽约定,我方律师认为,这可以通过在公司治理过程中逐步完善,就无需再拖长谈判周期了。

3. 对于双方争议的焦点,应本着合情合理的原则,遵从通行的商业规律,并坚持不放弃自己的底线

如对于将来万一 MH 公司业绩不够满意时,对方希望能收回独家经销权的想法,虽然触碰了我方最敏感的底线,但从公允的角度来说,也并非是完全不合理的商业考量。因此,我方坚持的立足点不是合资期间不允许对方撤回独家经销权,而是应建立双方协商机制来解决这一问题。正由于分寸把握得当,这一障碍最终并未阻挡双方合资的进程。

(三)关于公司治理机制设计

我方律师认为,完美的公司治理机制,是能最大限度地避免公司僵局出现的机制。但是,由于每个董事都有投反对票的权利,所以要想完全避免公司僵局是不可能的。律师所设计的法律安排能做到的,是让任何董事无法回避其参加董事会的义务。MH 公司合资合同关于董事缺席不影响董事会决议的约定,从规则上防止了任何股东或董事想以消极方式促成公司僵局出现的企图。

在我方律师过往从事合资公司成立交易的经验中,一般是,如果一方指派董事长,另一方则指派总经理;如果一方派员全面负责日常经营管理,另一方则会要求派驻财务总监或财务人员,实行财务监管。在此次交易中,董事长、总经理的安排遵循了通常的做法,但外方 H 公司并未要求派驻财务人员,只提议经理层每季度、半年、一年报送各项财务报表,出具相关工作报告。对于这一合理要求,我方当然欣然接受。本次交易与我方律师此前所经历的交易的最大不同点在于,MH 公司在有总经理的情况下,设置了首席执行官岗位。后者与公司副总经理职位有所不

同的是，首席执行官的头衔对外可以表明其对公司全面事务有非常大的话语权，而对内，他是受总经理委托管理公司人、财、物等全面日常事务的负责人，并有权遴选任用部门经理。但是，首席执行官是由总经理提议聘用或解聘的，总经理也有权随时解聘首席执行官聘用的部门经理。这样的安排能否取得好的效果，还有待时间的检验。

（四）关于违约责任和合资方分手方式的权衡

根据我方律师多年来从事公司业务的感受来看，公司的合资合同与平等主体之间的普通民事合同之间的不同之处似乎是，前者更像是一次婚姻，而后者就像相对物质化、条件化的合作。婚姻带来的伤害，难以用金钱弥补；婚姻的周期也更长，有更多的不可预知因素。因此，对于违约后果的法律安排方式，是需要各自量身定做。例如，如果出现公司僵局，设计再多、再好、再完备的违约责任，可能也弥补不了股东方已投入合资公司的有形的资产和无形的心血、时间和机会成本。因此，在本次交易中，除了对出资未按期到位、违约责任的赔偿范围等事宜作出了少量违约责任约定外，更多的是用单方退出机制和公司解散机制来解决双方之间的争执或一方违约后对对方造成的损害赔偿。而在作公司解散及单方退出机制的权衡取舍考量时，因公司解散需要满足更多《公司法》《公司登记管理条例》所设定的法定条件，事实上会使合资双方解决争议的成本增高，因此我方律师更倾向于将更多的争端解决方案放在单方退出机制中，力图最大限度地降低讼争成本，保全合资公司的完整性、可持续性。

三、建议

（1）现行的工商行政管理登记备案制度中有大量制约和阻碍我国公司治理机制与国际接轨、与当代先进的公司治理理念接轨的陈旧管理模式，严重不适应我国市场经济的发展进程。例如，首席执行官头衔的设立，虽然《公司法》中并未作出明确规定，但且已被大量的企业引入采用，但仍然有许多地方的工商行政管理机关对于相关内容不接受登记备案。

（2）建议全国律协以提供研讨项目经费的方式，鼓励世界或国家一流的律师事务所，提供全面系统的供律师执业使用的、具有可操作性的合同范本，且合同范本的类别应尽量详尽。

外商投资企业外资比例降至25%以下的法律分析

江苏世纪同达律师事务所　朱增进

一、案例情况

（一）律师的工作任务

为目标公司完善股权结构和进行重要员工及高管激励提供法律服务，主要工作是进行有关方案的设计和论证，关键在于保证方案的可接受性、可行性及高效性，特别是要注意目标公司是一家外商投资企业，必须重点关注法律、法规对于外商投资企业的特殊规定。

（二）交易背景

A有限公司（以下简称"A公司"）成立于2004年12月，注册资本为200万元人民币，是一家中外合资经营企业。A公司共有两名股东，分别为B有限公司（以下简称"B公司"）和一名某国公民乙，其中B公司出资150万元人民币，占注册资本的75%，乙以50万元人民币的某国货币出资，占注册资本的25%。

A公司经过几年的发展，至2010年底，注册资本已增至5 000万元，年净利润也达到了2 500万元。2011年年初，A公司实际控制人甲和其妻子丁（二人分别持有B公司80%和20%的股权）及公司股东乙一致认为，A公司的发展进入关键期，A公司进一步发展需要寻求资本市场的支持，因此A公司决定通过在国内创业板市场进行IPO，完成公司质的飞跃。

要满足创业板IPO的要求，A公司在股权结构、公司治理方面必须调整、改善，而引进风险投资者，不仅可以丰富公司股权结构，而且可以在公司IPO完成之前缓解公司的资金压力。同时，A公司作为一家高新技术企业，其发展和市场开拓对于其技术人员、销售人员等重要人才十分依赖，因此要保持公司人才队伍的稳定，公司在通过IPO完成自身壮大的同时，也有必要对这些人才进行充分的激励，使其能够分享公司发展的成果，而进行股权激励能够达到前述效果，实际上，甲曾经向公司部分员工许诺过给予股权。

此外，A公司尚有一名主管业务的高管丙，系外籍人士，其对公司的发展至关重要。虽然之前，丙通过持有A公司的子公司C有限公司（以下简称"C公司"）25%股权（A公司持有C公司余下的75%股权）的方式，能够获得激励，但由于经营发展的需要，A公司的实际控制人计划将C公司业务整合到A公司，由A公司收购C公司的全部资产，同时注销C公司，因此，也需要为丙提供新的股权激励。

A 公司成立以来，一直由实际控制人甲和丁主要负责经营管理。甲和丁希望在 A 公司股权结构调整过程中最大限度地维持原持股比例，而乙也同样希望可以维持其对 A 公司已进行的投资。根据公司的情况，在 2012 年进行 IPO 的申报是可行的，因此必须在 2011 年顺利完成上述目标。为完成工作任务，律师于 2011 年初对 A 公司进行了全面深入的尽职调查，同时与保荐机构、会计师全力协作拟定方案，并积极与两股东沟通，希望尽快确定方案，争取尽早顺利达成目标。

（三）法律尽职调查

1. 通过尽职调查，公司的基本情况如下：

（1）截至律师调查时，A 公司的股权结构如下：

序号	股东姓名	认缴出资额	实缴出资额	出资额占注册资本的比例(%)
1	B 公司	3 750 万元	3 750 万元	75
2	乙	1 250 万元	1 250 万元	25
总计	—	5 000 万元	5 000 万元	100

A 公司股权结构清晰，股权不存在纠纷，无质押。

（2）A 公司的设立，取得了主管部门的批准，履行了法定程序，其出资亦合法有效。A 公司自设立以来，共发生 3 次增资：2009 年 3 月，A 公司以 2004 年至 2008 年累计未分配利润转增注册资本，其中 B 公司增资 750 万元，乙增资 250 万元，A 公司注册资本增至 1 200 万元；2010 年 3 月，A 公司以 2009 年累计未分配利润转增注册资本，其中 B 公司增资 900 万元，乙增资 300 万元，A 公司注册资本增至 2 400 万元；2011 年 1 月，A 公司以 2010 年累计未分配利润转增注册资本，其中 B 公司增资 1 950 万元，乙增资 650 万元，A 公司注册资本增至 5 000 万元。A 公司的前述增资皆经公司董事会决议，并获得了主管部门的批复，同时履行了验资程序，并皆已完成工商变更登记，因此 A 公司历次增资皆合法有效。除前述增资外，A 公司自成立以来未发生减资、组织形式变更、债务重组等重大变更。

（3）A 公司 2008 年、2009 年、2010 年的净利润分别为 800 万元、1 600 万元、2 800万元。

（4）A 公司现有两家子公司，一家为其控股子公司 C 公司，另一家为 2010 年 9 月新成立的全资子公司 D。C 公司成立于 2009 年 12 月，注册资本为 400 万元人民币，其中 A 公司出资 300 万元人民币，持有 75% 的股权，A 公司高管丙以与 100 万元人民币等值的 Y 国货币出资，持有 25% 的股权，截至 2010 年底，C 公司的利润总额为负 60 万元。2010 年 9 月，A 公司于 Z 地设立了全资子公司 D 有限公司（以下简称“D 公司”），Z 地相较于 A 公司所在地，具有人力、资源等方面的优势，D 公司刚成立，还在进行基础设施建设，尚未开始营运生产。

（5）截至尽职调查时，A 公司的资产，包括两项国有土地使用权、一项房屋所有权、六项专利、一项商标，此外，A 公司还有一项在建工程、车辆两部、机器设备及办公设备若干。A 公司的资产权属清晰，无争议。

（6）A 公司作为中外合资经营企业，享受了“两免三减半”的所得税税收优惠，其中 2006—2007 年免缴所得税，2008—2010 年减半缴纳所得税，共计享受税收优惠 500 万元。A 公司 2009 年 10 月取得了《高新技术企业证书》，有效期 3 年，可享受高新技术企业 15% 的优惠税率。

（7）A 公司的法人股东 B 公司，由甲和妻子丁共同出资设立，注册资本为 150 万元人民币，其中甲持有 80% 的股权，丁持有 20% 的股权，A 公司的出资经审验已全部到位。甲设立 B 公司的目的是为了成立具有中外合资经营企业性质的 A 公司，因此，B 公司自设立以来并未从事任何生产经营。B 公司自成立以来，通过了历年年检，且不存在被行政处罚、诉讼、仲裁等情形。A 公司的自然人乙，系 × 国公民，A 公司设立时，乙的出资是以 × 国货币进行的，经审验已到位。

（8）A 公司的其他情况：A 公司及控股子公司 C 公司依法为员工缴纳了社会保险；A 公司的生产经营过程中不产生废气、废水、废渣，仅产生一般生活污水，统一排入市政管道即可；A 公司自设立以来，通过了历年的工商年检，且未涉及任何诉讼、处罚、仲裁等。

2. 交易可行性

A 公司的实际控制人甲、丁夫妻二人和外资股东乙都一致认同 A 公司应当抓住机遇尽快成功完成 IPO，并且都认同给予 A 公司的重要人才以股权激励和引入风险投资者的必要性。

A 公司自设立以来，股权结构清晰，资产和业务完整、独立，并形成了一支成熟的产品研发和销售人才队伍，同时，A 公司秉承“以客户需要为核心，以质量为关键”的理念，通过准确把握市场需求，积极以高质量的产品满足市场的方式，不仅获得了稳定良好的经营业绩，而且以高品质的产品拓展了自身的客户群体和业务范围，其发展态势好、潜能大，而且根据 A 公司目前的各方面情况，在未来两年成功完成 IPO 的可能性很大，因此，A 公司对于私募投资者来说，具有相当大的吸引力。A 公司于 2011 年初也开始通过各种途径，积极寻找合适的私募投资者，并且有若干私募投资者表示愿意在对 A 公司进行进一步了解后考虑投资事宜。

A 公司自设立以来，人才队伍基本稳定，但是公司人才与公司仅仅是单一的劳动关系，不存在多元关联，而且 A 公司缺乏对于公司重要人才进行长期激励的机制，因此，A 公司的人才队伍稳定性还缺乏保障，而且近两年发生了三起重要人才被竞争对手挖走的情形，且公司重要人才要求更多的激励和报酬的心情也十分迫切，在这种情形下，甲向公司的重要人才许诺给予股权激励。A 公司的重要人才也愿意通过持股方式分享公司收益。

A 公司的高管丙，具有丰富的管理经验，其受聘以来，对于 A 公司的业务发展作出了重要贡献。甲通过给予丙 C 公司 25% 股权的方式以激励，但是考虑到 IPO

的要求，A 公司计划将 C 公司的业务整合到其自身，计划收购 C 公司的全部资产并将 C 公司注销，丙也同意注销 C 公司，但前提是获得新的股权激励。甲也希望给予丙新的股权激励以留住这位高管。

综上，律师认为，A 公司通过对员工进行包括股权激励、引入风险投资者等在内的完善公司股权结构的活动，具有必要性，同时具有可行性基础，通过合理的规划和积极推进，公司在 2012 年之前完成前述目标是可能的。

3. 交易的重点和难点

虽然对引进风投和进行股权激励的方式，A 公司的现有股东都一致同意以增资方式而不是股权转让方式进行。但是，即使如此，新股东增资后，现有股东的权益还是同样会面临被摊薄的问题，A 公司的实际控制人甲、丁夫妻希望维持对公司的控制权，而同时根据有关法律、法规的要求，公司要维持其外商投资企业性质，外资的比例必须维持在一定水平之上，因此交易方案对于增资方式及比例等问题必须进行很好的平衡与设计，这样才能既合法，同时又满足各方要求，进而使之具有可行性。

A 公司希望给予股权激励的重要人才共有 20 人，如果采取这 20 名员工直接向 A 公司增资的方式，会导致 A 公司的股权结构不稳定，而且就这 20 名员工的出资能力而言，直接增资后的持股比例会非常低，不利于形成心理激励。因此，这 20 名员工不宜直接向 A 公司进行增资，应当考虑采取间接持股的方式，对其进行股权激励。而交易方案必须既能够兼顾这 20 名员工的出资能力，又能够形成对其有效的心理激励。

除了自身股权结构的完善外，A 公司还希望通过收购 C 公司的资产使其业务更加完整，这也随之带来对于 A 公司高管丙重新进行股权激励的问题。由于 A 公司和 C 公司皆为外商投资企业，其股权变更、注销等事项都要得到主管部门的审批，因此，如何能够在较短时间内顺利完成收购 C 公司的资产、对丙和 20 位员工进行股权激励并引进风投，交易方案的设计必须周密、高效。

（四）交易方案

根据 A 公司的实际情况，律师认为，较为高效可行的交易方案是分两步完成有关的任务目标。具体来说，第一步主要是对 20 位重要人才和高管丙进行股权激励，由于该步骤主要由 A 公司内部协调，可以立即着手进行，且进程相对容易把握，同时率先完成这一步对于 A 公司生产经营的稳定和 IPO 的顺利开展也十分重要；第二步则是待 A 公司与私募股权投资者的接触成熟，并完成有关增资入股的谈判后，统一引进风投。

第一步，实施股权激励，包括完成公司 20 位重要人才的间接持股和对高管丙的股权激励，具体如下：

（1）由丁和 A 公司欲进行股权激励的 20 位重要人才共同设立一个 E 有限公司（以下简称“E 公司”），注册资本为 250 万元人民币，其中丁出资 150 万元，持有

60%股权,A 公司的上述 20 位员工各出资 5 万元,分别持有 E 公司 2%的股权。设立 E 公司的工作计划在 2011 年 5 月之前完成。

（2）由 A 公司董事会作出决议,收购 C 公司的全部资产,具体收购价格由双方协商确定。待 C 公司召开董事会同意由 A 公司收购其全部资产后,双方协商确定最终的收购价格、签署资产转让合同,并尽快完成转让款的支付和全部资产的交付,之后,注销 C 公司。收购 C 公司资产和注销 C 公司的工作,同样计划在 2011 年 5 月之前完成。

（3）计划于 2011 年 5 月,由 E 公司和丙同时向 A 公司增资,A 公司注册资本由 5 000 万元增加至 5 300 万元,新增的 300 万元注册资本,由 E 公司认缴 225 万元,丙认缴 75 万元,相应的股本溢价计入资本公积。本次增资计划在 2011 年 6 月之前完成。本次增资完成后,A 公司的股权结构如下：

序号	股东姓名	认缴出资额	出资额占注册资本的比例(%)
1	B 公司	3 750 万元	70.75
2	乙	1 250 万元	23.58
3	E 公司	225 万元	4.25
4	丙	75 万元	1.42
总计	—	5 300 万元	100

第二步,引入风投。第一步完成后,A 公司的实际控制人甲、丁夫妇通过 B 公司和 E 公司共持有 A 公司 73.3%的股权,仍享有对 A 公司的绝对控制权;外籍股东乙和丙共持有 A 公司 25%的股权,符合《中华人民共和国中外合资经营企业法》(2001 年修正)第 4 条第 2 款关于“在合营企业的注册资本中,外国合营者的投资比例一般不低于百分之二十五”的规定。然而,私募股权投资者的增资入股必将摊薄外资比例至 25%以下,要保持外资比例在 25%以上,引入风投的同时势必要由 A 公司的外方股东同时增资。但是 A 公司的实际控制人甲、丁夫妇不希望外方股东进一步增资,从而导致其自身权益的进一步摊薄,因此要求只引进风投,外方股东不同时增资。对于这一做法,是否带来 A 公司之前享受的作为外商投资企业的“两免三减半”的税收优惠被追缴的法律风险,律师必须给出准确的法律判断。

律师通过对于有关法律、法规的综合分析和深入研究,认为 A 公司的这种情形,并不属于法律、法规所规定的应该被追缴所得税优惠的情形,A 公司可以只引进风投,而不同时使外方股东增资。

A 公司经过半年多的接触和交涉,取得了三家风投的投资意向。这三家风投分别为 F 有限公司(以下简称“F 公司”)、G 有限合伙(以下简称“G 合伙”)、H 有限合伙(以下简称“H 合伙”)。

A 公司计划于 2011 年 7 月,由 F 公司、G 合伙、H 合伙同时向 A 公司增资入股。

A 公司新增注册资本人民币 500 万元，其中 F 公司、G 合伙各认缴 200 万元，H 合伙认缴 100 万元。本次增资完成后，A 公司的股权结构如下：

序号	股东姓名	认缴出资额	出资额占注册资本的比例（%）
1	B 公司	3 750 万元	64.66
2	乙	1 250 万元	21.55
3	E 公司	225 万元	3.88
4	F 公司	200 万元	3.45
5	G 合伙	200 万元	3.45
6	H 合伙	100 万元	1.72
7	丙	75 万元	1.29
总计	—	5 800 万元	100

（五）交易结果

由于上述交易方案本身兼顾了各方的要求，同时考虑到了可行性及高效性问题，因此，A 公司的实际交易基本上是按照前述交易方案进行的。

2011 年 4 月底，丁和 A 公司的 20 位重要人才顺利完成了设立 E 公司的工作，其出资经审验皆已到位，相关的工商登记皆已完成。

2011 年 3 月，A 公司和 C 公司董事会作出决定，由 A 公司收购 C 公司的全部资产，收购价格经双方协商确定为 500 万元。双方随后签订了资产转让合同，并立即着手资产的交付和转让款的支付。2011 年 4 月，C 公司董事会作出决定，注销 C 公司。该注销决定获得了当地经济发展和改革局的同意批复。C 公司于 2011 年 5 月中旬获得了工商局的核准注销通知书。

2011 年 5 月下旬，E 公司和丙同时向 A 公司增资，本次增资获得了当地经济发展和改革局的同意批复，并获得了省政府核发的变更后的《中华人民共和国外商投资企业批准证书》。增资款经审验已到位。本次增资的工商变更登记已完成，获得了工商局核发的变更后的《企业法人营业执照》。

2011 年 7 月中旬，F 公司、G 合伙、H 合伙同时向 A 公司增资，本次增资获得了当地经济发展和改革局的同意批复，并获得了省政府核发的变更后的《中华人民共和国外商投资企业批准证书》。增资款经审验已到位。本次增资的工商变更登记已完成，获得了工商局核发的变更后的《企业法人营业执照》。

A 公司的上述交易履行了法定程序，获得了主管部门的批复，并完成了相应的工商登记，相关转让款支付完毕、资产交付已完成，相应出资皆经审验已到位，上述交易均合法、有效。通过上述交易，A 公司实现了其完善股权结构和进行重要员工及高管激励的目标。

二、案例评析

（一）本案例涉及的关键法律问题

本案例中，目标公司的情况是大多数企业在进行IPO前较为常规的情况，但是由于作为外商投资企业的特殊性质，目标公司要遵守外商投资企业相关的法律、法规的约束。本案例中最为关键的法律问题就是目标公司作为外商投资企业，其经营期未满10年，外资比例降至25%以下，是否会导致目标公司的企业性质发生变化，是否会导致目标公司需补缴之前享受到的税收优惠？

按目标公司的实际控制人的要求，在引进风投时，外资不进行增资，这必然导致外资比例降至25%以下。但若因此导致公司企业性质发生变更并需补缴之前享受到的税收优惠，则不仅会给公司带来巨大的损失，而且会影响公司业绩，进而影响公司的IPO进程。律师对于这一问题必须给出明确可靠的法律判断，这不仅对于目标公司顺利完成有关交易至关重要，也是律师展现自身价值的重要机会。

（二）对外商投资企业外资比例降至25%以下的法律后果的规范分析

1. 外商投资企业外资比例降至25%以下是否会导致企业性质变更问题

根据《中华人民共和国中外合资经营企业法》（2001年修正）（以下简称《中外合资经营企业法》）第4条第2款的规定："在合营企业的注册资本中，外国合营者的投资比例一般不低于百分之二十五。"但是《中外合资经营企业法》对于外国合营者的投资比例低于25%的企业性质如何，却并未作明确规定。

而对外贸易经济合作部、国家税务总局、国家工商行政管理总局、国家外汇管理局于2002年12月30日联合发布的《关于加强外商投资企业审批、登记、外汇及税收管理有关问题的通知》（外经贸法发〔2002〕575号，以下简称"575号文"）对外国合营者投资比例低于25%的企业性质如何作了较进一步的规定，其第2条明确规定："……外国投资者的出资比例低于25%的，除法律、行政法规另有规定外，均应按照现行设立外商投资企业的审批登记程序进行审批和登记。通过审批的，颁发加注'外资比例低于25%'字样的外商投资企业批准证书；取得登记的，颁发在'企业类型'后加注'外资比例低于25%'字样的外商投资企业营业执照。"

根据575号文的规定，除非法律、行政法规另有规定，外国投资者出资比例低于25%的企业，其性质为外商投资企业，只是在外商投资企业批准证书和外商投资企业营业执照上明确"外资比例低于25%"，这类企业的设立，按照现行设立外商投资企业的审批登记程序进行审批和登记。因此，律师认为，根据575号文的规定，外资比例低于25%的企业，除非法律、行政法规有明确的相反规定，其性质应为外商投资企业。

本案例中，目标公司因增资导致外资比例低于25%，已经依照外商投资企业的审批登记程序进行了相应的审批和登记，获得了当地经济发展和改革局作为外商投资主管部门对目标公司该次增资及增资方式的同意批复，并取得了相应的外商投资企业批准证书和中外合资企业营业执照。外商投资企业批准证书和中外合资企业营业执照，均已记载目标公司的企业类型为中外合资。因此，目标公司因风投单独增资导致外资比例低于25%，并不会改变目标公司作为外商投资企业的性质。

2. 外商投资企业外资比例降至25%以下，是否会导致目标公司需补缴曾经享受到的“两免三减半”的税收优惠问题

在本案例中，目标公司根据国务院《关于实施企业所得税过渡优惠政策的通知》(国发〔2007〕39号)的相关规定，即“自2008年1月1日起，原享受企业所得税‘两免三减半’、‘五免五减半’等定期减免税优惠[《中华人民共和国外商投资企业和外国企业所得税法》(已于2008年1月1日废止)第8条的规定，即“对生产性外商投资企业，经营期在十年以上的，从开始获利的年度起，第一年和第二年免征企业所得税，第三年至第五年减半征收企业所得税……”——作者]的企业，新税法施行后继续按原税收法律、行政法规及相关文件规定的优惠办法及年限享受至期满为止……”自获利年度2006年起开始享受企业所得税“两免三减半”的优惠政策，至2010年止，共计享受税收优惠500万元。

然而，《中华人民共和国外商投资企业和外国企业所得税法》(已于2008年1月1日废止)第8条亦规定，“……外商投资企业实际经营期不满十年的，应当补缴已免征、减征的企业所得税税款……”同时，根据国家税务总局于2008年2月27日发出的国家税务总局《关于外商投资企业和外国企业原有若干税收优惠政策取消后有关事项处理的通知》(国税发〔2008〕23号，以下简称“23号文”)第3条的规定：“外商投资企业按照《中华人民共和国外商投资企业和外国企业所得税法》规定享受定期减免税优惠，2008年后，企业生产经营业务性质或经营期发生变化，导致其不符合《中华人民共和国外商投资企业和外国企业所得税法》规定条件的，仍应依据《中华人民共和国外商投资企业和外国企业所得税法》规定补缴其此前(包括在优惠过渡期内)已经享受的定期减免税税款。各主管税务机关在每年对这类企业进行汇算清缴时，应对其经营业务内容和经营期限等变化情况进行审核。”本案例中，目标公司经营期未满10年，因风投单独增资导致外资比例低于25%，是否属于《中华人民共和国外商投资企业和外国企业所得税法》及23号文所述的应当补缴“两免三减半”税收优惠的情形呢？即经营期不满10年的外商投资企业因风投单独增资导致外资比例低于25%，是否属于企业生产经营业务性质或经营期发生变化呢？

律师认为，三家风投公司对目标公司增资的行为，并未导致目标公司生产经营业务的性质发生变化，目标公司自成立至三家风投公司增资时，虽不足10年，但其仍处于经营发展状态，并不因本次增资而终止经营发展并导致其生产经营存续期不足10年，因此，目标公司并不属于《中华人民共和国外商投资企业和外国企业所得税法》及23号文所述的应当补缴“两免三减半”税收优惠的情形。

事实上，针对目标公司的这种情形，国家税务总局于1997年发布的《关于外商投资企业合并、分立、股权重组、资产转让等重组业务所得税处理的暂行规定》（国税发〔1997〕71号，已于2010年11月29日废止，以下简称"71号文"）第5条第1项曾明确规定："凡重组前企业的外国投资者持有的股权，在企业重组业务中没有退出，而是已并入或分入合并、分立后的企业或者保留在股权重组后的企业的，不论重组前的企业经营期长短，均不适用税法第八条关于补缴已免征、减征的税款的规定。"71号文所说的股权重组，包括目标公司这种增资扩股的情形。因此，根据71号文的规定，目标公司虽因风投增资扩股导致外商投资比例降至25%以下，且公司经营期在增资时也未达10年，但由于在增资扩股过程中，外资没有主动退出，因此不适用《中华人民共和国外商投资企业和外国企业所得税法》（已于2008年1月1日废止）第8条的规定，无需补缴所享受的"两免三减半"的税收优惠。

71号文根据《税务部门现行有效、失效、废止规章目录》（国家税务总局令第23号）虽然已于2010年11月29日被废止，但根据国家税务总局所得税司巡视员卢云针对企业重组中外资没有退出情况下是否需要补缴外商投资企业原享受"两免三减半"所得税优惠问题的答复，在具体执行中，原则上应按原税法中相关规定的法理原则处理，即按照原国税发〔1997〕71号文规定的原则加以判断，外国投资者持有的股权在企业重组业务中没有退出，也符合存续经营的条件的，不属于经营期不足10年的情形，不适用《中华人民共和国外商投资企业和外国企业所得税法》第8条关于补缴已免征、减征的税款的规定。同时，根据当地税务部门对目标公司针对其是否需补缴税款的答复，税务部门在实际执行的过程中，仍按71号文的精神执行。

综上，目标公司在经营期不满10年即因风投增资扩股导致外资比例降至25%以下，并不属于《中华人民共和国外商投资企业和外国企业所得税法》第8条和23号文规定的需要补缴"两免三减半"的税收优惠的情形，同时，根据71号文的精神，目标公司的这种情形不属于《中华人民共和国外商投资企业和外国企业所得税法》第8条补缴已免征、减征的税款的情形。

（三）对外商投资企业外资比例降至25%以下的法律后果的法理分析

1. 外资比例一般不得低于25%的法律意义

外资投资比例限制是主权国家吸引外国投资的管制措施之一。主权国家通过对于外资投资比例的上限或下限作出规定，以达到特定的管制目的，如为限制外方在投资企业中的控制权、经营管理权而作出上限的规定，如为了防止吸引外资规模过小而作出下限的规定。

我国针对外商投资企业的比例限制，最早见于1979年7月1日通过的《中华人民共和国中外合资经营企业法》，其规定了外资比例一般不得低于25%，之后《关于设立外商投资股份有限公司若干问题的暂行规定》《中外合作经营企业法实施细则》也都有同样的规定。可见，我国在改革开放开始引进外资时，允许设立的外商投资企业,有对于外资比例不得低于25%的要求。根据沈四宝等学者的观点,我国对于外资比例不得低于25%的要求,主要基于三方面的原因:第一,希望最大限度地吸引外资;第二,在吸引外资的同时也希望能够吸引到外国先进的技术和管理经验,如果外资比例过低,则外方缺乏投入技术和管理的动力;第三,针对外商投资企业所给予的税收等优惠,也须设置一定的门槛,否则可能产生投机并导致给予优惠的目的落空。

因此,最初外资比例不得低于25%,不仅仅是外商投资企业享受税收优惠等的条件,也是外商投资企业本身能够设立的条件。因此,原则上并不存在外资比例低于25%的企业。但是,实践中却大量存在这类企业,这些企业或被注册成为内资企业,或被注册成外资企业并享受外商投资企业待遇,从而带来一定程度的混乱。而且,随着入世,外资并购的情况越来越多,外资比例一般不得低于25%的要求也已经无法适应实践的要求。为了解决上述的混乱局面,并适应现实的需要,我国逐渐放开了设立外商投资企业对于外资比例的要求。前文已提到的对外贸易经济合作部、国家税务总局、国家工商行政管理总局、国家外汇管理局于2002年12月30日联合发布的575号文,实际上承认了外资比例低于25%的企业作为外商投资企业的法律地位,而且,575号文明确规定了外资比例低于25%的企业,不享受外商投资企业的优惠待遇。因此,外资比例不低于25%就不再是外商投资企业能够设立的必要条件,其法律意义仅仅是作为区分能否享受外商投资企业优惠待遇的标准。

2. 外资比例降至25%的法律后果分析

正如前文所言,外资比例不低于25%,不再是区分外资与非外资的标准,而是能否享受外商投资企业待遇的标准。如果外商投资企业的外资比例降至25%以下,是否会导致其需补缴根据《中华人民共和国外商投资企业和外国企业所得税法》(已于2008年1月1日废止)第8条的规定享受的税收优惠呢?

从立法目的上讲,《中华人民共和国外商投资企业和外国企业所得税法》第8条给予外商投资企业以税收优惠的目的,就是更多更好地利用外资。为了实现这一目的,该法第8条在给予外商投资企业税收优惠的同时,也附加了条件,即生产性外商投资企业的生产经营期要在10年以上。由于税收优惠自外商投资企业开始获利第一年即开始享受,而不是生产经营期要满10年才能够享受,因此,为了防止骗取税收优惠等行为的发生,立法者明确了如果外商投资企业生产经营期不满10年的,则要补缴所享受到的税收优惠。律师认为,立法者对于生产经营期要满10年的规定,其实质是要求外商投资企业能够保有和利用已经引进的外资达到10年。此外,《中华人民共和国外商投资企业和外国企业所得税法》第8条给予外商投资企业税收优惠,还有一个隐藏的条件,就是外资比例不得低于25%,由于当时立法者对于外商投资企业的理解就是外资比例不得低于25%,所以这里并未明确规定这一点。律师认为,这里所要求的外资比例不得低于25%,首先意味着有资格享受外商投资企业待遇的企业其最初的外资比例不得低于25%,而且为了满足生产经营期满10年的要求,该企业应保有和应用已经引进的外资达10年,这就意味着已经引进的外资是不能够减资的,一旦已经引进的外资减资,并导致外商投资企业的外资比例降至25%以下,该外商投资企业就应补缴已经享受的税收优惠。但是,前述外资比例不得低于25%的要求,是否意味着外商投资企业在10年的生产经营期内,都应保持外资比例在25%以上呢?律师认为,这是值得商榷的。因为,如果这样理解的话,就会导致一旦外方不愿意同比例增资或者无能力同比例增资,企业的注册资本就无法增加,进而不利于企业的发展壮大。因此,律师认为,对外资比例不得低于25%更为合理的解释,应该是指有资格享受外商投资企业待遇的企业其最初的外资比例不得低于25%,同时,如果企业经营期未满10年,就因外资减资导致外资比例低于25%,则应补缴所享受的税收优惠。根据这一理解,律师认为,本案例中,目标公司因风投公司单方增资导致外资比例不足25%,并不会导致企业应补缴所享受的税收优惠,因为目标公司最初的外资比例是25%,在目标公司的生产经营和发展过程中,外资一直未退出,目标公司一直保有和应用着已经引进的外资,这一事实,并不因风投公司单独增资而改变,因此,目标公司享受外商投资企业所得税优惠待遇,符合《中华人民共和国外商投资企业和外国企业所得税法》第8条(已于2008年1月1日废止)给予外商投资企业以税收优惠的立法目的,无须补缴所享受的税收优惠。

(四)结论

通过以上分析,律师认为,目标公司因风投公司单独增资导致外资比例降至25%以下,并不改变目标公司作为外商投资企业的企业性质,同时,目标公司外资比例降至25%以下,系因风投公司单独增资而非外资减资所致,其所享受的外商投资企业所得税优惠符合该优惠的立法目的,无须补缴所享受的税收优惠。

三、建议

在完成目标公司所交付的工作任务的过程中,律师通过认真分析和考虑各方的利益要求,审慎地制订兼具可行性和高新性的交易方案,稳步地推进了方案的实施,顺利地完成了工作任务。其中,最为关键的部分在于,律师通过运用所掌握的法律知识和法律理论,成功地帮助企业克服了交易中的一个重大法律障碍,即关于外商投资企业外资比例降至25%以下的法律后果问题。通过这一案例,律师认为,我们在以后的实务操作过程中值得借鉴的经验有:

(1)不停留在简单的规范性分析层面,要全面深入地从法理上分析我们遇到的法律问题,从而给客户更为准确扎实的法律判断。本案例中,对于外资比例降至25%以下是否需要补缴税款问题,并不存在现时有效的明确规范作为支撑,但如若律师据此否定交易方案的可行性,无疑会给客户造成重大的麻烦和损失,而通过法理上的深入分析,并辅以其他规范的支持,律师成功地为客户消除了交易中的重大法律障碍,促进了交易的顺利高效完成。

(2) 不停留在象牙塔形而上的分析中,攻玉还需他山之石。交易方案的设计不能仅仅具有理论上的可行性,律师还必须考虑到其现实的可操作性。本案例中,对于风投公司单独增资是否会导致目标公司需补税,律师虽然从规范和法理层面进行了分析并给出了结论,但是如果不向税务部门进行咨询确认,仍然可能存在一定的交易风险。因此,在非诉法律业务中,律师必须保持对交易方案现时可操作性的充分了解,而这就需要律师要积极与有关政府机构、政府部门进行沟通。

第二章　公司治理

设计平衡控制权的交易方案

北京市嘉润道和律师事务所　龚志忠

一、案例情况

（一）律师工作任务

在不存在根本利益冲突但却陷入交易僵局的情况下，律师的工作是为目标公司实施股权激励和引进风险投资机构提供法律服务，尤其为上述两项交易设计和论证交易方案。

（二）交易背景

目标公司面临或挣脱瓶颈或迅速瓦解的转折关头，经营团队和员工情绪激烈，主要股东却冷眼旁观不动声色，而风险投资机构则跃跃欲试。交易应运而生。

绿盛生物医药有限公司（以下简称“绿盛生物医药”、“目标公司”或“公司”）成立于2007年7月，主营业务为生物医药的新药开发、制造、销售、技术转让等。目标公司注册资本为1 000万元人民币，股东为三方：第一方为绿盛投资控股有限公司（以下简称“绿盛投资”），为国有资产授权经营单位下属二级企业，持股60%；第二方为华生医药股份有限公司（以下简称“华生医药”），为国有控股企业，持股20%；第三方为以张浚龙先生（以下简称“张先生”）为代表的创业团队（以下简称“团队”），持股20%。

公司设立时曾在股东会上口头达成一致，原则同意在公司经营实现盈亏平衡时奖励团队5%的股权；在公司经营实现净资产收益率达到10%时，再奖励5%的股权（但没有约定奖励来源和奖励方式）；此后的股权激励计划届时再行议定。至2010年底，公司实现净利润已超过300万元。

为持续扩大经营规模和增强经营实力，团队一直与潜在私募股权投资机构接触，到2011年初，已经与怡富创业投资有限合伙（以下简称“创业投资人”）达成意向，拟由该创业投资人向目标公司注资1 000万元人民币，持股10%。

团队自2011年初即开始向其他两方股东建议，一并解决对团队的股权激励和引进创业投资人问题，但两方股东都不置可否，而且还对经营团队“自作主张”的行为提出严厉批评。管理层和骨干员工的热情受到挫折,部分人员开始萌生去意,部分人员甚至开始打起利用公司资源为自己谋点私利的主意,大部分员工则人心涣散,公司从第二季度开始出现经营停滞倾向。2011 年 4 月,张先生下决心再做最后努力,在未经董事会、股东会同意的情况下,决定由目标公司聘请律师和会计师进场开展规范的法律和财务尽职调查,同时由律师参与股东间沟通,拟制交易方案,提交全体股东协商,争取尽快获得一致通过。

(三) 法律尽职调查

通过尽职调查可知,公司的基本情况如下:

1. 公司主营业务和盈利模式

尽职调查首先要了解目标公司的盈利模式。一项投资交易是否具有商业价值,一个企业是否具有投资价值,乃至一个企业是否具有存在价值,基础就是这个目标企业是否在从事具有业绩持续增长能力的主营业务。

绿盛生物医药主要通过两类业务来确保业绩的稳定增长,其一是自主开发研制自有知识产权的生物疫苗和生物制剂产品;其二是接受其他医药制造企业委托,提供外包研发服务。自主新药研发如获成功并获注册,未来是自行生产制造并销售,还是与第三方合资、合作、委托生产、销售,取决于未来市场状况和公司自身的能力。

公司目前仍属于研发型企业,成立 3 年多以来,自主开发 18 项,其中 6 项已向食品药品监管部门申请新药注册。公司同时接受外包服务委托 7 项,完成服务 5 项。公司开展业务的资质不存在障碍,签署和执行业务合同也不存在重大瑕疵。公司开展主营业务不存在法律障碍或限制。

根据公司预测,如果成功引进创业投资人,公司将把增资资金用于聘用研发人才、购置研发设备以及进一步扩展服务渠道,当年即将受托研发服务业务规模扩大一倍以上,争取 2011 年度实现净利润 500 万元人民币。

拟注资公司的创业投资人经过初步调查和商务评测后认为,公司如果在 2011 年 6 月底以前完成增资交易,当年度实现 500 万元净利润的目标将有较大可行性,而且今后 3 年的盈利水平将保持每年增加三成以上,公司有望在未来 3 年内完成再次引进私募股权投资及首次公开发行股票并上市,如果能成功上市,则公司就能成功转型为业务涵盖研发、制造、销售和服务领域的综合性企业。

2. 公司治理

律师开展法律尽职调查的重点是目标公司的治理结构,治理结构的骨架是控制权体系。投资人投资企业的低级目标是获得收益(无论是利润分配收益、关联交易收益还是退出差价收益),高级目标是站在全产业链的高度控制或至少影响目标企业的资源、业务和商业模式。一般而言,企业都是资本控制和运营控制并行的双线控制权体系。控制体系的冲突或失序都可能把公司引向僵局甚至死亡。

绿盛生物医药设立程序和出资行为均无瑕疵,设立和存续合法有效。设立三年多以来,没有发生增资、减资、出资转让、组织形式变更、资产或债务重组、董事会或管理层变动等重大变化。公司历史沿革清晰、合法。

关于公司的控制权体系,通过访谈发现在公司现有股东中,绿盛投资作为控股股东,设立目标公司的意图是将团队整合到自己的体系当中,通过实现自己意志的经营团队,持久控制目标公司的经营方向、经营战略和重大经营方案,以实现自己在生物医药领域的突破。该股东是产业投资人,但缺乏生物医药产业的经营经验和经营人才,在自感尚未将目标公司经营团队整合成为自己的组成部分的情况下,同意给予团队股权激励意味着摊薄自身权益,同意引进创业投资人,意味着自己的持股比例将进一步下降到50%的控制线以下,并且还不能排除团队与创业投资人建立一致行动关系的可能。由此可以推断,产业投资人对于股权激励安排和引进创业投资人不能不怀有合理疑虑。创业团队在公司成立时以专利技术和非专利技术以及专用研发设备作价200万元出资,一直认为出资资产的价值未被正确评估,一直希望通过将这些资产实际使用于公司经营并产生收益证明其真实价值,而承认价值的方式就是股权激励机制,因此,对其他两方股东不响应落实股权激励约定的态度非常失望和委屈。团队由4名成员组成,为一致行动人,一致同意张先生作为团队代表持有并行使公司20%的股权,尽管是小股东,但由于控制着核心技术和设备,控制着业务渠道,团队是公司的运营控制人。华生医药在公司设立时受注册地开发园区管委会和创业团队的共同邀请,以部分现金和部分设备作价出资,对公司的实际控制权和公司经营业绩不如其他两方股东关心,但该股东关心公司与自身的试验设施租赁交易和委托试验交易的持续进行。据此可以确认,目标公司呈现双控制权体系,即产业投资人主导的资本控制体系和以张先生为首的创业团队主导的日常经营控制体系。公司主营业务的持续开展对团队存在依赖关系,但在本交易进行前,出现了经营控制权受到资本控制权严重压制的态势。另外,园区管委会对公司及公司的股东均具有非常重大的影响力。

公司股东会保持每年举行一次的记录,公司经营战略、发展规划、经营策略和方案、公司财务预决算、公司机构设置、人事任免等均由团队拟制并提出方案,股东各方通常均不提异议。公司设董事会,由5名董事组成,绿盛投资提名3人,华生医药和团队各提名1人,董事长由绿盛投资提名董事担任。董事会每年也只召开一次会议,与股东会完全重合。董事会和股东会的召开均由团队提议,经绿盛投资审查会议议程及议案并同意后,方才举行。2010年度的董事会和股东会尚未举行,而按惯例,年会应当在4月召开。

公司设总经理1人,由董事会聘请张先生担任;设副总经理1人,由华生医药推荐;设财务总监1人,由绿盛投资推荐;均由董事会聘任。

公司管理层团队和骨干员工都对通过股权激励计划落实自己的权益抱有很高的期望,因此在公司未来完成股份制改造以前,将会持续实施对以张先生为名义持股主体的股权激励,最终将把由张先生代持的股份量化到每一团队成员及员工名下。

公司管理层按会议制实施日常经营管理,总经理办公会每周举行一次会议,议定短期重大经营事项,每年举行两次工作会议,议定半年度和年度重大经营事项。

在日常经营管理层面,公司建立了完整的人力资源、财务、资产、重大决策、业务流程、技术、信息等管理制度,有对应的部门或岗位来执行和监督执行这些制度。有完整的岗位职责和岗位任务描述,有对应的程序考核、评价和奖惩各部门、各岗位完成岗位职责和完成月度、季度、半年度及年度任务的结果。

公司各方股东都没有直接或间接开展与公司相竞争的业务。

绿盛投资与目标公司签订了房屋租赁协议,公司长期租用该股东的办公楼作为经营、管理及研发场所,公司向该股东支付租金。华生医药与公司签订了设备租赁协议和委托服务协议,公司长期租用该股东部分实验设备和设施,且公司将部分具有特定要求的试验项目委托该股东完成,公司向该股东支付设备租金和项目服务费。绿盛投资和华生医药按3:1的比例,为公司一笔500万元的银行借款提供了连带责任担保。

3. 公司基本财务状况

律师开展法律尽职调查的主要工作量是核实目标公司的财务信息,更确切地说,是核实财务信息的法律属性。财务信息是目标企业盈利模式的数量化,是目标企业估值和交易对价的确定基础。律师的任务不在量而在质,就是以财务报表为线索,核实目标企业每一项资产、负债和股东权益的真实性、合法性、有效性和财产权权能的完整性,同样也要核实目标企业每项重大收入和支出的真实性、合法性、有效性。

绿盛生物医药目前主要资产来源于股东投资,非现金资产主要包括华生医药投入的设备和创业团队投入的专利技术、非专利技术和专用设备,以及对部分委托方的应收账款。资产权属清晰,无争议。

公司与股东以外第三方之间的债权、债务关系主要为技术项目服务关系,简单清晰且无争议。尽管如此,公司须高度关注因知识产权权属争议所生之债权、债务和因产品质量、产品安全性和环境保护所生的债权、债务。

公司至2010年12月31日,累计未分配利润账面值为301.29万元。公司盈利对园区提供的优惠政策以及控股股东提供的优惠租金存在一定的依赖关系。

4. 交易可行的基础

实施股权激励和引进风险投资机构有没有商业要件上的障碍?

现有股东都一致认可公司盈利模式,创业团队的技术独特性、营销渠道熟悉性和经营能力经受住了实践考验,公司经营业绩稳定良好,公司设立和历史沿革简单清晰,资产和债权、债务无争议,财务管理尚属规范,对私募股权投资人有比较大的吸引力。现有股东和拟注资的创业投资人都期望并相信,如果成功引进本次风险投资,公司很有可能在未来3年内再次引进私募股权投资,继而申请首次公开发行股票并上市。

对创业团队进行股权激励，股东各方并无异议，且是园区和控股股东当初吸引团队在园区落户创业允诺的条件（包括允诺协助公司和团队办理股权激励的个人所得税减免或补贴等一应手续），尤其在公司已经实现盈利，又有创业投资人高溢价注资，现有股东的持股已经大幅增值的情况下，需要解决的问题主要是程序合法问题。

实施股权激励和引进风险投资有没有法律要件（尤其是法律程序）上的障碍？

实施股权激励和引进风险投资不违反法律、法规的规定，而且是成熟通行的商业交易。就绿盛医药生物而言，不存在妨碍、限制和禁止各方从事交易的任何法律障碍。尽管绿盛医药生物属国有控股企业，在不发生国有产权转让交易的情况下，无须进入产权交易所进行公开挂牌交易。如果以增资方式设计交易结构，则交易也无须经过投资项目立项审批、规划及土地审批、环境评测以及医药行业审批等外部行政许可程序。除交易完成后目标公司的章程修正案可能受到工商行政管理部门的质疑外，完成交易的程序不应存在其他重大不确定性。

5. 影响交易的结点

为什么会出现僵局，尤其在盈利模式和财务结果喜人的情况下？

从分析利益诉求着手寻找答案。

要成功实施对团队的股权激励和引进风险投资，必须顾及和平衡各方的重大利益诉求。绿盛投资最关注对目标公司的控股地位和资本控制权，经过对团队股权激励和引进创业投资人两次摊薄，绿盛投资的持股比例将降至50%以下，与之对应的董事席位也将降至半数以下。如果这成为事实，目标公司赚再多利润也意味着是别人成功而不是绿盛投资成功。更何况绿盛投资的志向是产业内的地位，而不仅是个别企业的经营业绩。因此，对绿盛投资而言，交易方案需要满足的首要目标是该股东不丧失对董事会的实际控制，不丧失第一大股东地位，并且，在需要的时候，该股东还应当能够便捷地重新拿回对公司的绝对控股权。团队则最关注两件事：实施股权激励实现自己的阶段价值；引进创业投资人以实现自己的长远价值。考虑到华生医药与绿盛投资之间的联系，引进风险投资机构还将有助于优化股东结构，缓解和平衡运营控制权与资本控制权之间的冲突。由于在一定期间内绿盛投资并无能力直接操控目标公司的经营活动，但该股东在园区内具有很强的协调能力，能够为团队提供一个良好的经营环境，因此，团队也应该愿意维护绿盛投资对目标公司的控股地位和资本控制力。创业投资人对公司前景非常看好，因此愿意以高溢价注资公司，也非常支持在保持现有股权格局和实际控制权现状不变的前提下对创业团队进行股权激励。创业投资人关注的是业绩对赌、优先退出等私募投资机构通常关注的问题。华生医药在公司创立时，即是受园区和团队共同邀请作为小额战略出资人持有公司股权，其关注的重点是与公司之间的管理交易得以持续，在有未来上市预期的情况下，也非常支持引进风险投资机构，另外，在资本控制权与运营控制权之间,更倾向于支持资本控制权。

6. 对交易可行性的综合评价

有了调查和分析,律师就有信心得出以下明确结论:

实施对团队的股权激励和引进创业投资人不存在重大商业障碍、重大法律障碍和根本利益冲突,只要交易方案设计得当,交易程序也将非常便捷,打破僵局实现共赢,只是方案设计的技术问题了。

交易方案应当确认三个重点:在绿盛投资和创业团队之间平衡资本控制权与运营控制权,且优先确保绿盛投资的控股地位和资本控制权;在创业团队和其他投资人(尤其是团队与其他股东的业绩对赌安排)之间平衡,且优先确保落实对团队的股权激励;交易程序须不违反企业国有产权交易的制度规范约束。

(四)交易方案

方向和道路确定以后,律师迅即提出按照实施股权激励和引进风险投资两步操作的交易方案,交易形式均为对目标公司增资。方案要点如下:

1. 实施股权激励

(1) 处置未分配利润

以2010年12月31日为基准,在从累积未分配利润301.29万元中提留法定公积金和盈余公积金31.29万元后,提取奖励基金100万元奖励给团队,剩余未分配利润170万元按出资比例向股东分配。

(2) 团队增资

团队将获奖励的100万元、获利润分配的34万元并另加现金6万元,合计140万元,仍以张先生的名义增资投入公司。

(3) 公司首次变更注册资本

增资完成后,公司注册资本由1 000万元变更为1 140万元,其中,绿盛投资出资600万元,占比52.63%;华生医药出资200万元,占比17.54%;团队出资340万元,占比29.83%。工商变更登记在2011年5月底以前办理完毕。

2. 引进风险投资

(1) 审计评估

以2011年5月31日为基准日,对公司进行财务审计和净资产评估,审计、评估结果按国有资产管理体制报绿盛投资的母公司备案,同时也按园区管理制度报园区管理委员会备案。

(2) 风险投资

创业投资人以现金一次性向公司注资1 000万元,其中127万元为增加注册资本,873万元为增加资本公积金。

(3) 第二次变更注册资本

本次增资完成后,公司注册资本由1 140万元变更为1 267万元,其中,绿盛投资出资600万元,占比47.4%;团队出资340万元,占比26.8%;华生医药出资200

万元,占比 15.8%;创业投资人出资 127 万元,占比 10%。

(4) 组织机构及重大规则

公司董事会改由 7 名董事组成,绿盛投资提名 3 人,团队提名 2 人,华生医药和创业投资人各提名 1 人,董事长仍由绿盛投资提名董事担任。董事会设战略委员会、审计及风险控制委员会以及提名及考核委员会等三个专门委员会,战略委员会主任由董事长兼任,审计及风险控制委员会主任由创业投资人提名董事兼任,提名及考核委员会主任由团队提名董事担任。公司设监事会,由 3 名监事组成,其中 2 名由公司职工大会选举产生,1 名由创业投资人提名。公司总经理继续由张先生担任,设常务副总经理 1 人,由绿盛投资推荐;设财务总监 1 人,由创业投资人推荐,财务经理 1 人,由产业投资人推荐;均由董事会聘任。根据需要,总经理可以提名若干副总经理及其他高级管理人员,经董事会提名与考核委员会预审后,报董事会聘任。公司制定股东会议事规则、董事会议事规则、董事会专门委员会工作细则、监事会议事规则、总经理工作守则、总经理办公会议事规则等制度。

(5) 一致行动

产业投资人与华生医药建立一致行动关系,华生医药及其提名董事均将其在目标公司股东会和董事会的表决权,委托绿盛投资及其提名董事代为行使。

(6) 优先增资

如果发生:①医药公司解除与绿盛投资的一致行动关系;或②现有股东非同等比例对公司增资(包括但不限于对团队继续实施股权激励计划);或③第三方对公司增资等情形之一,则绿盛投资均有权选择单方对公司实施增资,以实现该股东对公司的持股比例保持在 47.4% ~51% 区间,增资对价按照增资前最近一个季度末公司经审计净资产值确定。股东以外的任何第三方对公司增资的对价条件不得优于创业投资人本次增资的对价条件。如果第三方对公司增资,则创业投资人有权选择以同等条件一同增资,以实现创业投资人对公司的持股比例保持不变。

(7) 优先受让

如果现有股东拟出让所持公司股权,则产业投资人有排他的优先受让权,按照同等价格条件优先受让部分或全部拟转让股权,以实现该股东对公司的持股比例保持在 47.4% ~51% 区间。

(8) 优先出让

如果发生:①绿盛投资出让股权至其不再为目标公司第一大股东;或②团队出让股权合计达到注册资本的 10%;或③公司连续三年亏损;或④公司引进第三方增资且其对价条件优于创业投资人本次增资的对价条件;或者⑤公司 5 年内没有实现首次公开发行股票并上市等情形之一,则创业投资人有权要求公司立即回购或由现有股东优先收购创业投资人所持全部或部分股权,对价为本次增资本金附加 10%/年的收益,已分配利润可以冲减。如果公司未回购或其他股东未收购,创业投资人可以向第三方转让,转让对价与前述约定对价的差额由公司和现有股东连带补足。另外，在任何情况下，只要产业投资人或团队拟出让所持公司股权，创业投资人均有权要求受让方优先受让自己所持公司的股权。

（9）对赌机制

如果公司税后利润于 2011 年度、2012 年度和 2013 年度分别超过 500 万元、1 000万元和 1 500 万元，则超过部分的 70% 用于奖励团队；如果团队希望用奖励资金增资于公司，则团队有权按上年年底公司经审计净资产对价认购公司股权，增资时公司所在地仍然执行个人所得税优惠政策的，由绿盛投资协助公司办理优惠手续。如果公司税后利润于 2011 年度、2012 年度和 2013 年度分别不足 300 万元、700 万元和 1 000 万元，则团队不参加上年度利润分配，其应获利润分配由其他三方股东按相互之间的持股比例分享该部分税后利润。如果公司未来 3 年，在任一年度出现亏损，则亏损额由团队补足；不能补足的，团队将按上年年底经审计净资产对价折算的对应亏损额的出资额，无偿转让给其他三方股东，其他三方股东按相互之间的持股比例受让该等出资额。

（10）持续关联交易

确定公司与绿盛投资之间的房屋租赁交易，与华生医药之间的设备及设施租赁协议以及委托试验服务协议均为正常的持续关联交易，每年度的交易金额列入公司财务预算一并审批，如果发生交易额变动超过 30%，则根据股东会议事规则和董事会议事规则规定的权限和程序，按关联方回避原则，进行特别审批。

（11）知识产权

当绿盛投资对公司的持股比例低于 30% 且不再成为第一大股东时，公司停止使用与绿盛投资相同的字号。与此同时，团队有权自己或指定第三方评估价值，优先收购公司专利技术和非专利技术及专用设备。

（12）股份制改造

公司将择机完成由有限责任公司整体变更为股份有限公司的工作，在此之前，将根据需要修订公司章程中关于“优先出让”和“对赌机制”的规定。

（五）交易结果

律师准备好尽职调查报告和交易方案后，择机向绿盛生物医药全体股东和园区管委会进行了一次全面汇报，当即获得各方一致认可。律师和团队随即又与创业投资人进行了交流，也得到了全面支持。交易方案遂于 2011 年 5 月中旬经目标公司董事会和股东会通过，上报绿盛投资董事会及其上级主管单位并获得批准，同时获得了园区管委会的同意。目标公司的审计和评估结果于 2011 年 6 月下旬办理了备案程序。

目标公司于 2011 年 5 月底办理了实施股权激励后团队增资的注册资本变更登记手续。

绿盛投资、张先生、华生医药和创业投资人与目标公司于 2011 年 6 月下旬，共同签署了创业投资人对目标公司注资的《增资协议书》和修订后的《公司章程》。

创业投资人于2011年6月下旬向公司一次性拨付了1 000万元增资资金。

公司在绿盛投资和园区管委会的协调下，办理完毕引进创业投资人增资的注册资本变更登记手续，一开始被工商管理部门以不符合格式文本为由不予受理的公司章程修订文本也获得了备案。

二、案例评析

（一）公司业务中律师拟制交易方案的基本思路

参与交易方案制订，是律师从事公司业务活动中最能体现自身智慧成色和最能提高劳动附加值的部分。

实践中，交易参与方最关心的是交易的三大商务问题：第一，交易是否及如何优化（或至少不损害）目标公司的盈利模式；第二，交易是否及如何平衡目标公司的资本控制权和运营控制权；第三，如何确定公允平衡的交易对价。这本是投资银行的服务专长，但律师也应当有兴趣、有信心参与一下。在本案例当中，由于目标公司的盈利模式和交易对价在交易各方当中高度一致，设计交易方案和确定交易商务要件就主要是设计实际控制权架构了，而这正好给律师秀一秀自己的智慧提供了机会。

确定了大思路，律师通过运用专业技能，进一步协助客户（及其财务顾问）构思并与其他交易当事方协商确定交易的法律结构——交易主体、交易标的、交易内容、交易条件和交易程序，通过公司要素的重新组合，实现公司及其各方股东都获得能够便捷实施且具有持久安全保障的投融资利益。就“交易主体”而言，有两个最主要的问题需要明确：第一，应当由谁和谁发生交易（进而延伸为是转让交易还是增资交易，是不是涉及目标公司组织变更）；第二，每个当事方参与交易的利益诉求是什么。

就“交易标的”而言也是两个主要问题：第一，是选择权益交易还是选择非权益资产交易；第二，如何公允确定交易对价及选择适当的对价支付方式。“交易内容”需要解决的主要问题是，应当对参与交易的每一方设定哪些权利和义务，完成哪些行为以及承担哪些责任。“交易条件”要明确的是交易成立、生效、履行、变更、解除、终止的条件，以及不能实现预定交易目的的补救措施。“交易程序”则需要明确从“现状”到“交易完成”两点之间的工作路径。

设计交易方案的依据来自两个方面，其一是尽职调查结果，其二是具有约束力的现有规范性文件，即事实证据和法律依据。

两种中介机构都能为交易方案的设计和确定贡献不可替代的力量，他们是投资银行和律师，即交易的财务顾问和法律顾问。财务顾问侧重于确认交易所改善的企业商业模式和量化的交易公允对价;法律顾问则侧重于确认交易所改善的治理结构和这个治理结构的合法有效性。作为成熟社会中的营利性组织,公司治理的使命并不仅仅是有效稳定公司的控制权体系和平衡公司与其利益关系人(股东及实际控制人、管理层、员工、交易伙伴、消费者和政府)之间的利益冲突,更主要的是在现有商业模式的运行过程中,提高资源配置的效率并且防范和控制运行风险。

(二)关于公司业务中开展尽职调查的基本思路

在公司权益交易活动中,"信息不对称""信息地雷"是概括案例失败原因的常见词汇,"尽职调查"也是高频率出现的词汇。准备完成一个真实交易的各方,都希望这个交易是持久安全的,对自己的风险影响是有限的和可控制的,对自己的收益是能够可靠预期的。这需要各方都作出正确的判断和正确的决策。当事人不能仅凭登记公示的公司信息进行投资交易,律师也不能仅凭登记公示的公司信息参与投资交易的方案制订、将交易方案落实为交易文件以及发表法律意见,因为公示信息通常不反映公司的实际控制权关系、不描述公司的实际业务活动、不登记公司的详细财产状况和财务状况、不记录公司的经营管理活动。因此,交易各方都需要通过商务尽职调查活动、法律尽职调查活动和财务尽职调查活动获得真实、准确和完备的信息,来支持自己的决策过程和决策结论。

律师开展法律尽职调查的任务有四大项:

(1)了解公司投资交易意义上的四大要素;

(2)汇集确定交易目的和交易方案所需要的核心信息;

(3)寻找、发现和确认构成交易风险与障碍的所有信息;

(4)为制作交易文件和发表法律意见,积累事实证据。

投资交易意义上的公司四大要素包括:主营业务要素、控制权要素、财务要素和运营要素。这些要素将回答如下问题:

(1)这个公司依赖制造什么样的产品或提供什么样的服务,满足哪些消费者的哪些消费需求,来确保自己得以持续存在和持续成长?

(2)这个公司归谁所有,由谁控制?

(3)这个公司占用了什么样的资源并取得了什么样的经营结果?

(4)这个公司由谁在打理,是如何打理的?

就律师设计交易方案而言,对法律尽职调查最具重要意义的公司要素是控制权要素。

三、建议

(一)关于对赌机制和优先退出机制的合法性

对赌机制经海外投资人引进以后,现在已经成为财务投资人在国内进行私募股权投资时惯常要求的投资条件,也已经成为国内企业普遍接受的股权融资条件。尽管已经普遍采行,但实务界和理论界对对赌条款的合法和有效性存有疑虑,主要争议点有两个:一是管理层股东与投资人(或/和其他现有股东)之间的业绩对赌约定,要求前者承担经营利润保底责任,是否违背了股东权利义务平等原则和投资风险共担原则;二是约定投资人行使优先退出权时,预先约定公司或其他股东须按照投资人的出资本金额加固定年收益率回购后,收购投资人的出资,是否也同样违背股东投资风险共担原则,是否涉嫌名为投资实为借贷,甚至是否涉嫌非法集资?就业绩对赌而言,目前已经发生控股股东在披露上市公司盈利预测的同时披露盈利保底金额,并承诺如果上市公司不能实现保底金额,则由控股股东补足差额的情形,在发生上市公司重大重组时,此类承诺尤为常见。就投资人优先退出而言,只要不是国资转让须进场公开交易及外资转让须按评估价值确定对价,实践中股权转让各方按约定价格转让股权也是常见的情形。然而,问题的实质并不在于实务操作,而在于公司法制度体系中是否应当根据不同特性的投资人及其投资活动,设定不同种类的出资并确定不同种类出资的权利义务范围。我国《公司法》第127条第1款就股份有限公司的股份规定:"股份的发行,实行公平、公正的原则,同种类的每一股份应当具有同等权利。"第132条同时规定:"国务院可以对公司发行本法规定以外的其他种类的股份,另行作出规定。"可见,我国《公司法》对不同种类的股权不是没有留有余地的,至少对股份有限公司是这样。考虑到财务投资人是以在有限的未来溢价时退出公司为目的投资于公司的,且通常不参与公司的日常经营管理,因此,此类投资人在行使收益权、参与重大决策权、选择管理者权乃至知情权和退出权等方面,应该也可以与其他投资人有不同的特点。基于此,政府部门应当总结近十年来国内创业投资、私募股权投资的经验教训,尽快制定符合市场发展需要的中国股份有限公司优先股股份发行和交易规定。

(二)关于公司章程格式条款

《公司章程》(包括《章程》修正案)起草是律师开展公司业务中必须完成的基础工作之一。律师在起草《公司章程》条文时,应当遵照外部规范性文件的制约,包括:有关公司法律的规定,包括《公司法》《公司登记管理条例》以及例如《公司注册资本登记管理规定》等部门规章的规定;有关特定行业或产业监管的法律规定和部门规章规定，例如《商业银行法》《股份制商业银行公司治理指引》《商业银行内部控制指引》等；有关信息披露的法律规定和部门规章规定，例如《证券法》《上市公司章程指引》《上市公司治理准则》《商业银行信息披露办法》等；以及有关特定投资主体监管的法律规定和部门规章规定，例如《中外合资经营企业法》及其实施细则，以及如《外商投资广告企业管理规定》等部门规章的规定。然而，除此之外，律师也时常受到工商登记机关的“格式文本”的困扰。登记机关为方便投资人和公司，制作了《公司章程》格式文件供参考和采用，这样的行为本值得肯定，但在实践中，登记机关会仅以“格式不符”为由，不受理当事人经过内部法定程序批准的《章程》文本，而强制当事人采用其提供的格式文本，甚至采用内容莫名其妙（例如“公司法定代表人由公司股东会选举产生”）的文本。不过，事实上，登记机关并不是一视同仁地执行其对格式文本的采用标准，如果《章程》文本已经经过其他行政部门前置审批批准，或者在拒绝受理后有其他管理部门出面协调，则登记机关可能就不再坚持其要求。可见，实践中确有必要由国家工商行政管理总局明确重申《公司法》和《公司登记管理条例》规定的原则，即对于当事人提交备案的《章程》文本，除非其内容与法律和部门规章相违背，登记机关均应予以备案而不应加以干涉。认为涉嫌内容与法律和部门规章相违背的，应当指明所违背的法律和行政法规的具体条文，并释明构成违背的理由。同时，登记机关提供的格式文本仅供当事人参考和自愿采用。

如何打破公司股东僵局

——由一起典型案例说起

天津允公律师事务所　杨威　郭静

一、案例情况

四方公司成立于1998年，注册资本100万元，由甲、乙二人投资设立，其中甲出资60万元，占注册资本的60%；乙出资40万元，占注册资本的40%。股东甲担任公司法定代表人兼任公司执行董事职务。

公司成立之初，两人志同道合，齐心协力，公司生意日渐兴隆。随着公司规模日益壮大，两人在公司经营方向、理念上存在严重分歧，同时由于性格差异，两人矛盾日渐加深，冲突不断升级，从言语冲突升级到肢体冲突，已经完全形同陌路。

其中甲通过优势地位逐渐对公司的人、财、物实现全盘控制，乙的股东身份完全被架空，已经形同虚设，公司管理权、决策参与权、资产收益权、公司事务知情权等均无法实现。且由于甲、乙两人的争斗，导致公司内部人心惶惶，经营管理严重混乱，公司业绩急转直下。

为摆脱困境，股东乙曾向股东甲以及四方公司提出以股权转让或回购股份的形式退出公司，或收购甲持有的四方公司股份，但甲明确表态，“既不同意买，也不同意卖”，双方僵局无法打破，无奈之下，股东乙向我所律师寻求解决办法。

本案属于典型的公司僵局。所谓公司僵局，是指公司在存续运行过程中由于股东或董事之间发生分歧或纠纷，且彼此不愿妥协而处于僵持状况，导致公司不能按照法定程序作出决策，从而使公司陷入无法正常运转，甚至瘫痪的事实状态。有限责任公司兼具资合性和人合性。而人合性即股东间的个人信任关系是有限责任公司的本质特征，也是有限责任公司成立、存在和发展的前提。公司的存续以股东间的良好信用和合作关系为纽带，一旦股东之间无法和谐共处，势必导致公司无法召开股东会或无法形成有效决议，无法形成正确的经营管理决策，最终将使公司法人治理陷入瘫痪境地。公司僵局无论对公司还是对股东的利益，都会构成严重的损害。

对于公司来讲，因经营决策无法作出，公司的业务活动不能正常进行。因管理的瘫痪和混乱，公司的财产在持续耗损和流失。因相互间争斗，股东和董事大量的时间和精力被无谓耗费。

对于弱势股东来讲，如果想撤出公司，可以通过股权转让或回购股份的形式退出公司，但在实践中，在股东关系破裂的情况下，很难在股东内部就股权转让达成一致。譬如本案，股东甲明确表态：既不同意买，也不同意卖。而在股东之外，通常也很难找到一个愿意接受内部关系混乱的公司股份的购买者。弱势股东通常只能选择维持斗争，扩大消耗或干脆放弃行使股权任人宰割的无奈方式。该种情形下，如何打破公司僵局，如何寻求司法救济，维护股东以及公司的双重利益，成为不容忽视的问题。

二、案例评析——我国关于解决公司僵局问题的司法途径

2006 年 1 月 1 日修订后的《公司法》实施，其中第 183 条规定："公司经营管理发生严重困难，继续存续会使股东利益受到重大损失，通过其他途径不能解决的，持有公司全部股东表决权百分之十以上的股东，可以请求人民法院解散公司。"

这是我国第一次通过立法的形式确认了公司的司法解散制度，为公司僵局的有效解决提供了司法救济途径。但因法律条文规定较为简单，对如何界定公司经营管理严重困难等问题，均未作出明确规定。审判实践中，法院不能形成统一认识。2008 年 5 月 19 日，最高人民法院《关于适用〈中华人民共和国公司法〉若干问题的规定（二）》[以下简称《公司法若干问题的规定（二）》]出台，该规定第 1 条对公司解散的事由、股东的资格等问题作出了较为明确具体的规定，使股东解散公司更具备操作性和实用性。

（一）关于提起公司解散的事由

《公司法若干问题的规定（二）》第 1 条规定："单独或者合计持有公司全部股东表决权百分之十以上的股东，以下列事由之一提起解散公司诉讼，并符合公司法第一百八十三条规定的，人民法院应予受理：（一）公司持续两年以上无法召开股东会或者股东大会，公司经营管理发生严重困难的；（二）股东表决时无法达到法定或者公司章程规定的比例，持续两年以上不能作出有效的股东会或者股东大会决议，公司经营管理发生严重困难的；（三）公司董事长期冲突，且无法通过股东会或者股东大会解决，公司经营管理发生严重困难的；（四）经营管理发生其他严重困难，公司继续存续会使股东利益受到重大损失的情形。"

综上，《公司法若干问题的规定（二）》结合我国实际，采用列举与概括相结合的方式，规定了公司僵局的具体事由，既易于司法实践操作，也没有排除因公司压迫和权力滥用而提起解散公司诉讼的可能性，既忠实于《公司法》的立法精神，又增强了《公司法》的可操作性，是本《公司法若干问题的规定（二）》的一大亮点。

（二）关于提起公司解散的股东资格问题

《公司法》第 183 条规定了提起解散公司的股东，应单独或合计持有公司全部股东表决权 10% 以上的股东。

《公司法》之所以作出此规定，主要是为了防止个别股东恶意诉讼，以期通过对股东所持股份比例的限制，在起诉股东和其他股东之间寻求一种利益上的平衡。

（三）公司解散中公司及其他股东的诉讼地位问题

《公司法若干问题的规定（二）》第4条规定："股东提起解散公司诉讼应当以公司为被告。原告以其他股东为被告一并提起诉讼的，人民法院应当告知原告将其他股东变更为第三人……"

根据以上规定，公司出现僵局后，股东提起解散公司诉讼的，应当以公司作为被告，而公司其他股东的诉讼地位为诉讼第三人。

另《公司法若干问题的规定（二）》对提起公司解散能否一并要求清算、能否申请证据保全和财产保全，法院应注重调解解决等问题，也均作出了明确的规定，此处笔者不再赘述，具体可参见《公司法若干问题的规定（二）》。

三、案例评析——其他国家关于解决公司僵局问题的司法途径

（一）日本

《日本商法典》第406条第2款规定，下列场合有不得已事由时，持有相当于已发行股份总数1/10的股东，可请求法院解散公司：（1）公司在业务执行上遇到显著困难，对公司产生不可恢复的损害或损害之虞时；（2）公司财产的管理或处分显著失当，危及公司的存立时。

（二）美国

《美国示范公司法修订本》14-30-2规定了司法解散，确认法院可以解散一家公司，如果公司的股东向法院提起解散请求，并且证明以下事项中的一项：（1）董事在经营公司事务时陷于僵局，股东没有能力打破这一僵局，并且不可补救的损害正威胁着公司或公司正遭受着这一损害，或者正因为这一僵局，公司的业务或事务不再像通常那样为股东有利地经营；（2）董事们或者那些支配着公司的人们的行为方式曾经是，正在或将会是非法的、压制性的或欺诈的；（3）在投票力量上股东们陷入僵局，他们在至少两次年会内不能选出任期已满的董事的继任者；（4）公司资产正在被滥用或浪费。

（三）德国

《德国有限责任公司法》第61条规定，如果公司所追求之目的不可能达到，或者存在由公司其他情况决定的、应予解散的重大理由时，公司可以通过法院判决而解散；解散之诉针对公司提出，只能由其股份相加至少达到基本资本1/10的股东提出。

综上，世界其他国家针对公司僵局问题，亦作出了通过提起公司解散之诉寻求司法救济的规定，我国关于打破公司僵局的法律规定，也是吸收借鉴了大陆法系和英美法系的双重成果。

四、案例评析——司法解散的立法意义

司法解散制度的确立具有重大意义。首先，保障了股东在公司无法实现其预期经营收益目的情况下的退出机制。公司本就以盈利为目的，公司虽然具有法律上的独立人格，但终究无法摆脱股东的控制。如果公司经营陷入僵局，无论对公司、对股东抑或对于社会资源均是极大浪费，退出机制的建立，有助于减少这种浪费。其次，公司解散制度，极大地保障了弱势股东的权益，用司法的方式可以加强股东间合作的公平性与合理性，可以维护社会经济生活的正义性。

综上，建立司法解散公司制度，对于化解公司僵局，解决股东矛盾，体现股东的权利需求，为受到侵害的股东特别是中小股东提供了有效的司法救济途径。具体到本案，律师通过与股东乙的深入沟通，通过与股东甲以及四方公司其他人员的接触，意识到双方已无继续合作的可能，在双方不能就股权转让事宜达成一致、四方公司经营管理严重困难的前提下，从维护股东乙以及四方公司利益的角度，或许最好的出路就是解散四方公司。据此，在搜集整理相关证据的基础上，股东乙将解散公司的一纸诉状呈至天津市某法院，鉴于公司解散案件在司法实践中较为少见，法院对于公司解散案件的受理都较为慎重，起初并未受理本案，后在律师力争下，通过与法院反复沟通，法院最终受理了本案。

本案在审理过程中，存在以下焦点问题，包括：公司解散案件是否要求股东穷尽其他合法途径不能解决？符合《公司法》及司法解释中关于公司解散的受理条件，在双方股东不能调解解决时，是否必须要解散公司？如果不能判决解散公司，如何最大限度地维护弱势股东的利益？鉴于上述问题并非个案出现，而是普遍存在于其他公司解散的司法实践中，而《公司法》以及相关司法解释对此规定不甚明确，如何处理上述问题，有一定的挑战性和前瞻性。下面笔者结合代理本案的心得体会，作出合理的探讨和研究。

五、律师观点——通过其他途径解决是否股东提起解散之诉的前置程序？

笔者注意到，对于《公司法》规定的“通过其他途径不能解决的”这个前置性条件，《公司法若干问题的规定（二）》中并未作出要求，在司法实践中，股东提起解散公司之诉，是否必须满足这一前置条件呢？目前实务界尚存在不同的看法。

笔者认为，《公司法》规定这一前置条件，是基于对公司永久性存续特征考虑的，毕竟解散公司是对公司一种最为严厉的制裁，一旦解散不可逆转。《公司法》的立法本意应系当公司经营管理发生严重困难，继续存续会使股东利益受到重大损失时，还是希望公司能够通过公司自治等方式解决股东、董事之间的僵局，从而改变公司瘫痪的状态，而不轻易赋予股东通过司法程序强制解散公司的权利。因此，

笔者认为，人民法院在受理解散公司诉讼案件时，应当适当审查这个条件是否成就，防止个别股东滥用僵局诉讼制度。至于法院审查的形式，笔者认为，法院应进行形式审查，而非实体审查，防止法院借此为由驳回原告的解散公司诉讼。另笔者认为，对于其他途径不能解决，应作扩大理解，应当包括“可望而不可即”的情况，即股东可能知道有途径可以解决公司的僵局，但由于所持股份有限，不能实施这些途径，这也应当属于“穷尽了其他合法途径”。

本案起诉前，律师曾协助股东乙多次与四方公司以及股东甲联系，并向对方寄送了书面的股权回购或转让申请。通过律师的调解和沟通，股东甲的态度有所转变，由开始的“既不同意买，也不同意卖”转变为“同意买，价格要合适”。应当说股东甲的态度出现了改变，但是双方对于股权价格差异过于悬殊，在多次协商未果，不排除股东甲借机拖延时间，转移公司资产可能的情况下，股东乙果断向法院提起了公司解散之诉。

六、律师观点——判决公司解散的标准如何确定？

《公司法》以及《公司法若干问题的规定（二）》对公司强制解散的条件作出了一系列规定，但是司法实践中，即便满足上述条件，是否一定要解散公司？笔者认为对此应谨慎考虑，判定公司强制解散不应仅考虑维护弱势股东的利益，更应把握公司有无可能继续存在的原则，在这一原则的基础上，至少应满足如下客观要件：

1. 公司股东会或董事会无法正常召开或正常形成决议，公司治理结构陷入瘫痪，不能进行正常的生产经营；

2. 公司财务陷入严重困难，濒临破产或倒闭，已无挽救可能；

3. 优势股东滥用权力，严重侵害弱势股东的权益，股东合作基础丧失，公司存续将使原告股东权益继续受到重大损失；

4. 通过其他途径不能解决。

如果符合上述客观条件，有理由认为公司已经失去盈利能力，则其不再具有存在的必要，笔者认为可判令公司强制解散。

在代理本案的过程中，关于四方公司是否符合解散条件这一本案焦点问题，各方曾展开激烈的争论。笔者认为，双方股东的利益冲突、权利争执以及情感的对抗，已经发展到登峰造极的程度，各方之间已经丧失了最起码的信任，相互合作的基础已完全破裂。由于两位股东严重不和，导致公司运行机制完全失灵，公司的财务、生产经营管理都已受到严重影响。目前公司的僵局，无论对公司还是对股东的利益都构成严重损害，在本案审理中，股东甲也表达了由于目前公司经营管理困难，已不想继续经营管理公司的看法。笔者认为，在双方不可能继续合作，四方公司的存续已不可能带来更多市场价值、实现资本增值的现状下，如果解散四方公司，双方股东均可以自立门户，更好地实现自身权益，达到资本增值的目的，因此解散公司不仅是维护股东乙利益的需要，也是合理解决本次股东纠纷的最佳选择。

笔者的观点得到了法官的认同，后股东甲在权衡利弊后，改变了看法，决定以合理的价格受让股东乙的股权，使得本案最终进入了调解程序。

七、律师观点——在股权转让或回购中，如何合理确定股权价值？

法院在调解过程中，要求公司或其他股东以公平合理的价格购买原告股权，不仅可以使受害股东公平合理地退出公司，同时可以不影响公司的正常存续，是各国广泛采用的最有效的解决方式。但如何确定收购价格，往往会成为最大障碍。原告与被告作为存在不可调和争议的双方或多方股东，如果不能就股权价值评估事宜达成一致，且一方不同意另一方提出的股权价值评估申请时，法院往往由于没有法律依据而缺乏强制性手段，使得这一问题的解决又重新陷入困境。笔者建议，立法中可以增加法院在这一情况下依职权决定强制评估的权利，如果强势股东对此提出异议，法院可以考虑在此种情形下判令公司解散的合理性和公平性。

本案中，股东甲明确表态同意受让股东乙的股权，但是双方对股权价格认知存在较大分歧，后股东乙向法院提交了审计申请和评估申请，法院经过反复研究，最终同意了股东乙的上述申请，此时股东甲的态度发生了明显的改变，主动向法院提出了一个最终被股东乙接受的股权价格，为双方本次事宜的解决画上一个圆满的句号。

八、结论

公司解散制度为打破公司僵局，维护弱势股东利益提供了最有力的司法保护和救济措施，弱势股东借此法律武器可以对公司以及强势股东予以制约，进而为化解各方纠纷和矛盾奠定良好的筹码。但同时我们也应当看到，公司解散往往涉及包括公司、股东、交易第三人、职工等在内的多方主体，利益平衡工作量大，难度高，由此可能会造成公司商标、商誉、专用技术等无形资产价值的减少，公司的最终解散往往带来伤筋动骨的损害和影响。

笔者认为，在维护弱势股东利益的前提下，为了尽可能地避免解散公司带来的不利影响，法院在此类诉讼中，应充分发挥调解的作用，甚至可以将调解设定为必经程序，在并非必然导致公司解散的情况下，积极寻找强制解散的有效替代方案，促使股东、董事之间达成和解或者对公司进行必要的整顿，诸如责令公司修改章程、撤销或变更公司决议等。尽量发挥股东退出机制的作用，让“股东离散”而非“公司解散”，通过股权转让等方式达到拯救公司的目的。而在股东之间就股权价格存在分歧时，应当赋予法院依据职权强制评估股权价值的权力，如果强势股东提出异议，从维系法律的公平、公正性角度，应当付出解散公司的代价。

有限责任公司的司法解散制度需要在立法与实践层面不断地丰富和完善，笔者作为法律工作者，将继续深入研究，并希望与广大同行相互学习与交流。

股东会能否推翻董事会的决议

福建天衡联合律师事务所　张东平　廖文斌

一、案例情况

某公司董事会经过适当程序，在其职权范围内作出了一项出卖其房产的决议，该决议遭到公司大股东的反对，并要求董事会撤销。但董事会认为，该决议是其在职权范围内依章程规定程序作出的，且有利于公司的发展，拒绝撤销。大股东遂召集股东会，通过了撤销董事会该项决议的决议。

二、案例评析之比较法分析

争议焦点：股东会能否否决董事会的决议？

我们在公司法实务中经常遇到与前述案例类似的情形。对于此种情形，我国《公司法》及其司法解释没有明确的规定，学界观点不一，实践中也做法各异，造成了实务处理的困扰。因此，对此问题的研究探讨十分必要和迫切。

对于前述股东会与董事会决议的冲突问题，先通过比较法的分析对主要国家或地区的相关法律规定进行研判，可为我国相关问题的解决提供一定的借鉴和参考。

（一）英美法系国家的公司法规定

英美法系国家对于公司的治理，推崇的是集中管理，公司所有权与经营权相分离，由董事会享有公司的经营管理权，并随着公司规模的扩大化和股东的分散化，逐步形成了"董事会中心主义"。

1. 英国

英国公司法对于股东会与董事会职权的分配没有具体规定，除了一些重大事项必须由股东会作出决议外，一般而言都是由公司章程规定，但公司经营管理权限一般由董事会掌握，股东会与董事会各自行使章程所分配的职权，不得随意干涉对方的权限。英国公司法专家、英国公司法检讨组成员保罗·戴维斯指出："法官们在20世纪一开始就抛弃了董事是股东（能够通过普通决议投票在任何时候指导董事会做什么，不做什么的人）代理人的观点，转而采用了董事会是公司章程性机构的观点，通过这些他们对管理层拥有独立的职能这种认识作出贡献。如今公司章程被当作是在股东大会和董事会之间划分公司权力的章程，每个机构在自己权力范围内的地位都最高，因此股东不能通过普通决议质疑董事会的章程性地位。董事会不能干涉股东大会，股东大会也不能干涉董事会，只要他们是在行使章程赋予他们各自的权力。就像威尔伯法斯法官曾经说过的那样，允许这个就意味着允许董事会或者股东大会‘干涉公司章程中与他们的权力相分离，并对抗这些权力的组成部分’。”[①]由此，我们可以看出，股东会是与董事会并行不悖、各行其道的机构，股东会不能任意干涉董事会的行为，即董事会在其职权范围内作出的决议，股东会是不能否决的。但这并不意味着董事会可以为所欲为。根据英国公司法，如果董事的行为违反了其负有的“勤勉义务”和“忠实义务”，并对公司造成损害的，违反义务的董事应当对公司承担相应的赔偿责任；此外，股东会还可以通过对董事的任免权，对董事会予以约束；再者，股东会也可以特别决议通过章程修正案，将董事会的部分职权收归股东会。

综上，在英国，股东会不能随意否决董事会在其职权范围内作出的决议，但公司法赋予了股东会相应的救济和防范措施。

2. 美国

美国公司立法属于各个州的立法权限，因此，各个州都有自己的公司法，这些公司法大多沿袭英国普通法的有关规定，并逐步形成了相应的制定法，如《特拉华州公司法》《加利福尼亚州公司法》；此外，还有相应的民间学术团体制定的供参考的公司法，如《示范公司法》。虽然美国各个州均有自己的公司立法，但就股东会、董事会职权上的相关规定，各州大同小异。除了重大事项必须由股东会作出决议外，公司法没有强制分配股东会与董事会的职权，而留待公司章程具体规定，但是法律一般规定，公司的经营管理权限属于董事会，因此，董事会可以行使公司章程分配给它的职权，股东会不得轻易干涉，股东所享有的对董事的约束和限制措施，主要体现在选任董事、修改章程以及董事义务制度中。汉密尔顿指出：“从某种意义上讲，董事所享有的与公司的业务活动和事务有关的权力来自法律，而不是来自选举他们的股东。如果董事愿意，他们可以不顾多数股东明确表达的意愿，而做他们认为最合适的事——当然这要受制于股东下次选择其他人做董事的终极权力。”“而且，责任伴随着权力，董事对公司和股东负有信义义务和其他责任……董事即使是根据公司多数股东的愿望行事，也有可能会承担行为不当的责任。由于董事责任中的这一风险，所以涉及董事作用的案例，都对董事不受损害地独立作出决定这一点给予极大的重视。”[②]可见，在美国，股东会也不能随意干涉董事会行使职权。

3. 澳大利亚

澳大利亚公司法除了强制规定必须由股东会行使的权力外，对于股东会与董事会的权力分配一般由公司章程进行规定，但一般而言，公司把日常管理权授予董事会，董事会行使其权力具有相当的独立性，“公司法和公司章程授予股东大会的

---

① 〔英〕保罗·戴维斯：《英国公司法精要》，樊云慧译，法律出版社2007年版，第124页。

② 〔美〕罗伯特·W.汉密尔顿：《公司法概要》，李存捧译，刘李胜校，中国社会科学出版社1999年版，第134页。

原设权力日益缩小，权力中心向董事会转移，董事会的权力行使具有独立性，股东大会不得随意进行干预”，“股东大会的权力应当限于董事会的重组，而不能直接管理公司事务，公司的经营权必须由董事会独立行使”。[①] 可见，在澳大利亚，公司的股东会与董事会各司其职，股东会虽然保有董事会的重组权，但是，不得对董事会的决议随意进行干涉，不得随便否决董事会的决议。

综上，英美法系国家的公司法大多奉行“董事会中心主义”，董事会享有经营管理公司的权力，其行使权力具有相当的独立性，股东会即使不同意董事会的决议，也不能随便否决。

（二）大陆法系国家和地区的公司法规定

大陆法系国家或地区传统的公司法坚持股东是公司的所有者，股东享有对公司的一切权力，奉行“股东会中心主义”。但是随着公司规模的扩大化、股权的分散化以及公司经营管理的专业化，虽然股东会的地位依然很重要，但原本由股东会享有的经营管理公司等权力逐步转移给董事会，董事会已具有相当的独立性，其在职权范围内所作出的决议，股东会也不能推翻。

1. 德国

德国区分不同的公司形式而分别立法，对于有限责任公司以及股份公司分别制定《有限责任公司法》和《股份公司法》，其他形式的公司则规定于《商法典》。德国《有限责任公司法》只对管理董事以及股东进行相应的规定，并没有规定董事会的相关职权，根据该法的有关规定，“股东关于公司事务、特别是与公司业务进行有关的权利及其行使，在不违反法律规定的前提下，由章程规定”。该法第46条对股东会的权力范围进行了详细规定，除此之外，管理董事（董事会）以及股东会的权力分配由公司章程规定，一般情况下，经营管理权力由管理董事（董事会）享有，股东会不得随意干涉。根据德国《股份公司法》的有关规定，德国公司由股东会选举监事会，再由监事会选举董事会，监事会对董事会进行监督，董事会领导公司、享有经营管理公司的权力，董事会在其职权范围内作出的决议，股东会、监事会都不得推翻。

2. 日本

《日本商法典》规定，章程的变更、资本的增减、公司解散、营业转让、董事选任等重大事项由股东会享有；此外，公司章程可以规定股东大会的决议事项。至于可作为大会决议事项的范围，多数说认为：“在日本，由于存在许多小规模的同族公司，商法才留有余地使各个公司根据公司的实情对董事和股东大会之间的权限进行适当的调整。所以，公司可在章程规定的决议事项不受特别限制，只要不违反部分公司的本质内容和强行法规，就可以根据需要任意规定。”[②]至于董事会的职权，

---

① 黄辉：《现代公司法比较研究——国际经验及对中国的启示》，清华大学出版社2011年版，第177页。

② 〔日〕末永敏和：《现代日本公司法》，金洪玉译，人民法院出版社2000年版，第108页。

"除法律和章程规定为股东大会权限的事项以外,其他由董事会决定业务的执行","公司所有业务执行的权力均属于董事会"。[①] 因此,在日本,董事会也是有其相对独立性的,其在公司法以及公司章程规定的职权范围内可以独立行使职权,不受股东会的干预,股东会可以通过提起董事会决议撤销、无效之诉而否定董事会的决议,或者改选董事、修改章程,但股东会不得通过决议推翻董事会的决议。

三、案例评析之股东会无权否决董事会在其职权范围内所作出的决议的理由分析

股东会能否否决董事会在其职权范围内作出的决议,这是个理论和实践难题,理论界和实务界均未形成统一意见。"股东大会可否随意推翻董事会的决议,存在肯定与否定之争。肯定说的理由是,股东会是公司的最高决策机构,董事会成员由股东会任免,而且董事会对股东会负责并报告工作。笔者持否定说。理由之一是,董事会的权限与其说源于股东大会的授予,不如说来自立法者的授予。理由之二是,股东大会有权任免董事,并不意味着董事会权限由股东大会授予。理由之三是,既然董事会代表公司所作的决策经常涉及第三人的利益,倘若允许股东会随意否决董事会决议,将会损害公司信誉。根据'疑人不用、用人不疑'的传统文化,也应作如是解释。"[②]因此,股东会不得随意推翻董事会的决议。

(一)从我国现行《公司法》的角度分析,股东会不能推翻董事会在其职权范围内所作出的决议

1. 从解释论而言,我国《公司法》关于股东会与董事会的职权分配是强制性规定,《公司法》注重公司组织机构之间的分权制衡

我国《公司法》第38条、第100条以及第47条、第109条第4款,对股东会以及董事会的职权进行了划分,除此之外的权限,可由公司章程进行分配,如果公司章程没有对"剩余权力"进行分配,"既然股东并不信赖董事会,并未明确将某一事项的决策权移交董事会,则可以解释为该事项的决策权仍然操诸股东会之手"。[③] 关于公司法分配股东会以及董事会的职权的规定,是强制性规定还是任意性规定,理论界以及实务界存在一定的争议,有学者将公司法的规则分为"信义规则"、"结构性规则"以及"分配性规则"[④],并指出公司法有关股东会与董事会职权分配的规定属于规范公司组织机构的"结构性规则",而这种"结构性规则"只是示范性规定,在公司章程没有另外规定的情况下,起到补充适用的作用,换言之,公司章程可以对股东会和董事会的职权分配作出规定。笔者对此持相反意见。2005年修订的

---

① 〔日〕末永敏和:《现代日本公司法》,金洪玉译,人民法院出版社2000年版,第137页。

② 刘俊海:《现代公司法》(第2版),法律出版社2011年版,第469页。

③ 同上注。

④ 罗培新:《公司法强制性与任意性边界之厘定:一个法理分析框架》,载《中国法学》2007年第4期。

《公司法》,虽然对1993年颁布的《公司法》“强制性规定有余,任意性规定不足”的特点有所改变,但是我国现行《公司法》主要还是以强制性规定为主。就文义解释而言,我国公司法的任意性规定一般含有“可以、公司章程另有规定的除外、公司章程规定的、由公司章程规定、依照公司章程的规定、全体股东约定……的除外、经股东会或者股东大会同意、还可以”,等等用语,但是我国《公司法》对股东会以及董事会职权的规定,则没有相关的可以表明其是任意性规则的用语。此外,我国《公司法》对股东会以及董事会职权分配规定的兜底条款是:“公司章程规定的其他职权”,根据反面解释,其言下之意应当是:《公司法》已经明确规定的职权,必须由规定的相应机构行使,在这些职权外,对于《公司法》没有明确分配的职权,公司章程才可予以规定。再者,就法理而言,“公司法理论研究和规则设计的目标是寻求一个董事会经营自主权与股东利益保护之间的平衡”。[①] 我国《公司法》强调公司各个组织机构之间的分权与制衡,因此,《公司法》从分权制衡的角度出发,强行性地对一些主要的职权进行分配,以免公司章程将大部分权力集中于某个机构,造成各个组织机构之间权力的失衡。既然这些规定是强制性规定,同时为了实现分权与制衡,董事会就理应依法在其职权范围内作出相应决议;相应的,对于董事会作出的决议,股东会就不能随意干涉、推翻,否则《公司法》有关权力分配的规定就将成为具文,也将无法实现分权制衡的目的。

但是,如果董事会行使的职权不是《公司法》规定的,只是公司章程规定的,其据此作出的相应决议,股东会能否推翻?答案也是否定的。因为公司章程是公司的“宪法性规定”,除了《公司法》另有强制性规定外,公司、股东、公司的各组织机构及其他相关人员,必须严格遵守公司章程的规定。公司章程既然已经把《公司法》没有规定的职权分配给了董事会,董事会依照公司章程作出的决议就是有法律依据的,即使股东会不服该决议,也不能通过股东会决议而推翻董事会的决议。这是公司章程的性质及效力使然。

2.《公司法》规定的董事会决议撤销、无效之诉也排除了股东会否决董事会决议的可能

《公司法》第22条第1款、第2款规定:“公司股东会或者股东大会、董事会的决议内容违反法律、行政法规的无效。股东会或者股东大会、董事会的会议召集程序、表决方式违反法律、行政法规或者公司章程,或者决议内容违反公司章程的,股东可以自决议作出之日起六十日内,请求人民法院撤销。”就本条规定的字面含义而言,其是授予股东等提起股东会、董事会决议无效、撤销之诉的权利。但从反面解释而言,这也限制了股东会对董事会决议的控制措施。如果董事会的决议内容违反了法律、行政法规的规定,虽然该决议自始无效,但如果没有相应的部门对该

---

① 叶敏、周俊鹏:《从股东会中心主义到董事会中心主义——现代公司法人治理结构的发展与变化》,载《商业经济与管理》2008年第1期。

决议的效力予以明确否认，相关主体可能认为该决议是有效的，因此，股东只能提起诉讼确认该决议无效，而不能径行通过股东会决议推翻董事会的决议；如果董事会的会议召集程序、表决方式违反法律、行政法规或者公司章程，或者决议内容违反公司章程的，股东也只能提起董事会决议撤销之诉，请求法院撤销该决议，亦不能径行通过股东会决议推翻董事会的决议。因此，《公司法》的该条规定，在赋予股东在特定情形下请求法院撤销董事会决议的权利的同时，实际上也限制了股东（股东会）对董事会决议的控制，股东会不能通过私力救济的方式否定董事会的决议，其强调的仍是分权制衡的理念。

（二）股东会不能推翻董事会决议，也是公司法现代化发展的必然要求

传统上，公司的规模较小、股权较集中，公司的大小事项一般都由股东会决定，但随着公司规模的扩大化、股权的分散化以及公司管理的专业化，由股东会来管理公司、处理公司的所有事务，既不符合效率原则，也不利于公司的发展壮大。因此，现代公司要求集中管理，即股东会只掌握部分重大事项，如修改章程、公司合并、分立、解散等，而对于经营管理公司的权力，一般由董事会享有，并赋予董事会一定的独立性，股东会对董事会的决议不得随意干涉、否定。这也是公司法现代化发展的必然要求。因为，现代公司的管理、经营具有专业性，而股东特别是大公司的分散股东，一般没有足够的能力和水平经营管理公司，且商业机会转瞬即逝，如果股东会可以随意推翻董事会的决议，一则可能丧失公司的商业机会，二则会干涉董事会管理经营公司的独立性，挫伤董事会管理经营公司的积极性，这显然不利于公司的发展壮大。因此，公司法的现代化发展要求保证董事会的相对独立性，不允许股东会随意推翻董事会的决议。

（三）“商业判断规则”亦要求股东会不得随意否决董事会的决议

“商业判断规则”，亦称“经营判断原则”，是美国法院发展起来的公司法重要规则，是为了免除董事因合理经营事务承担责任的一项法律制度。美国法学会《公司治理原则》第4.10条第3项将该规则表述为：“如果作出经营判断的董事或经理符合下述3项条件，就应认为其诚实地履行了本节规定的义务：(1) 该当事人与所作经营判断的内容没有利害关系；(2) 该当事人有正当理由相信其在当时情形下掌握的有关经营判断信心充分、妥当、可靠；(3) 该当事人有理由认为他的经营判断符合公司最佳利益。”①“经营判断规则符合公司经营业务的复杂性、商业决策的自身特点以及董事会的运作特点。董事会审议事项芜杂，无法就每一问题进行长时间深入细致的研究和讨论，更无暇就经营层提请董事会审议之外的其他众多事宜主动进行经营判断。该规则的实质是‘不以成败论英雄’，因而有利于鼓励董事

---

① 赵旭东主编：《公司法学》（第2版），高等教育出版社2006年版，第414页。

在公司经营中大胆创新,更好地为公司与股东们创造价值。"①

我国《公司法》虽然没有明确规定"商业判断规则",但在司法实践中,此规则也有很大的参考意义。"商业判断规则"实际上赋予董事会按照其合理的判断经营管理公司的权力,如果股东会认为董事会的决议不符合其意愿就可以随意推翻,实际上董事会就将处于股东会的随意操纵之下,董事会的决议都是遵照股东会的决议作出的,董事也就无须为错误的董事会决议承担责任,也就不需要所谓"商业判断规则"的存在了。此外,就反面解释而言,"商业判断规则"也赋予公司、股东相应的救济,即如果董事会的决议违反了"商业判断规则",其就应当为该决议给公司或者股东造成的损失承担相应的责任。因此,"商业判断规则"既为董事提供了保障,也限制了股东或者公司的权限,即如果董事会的决议违反相关规定、损害股东或者公司的权益,股东会也不能通过决议予以推翻,而只能寻求其他救济。

(四) 从保护善意第三人、维护交易安全的角度分析,股东会也不能随意否决董事会的决议

董事会负责公司经营管理方面的事务,而经营管理方面的事务往往又会涉及第三人,如果随便推翻董事会的决议,往往会损害到善意第三人的合法权益,而这就涉及交易安全的问题。在现今的市场经济社会中,交易是经济发展的基础,没有交易,整个经济制度必然沦为自给自足的自然经济,社会亦将成为一潭死水,裹足不前,交易的重要性可想而知;而如果交易安全无法得到保障,则交易将受到很大的限制甚至无法进行。因此,交易安全的保障就成为民商法重中之重的主题。在公司经营管理事务中,董事会决议涉及的第三人利益问题不仅仅是个人利益问题,其代表的是社会整体利益,是整个交易安全、交易秩序问题,因此,理应对善意第三人的利益加以保护,相应的,不应当允许股东会随意推翻董事会的决议。但对善意第三人利益的保护,并不意味着牺牲股东或者公司的利益,股东或者公司可以通过《公司法》为其提供的救济手段维护其利益。

(五) 不允许股东会推翻董事会的决议,并不会导致董事会的失控,《公司法》为公司、股东提供了相对完善的救济措施

有一种观点认为,如果股东会不能推翻董事会的决议,董事会就会有很大的不受约束的权力,会造成董事会的失控,可能有损股东或者公司而自肥。其实这种忧虑是不必要的,《公司法》已经为股东提供了相对完善的救济手段。

1. 董事会决议无效、撤销之诉

董事会决议如果违反了法律、行政法规或者公司章程的规定,股东可以依据《公司法》第22条第1、2款的规定,向法院提起董事会决议无效、撤销之诉。

---

① 刘俊海:《现代公司法》(第2版),法律出版社2011年版,第517页。

2. 股东会享有董事的任免权

根据《公司法》第38条以及第100条的规定,股东会享有任免董事的职权。如果董事会不遵守法律、行政法规以及公司章程的规定,或者不顾股东的利益而随意行使职权,股东会可以通过行使任免权,撤换相应的董事,重组董事会。

3. 股东会可以修改公司章程

根据《公司法》的相关规定,股东会可以通过特别决议修改公司章程。如果公司章程规定《公司法》的剩余权力由董事会行使,而股东会认为董事会不能或者未能按照有利于公司、股东的利益行使该权力,股东会可以通过修改公司章程,将这些权力收归股东会行使。

4. 董事义务制度

《公司法》第148条规定:"董事、监事、高级管理人员应当遵守法律、行政法规和公司章程,对公司负有忠实义务和勤勉义务。董事、监事、高级管理人员不得利用职权收受贿赂或者其他非法收入,不得侵占公司的财产。"第150条规定:"董事、监事、高级管理人员执行公司职务时违反法律、行政法规或者公司章程的规定,给公司造成损失的,应当承担赔偿责任。"因此,如果董事违反了对公司负有的忠实义务和勤勉义务而作出相应的董事会决议,相关的董事应对公司承担相应的赔偿责任。

综上分析,无论大陆法系国家还是英美法系国家,都规定董事会享有经营管理公司的职权,董事会行使其经营管理职权具有相当的独立性,不受股东会的干预。通过对各国公司法规范的分析,可以得出股东会不能推翻董事会决议的结论。具体到我国,首先,我国《公司法》推崇公司组织机构之间的分权与制衡,股东会、董事会、监事会之间各司其职、分工合作、相互制约,董事会的职权是法定的,股东会不得加以干涉;即使其行使公司章程赋予的剩余权力,股东会也不得随意加以干涉。再者,基于公司法现代化的要求以及对善意第三人利益保护的考虑,也必然要求董事会的集中管理和相对的独立性。此外,我国《公司法》为股东和公司提供了相对完善的保障措施,当董事会的决议损害公司或者股东的利益时,股东或者公司可以运用《公司法》提供的救济手段保障自身的合法权益。因此,股东会是不能推翻董事会在其职权范围内作出的决议的。

厘清并购重组对价关系,化解公司僵局

安徽天禾律师事务所　祝传颂

一、案例情况

(一) 律师工作任务

为目标公司化解僵局,打破公司股东之间的对峙局面,为公司的健康运营排除障碍。

(二) 交易背景

A 公司拟在某市开展百货业务,并初步筛选正在从事该项业务的 B 公司进行并购。经 A 公司与 B 公司的唯一股东自然人靳某协商,确定以成立一家公司并由其收购 B 公司业务的方式开展运作。

为此,自然人靳某首先于 2010 年 9 月 16 日设立目标公司 C 公司,随后由 A 公司增资。C 公司目前注册资本为 5 000 万元人民币;股东为两方:第一方为 A 公司,持股 65%;第二方为自然人靳某,持股 35%。主营业务为:五金交电、日用百货、服装鞋帽、家具、建材的销售,家用电器、数码、电脑及耗材,通讯器材批发、零售、安装、维修服务,国内外广告设计、制作及发布,物业管理。

图示如下:

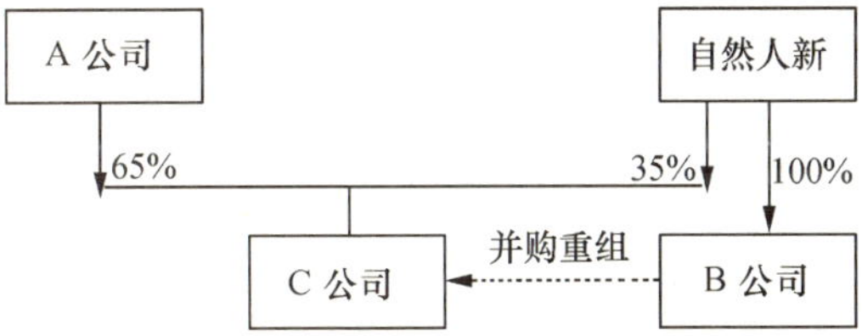

A 公司与自然人靳某(及其控制的 B 公司)在《合作协议》(即 A 公司以增资形式出资并控股 C 公司的投资协议)中约定:C 公司购买 B 公司的所有库存及固定资产,B 公司需提供相应发票;C 公司的业务由自然人靳某全权负责,在 C 公司成立运营满一个年度后,经国际四大会计师事务所之一审计后,若税后经营性净利润超过 500 万元,A 公司将以该经营性利润乘以 10 倍再乘以 65%,减去已付 1 950 万元作为最终的对价支付给靳某,若税后经营性净利润未达到 500 万元,A 公司将不会支付靳某任何款项,该款项的支付方式为现金或上市公司的股票(股价以支付日前 3 个月平均价格为准),靳某有选择权。若第一个审计年度税后净利润(不包括非经常性收益,如财政补贴,C 公司从该公司所在地的当地政府或商务部门取得的补贴可以计入利润,以 30 万元为限)超过 1 400 万元,A 公司最多以不超过 1 400 万元

作为计算基数支付对价。若C公司成立第三个审计年度税后净利润达到1 300万元,同时3个审计年度(36个月)税后净利润之和不低于3 000万元,A公司将以现金或上市公司股票的方式支付靳某1 200万元作为激励(以C公司所在地地区业务为限)。

在该协议中,靳某及其所有的一人公司——B公司还保证,B公司现有的家电门店租赁协议(包括与第三方进场销售协议、联营协议)按原条件由C公司继承,合同到期后协助C公司以合理条件续签,若靳某购买现有家电门店所在产权,也应按原合同继续履行。

在上述协议实施及C公司经营过程中双方出现纠纷。A公司认为,靳某及其所有的B公司没有履行协议中约定的以下义务:① 在目标公司C公司成立后,应当将B公司的家电门店租赁协议及转让协议(包括与第三方进场销售协议、联营协议)变更到C公司的名下,实现由C公司对B公司所有的门店租赁及转租协议的承继;② C公司购买B公司的家电库存和固定资产,B公司应当提供货物的发票;③ 其他义务。因此,A公司具函要求靳某及B公司应立即履行义务,否则应解除合同,解散C公司;如靳某及B公司能及时履行义务,则可催促有关会计师事务所完成审计,然后进行相关费用的支付。

而靳某有针对性地认为,C公司已成立运营将近两年,且税后经营性利润已超过500万元,但A公司未能按照协议约定的时间进行审计,也未以该经营性利润乘以10倍再乘以65%,减去1 950万元作为最终支付的对价支付给靳某。故靳某委托律师发出律师函,请A公司在接到律师函之日起5个工作日内与靳某确认国际四大会计师事务所之一进行审计,以确定C公司成立运营满一个年度后经营期间的净利润,并按协议约定的计算方法,向靳某支付合理对价,如果A公司拒不履行协议的约定,靳某将追究其违约责任。

(三)法律尽职调查

通过尽职调查,发现合作过程及目标公司的基本情况如下:

2010年8月12日,A公司与靳某(及其控制的B公司)签订《合作框架协议》,约定了以下内容:

> (1) 以并购B公司业务为目的,由A公司与靳某合资组建目标公司C公司,其中A公司出资1 950万元,靳某出资1 050万元,双方确认合资公司股权结构为:A公司占65%,靳某占35%。
>
> (2) 靳某及B公司须将靳某所有的一人公司——B公司所有家电业务相关的存货、固定资产、流动资金经与A公司公允评估后转让给C公司。在交易完成前,靳某、B公司有义务如实披露下列事项:① B公司家电业务的财务报表(2009年1月至2010年7月底);② B公司根据法律、法规所应当缴纳的税费情况;③ B公司的工商登记资料, B公司所有员工名册、工资、福利、保险、

三金交付情况;④ B 公司与上游供应商及下游客户签订的所有协议及与上游供应商、下游客户往来的账目;⑤B 公司的租约。

同时约定,如 A 公司一经证实靳某、B 公司所提交的资料不真实,有权要求恢复交易前的原状,靳某、B 公司应赔偿 A 公司因此造成的损失。

(3) 在新公司业务方面,继续由靳某负责运营,在靳某负责运营期间,C 公司的法人代表继续由靳某担任,财务由双方共管。同时约定,若 B 公司的业务完全注入 C 公司后的第一个年度的财务报表,经国际四大会计师之一审计未达到 500 万元的税后净利润,A 公司将不会支付靳某任何款项作为激励,若税后净利润超过 500 万元,A 公司将以实际净利润乘以 10 倍再乘以 65%,减去已付 1 950 万元作为最终支付数字支付给靳某。若第一个审计年度税后净利润超过 1 400 万元,A 公司只需以 1 400 万元作为计算基数支付剩余价款。且税后净利润不包括非经常性收益,如财政补贴等(B 公司历史上有记录的政府奖励经 A 公司尽职调查后确认除外)。若 C 公司成立第三个审计年度净利润达到 1 300 万元,同时净利润之和不低于 3 000 万元,A 公司将以现金或上市公司股票的方式支付靳某 1 200 万元作为激励(以 C 公司在该地区业务为限)。

(4) 靳某、B 公司也向 A 公司保证,B 公司的"××树"品牌无偿授予 C 公司使用,现有家电全部按原有条件租予 C 公司并签订相关协议,同时,靳某、B 公司将不再直接或间接地从事其他家电相关业务。

(5) C 公司组建后,同意接纳 B 公司家电业务全部职工,并按劳动法的有关规定发放工资和缴纳保险。

2010 年 9 月 20 日,A 公司与靳某(及其控制的 B 公司)签订最终的《合作协议》,由 A 公司、靳某合资组建 C 公司,协议除重复上述《合作框架协议》内容外,还约定:

(1) C 公司设立董事会,董事会由 3 人组成,其中 A 公司委派 2 人,靳某委派自己担任董事会成员,C 公司的法人代表及董事长由 A 公司委派靳某担任,C 公司的财务总监由 A 公司委派,财务经理由靳某委派。

(2) C 公司成立后,将按市场评估价格和股东双方确认同意的价格购买靳某、B 公司所有的家电库存和固定资产,靳某及 B 公司需提供相应发票,靳某及 B 公司同时自愿将 B 公司现有的 5 间门店的租约按原条款全部并入 C 公司。

靳某保证现有 5 家门店销售同店增长率不低于 15%,但该保证不计入业绩对价。

(3) 靳某、B 公司保证:在审计期间向 A 公司提供的财务、法律等相关材料须真实可靠,一经 A 公司证实是虚假的,A 公司有权要求恢复原状,由靳某和 B 公司赔偿相关损失;B 公司现有家电门店租赁协议(包括与第三方进场销售协议、联营协议)按原条件由C公司继承,合同到期后协助C公司以合理条件续签,若靳某购买现有家电门店所在产权,也应按原合同继续履行;除C公司及其分、子公司外,靳某、B公司、与靳某相关的关联人士将不再直接或间接从事其他与家电相关的业务。

此外,还约定:

各方以2010年10月31日作为正式的交割日,2010年11月1日作为C公司第一个审计年度第一天;C公司财务总监由A公司委派,C公司对其各分、子公司的人、财、物进行统一管理;任何一方违反其在本协议中的任何申明、保证和承诺,或本协议的任何条款,即构成违约,违约方应向守约方支付全面和足额的赔偿。

2010年10月8日,自然人靳某与A公司召开C公司股东会,决议C公司注册资本由300万元增加至3000万元,由靳某实缴增资货币750万元,A公司实缴增资货币1950万元。增资后,靳某占注册资本35%的股份,A公司占注册资本65%的股份。同时制定公司章程,章程规定:公司的名称为C公司,公司的经营范围为:五金交电、日用百货、服装鞋帽、家具、建材的销售,家用电器、数码、电脑及耗材,通讯器材零售、批发及安装、维修服务,国内外广告设计、制作及发布,物业管理。公司设立董事会,董事会由3人组成,其中A公司委派2人,靳某委派自己担任董事会成员,公司的法人代表由靳某担任,公司的财务总监由A公司委派,财务经理由靳某委派。

就C公司历史沿革,我们还发现以下事实:

2011年1月6日,C公司召开股东会,决议将公司注册资本3000万元,实收资本3000万元增加到5000万元,其中靳某本次实缴出资货币700万元,A公司本次实缴出资货币1300万元。增资后,A公司总共出资3250万元,靳某总共出资1750万元。同时修改公司章程相关条款。

2011年2月28日,C公司召开临时股东会议,会议决议同意公司股东靳某将其所持公司35%的股份按1∶1的价格全部转让给D投资有限公司(靳某所有的一人有限责任公司),同时修改公司章程的相关条款。

2012年2月22日,C公司股东会作出决议,将公司名称“××市家电有限责任公司”修正为“××家电销售有限公司”。

通过尽职调查,我们发现履约及争议情况如下:

2010年12月2日,靳某、A公司、B公司签订补充协议。协议规定:靳某、B公司对未完成合同主体变更的门店进一步做相关工作完成变更;无论合同是否已完成变更,靳某、B公司共同保证原合同条款中的一切权利由C公司无条件继承。

2011年9月28日,A公司向靳某及C公司发出了《风险提示函》,并经靳某签收。在风险提示函中,A公司认为对于一些问题需要重视并予以解决。主要是:

(1) 租约转移问题。根据合作协议,B 公司应将现有的门店的租约按原条款全部并入 C 公司,而到目前为止,除了 3 家门店外,其余门店及仓库的合同并不是 C 公司直接与业主签订。另外,房租发票也是入账的重要依据,所有门店需要尽快补齐,以免造成损失。

(2) 社保、公积金问题。根据合作协议,C 公司组建后,员工应按劳动法的有关规定签订用工协议,按国家规定发放工资和缴纳保险。到目前为止,仅有少数员工按最低标准缴纳了社保和公积金。

(3) 存货发票的问题。根据合作协议,C 公司购买 B 公司的家电库存,B 公司须提供相应发票。到目前为止,还有部分老库存,C 公司并未取得发票。

(4) 消防问题。到目前为止,仅有个别门店有消防批文,A 公司要求所有门店都补齐相关手续及文件。

(5) 补贴收入的收回问题。公司账上存在较大金额的家电下乡、以旧换新的财政应收款项,按照目前积压情况,存在重大收益风险。另外,以旧换新运费补贴的挂账,同样存在不确定性。

(6) 供应商返利问题。要与供应商签订合法有效的合同,要有与供应商返利计算的书面依据,要取得供应商关于返利确认的函证。

(7) 存货管理问题。C 公司目前存货的周转速度不快,管理上存在一定问题,残次、滞销等存货金额较大,面临较大设备损失风险。

(8) 财务共管问题。根据合作协议,C 公司应实现财务共管,相关细则应由 A 公司与 B 公司双方共同尽早落实。

(9) 税费的权债发生制及支付问题。所有的费用、税负,应按照权债发生制原则,在书面依据支持或相关法律法规的指引下,及时确认入账,税费应及时支付、缴纳,以免造成不必要的处罚损失和其他风险。

总之,A 公司认为靳某并没有履行完全合作协议中所约定的义务(即风险提示函中所列问题),因此,靳某应当按照合作协议和公司章程的约定履行完全所列义务。

2012 年 7 月 10 日,靳某委托××律师事务所向 A 公司发出律师函。函中称:2010 年 9 月 20 日,A 公司与 B 公司、靳某签订了《合作协议》,协议约定:C 公司的业务由靳某负责,在 C 公司成立运营满一个年度后,经国际四大会计师事务所之一审计后,若税后经营性净利润超过 500 万元,A 公司将以该经营性利润乘以 10 倍再乘以 65%,减去 1 950 万元作为最终支付的对价支付给靳某,如税后经营性净利润未达到 500 万元,A 公司将不会支付靳某任何款项。截至 2012 年 7 月 10 日,C 公司已成立运营将近两年,且税后经营性净利润已超过 500 万元,但 A 公司未能按照协议约定的时间进行审计,也未以该经营性利润乘以 10 倍再乘以 65%,减去 1 950万元作为最终的对价支付给靳某,请 A 公司在接到律师函之日起 5 个工作日内,与靳某确认国际四大会计师事务所之一进行审计,以确定 C 公司成立运营满一个年度后经营期间的净利润。同时声称，在此期间，靳某已依据协议约定履行了所有合作方应尽的义务。同时，靳某多次去人、去电要求A公司尽快解决上述问题，但A公司迟迟未解决。若A公司未按协议约定的计算方法向靳某支付合理对价，依据协议，靳某有权追究A公司的违约责任。

就履约及争议，我们还查明：C公司并购B公司业务及相应资产并未由B公司与C公司签订资产购买协议或并购协议；双方已经聘请国际四大会计师事务所之一的××所进场审计，但因双方争议及有关问题不能解决，会计师暂时没有出具审计报告。

（四）交易结果

由于各方均主张自身的利益与诉求，导致股东之间产生对峙局面，公司出现僵局。

二、案例评析

通过对案情的客观细致的尽职调查，我们掌握了本案的来龙去脉，本案中各方均表达了自身的利益诉求，靳某的基本观点是：C公司已成立运营将近两年，且税后经营性利润已超过500万元，但A公司未能按照协议约定的时间进行审计，也未以该经营性利润乘以10倍再乘以65%，减去1 950万元作为最终的对价支付给靳某，且靳某已多次去人、去电要求A公司尽快解决问题，但迟迟未得到答复，因此A公司应当履行协议规定的义务，聘请会计师对C公司进行审计，在此基础上支付靳某相应的款项。若A公司最终没有做出相应的行为，靳某有权要求A公司承担违约责任，并赔偿靳某由此造成的一切损失。

而A公司则认为：根据合作框架协议、合作协议、合作补充协议的相关规定，靳某、B公司须向A公司保证新公司的所有手续文件均符合法律、法规、不存在运营以外的其他风险。但是截止到今日，C公司成立运营已接近两年，B公司的门店经营权及经营协议并没有完全过渡到C公司名下，B公司库存货物没有相关发票、与上游供应商及下游客户之间的往来没有相关确认函、C公司职工的养老保险也没有完全缴纳，这一切均说明，C公司的成立运营是残缺不全的，存在着巨大的法律风险和运营风险，随时都面临着倒闭、关门的危机。究其原因，均是靳某、B公司对义务的不作为所引起，均没有按照协议的规定履行义务，才导致了现实局面的出现。按照A公司与靳某、B公司签订的合作框架协议、合作协议、合作补充协议的规定，A公司支付给靳某的价款是在C公司不存在任何法律漏洞和经营之外的风险，能够正常、安全、健康运营的情况下净利润达到500万元，A公司才支付给靳某合理价款。现在C公司存在一系列的风险，随时面临着不能持续经营的风险，其所谓的经营性净利润也只是形骸化的东西，无法安全获得，随时面临丢失的风险。因此，靳某应当按照合作框架协议、合作协议、合作补充协议中的相关规定率先完全履行义务,保证公司的正常经营,在此情形之下,乙方才能按照协议的相关规定在净利润超过500万元的情况下支付给靳某合理对价。否则,A公司完全可以采用《合同法》第67条的规定来抗辩义务的履行。如果自然人靳某不能及时履约,则A公司有权要求解除合作协议,解散公司。

因此,C公司目前归根结底是各方利益的博弈导致了交易结果的搁浅,也导致了公司自身僵局的出现。

三、建议

作为A公司的代理人,我们全面分析了以下问题:

(一) A公司行使先诉抗辩权,实现义务的对抗

我国《合同法》第67条规定:"当事人互负债务,有先后履行顺序,先履行一方未履行的,后履行一方有权拒绝其履行要求。先履行一方履行债务不符合约定的,后履行一方有权拒绝其相应的履行要求。"此条乃我们通常所称的先诉抗辩权的具体表述。先诉抗辩权限定在同一双务合同之中,且有先后履行顺序之分,只有在先履行义务的一方履行完义务后,后履行义务的一方才开始履行义务,若先履行义务的一方没有履行义务而要求后履行义务的一方履行义务,则后履行义务的一方便可依此项抗辩权来对抗先履行义务一方的要求。

在本案中,A公司的诉求可否构成对靳某的诉求的抗辩事由,是一个值得期待的问题。若是构成抗辩事由,则靳某的诉求就会因A公司的抗辩而处于暂停状态,待靳某将义务履行完成后其诉求才可恢复,如A公司的诉求不构成抗辩的事由,则靳某的诉求应当得到满足。

在本案中,靳某(及其控制的B公司)在《合作协议》中保证履行租约变更等义务,但通观A公司发出的《风险警示函》,第2项至第9项均是C公司经营过程中的问题,属于管理或内控不规范,不属于靳某在《合作协议》下的义务,只有第1项义务(保证租约转移)是与《合作协议》有关的义务。而A公司承诺在第一个会计年度,经审计净利润达到500万元,将向靳某支付第二期利益(以下称为"补充对价")。有人认为,靳某和B公司的保证(租约变更等)与A公司在C公司运营满一个会计年度经审计税后利润达到500万元而向靳某支付补充对价的义务之间不存在关联性,二者之间并不存在先后履行的义务,并认为A公司在协议中承诺在C公司成立运营满一个会计年度且经国际四大会计师事务所之一审计后,若税后经营性净利润超过500万元,A公司将支付靳某相关费用,此为A公司所应履行的义务。若税后经营性净利润没有超过500万元,则A公司将不会支付靳某任何费用,因此A公司支付补充对价义务所对应的是靳某经营C公司之业绩。

表象上,A公司支付补充对价义务所直接对应的确系靳某经营C公司之业绩,而与靳某履行租约变更义务之间不具有关联性与同一性,并不存在法律上或事实

上的对抗。但是,细究起来,如果二者之间没有关联性,靳某和B公司在合作协议中"保证租约变更"是对谁保证?保证(承诺)的目的什么?是为了A公司签订合作协议吗?还是为了A公司也能够履行协议?或者是为了C公司能够持续、稳定经营?

我们认为,A公司通过C公司进行重组并购的目的不是简单地为了购买B公司的存货、固定资产,而是为了通过购买相关资产从而并购相关业务,以持续盈利。由于百货经营的行业特点,商业门面对C公司具有至关重要的作用,如果不能保证商业用房的占有与使用(即原租约变更至C公司名下),则持续经营不能保证,利润的形成就无所依托。换言之,A公司支付对价(初期对价、补充对价)对应的是靳某及其控制的B公司出售相关业务,而该业务是由经营性资产与经营性场地、经营人员等构成的。也就是说,就初期对价而言,靳某的租约变更义务是必须履行的在后义务;就补充对价而言,靳某的租约变更义务不完成,C公司获得500万元税后利润的"持续经营假设"便不存在,A公司也就无从支付补充对价。而且在后一关系的时间上,靳某经营C公司获得利润在前,A公司支付补充对价在后。

因此,从A公司作为重组方支付相关款项的对价入手,不难发现,靳某(及其控制的B公司)应当付出的是"业务",而该业务是资产、场所、人员构成的。靳某不履行租约变更义务,不仅不应当获得补充对价,而且构成对A公司初期对价的违约,应当承担违约责任。

(二)"公司解散"之诉

在本案中,A公司提出如果靳某不能完成租约变更,则解除《合作协议》,解散C公司。

我们认为,公司一旦成立,则具有独立的人格,除股东利益外,还聚集着其他利益相关方,如债权人、公司职工等,其解散须符合法律规定的条件。我国《公司法》第181条规定:"公司因下列原因解散:(一)公司章程规定的营业期限届满或者公司章程规定的其他解散事由出现;(二)股东会或者股东大会决议解散;(三)因公司合并或者分立需要解散;(四)依法被吊销营业执照、责令关闭或者被撤销;(五)人民法院依照本法第一百八十三条的规定予以解散。"显然,A公司以自然人靳某在相当于股东协议的《合作协议》中违约行为提出解散C公司,法律依据不足。

有人认为,A公司可依我国《公司法》第183条"公司经营管理发生严重困难,继续存续会使股东利益受到重大损失,通过其他途径不能解决的,持有公司全部股东表决权百分之十以上的股东,可以请求人民法院解散公司"之规定,要求解散C公司。但最高人民法院《关于适用〈中华人民共和国公司法〉若干问题的规定(二)》已经明释以上法条,其第1条第1款规定:司法解散的情形包括:"(一)公司持续两年以上无法召开股东会或者股东大会,公司经营管理发生严重困难的;(二)股东表决时无法达到法定或者公司章程规定的比例,持续两年以上不能作出有效的股东会或者股东大会决议,公司经营管理发生严重困难的;(三)公司董事长期冲突，且无法通过股东会或者股东大会解决，公司经营管理发生严重困难的；（四）经营管理发生其他严重困难，公司继续存续会使股东利益受到重大损失的情形。”本案中，虽然股东之间发生争执、产生对峙局面，但都是各方对自身相关诉求的表达，并不是无法召开股东会、经营发生困难、股东无法作出有效决议、董事长期冲突等情形。因此套用司法解释的情形来处理本案显得并不适合，而且一旦判决公司解散，将会带来难以估量的损失，司法解散意味着公司作为法律上的主体资格的消灭，使得公司的无形资产消失、股东的期待利益也归于消灭。而且也将导致社会问题的出现，如大量职工需要社会安抚等。更何况，在《公司法若干问题的规定（二）》第1条第2款中也规定："股东以知情权、利润分配请求权等权益受到损害，或者公司亏损、财产不足以偿还全部债务，以及公司被吊销企业法人营业执照未进行清算等为由，提起解散公司诉讼的，人民法院不予受理。”

根据以上分析，我们认为，A公司欲达成解散C公司的诉求较难以实现，而援引先履行抗辩权具有可行性。但该抗辩权行使的效果并不会明显，因为一旦自然人靳某完成变更租约义务（这一点相对较容易），则A公司就需要履行审计及付款义务。但是，通观《风险警示函》，A公司真实目的不在于不支付或延缓支付补充对价，而在于解散公司或改变C公司目前的管理状况。解散公司之目的在法律上不可行，而先履行抗辩权的行使也不会当然导致改变C公司目前的管理状况。因此，我们建议A公司通过和解的方式解决此案问题。

经多方努力，本案已经和解。

通过参与本案，我们还体会到，应当重视公司章程的事先规制，通过章程的事先约定防止类似公司僵局问题的发生，例如为保证重组效果，在公司并购案中，重组方应当将《合作协议》中业务并购的有关约定变成章程条款，将被重组方违反主要义务的行为设置为重组方单独享有的公司解散条款。

从一宗行政许可纠纷案，看外资企业行政许可中的若干问题

广东深宝律师事务所　黄振辉

一、争议焦点

1. 外商投资企业章程变更的前置审批，是行政许可还是行政备案？

2. 行政机关对公司股东会、董事会决议等文件，应作什么样的审查？

3. 行政机关在公司变更事项的行政许可程序中，如何实现对股东权利的保障？

二、案例情况

原告（二审被上诉人）：郭某某

被告（二审上诉人）：深圳市宝安区贸易工业局

第三人（二审上诉人）：某高刀模（深圳）有限公司

审理法院：深圳市宝安区人民法院（一审）

　　　　　深圳市中级人民法院（二审）

案由：行政许可纠纷

某高刀模公司（香港）（以下简称“香港某高”），系在香港地区登记注册的合伙企业，合伙人为郭某某（占50%份额）、岑某某（占25%份额）、卢某某（占25%份额）。1993年3月30日，香港某高向深圳市工商部门申请某高刀模（深圳）有限公司（以下简称“深圳某高”）企业登记，登记成立了该外商独资企业。在登记时的公司章程中，第2条规定：“法定代表：郭某某，职务：董事”；第14条、第16条、第17条规定：“公司设立董事会。董事会是公司最高权力机构，决定公司的一切重大事项，并向投资者负责。”“董事会由三名成员组成，董事长及董事由投资者委派或撤换。”“董事长是公司的法定代表，负责召集并主持董事会会议。”深圳某高设立时递交的《外商投资企业登记申请书》中，由郭某某作为董事长签名并由香港某高盖章缮印。1993年4月30日，深圳某高经深圳市人民政府颁发商外资深外资证字〔1993〕04××号《中华人民共和国港澳侨投资企业批准证书》批准成立。工商局向深圳某高颁发了企独粤深总字第301 ×××号《营业执照》，载明深圳某高法定代表人为郭某某。

2008年6月10日，岑某某以深圳某高的名义向深圳市宝安区贸易工业局（以下简称“区贸工局”）申请变更公司章程，在向区贸工局递交的《申请报告》中称：

“鉴于公司运作需要，现经投资方香港公司2007年7月9日股东会决议，决定撤换香港某高刀模公司董事长与总经理和法人代表职务，为此，特向贵局申请变更公司章程”，申请变更内容为：将章程第一章第2条中“法定代表姓名”变更为“岑某某”，“职务”变更为“董事长”。在该申请报告落款处加盖了深圳某高的公司印章，由岑某某签名。附随该申请报告，还一并提交了香港某高委派岑某某为法定代表人的《股东会决议》《某高刀模（深圳）有限公司董事会决议》《某高刀模（深圳）有限公司补充章程》（以下简称补充章程）等相关文件，该补充章程由岑某某在法定代表人签署栏中签名，投资者盖章处，盖有深圳某高的公司印章和香港某高的公司印章，但该香港某高的公司印章与深圳某高原章程中香港某高的公司印章有明显差异。

2008年7月23日，区贸工局作出深外资宝复〔2008〕865号《关于外资企业“某高刀模（深圳）有限公司”修改章程的批复》（以下简称865号批复），内容为“经研究，同意你公司投资者（香港）某高刀模公司于2008年6月10日在深圳签署的‘某高刀模（深圳）有限公司补充章程’，自本文下发之日起生效”。该文抄送了包括深圳市工商行政管理局（以下简称“工商局”）在内的政府机关。

岑某某持贸工局的这份批复，并提供了另行制作的《董事会决议》《任免书》等文件，向工商局申请变更深圳某高法定代表人。由于无法提供营业执照原件，岑某某等在2008年7月28日登报声明营业执照遗失启事，要求补发营业执照。2009年7月29日，工商局批准将深圳某高法定代表人由“郭某某”变更为“岑某某”，并下发了新的营业执照。

岑某某取得营业执照后，即向郭某某提出要求行使法定代表人的权利，要求接管深圳某高的管理工作。郭某某此时才知道法定代表人变更事宜，遂向本所寻求法律帮助。

三、策划和代理

1. 整体思路

根据客户介绍的情况，我们认为，在股东之间存在较大矛盾的情况下，岑某某利用或者伪造、或者不合法的文件，欺骗政府机关，骗取了法定代表人的地位，极有可能利用该地位，从事损害郭某某股东利益的行为，经过紧急研究，我们初步拟定了代理此案的整体思路：

（1）向公安机关、公司开户银行发函，要求公安机关不要为深圳某高备案刻制新的印章，要求银行严格审核公司印鉴，不要在没有合法公章和郭某某等4人印鉴的情况下办理业务；

（2）向贸工局、工商局提出本事件存在申请人利用虚假材料骗取行政许可的情形，要求对本案的材料进行审查确认，撤销错误的行政许可；

（3）准备提起行政诉讼。

本案关键的行政许可就是贸工局作出的865号批复，基于行政行为的效力先定性，在该批复没有被撤销的情况下，后续的工商变更登记行为也很难撤销。经过法律检索，我们查找到了该项批复所直接依据的规范性文件《深圳市贸易工业局行政许可实施办法》（以下简称《实施办法》），在贸工局的官方网站上，也找到了与该规范性文件一致的办事指南。

根据《实施办法》①第02号许可事项，外商投资企业变更审批，对于外商投资企业修改企业合同、章程，行政相对人应当提供如下文件：

（1）企业申请报告（原件1份，打印，企业盖章）；

（2）企业董事会关于修改合同、章程的决议（原件1份，打印，董事会成员签字）；

（3）各方投资者签订的有关修改内容的补充合同、章程（原件各4份，打印，投资者法定代表签字、投资者盖章，外资企业只提交补充章程）；

（4）企业成立批文及其他变更批文（复印件各1份），经审批机关批准的合同、章程（复印件各1份，外资企业只提交章程）；

（5）企业法人营业执照（副本）（复印件1份）；

（6）企业批准证书（正本、副本2）原件；

（7）中国注册会计师事务所出具的企业已有的最近验资报告（复印件1份，企业法人营业执照上显示注册资本已缴足的企业免交）；

（8）填报《外商投资企业（台港澳侨）批准证书存根》1份（只填写变更事项）。

本案中，岑某某在申办该批复时，是否提供了上述合法、完整的文件，成为行政许可是否合法的关键。

2. 交涉过程与现实障碍

（1）行政行为的效力先定性，导致侵害深圳某高和郭某某权益的事件持续发生。由于865号批复的存在，工商局拒绝撤销变更法定代表人的行政决定。岑某某利用其法定代表人身份，向公安机关申请刻制新的公司印章，并利用新的印章办理公司业务。贸工局召集郭、岑等人协调，但均无效果。

（2）贸工局认为已尽到审查义务，不同意撤销865号批复。我们向贸工局提出查阅岑某某申请变更公司章程时提交的文件，贸工局出示的文件包括《申请报告》、深圳某高董事会决议、《补充章程》、深圳某高工商登记资料（打印件）、深圳某高营业执照复印件、企业批准证书副本2复印件；香港某高的注册证书；香港律师作出的关于香港某高股东会决议合法的法律意见书。对照《实施办法》，我们发现存在如下问题：

第一，其提交的所有文件上所加盖的深圳某高的公章，都是2007年6月14日，公司已经申报作废的印章。

---

① 《深圳市贸易工业局行政许可实施办法》由深圳市贸易工业局通过，并报深圳市政府同意，在2005年1月13日发布实施，办理本案时，最终修订实施在2006年11月2日。

第二,《申请报告》要求法定代表人签字,但无郭某某签署。

第三,关于修改公司章程的《董事会决议》,没有经过召集程序,董事会决议所列出席人员为郭某某、岑某某、卢某某三人,实际郭某某没有出席;该董事会决议没有会议内容,没有会议记录,也没有表决事项,仅仅具有董事会决议的形式,不具备董事会决议的实质内容。

第四,《补充章程》上所加盖的香港某高印章与真实印章差别明显。

第五,营业执照原件一直在郭某某处保管,工商登记资料打印件不能代替营业执照原件,且营业执照的复印件显示是 2001 年年检的,真实的应该是年检至 2007 年的。

第六,企业批准证书应当提交正本和副本,但其仅交了副本 2 的复印件。

第七,香港律师的法律意见书与委托公证人是同一家律师事务所的律师,违反了司法部《中国委托公证人办理公证文书规则(试行)》的规定。

第八,申请文件中没有外商投资企业批准证书存根。

基于上述理由,我们找了宝安区贸工局的经办人员及负责人,提供了郭某某委托香港律师出具的法律意见书,法律意见明确:香港某高委派岑某某为法定代表人的《股东会决议》是无效的。贸工局最终委托法律顾问作出答复,认为其审查合法,对于两份意见相左的香港《法律意见书》,经咨询香港律师公会,无从判断正确与否,拒绝撤销 865 号批复。

我们认为,现有的事实和法律规定非常明确,错误的行政行为应当撤销。鉴于贸工局的态度明确而坚决,行政交涉无果,郭某某遂委托笔者提出行政诉讼。

四、法院裁判

1. 郭某某的诉讼请求

2008 年 9 月初,笔者代理郭某某对贸工局提起诉讼,同时将岑某某列为第三人。具体的诉讼请求为撤销同意某高刀模(深圳)有限公司修改章程的行政许可,并明确该行政许可就是 865 号批复。在诉讼过程中,深圳市宝安区人民法院决定将第三人由岑某某变更为深圳某高。被告及第三人均依法应诉。

2. 被告和第三人的主要答辩理由

在一审诉讼中,被告和第三人提交的证据与在行政交涉阶段所出具的材料一样,第三人不能提供营业执照、企业批准证书正副本和外商投资企业(含港澳台)批准证书存根原件。

被告和第三人提出如下主要答辩理由:(1) 申请人提交的申请材料符合贸工局的备案审查要求,不存在瑕疵。外商投资企业的章程修改并无法定必需的文件材料要求。贸工局公示的材料要求仅系操作性指引,不具有强制性约束力的效力,法院不应将实质性审查义务强加于贸工局的备案审查过程中。(2) 贸工局已尽法定的形式审查义务,根据《行政许可法》的规定,贸工局对申请材料仅承担形式审查义务。本案中,贸工局基于备案审查目的,参照公示的材料要求,依法充分履行了应尽的审核义务。(3) 郭某某不是涉案行政许可的行政相对人,不具备提起本案诉讼的主体资格。

3. 法院裁判要旨

宝安区人民法院一审判决认为:

(1) 本案审查的是贸工局对外商投资企业深圳某高的章程变更事项予以准许的行政许可行为的合法性。贸工局在实施涉案行政许可时,应当依照相关规定条件审查变更申请人提供的相应材料,并依照相关法定程序进行审核。贸工局在深圳某高提出变更章程申请时,未提交法定必需的文件材料、已经提交的文件材料中存在重大瑕疵的情况下,未对申请人提交的文件履行充分审核义务即作出本案行政许可,缺乏事实和法律依据,应属主要证据不足。

(2) 在拟作出的行政许可事项直接关系郭某某重大利益的情况下,贸工局未告知郭某某,未听取相关陈述、申辩,未依法举行听证程序,应属程序违法。

(3) 贸工局关于其对涉案深圳某高章程变更事项仅进行备案审查且已尽到备案审查义务的上诉意见,缺乏法律依据,本院不予采信。

(4) 贸工局的具体行政行为是改变了深圳某高的章程,该章程的内容就是改变法定代表人,而被改变的法定代表人就是原告,原告与该变更的行为有利害关系,有权要求对该行为进行司法审查。

一审法院判决:撤销被告深圳市宝安区贸易工业局于 2008 年 7 月 23 日作出的深外资宝复〔2008〕865 号《关于外资企业"某高刀模(深圳)有限公司"修改章程的批复》。被告和第三人提出上诉,上诉理由与一审答辩理由基本相同,二审维持了一审裁判。

五、焦点问题评析

1. 外商投资企业章程变更的前置审批是行政许可

外商投资企业的设立、变更、经营既基于意思自治,又要接受行政管理,而行政权介入的程度,决定该事项需要许可还是备案。笔者认为,公司章程的变更应经过行政许可。

(1) 公司的意思自治与行政管理。我国外商投资企业法制定于实行计划经济向市场经济转变之际,带有较强的计划经济色彩,尽管此后随着社会经济的发展作了一些相应的修改,但是没有根本性的改变,现有的外商投资立法已经越来越显示出不适应性,比如过多的外资审批,既增加企业负担,又制约经济发展,现行外资投资立法相互交融的行政管理色彩,使其不可避免地与作为企业组织法的公司法之间发生抵触,加剧了法律体系的繁杂和无序,并导致法律适用的困难。

各国为了维护经济主权,保障交易安全,促进民族产业的发展,无一例外都在外商投资领域加以国家干预。无论在我国学界还是实务界,对于当前的外资企业审批问题都是持减少干预，但应当保留干预的态度。对于干预的范围，原则上应限于国家经济的安全和防止垄断两个方面。近年来，我国的行政许可项目总体上是减少的，对于外资企业的审批项目更是已大幅度减少。

平衡公法规范和当事人意思自治，重点体现在哪些事项需要行政许可或审批，哪些事项可以备案或由当事人自行安排。

（2）对公司章程作为外资企业审批中的重要事项的法理和法律基础。从目前大部分学者的观点看，认为对于合同和章程不需要审批，应当纳入公司自治的范畴。认为合同和章程是投资产生公司企业自身运作的问题，和政府没有直接关系，应放弃审批。

笔者认为，对于合同的签署，属于公司的民事活动范围，外资公司注册成立后，即具有合法的市场主体地位，不应享受超国民待遇，但也不应当限制其交易，因此，对于合同效力不应再加干涉。

对于章程，则应当予以审批，因为章程的内容，涉及投资者的主体身份，投资者的出资方式、股权比例，企业的经营范围，董事长、副董事长以及法定代表人、经营期限的设定等事项，而这些事项，在外商投资企业法律层面都有特别的规定，并且，在这些事项变更的情况下，可能直接导致该企业是否依然属于鼓励类或限制类的外资企业，是否依然属于应由中方控股的企业等质的变化。

《中华人民共和国外资企业法》第 10 条规定："外资企业分立、合并或者其他重要事项变更，应当报审查批准机关批准，并向工商行政管理机关办理变更登记手续。"对于其他重要事项的界定，从学理上应当依据经济安全和反垄断的原则，从实务上，还需要明确的细则来界定。对于章程，可以说是一个企业的"宪法"，当然重要，应当属于前置审批事项。

（3）对公司章程的审批事项属于行政许可，不是备案。行政许可，即通常说的行政审批，是指行政机关根据公民、法人或者其他组织的申请，经依法审查，准予其从事特定活动的行为。备案是指相对人按照法律、法规、行政规章及相关性文件等规定，向主管部门报告制定的或完成的事项的行为。需要办理行政许可的行为需要"准奏再斩"，仅需备案的行为则可"先斩后奏"。行政许可的事项，需要行政权的介入，仅需备案的行为，则不涉及行政权的行使。行政许可的事项，行政机关要进行实质审查，决定是否批准；行政备案，则仅需行政相对人将相关文件上报，告知即可。

本案中，贸工局声称其作出的 865 号批复是行政备案，只作形式审查，这是错误的，因为：

第一，贸工局自己也认可该批复的作出依据是《实施办法》，认为该案事项属于"修改企业合同、章程一般内容"的行政许可项目。

第二，没有本批复，深圳某高的章程无法变更，该行政决定符合行政许可的特征。

第三，深圳某高申请贸工局作出的是行政决定，是需要审批的。行政备案不需要作出行政决定，最多只要出具备案回执即可。

因此，本案中，贸工局对公司章程审批的行政行为性质上属于行政许可，贸工局的职责并非随便收一些材料复印件，而是要认真审核其真伪、效力，才可作出决定。

2. 行政机关对公司股东会决议、董事会决议等文件既应作形式审查，也应作实质审查？

（1）虚假制作和签署公司文件的现象普遍存在。在任何一个工商局注册大厅的门口或附近，都会遇到大量“代办公司事项”的“拉客仔”，由工商代办中介出面，提供一条龙服务，搞定从出资验资，到签署各种文件，到办理各项工商变更的一切手续，已经是普遍的社会现象。大量新设公司的资金是专门验资机构筹集的，登记完了就抽走。公司的成立申请、公司章程，股东会决议、董事会决议，这么重要的文件，竟然都不需要本人签署。如果是内部没有纠纷，大家彼此认可，则相安无事，但如果发生股东之间的争议，这些形式上完备、实质上虚假的文件，在效力上则存在很大的问题，将使股东权益得不到保护。而股东之间的争吵不休，通常是企业衰败的开始，无恒产者无恒心，争议不解决，股东不愿投入，企业将最终垮掉，工人失业，此种现象屡见不鲜。当然，为了应对这种状况，也有地方政府出台了应对的政策，比如现在广东省东莞市，现在凡是办理企业登记、投资人变更等手续，经营者、投资人及相关利害关系人都必须到工商部门的注册大厅现场签名并拍照，全市 34 个登记注册大厅已全面实施现场签名制度。但毋庸置疑的是，虚假公司文件仍然是普遍存在的，行政机关需要小心审核。

（2）公司股东会、董事会决议的常见瑕疵与效力审查问题。股东会、董事会决议属于公司的重要文件，应当具备相应的形式要求。比如，应当有名称，有出席人员，有会议议题，有会议决议内容，有表决结果和签名，有时间、地点。这是对一次会议真实状况进行描述的必备要素，也方便审查机关从形式上判断该股东会或董事会的召开是否存在缺陷。如果一份股东会或董事会决议不具备这些要件，应当认为形式上不符合要求，应予补正。

股东会、董事会召开中的常见瑕疵包括召集程序方面和表决方面的瑕疵。

召集程序方面的瑕疵通常包括：召集通知遗漏股东；在召集通知中未载明召集事由、议题、议案概要；股东依法提出的议案概要未被记载在会议通知上；召集人不适格，即召集股东会或董事会的人缺乏股东资格；决定召集股东会的董事会决议因出席的董事人数不足而无效；会议召集通知的期间过短，股东来不及准备；未采取书面形式而采用口头形式通知，且有股东提出异议；故意选择在股东出席困难的时间、地点召开股东会；由于股东会现场座位过少，部分股东被挤出会场，失去投票机会。

表决程序方面的瑕疵通常包括：非股东或非董事的代理人参与了表决；公司决

议缺乏公司章程确定的定足数(股东会有效召开所要求的股东所代表的最低股份总数);违反章程关于表决代理人仅限于股东或董事的规定;会议主持人拒绝适格代理人行使表决权;负有说明义务的董事、监事对于股东的质询拒绝作出说明或者说明不充分;股东会或者董事会主席无正当理由限制或者剥夺股东的发言权或者辩论权;违反法律或者章程规定担任会议主席;会场始终处于喧哗、骚乱状态,会议在股东无法进行充分讨论和提出建议的情况下作出决议;股东或者经营者蓄意指使他人利用威胁或利诱手段干扰股东表决权及其相关权利的行使;根据公司或者公司章程规定,依法应回避的直接行使表决权或者代理其他股东行使表决权;决议未达到法定表决的比例。

对违法的股东会、董事会决议,股东有权主张无效。[①] 本案中,岑某某提交的申请材料中包括在香港召开的股东会决议和在内地召开的董事会决议。但均不符合形式上的要求,在实际的召集程序、表决程序上也存在缺陷,应予撤销,笔者在代理中,也设想过诉请认定决议无效,但最终考虑到股东会是在香港召开,应由香港法院依香港法律审核其效力,董事会的无效,应当由"股东"提出撤销,而本案的股东是香港某高,其内部关系复杂,并且,本案中的两个决议形式上就不符合要求等因素,决定不多此一举,不再就此提出诉讼。

(3) 行政机关对申请文件的形式审查与实质审查问题。形式审查是指申请人要对所提交的材料的真实性负责,审批机关只是对申请人提交的材料是否齐全、是否合法进行审查。只要符合了这两个条件,审批机关就应予以许可。实质审查是在形式审查的基础上,对申请人是否具备条件,申请事项是否属实,提交的文件、证件是否真实、有效、合法、完整,是否符合国家法律、法规和政策规定等进行审查。

两种审查形式的不同点是,实质审查在审查申请材料的完整性、有效性和形式上的合法性的同时,重点是审查材料内容的真实性和事实上的合法性。形式审查的主要特点是审查申请材料在形式上的合法性、完整性、有效性,不审查申请事项和办理手续的真实性和事实上的合法性。

本案中,申请变更公司章程,且是变更公司章程中的法定代表人的事项,贸工局应作实质审查,审查标准应当依据法律、法规对行政许可材料的审核要求。具体到本案,直接依据是根据相关法律制定的《实施办法》,因为该文件中规定,申请人应当提交法人营业执照副本、企业批准证书正副本、外商投资企业(含港澳台)批准证书存根原件,这些原件通常由法定代表人保管,是否能够提供,通常可以判断出真正的法定代表人对涉案申请是否有异议,从而决定申请事项是否合法。

---

① 《公司法》第22条规定:"公司股东会或者股东大会、董事会的决议内容违反法律、行政法规的无效。股东会或者股东大会、董事会的会议召集程序、表决方式违反法律、行政法规或者公司章程,或者决议内容违反公司章程的,股东可以自决议作出之日起六十日内,请求人民法院撤销。股东依照前款规定提起诉讼的,人民法院可以应公司的请求,要求股东提供相应担保。公司根据股东会或者股东大会、董事会决议已办理变更登记的,人民法院宣告该决议无效或者撤销该决议后,公司应当向公司登记机关申请撤销变更登记。"

本案中，贸工局未依法审核材料。不仅未实质审查，也未尽形式上的审查——申请人提交的文件如董事会决议、补充章程、法人营业执照复印件在内容、形式上都存在明显的缺陷，并且第三人不能提供营业执照、外商投资企业批准登记证书的原件，贸工局对此却未加审核，也没有证据证明贸工局曾要求第三人出示过原件，并在审核过的复印件上注明“与原件一致”。可见，贸工局对第三人的申请材料未尽审查职责。

3. 行政机关在公司变更事项的行政许可程序中，应当从程序和实体两方面实现对股东权利的保障，而且应当有错必纠

（1）用尽通知程序。对于公司内部无争议事项的审批，不存在利害关系人，仅需与申请人联系沟通即可。对于涉及处理公司内部股东责、权、利的事项，部分股东又表示反对意见的情况下，行政机关为避免审批错误，应当主动联系该利害关系人，通知其相关事宜。如果不能通知到本人，应当采取公告的形式，包括在办事大厅张贴，或在赠阅的内部刊物或报纸上刊登，这在一定程度上都能实现联系利害关系人的目的。

当然，这可能会增加行政机关的工作量，但是，这种可能存在争议的事项毕竟是少数，与作出错误的行政决定相比，通知程序的成本付出还是值得的。如本案中，如果在最初的行政审批程序中，贸工局能按深圳某高的公司地址，给郭某某发一封通知函，将会避免一个错误行政许可的作出。

（2）保护利害关系人的陈述、申辩权和申请听证的权利。在审核材料时，贸工局要求岑某某额外出具了香港某高刀模公司的股东会决议，并要求其提供香港律师的法律意见，说明贸工局也是认识到该申请关乎案外人郭某某的利益，而根据《中华人民共和国行政许可法》第 36 条和第 47 条的规定①，贸工局在发现郭某某为利害关系人时，应当告知其有关情况，并听其陈述、申辩，以及必要情况下召开听证会。并且，对此程序，法律规定的是“应当”，即在本案情况下，贸工局必须履行此职责，但贸工局却没有与郭某某联系或采取任何通知措施，直接剥夺了其参与行政许可程序，并进行陈述、申辩的权利。因此，涉案行政许可是在严重违反行政许可程序的情况下作出的。而错误的程序难免会使利害关系人的权益受到侵害，行政机关在审批中应引以为戒，严格遵守法律程序。

（3）知错就改，有过必罚。贸工局作出的行政决定错误明显，该错误一方面是其审核不严，另一方面是申请人恶意提供虚假材料造成。对此，贸工局应当依法及时撤销错误的行政决定，而不应知错不改，既侵害了利害关系人的权益，又不利于

① **《行政许可法》第 36 条规定：**“行政机关对行政许可申请进行审查时，发现行政许可事项直接关系他人重大利益的，应当告知该利害关系人。申请人、利害关系人有权进行陈述和申辩。行政机关应当听取申请人、利害关系人的意见。”**第 47 条规定：**“行政许可直接涉及申请人与他人之间重大利益关系的，行政机关在作出行政许可决定前，应当告知申请人、利害关系人享有要求听证的权利；申请人、利害关系人在被告知听证权利之日起五日内提出听证申请的，行政机关应当在二十日内组织听证。申请人、利害关系人不承担行政机关组织听证的费用。”

政府依法行政形象的塑造。

对于申请人,《中华人民共和国行政许可法》规定,行政许可申请人隐瞒有关情况或者提供虚假材料申请行政许可的,行政机关不予受理或者不予行政许可,并给予警告;被许可人以欺骗、贿赂等不正当手段取得行政许可的,行政机关应当依法给予行政处罚。但是,警告对申请人通常难有实质性影响,行政处罚又没有规定具体的幅度。法律规定既不明确,又难以操作,行政机关又怠于处罚,申请人有错不被追究,必将造成提供虚假材料申请行政许可的泛滥。

行政机关应以明确的责任机制和严格的管理,实现有错必改,有过必罚,惩治恶意申请人,保护利害关系股东的合法权益。

六、结语

本案兼及公司股东争议与行政管理问题。当事人因行政机关的错误行为,权利受损,在寻求救济时,贸工局又以维护现行审查机制为由,拒绝改正,最终由司法审查处理。贸工局最终败诉,应当反思其行政管理的理念以及管理水平。从立法层面,则应更深入研究如何规范对外资企业行政许可事项的设置,以及在行政许可中对利害关系人的保护问题。

第三章　公司变更与重组

收购房地产公司股权项目的交易方案

北京地平线律师事务所　陈启

一、案例情况

（一）律师的工作任务

为客户收购房地产公司的股权项目提供法律服务，开展尽职调查工作并设计和论证交易方案，参加谈判，起草法律文件、协议。

（二）交易背景

北京某别墅项目位于北京市朝阳区，项目开发商是××房地产公司。××投资集团拟收购某别墅项目，委托我所律师开展尽职调查工作，并设计和论证交易方案。

二、法律尽职调查

我所律师接受委托之后，针对房地产项目的特点，向××房地产公司，针对××房地产公司的情况，通过尽职调查可知项目的基本情况如下：

××房地产公司注册资本为3 000万元，股权结构为：×1公司持有60%的股权，×2公司持有10%的股权，×3公司持有10%的股权，×4公司持有10%的股权，×5公司持有10%的股权。

某别墅项目开发商为××房地产公司，项目的前期手续，包括国有土地使用权证、建设用地规划许可证及建设工程规划许可证、建设工程施工许可证、一期预售许可证基本办理完毕，项目总用地×平方米，建设用地×平方米，总建筑面积×平方米，地上建筑面积×平方米，地下建筑面积×平方米。项目性质：住宅（联排或独栋）。项目转让价格为×亿元，含土地出让金。

（一）××房地产公司的设立和内部结构情况

××房地产公司设立于1999年，是一家中等规模的，从事房地产开发项目的公司，公司共有五个股东，股权比较分散，股东出资均已到位，股权不存在质押的情况,公司拥有房地产二级资质。

××房地产公司设立了股东会、董事会、监事会的法人治理结构,董事会由7人组成,监事会由3人组成,高管设总经理1名、副总经理3名。××房地产公司共设5个部门,包括行政部、人事部、项目部、财务部、市场销售部,员工共50余名,大部分员工签订的是固定期限的劳动合同。

(二)某别墅项目核准、审批的情况

某别墅项目已经取得发改委的立项文件,含被批准的投资规模、建设面积、用地面积、市政配套设施等;已经取得当地规划局发布的涵盖物业所处位置的现行控制性规划和控制性详细规划,及其调整和修改的文件;已经取得当地规划局颁发的项目选址意见书;已经取得由当地建设委员会和政府颁发的项目审定设计方案通知书;已经取得当地规划局和政府颁发的建设用地规划许可证;已经取得当地规划局颁发的控制性详细规划;已经与当地房屋土地部门签订土地使用权出让合同或与原土地使用权人签订土地使用权转让合同;土地出让金付款凭证、有关税务部门发出的土地契税的纳税收据齐全。

某别墅项目已经取得拆迁/补偿文件,拆迁、补偿方案、拆迁补偿协议、拆迁补偿款支付凭证;已经取得所有环境保护、人防工程的批准文件及使用许可;已经取得由当地建设委员会颁发的施工图批准文件;已经取得由当地规划局颁发的建设工程规划许可证;已经取得由当地建设委员会颁发的施工许可证;已经取得当地建设主管部门发放的建设工程竣工验收备案证明;已经取得由当地环保、消防和城市规划部门出具的环保、消防、规划竣工验收许可证。

某别墅项目已经取得预售许可证,预售了20套房屋。

(三)某别墅项目工程本身的情况

某别墅项目房产的整体结构和设计、装修、外墙和楼顶的使用、物业管理资料齐全,包括整体结构、设计、装修、外墙、楼顶的合同、相关图纸和参数,包括设计图、结构图、相关设施的图纸等。

某别墅项目市政公用设施资料,包括上下水、配电设施、制冷、供暖、天然气、通讯/网络、消防设施、有线电视/卫星电视、道路及出口、绿化、安全保卫系统、垃圾处理系统、车位、电梯系统都运转正常。

(四)××房地产公司的债权债务情况

由于房地产行业属于资金密集型行业,××房地产公司曾就本项目向工商银行贷款人民币×亿元,并且以另一已经竣工的楼盘中的10套房屋作了抵押担保。由于建设其他项目,××房地产公司另外向3家银行贷款人民币×千万元。同时,××房地产公司为股东控制的其他关联公司曾提供过人民币×百万元贷款的保证担保。

××房地产公司财务报表,包括资产负债表、损益表、现金流量表和审计函都

比较完整。

(五) ××房地产公司的税务情况

××房地产公司的税务登记证(包括国税和地税税务登记证)合法有效,不存在应缴未缴的税款,不存在税务机关对公司所采取的罚款、处罚和其他行政制裁措施的情况。

××房地产公司开发某别墅项目,需要缴纳的营业税、房地产税、土地增值税、印花税都已经按时足额缴纳。

(六) ××房地产公司的其他资产情况

××房地产公司用于办公的1 000平方米的写字楼是租赁的,不属于自有资产,拥有汽车3部,1部别克商务车、1部奥迪小轿车、1部奔驰小轿车。其他资产都是用于办公的设备,包括打印机、复印机、办公座椅等。以上资产均未设定担保。

(七) ××房地产公司签订合同的情况

××房地产公司签订的重大合同(以合同金额30万元以上起算),除了贷款合同之外,其他大部分都是项目开发合同,包括测绘合同、施工合同、勘测合同、装修合同、预售合同等,合同金额大约×千万元,大部分项目处于尚未履行完毕的状态。其他属于租赁写字楼、采购办公用品的合同,合同金额较小。

(八) ××房地产公司的知识产权情况

××房地产公司拥有专利两项,均已获得专利证书。不存在将专利权转让其他人的情况。

(九) ××房地产公司办理保险的情况

××房地产公司为公司员工均缴纳了各项社会保险,社保记录明确无误。另外公司为3辆车办理了交强险和第三者责任险、车损险,经核查,保单记载情况不存在差错。目前没有任何未缴付的保费,也不存在任何未解决及未赔付之赔偿申请。

(十) ××房地产公司存在的争议、诉讼

自××房地产公司设立起来,涉及××房地产公司及其股东的诉讼案件有两起:

第一起案件:××房地产公司与测绘公司在2008年3月签订房地产测绘合同,约定测绘公司在合同签订之后30天之内向××房地产公司提交测绘成果,××房地产公司在收到测绘成果之后15天之内支付全部服务费用人民币10万元。因测绘公司未在合同约定的期限内提交测绘成果,××房地产公司拒绝支付服务费用。测绘公司于2008年6月向法院提起诉讼,一审法院在2008年9月作出判决,驳回测绘公司的诉讼请求,测绘公司没有上诉。后来××房地产公司又聘请其他测绘公司,完成了房地产测绘工作。

第二起案件:××房地产公司的股东×1公司在2009年6月向工商银行借款人民币300万元,借款期限为1年。×1公司在借款期限到期之后,未按期归还借款,工商银行于2010年11月提起诉讼。上述案件于2011年1月开庭审理,双方当事人在庭审过程中达成调解协议,×1公司同意在签订调解协议之后30天之内归还全部借款,上述调解协议已经履行完毕。

××房地产公司不存在被税务、工商行政管理、环保、卫生、劳动人事部门进行行政处罚的情况。

(十一)××房地产公司的环境保护情况

××房地产公司在项目开发前期,按照环保部门的要求,申请办理环境影响评价(评估)报告书,环保部门核发了环境影响评价(评估)报告书。在项目进行过程中,××房地产公司严格依照国家的环保法律、法规、政策开展项目建设,未被环保部门处罚过。

三、交易设计方案及交易结果

如果××投资集团直接收购某别墅项目,必然会涉及项目主体变更的问题,鉴于房地产项目审批手续复杂、涉及审批部门较多,而且项目前期手续已经基本办理完毕的现状,我所律师建议采用收购××房地产公司股权的方法,最终收购某别墅项目的交易方案。由于××房地产公司股权结构较为分散,第一步应由×1公司将×2公司、×3公司、×4公司、×5公司的股权收购过来,××房地产公司成为×1公司持有100%股权的公司,第二步由××投资集团收购×1公司持有的××房地产公司100%的股权。我所律师根据以上方案,根据以下步骤开展股权收购:

(一)设计×1公司先行收购×2公司、×3公司、×4公司、×5公司的股权的方案

1. 明确交易的最终目的是拟通过收购目标股权的方式,收购目标项目以及目标股权和目标项目下的全部资产(不含货币资金)、目标项目在建工程、目标项目全部前期开发成果[包括但不限于××房地产公司以及目标股权和目标项目的所有政府批准文件、勘查文件、设计文件、图纸(含CAD电子版)、工程文件、评估文件、财务资料、审计报告、协议及合同等]以及其他全部权利、权益、利益。

2. 明确先行股权收购行为不应当且不会给最终收购造成任何变化,不应当且不会给最终收购带来超出约定范围外的已然的或者潜在的责任、义务、负担、风险等。

3. 对先行收购之前进行尽职调查的事项作了约定,要求××房地产公司给予配合,同时承诺完成尽职调查评估之后,决定是否进行先行股权收购。

4. 先行股权收购协议设定了尽职调查中××投资集团要求满足交易要求的

基本商务条件包括：××房地产公司应当取得目标项目的《建筑用地规划许可证》《建设工程规划许可证》《国有土地使用证》《建设工程施工许可证》；××房地产公司应当取得目标项目在建工程的《北京市商品房预售许可证》，并具备取得目标项目全部工程的《北京市商品房预售许可证》的条件；对于交易对价现金支付的票据往来，××房地产公司提供可经国家相关部门认可的，并可在税前列支的目标项目开发建设成本和费用的正式财务凭证，且该等财务凭证的金额应不低于人民币×亿元，作为本次交易的票据；××房地产公司不存在影响目标项目的继续开发建设、经营的重大财税问题；目标项目立项或目标项目用地的合法性及持续性没有重大问题；××房地产公司合法或持续获得目标项目的所有权、开发权；目标项目性质、面积、用途与协议书签署前的情况没有重大改变；目标项目或××房地产公司资产不存在他项权利限制；××房地产公司实际财务情况与其提供的财务情况不存在严重不符而影响××投资集团权益；××房地产公司不存在重大或有债务等××投资集团认为对目标项目开发建设、公司经营产生重大影响的事项。

为了控制先行收购程序的风险，对于尽职调查之后的先行股权收购，设计了交易通知环节：

××投资集团通过对尽职调查结果的评估，认为××房地产公司以及交易标的符合××投资集团的商务条件，决定进行交易的，应当按时向×1 公司发出可以进行先行收购的交易通知。×1 公司在收到××投资集团发出的交易通知后的 30 日之内完成先行股权收购。

如×1 公司在 30 日之内未完成先行股权收购或者完成的先行股权收购与××投资集团确认的先行股权收购法律文件不符的，××投资集团有权随时向×1 公司发出临时终止通知而无须承担任何责任，临时终止通知送达×1 公司时，整个股权收购交易终止。之后，××投资集团与×1 公司按照本协议书的约定处理善后事宜。

（二）设计××投资集团收购××房地产公司 100%股权的方案

1. 约定××投资集团向×1 公司支付一笔定金，汇至双方的共管账户，××投资集团按照本协议书的约定向×1 公司发出交易通知后，定金作为股权转让款的一部分。

2. 约定××投资集团与×1 公司签订股权转让协议之后，将股权转让的款项汇付至共管账户，由双方共同监管。×1 公司协调××房地产公司办理完毕股权变更登记手续，××投资集团成为××房地产公司唯一的股东，并取得工商行政管理部门核发的《企业法人营业执照》之后，××投资集团与×1 公司解除对共管账户的监管，股权转让款支付给×1 公司。

（三）交易结果

××投资集团在我所律师的协助下，通过尽职调查的评估，确认符合商务条件，完成先行股权收购程序，×1 公司成为持有××房地产公司 100% 股权的股东，之后××投资集团顺利收购了××房地产公司 100% 的股权，最终完成了收购某别墅项目。

四、案例评析及思考

（一）本案例评析

本项目涉及的房地产项目转让，一般有项目直接转让和股权间接转让两种方式，以上两种方式存在着很大的差异：

1. 实现条件不同

项目直接转让的实现，必须满足以下条件：

（1）转让方按照出让合同约定已经支付全部土地使用权出让金，并取得土地使用权证书；

（2）转让方按照出让合同约定进行投资开发，属于房屋建设工程的，应完成开发投资总额的 25% 以上；

（3）项目属于成片开发土地的，依照规划对土地进行开发建设，完成供排水、供电、供热、道路交通、通信等市政基础设施、公用设施的建设，达到场地平整，形成工业用地或者其他建设用地条件；

（4）转让方转让房地产时房屋已经建成的，应当持有房屋所有权证书。

股权间接转让的实现则不受上述条件的限制，若转让方不存在与其他主体对项目公司股权转让的约定（如项目公司与土地局签订的出让合同、与银行签订的贷款合同等可能存在对项目公司股权转让的限制性条款），则在房地产项目开发的各个阶段，转让方均可转让股权。

2. 交易费用不同

项目直接转让交易过程中需要缴纳的税费包括：转让方应缴纳的营业税及教育费附加、土地增值税、所得税、印花税等；受让方应缴纳的契税、印花税以及部分城市需缴纳的交易手续费等。

股权间接转让交易过程中需要缴纳的税费包括：转让方应缴纳的所得税、印花税；受让方应缴纳的印花税。

与项目直接转让相比，以股权转让方式转让房地产，转让方可以规避营业税及附加、土地增值税，受让方可以规避契税以及部分城市需缴纳的交易手续费等，大大节省了项目转让的交易费用。

3. 转让手续不同

股权间接转让，手续较为简单，只要签订股权转让协议并在工商管理部门按规定办理股权转让变更登记即可，即可通过控制公司的经营权直接控制和管理整个房地产项目。

房地产项目的直接转让,手续较为复杂,涉及项目立项手续的变更、土地所有权证书的变更、建设用地规划许可证的变更、建设工程规划许可证的变更、建设工程施工许可证的变更等,而且需要按照当地政府主管部门规定的时限,经过批准方可完成。

因而,在正常情况下,以股权方式间接转让的房地产项目周期较短,受让方可在股权转让并办理完毕工商变更手续之后,即投入资金以房地产项目公司的名义进行后续开发建设,有利于加快项目的开发速度。

4. 收购风险不同

项目直接转让,受让方需要考虑项目本身的风险,如权属、手续办理、工程建设、市场等方面的风险。

而股权间接转让,受让方除了需要考虑项目本身的风险外,还需要考虑房地产项目公司本身的风险,如对外担保、债权债务、未支付款项、合同违约等收购股权的潜在风险。

对于本收购项目而言,前期手续已经基本办理完毕,采取股权间接收购的方式,可以最大限度地节省经济成本,推进项目进行。

(二) 对本案例相关问题的思考

1. 房地产项目的股权间接转让方式需要思考的问题

通过股权间接转让方式,实现房地产项目转让,受让方必须全盘考虑项目本身的风险和公司股权风险。在整个股权间接转让的运作过程中,潜在的风险大致包括以下几方面:

(1) 房地产项目公司的债务风险。房地产行业属于资金密集型行业,房地产项目公司开发大项目,免不了向银行贷款或通过其他方式进行融资。因此,房地产项目公司一般都或多或少存在着债务,显性债务通过查看合同就可以明确,隐性债务则需要进一步做调查工作才能明确,隐性债务一般包括未披露的对外担保、潜在的合同违约、潜在的未支付款项等。

受让方收购股权后,就开始承担项目公司的债务。即使股权转让协议明确约定受让方对项目公司被收购前形成的债务不承担责任,但由于这种协议条款不能对抗善意第三人,受让方只能在对外承担了债务责任后,再对原来的股东进行追偿。而这时,原来股东的偿债能力可能已经没有了保障,从而使股权受让方无法追偿。

(2) 房地产项目公司经营活动的风险。房地产项目公司以往经营活动的风险,包括是否有偷税漏税的潜在纳税处罚风险,是否存在着未决仲裁、诉讼事宜,股东会决议、董事会决议是否合法有效,等等。以上事项都有可能招致对房地产项目公司及股东在经济上或非经济上的处罚。

虽然股权转让协议中可以明确约定受让方对以往的经营活动不承担责任,但受让方收购股权后,税务局、法院等政府、司法部门仍可以就以往经营的非合法性对收购后的房地产项目公司进行处罚或采取强制措施。

(3) 股权收购程序的合法性风险。股权收购程序涉及公司法以及相应的法律、法规,转让程序的合法性和有效性,是受让方开展项目工作的前提条件。

如果受让方收购的是国有股权,则国有股权转让必须按照国有资产监管的法定程序进行交易,否则,股权转让合同是无效的。收购国有股权必须经国有资产管理部门批准之后,在国有产权交易所通过招标、拍卖、挂牌等程序进行。股权转让时,对于公司法规定的除了转让方之外的其他股东,还必须征求其他股东的意见,是否行使优先受让权,在其他股东放弃行使优先受让权之后,才能顺利收购。

如果项目公司是中外合资企业,股权收购会导致企业性质发生变化,受让方必须按照相关法律规定,在签订股权转让协议后,报商务部门批准后,再到工商企业登记机关办理变更登记之后,股权收购才能顺利完成。

2. 立法建议

由于房地产股权转让事宜,涉及公司股权结构的变化,股权结构的变化如果涉及国有企业、外资企业、上市公司,无疑要遵守规范国有企业、外资企业、上市公司股权变化、资产转让的法律、法规,建议针对股权转让事宜,对规范国有企业、外资企业、上市公司股权变化、资产转让的法律、法规进行调整、修改,与公司法关于股权转让的有关规定衔接起来。

3. 律师实务操作建议

律师在股权转让房地产项目中,提供的法律服务主要是开展尽职调查工作、起草股权转让的相关文件、协议,为客户规避项目中存在的法律风险。建议采取下列措施,以更好地完成法律服务工作:

(1) 合理设定股权收购的管理流程,通过流程管理来控制项目中的风险。房地产股权收购项目的尽职调查涉及法律、财务、建筑工程、市场等各个方面,律师可以为客户制作股权收购项目设定时间流程,统筹管理股权收购的流程,并负责成立、召集由各方面专业人员组成的尽职调查小组,从法律、财务、建筑工程、市场等多角度对项目及房地产项目公司进行调查,协调专业人员的各项工作,圆满完成尽职调查工作。

(2) 综合评估项目的风险,为客户提供客观的意见和建议。转让方转让项目,源于项目本身存在问题,或者项目公司存在问题,导致转让方无法正常推进该项目。潜在的风险需要充分的尽职调查之后才能揭示出来,没有完全无风险的投资。房地产行业受宏观政策影响较大,律师可以建议收购方对项目工作建立综合评估机制,从法律风险、行业发展、收购方战略、发展需要、发展前景、宏观政策变化等多方面全局考虑、权衡利弊、综合评估。

(3) 通过股权转让合同明确划定权责边界,最大限度地规避项目风险。律师在起草股权转让合同中,应明确划定转让方和受让方的权责边界。一般来说,历史遗留问题的处理、股权转让前的债务(包括或有债务)等应约定由转让方负责,与之相对应的权利是转让方按合同约定收到转让款项；而受让方主要承担按合同约定付款的责任，与之相对应的权利是通过获得房地产项目的股权控制项目的经营权。

如果项目公司的债务状况比较复杂，可约定在工商行政管理部门办理完毕股权变更手续，以获得新的营业执照的时间作为划分债务的时间边界，之前形成的由转让方负责，之后的债务由受让方负责；也可以约定，划分债务时间边界以项目公司公章、合同章、财务章的变更时间为依据，受让方受让股权之后，销毁原来的公章、合同章、财务章，盖旧章的由原股东负责，盖新章的由新股东负责。

对于股权转让的付款问题，可通过对付款的时间节点的安排，控制股权转让房地产的风险，例如股权存在抵押或查封、土地使用权存在抵押或查封等情况，需将股权解押或解除查封、土地使用权解押或解除查封作为付款的时间节点；也可以将完成工商变更手续领取新的营业执照的时间，作为付款的时间节点。

由于房地产收购项目标的较大、手续复杂，对于显性的风险可以通过尽职调查程序发现，但项目公司的股权、或有债务、审批手续有可能存在着难以发现的情况。为了有效避免股权收购风险，收购方可留尾款作为保证金的方式进一步规避风险，如在股权转让合同中约定采取分期付款方式，留下一部分尾款作为进行股权转让潜在风险和潜在债务的保证金。如果在协议签订后的一定期限内，因转让方或项目公司的原因，致使受让方承担了额外的债务和损失，受让方有权直接使用该笔保证金进行支付，并免除将该款项支付给转让方的责任；如果该期限届满后，没有出现额外的债务和风险，受让方则将该款项支付给出让方。当然，也可以在股权转让合同约定，转让方提供其他形式的有效担保，比如受让方可以要求转让方提供银行保函、母公司提供保证担保或上市公司保证担保等有效的担保。相对于留尾款作为保证金来说，提供有效担保，可操作性更强。因为，采用留尾款的方式，转让方所能同意的留尾款金额一般较小，潜在的债务或者其他风险可能超出保证金的额度，而且尾款外的其余转让款金额已能满足转让方的股权转让收益，尾款已经无足轻重，因而对于转让方的约束力较低。而提供其他担保方式，担保责任可以随潜在的债务或者风险规模而变化，提供担保的时间也可以约定为较长的期限，受让方可以选择有较高信誉度的机构或主体作为担保方，以最大限度地规避潜在的风险。

某化工企业架构设计及业务重组方案

天津观典律师事务所　邓露茸

一、案例情况

（一）律师的工作任务

我律师事务所接受某化工企业委托，为该公司架构设计及业务重组提供法律服务，包括进行尽职调查、架构设计、重组方案设计和方案论证。

（二）交易背景

该化工企业成立于20世纪90年代后期（以下简称“原公司”），注册资本人民币5 000万元，投资者包括一家部属高校和当地一家国有企业，其中部属高校出资人民币3 000万元，持股60%；当地国有企业出资人民币2 000万元，持股40%。在该企业成立之前，前述部属高校经国家有关部委批准成立了“国家工程研究中心”，负责承担相关化工领域中的科研工作。该化工企业成立的初衷系为了实现“产、学、研”一体化的目标，即由该化工企业将国家工程研究中心的科研成果产业化。经过十余年的发展，该化工企业日益壮大，利用国家工程研究中心的科研优势，在相关化工领域逐渐崭露头角，承接了多项国家重点建设项目，其客户主要是央企，如中石油、中石化、中海油等大型骨干企业。

随着企业的发展，两方股东均希望通过重组的方式整合现有资源、克服公司现有发展瓶颈，进一步做大做强，实现上市计划。

（三）法律尽职调查

通过尽职调查可知，公司的基本情况如下：

1. 公司设立

公司设立以来没有发生增资、减资、出资转让、组织形式变更、资产或债务重组等重大变化。公司历史沿革清晰。

（1）股东情况。经过尽职调查得知，公司出资人包括当地一家教育部直属高等院校（以下简称“大学”）和当地一家重点国有企业（以下简称“企业股东”）。该企业股东为当地某区国资委下属的大型国有企业。公司成立于1999年，当时我国并未颁布有关事业单位投资的法律、法规；但经过与公司高管以及大学有关主管人员沟通得知，公司成立过程中，未能依照当时教育部有关投资审批的管理规定，由此导致大学对外投资形成的产权并未在教育部门登记备案。当地企业的出资流程符合法律规定，依法履行了决议程序。

经律师对同类型的上市企业研究发现，我国存在多家由高校直接或间接投资控股的上市公司，如清华同方股份有限公司（现依据教育部规定，改名为“同方股份有限公司”），其实际控制人为教育部。而本案中，由于该化工公司设立时未能依规定取得教育部的审批，因此该公司未来上市存在较大障碍。经过与该公司访谈，律师了解到，公司曾多次向教育部申请履行补登记手续，但均未实现。

（2）出资。经调查得知，为支持该大学进行科研产业化，当地政府以取得的世界银行贷款向其投入了300万美元。根据当时的管理政策，该笔资金并未以现金方式拨付给该大学，而是根据该大学的要求购置了等值的设备，已将设备投入大学。因此，大学系以设备履行对公司的出资义务。

此外，律师了解到，该笔世界银行贷款的50%由政府履行偿还义务，该大学不负偿还义务；但其余50%及相应利息应予偿还。该笔世界银行贷款由于已经转化为设备，因此事实上无法区分，设备已经全部交付给公司，由公司使用。我们注意到，公司仅将相当于全部设备50%价格的部分作为大学对公司的投资，其余部分虽交付公司使用，但未作为投资处理。

2. 国家工程研究中心

根据《国家工程研究中心管理办法（试行）》（计科技〔1992〕2239号）的相关规定，工程研究中心是一种新型的科研开发实体，其主要宗旨是将具有市场价值的重要应用科研成果进行后续的工程化研究和系统集成，着力于开发科研成果转化为适合规模生产需要的共性技术、关键技术，增强产业实力。经过律师了解，原公司成立的背景和目的是对国家工程研究中心的科研成果实施产业化。原公司和国家工程研究中心是“产、学、研一体化”过程中的两个不可分离的主体。此外，国家工程研究中心和原公司的成立均经过了教育部和国家计委的批准。有关批准文件均要求，国家工程研究中心和原公司的重大事项也应报前述部门审批。原公司和国家工程研究中心运营中，均与相关主管部门保持良好的沟通关系，主管部门对原公司和国家工程研究中心的发展非常支持。

经过调查发现，国家工程研究中心并非规范意义的民事主体，既不属于企业，也不属于事业单位，而是属于“虚拟”的主体。例如，在大学对国家工程研究中心管理过程中，将国家工程研究中心参照大学二级学院进行管理；此外，国家工程研究中心由于没有民事主体资格，也无法对外签署合同或开立账户等。国家工程研究中心的科研成果形成了部分专利，但专利权均登记在大学名下。对于原公司经营中需要的专利，原公司现无偿使用，且从未向大学支付任何费用。大学和企业股东对于前述情况均了解，但均未提出任何异议。

3. 公司治理

公司依据《公司法》的相关规定，建立了由股东会、董事会、监事会与经营管理层所组成的完整、健全的法人治理结构，分别负责原公司的决策、经营管理及监督。

原公司股东会保持每年举行一次的记录，公司经营战略、发展规划、经营策略和方案、公司财务预决算、公司机构设置、人事任免等均由团队拟制并提出方案，股东各方通常均不提异议。公司设董事会，由 5 名董事组成，董事会每年也只召开一次会议，与股东会完全重合。董事会和股东会的召开均由团队提议。

原公司设总经理 1 人，由董事会聘请。公司管理层团队和骨干员工都对公司未来发展非常有信心。原公司管理层按会议制实施日常经营管理，总经理办公会每周举行一次会议，议定短期重大经营事项，每年举行两次工作会议，议定半年度和年度重大经营事项。

通过尽职调查得知，大学正间接从事着与公司相竞争的业务。该大学持股 51% 的一家公司，也在相关化工领域开展经营活动。其经营范围与原公司有部分重合。该企业其余 49% 股份由管理团队和骨干员工持股。两家企业对竞争关系均知晓，且在部分业务中作为直接竞争对手。由于竞争关系的存在，使得两家企业之间也打起了“价格战”，还使两家企业均无法实现上市。

4. 管理团队

原公司拥有一支年富力强的管理团队，管理团队由一批资深科研人员、技术人员及高级营销管理人员组成，至 2011 年底，在该管理团队的领导下，产、学、研人员已发展到近 200 人，其中绝大部分为博士或硕士。总经理系该领域的一名知名教授、博士生导师，长期致力于化工专业研究，具有近 20 年的教学与科研经验，同时担任国家工程研究中心主任，管理经验丰富。

5. 公司主营业务和盈利模式

原公司主要通过两类业务以确保业绩的稳定增长，其一是自主开发研制自有知识产权的化工技术；其二是接受其他企业委托，提供外包服务。原公司未来有意向第一种模式靠拢，走产、学、研一体化、自研自产的经营模式。

6. 公司经营场地

原公司自成立起，即获取了一宗约 2.7 万平方米的土地，但经过多年发展，土地及厂房已经远不能满足公司的生产经营需要。随着企业的迅猛发展，公司现有的生产基地面积过小，已使公司发展受到极大限制：一方面，公司超过 50% 的订单不得不进行外包生产；另一方面，公司的发展与盈利能力受到极大限制。因此，场地不足问题已经严重制约了公司的发展，公司急需扩大科研和生产基地。

原公司曾经就场地问题进行研究，在当前公司住所行政区以外的另一行政区有适合的地块，但新地块所在行政区划希望公司迁址，但迁址事宜很难得到公司现所在地政府的支持；此外，由于企业股东系所在地政府管理的国有企业，公司的企业股东也不会支持迁址。如无法迁址，公司只能通过设立新企业的方式获取另外一个行政区内的土地使用权。

（四）交易方案

1. 交易方案的重组目标

经过与公司及其两股东的访谈，律师得知各方对重组的要求如下：

（1）各方均希望通过企业架构重组解决产权瑕疵、同业竞争等问题，为企业未来上市奠定基础。同时,各方也受到资金约束,不能投入增量资金进行重组。

(2) 由于该大学属于教育部直属高校,2011 年起,该大学被纳入国有资本经营预算实施范围,这就意味着该大学自该企业取得的分红、股权转让收入等将全额纳入国有企业资本预算,上缴国家财政。该大学希望能够通过架构重组,实现对前述收入的留存,以便支持其他领域的科研。

(3) 待重组企业现坐落于该市某区,但该区经过多年发展,已经较为成熟,没有富余土地,因此待重组企业只能在其他区寻求土地以扩大经营场地。但由于各区政府均希望该企业在各自行政区内登记注册,以保障各自的财政税收,因此重组方案还需要平衡两地的政府的关系。

2. 重组方案的基本思路

基于以上重组要求,顾问律师进行了充分论证,确定了以下基本重组思路:

(1) 原公司由于存在产权登记瑕疵,且难以办理补登记,因此拟通过新设一家企业,并通过业务重组方式将待重组企业的资产、业务、人员进行整合。

(2) 两股东由于没有资金投资新设企业,拟通过减资方式首先实现企业股东的退出。由于该大学已被纳入国有资本经营预算范围,因此该大学暂无法实现减资,一旦减资,则减资收入也将上缴国家财政。

(3) 原公司与国家工程研究中心实现整合。当前国家工程研究中心由大学直接管理,研究中心的科研成果也都归属大学所有,如专利等。由此导致原公司的经营严重依赖大学拥有的无形资产,从而使得企业经营的独立性存在缺陷。该独立性缺陷无疑将构成企业未来上市的重要障碍。

3. 交易方案

经过律师的论证,设计了如下重组方案:

(1) 原公司进行减资,实现企业股东的退出,考虑到企业当前的财务状况,企业股东减资所得将负有企业所得税纳税义务,在企业股东可以接受的范围内。

(2) 企业股东和大学下属的一家全资子公司(以下简称“资产管理公司”)共同发起设立一新公司(以下简称“新公司”)。之所以采用大学下属的全资子公司作为股东,原因在于全资子公司获取的分红、股权转让所得等可大部分留存在全资子公司内。

新公司成立时可考虑先设定较低的注册资本,之后逐步提高;其中,企业股东利用减资所得认缴出资,大学下属子公司以现金和专利权作为出资,其专利权源于大学所拥有的专利。

为提高注册资本额,可考虑下述方式:① 以专利权等无形资产出资,但该专利权必须是新公司未来经营所需要,且未实际使用过的,专利权出资应确保价值评估公允;② 可择期溢价增发股份引入私募基金,引入私募后可通过资本公积转增资本的方式增加注册资本金。有关出资期限,我们考虑以两年为宜。新公司下设两家全资子公司,分别处于两个行政区,同时从事生产经营,其中:一家公司在化工企业原址设立；另一家公司设立在另一行政区，通过在该行政区内收入土地使用权，从而扩大生产基地。新公司作为总部企业，根据两地的财税优惠政策酌定登记注册地点。

（3）原公司与新公司（包括下述两家全资子公司）进行业务重组，将现有资产、业务、人员等注入新公司，此后原化工企业择机解散清算。如图所示。

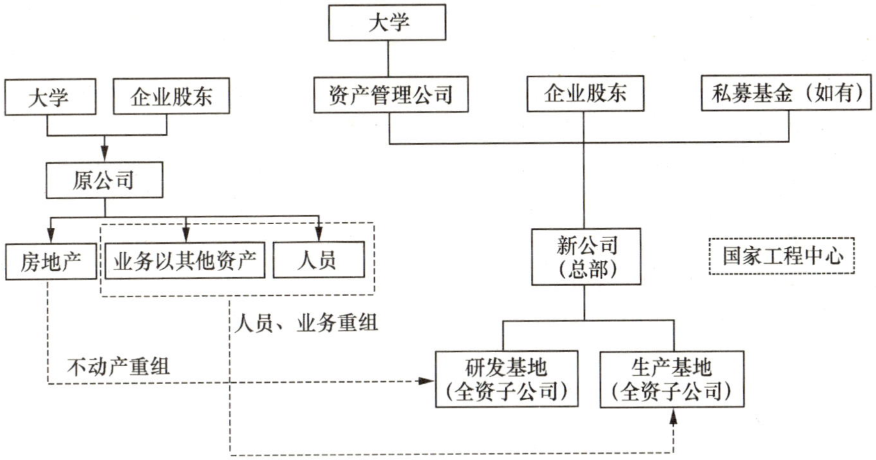

4. 交易流程

（1）就重组方案征得两方股东的同意。本重组方案涉及待重组企业的减资、新公司的设立等，因此首先应征得双方股东的同意。

（2）就重组方案向发改委、教育部和财政部申请批准。经过尽职调查，律师发现，公司的设立先后经过了国家计委和教育部的批准。此次减资及股东退出事项，如已经构成了对相关批准文件的变更，应当需要发改委及教育部批准同意。而根据财政部《关于进一步规范和加强中央级事业单位国有资产管理有关问题的通知》（财教〔2010〕200 号）的规定，中央级事业单位"所办企业的改制上市、产权转让、资产重组等重大事项，由各部门审核后报财政部批准实施，并到财政部办理国有资产产权占有、变动和注销登记等手续"。鉴于公司的特殊性质，教育部和国家发改委均有管理权，因此律师建议公司的重组也应征得前述主管部门的同意。

（3）两方股东就减资达成正式决议。原公司通过减资，实现企业股东的退出。根据《公司法》的规定，公司减资的，应首先由股东会就减资事项作出决议，并应就减资事宜通知并公告债权人。根据《公司法》的规定，减资除需要履行通知、公告的程序外，债权人有权要求公司清偿债务或提供担保。但通过对公司的尽职调查得知，公司债权人较为集中且公司由于技术实力强，能够取得债权人的同意，谈判成本较低。

此外，律师通过对相关税法的研究认为，减资的税务成本较低，税收成本在企业股东可接受范围内。减资后的所得可作为企业股东投资设立新公司的资本金。

（4）新公司成立。鉴于原公司存在产权登记瑕疵且无法补救，律师建议新设公司，将新设公司作为未来上市的主体。讨论中存在不同意见，部分高管认为，原公司尽管存在产权登记瑕疵，但可考虑向教育部申请补登记以解决问题。律师经过分析，提出了不同意见，虽然新设公司必然会延迟公司的上市进程，但考虑到原公司当前的财务状况，即便在原公司基础上进行改制，最快也需要3年以后方可满足上市的盈利要求。因此律师建议新设一家公司，以彻底解决产权瑕疵，搭建合理的企业架构。

为避免大学自公司获取的收益全部上缴，并为大学预留部分资金以开展科研项目，律师建议大学不宜直接作为新公司股东，而由大学下属的全资子公司作为新公司股东。依据相关国有企业资本经营预算法规，该全资子公司自新公司收取分红的，仅需将税后利润的5%上缴。

为此，新公司由企业股东和大学下属的资产管理公司共同出资成立，其中：企业股东以其从原公司减资中所得作为出资；资产管理公司可以知识产权作为出资，如大学可以实现对原公司的解散清算，大学可将清算所得增资注入资产管理公司，再由资产管理公司投资给新公司。

（5）原公司择机解散清算，大学以清算所得增资投入新公司。新公司成立后，大学可以择机结算清算原公司，将从原公司清算所得注入新公司。大学应首先将清算所得投入资产管理公司，然后由资产管理公司投资给新公司。

由于原公司属于中央级事业单位投资形成的公司，根据《中央级事业单位国有资产管理暂行办法》（财教〔2008〕13号）第23条的规定，产权注销应严格履行批准程序，分别取得教育部和财政部的审批。

（6）将新公司与国家工程研究中心整合。原公司与国家工程研究中心采取“一套人马、两块牌子”的运作方式，但国家工程研究中心的科研成果（主要体现为专利）等归属于大学，公司无偿使用部分科研成果，也导致了公司的生产经营严重依赖大学拥有的专利权，律师认为对未来上市存在较大的障碍。为避免此种情况，律师建议将新公司和国家工程研究中心合二为一，即将国家工程研究中心作为新公司的下属研究中心。

根据对相关部门规章的研究，律师发现，当前国家工程研究中心设立依据的是1992年颁布的《国家工程研究中心管理办法（试行）》，该规定已于2007年修订。修订后的《国家工程研究中心管理办法》规定，国家工程研究中心可以由高校、科研机构和企业建设。同时，经过律师的检索也发现，当前已有多家企业即命名为“××国家工程研究中心有限公司”或“××国家工程研究中心股份公司”，从而将企业与国家工程研究中心融为一体。因此，将国家工程研究中心与新公司合二为一，不但具有法律可行性，也有实践案例可供借鉴。因此，律师建议，由大学股东与企业股东共同向教育部和国家发改委申请变更国家工程研究中心的归属。

（7）新公司下设两家全资子公司。根据律师访谈了解到，原公司所在行政区的政府相关部门希望新公司的子公司保留在该区，以确保当地的财政收入。鉴于此，律师建议，新公司下设两家子公司，其中：一家子公司在原公司原址上登记设立，继续利用原公司土地、厂房及设备等，由于场地受限，该子公司拟主要作为科研基地；另外一家子公司在其他行政区设立，由于场地面积较大，拟作为主要的生产基地。由于两家子公司均具有独立法人资格，在各自行政区缴纳各项税收，因此能够较容易得到当地政府的支持。此外，根据《中华人民共和国企业所得税法》的相关规定，新公司作为股东，自子公司取得的分红属于免税收入，因此不会导致新公司承担额外的税负。两家子公司应分别取得相应的生产许可、一般纳税人资格等。

（8）新公司与原公司进行业务重组。由于原公司在产权登记方面的瑕疵，使得无法在新公司和原公司之间进行股权层面的重组，只能考虑在资产和业务层面进行重组。律师经过论证后，建议：

第一，知识产权转让，包括专利权申请转让、已取得的专利权转让、有关域名转让、商标权转让等由原公司和大学转让给新公司；

第二，对原公司已经签署并正在执行的合同，通过签署三方协议的方式，由新公司下属的子公司对债权债务一并承接，根据两家子公司取得相关生产经营许可的进展，逐步将原公司现有的业务转移至子公司名下；

第三，对原公司的员工，根据需要分别与新公司或下属两家子公司签署劳动合同；

第四，对于原公司的设备，可考虑由新公司或其子公司租赁，并向原公司支付租金；

第五，对于原公司名下的土地使用权和厂房，可考虑初期由新公司下属子公司租赁使用，待时机成熟后，该子公司可将设备及厂房全部收购。不动产重组。

（9）人员安置。由于此次重组方案中涉及了新公司的设立，因此人员安排是重组中的重要步骤。根据《劳动合同法实施条例》第 10 条的规定，劳动者非因本人原因从原用人单位被安排到新用人单位工作的，劳动者在原用人单位的工作年限合并计算为新用人单位的工作年限。原用人单位已经向劳动者支付经济补偿的，新用人单位在依法解除、终止劳动合同计算支付经济补偿的工作年限时，不再计算劳动者在原用人单位的工作年限。根据前述规定，律师建议，由原化工企业与劳动者解除劳动合同，并安排劳动者到新用人单位工作（根据需要成为新公司或两家下属公司员工）。为避免劳动纠纷，在劳动者和新用人单位签署的合同中约定：劳动者在原化工企业的工作年限合并计算为新用人单位的工作年限。

（10）同业竞争问题的解决。考虑到大学控股的另外一家化工企业的存在，使得新公司未来上市面临较大障碍。经过律师调研发现，该化工企业近年来发展迅速，企业股权比例为：大学下属的全资资产管理企业持股 51%，其余 49% 均由管理团队和骨干员工持股。经过律师的尽职调查，该化工企业未设置董事会，仅有 1 名执行董事，该执行董事兼任总经理，是管理团队的领军人物。鉴于此，律师认为，尽管大学企业持有51%的股权，但公司实际经营均在管理团队控制之下，因此公司的实际控制人与控股股东并不一致。但考虑到避免成为新公司未来上市的障碍，律师提出两种方案：

第一，大学全部出售该化工企业的股权，实现完全退出，从而避免同业竞争；

第二，由大学下属的资产管理公司将其持有的股权作为出资投入新公司，此外将该化工企业管理团队和骨干员工持有的股权全部收购。

（11）新公司取代原公司成为国家工程研究中心成果产业化的实施单位。建议向国家发改委、教育部申请，将国家工程研究中心变更为新公司的下属研发中心，并由新公司作为成果产业化的唯一实施单位，由新公司对科研成果享有完整的所有权。

（12）新公司适时引入私募基金。经过前述重组后，新公司可根据上市计划安排在适当的时候，考虑以溢价增资方式引入私募基金，尽快实现上市。

二、案例评析

1. 交易涉及公司法等法律、法规及规范性文件的主要法律问题（主要是难点、焦点、争点）

非诉业务是律师实务中具有典型特点的一类业务，通常非诉业务要求承办律师具有复合的知识结构。本案中涉及如下主要的法律问题：

（1）公司设立的主要法律问题。律师处理该非诉业务中，涉及公司投资人资格、出资类型及出资方式等问题。

第一，经过律师分析认为，尽管大学出资未经教育部备案，但并不存在违反公司法的情况，因此其投资主体资格并不违反法律。但由于公司未来以上市为目标，因此当前对企业架构法律风险的分析不应仅依据公司法，还应审查是否符合《首次公开发行股票并上市管理办法》的规定。律师经过分析认为，此类企业披露实际控制人时应最终追溯到教育部，而原企业由于未能履行教育部备案程序，因此在未来上市过程中将面临障碍。

第二，有关出资方面，经过律师审查发现，大学实际以设备投入公司，而验资报告载明为现金，存在不符。

第三，在新公司成立方面，律师建议大学将其拥有的专利权作为出资投入新公司，具体采取如下方式，即大学将专利权转让或作为增资投入给下属的全资资产管理公司，再由该资产管理公司作为出资投入给新公司，这样新公司将完全掌握专利权，独立性方面将不存在瑕疵。在专利的评估作价方面，律师建议应严格依照公允价值。

第四，由于原公司已经实际无偿使用一部分专利，对于该部分专利的处理，律师建议大学将该部分专利无偿转让给新公司。

（2）搭建多层公司结构的法律问题。实践中，随着企业的发展，单一、单层的公司结构往往不能满足企业的经营需要。需要通过设立子公司甚至重组成为企业集团实现企业资源整合、降低管理成本、实现上市目的等需求。在本业务中，律师根据企业业务特点和发展需要，将研发和生产分别从企业中剥离出来，注入新公司的子公司中，这样可以使企业的结构更为清晰，发展空间更大、更灵活，同时，也能兼顾相关主体对企业的要求。

(3) 重组税收法律问题。此次重组涉及多方面的税收问题。

第一，减资所得的纳税问题。根据企业所得税法律制度，减资所得除去初始投资额后的部分应缴纳企业所得税。因此，企业股东减资所得的税收成本是当事人重点考虑的重组成本之一。

第二，在业务重组过程中，将在原公司与新公司及其下属子公司之间进行大量的关联交易，关联交易的定价应公允，否则可能导致违反相关税收规定并承担法律责任。

(4) 劳动法律问题。重组中涉及将原公司下的劳动关系解除，并根据需要与新公司或其下属子公司建立新劳动关系。根据《中华人民共和国劳动合同法》等相关规定，劳动者被原用人单位安排到新用人单位工作的，如原用人单位未给予经济补偿的，应当将原用人单位的工作年限合并计算为新用人单位的工作年限。为避免因重组而导致原化工企业支出经济补偿金，律师建议，原公司就公司重组事宜向员工充分说明，并承诺将员工在原化工企业的工作年限合并计算为新用人单位的工作年限。

2. 作者对案例的综合评价与结论

设计重组方案是律师从事公司业务活动中较高附加值的一种业务活动。律师在此类非诉业务中，应运用多方面的法律知识，协助客户确定交易结构和流程。在重组方案设计中，律师不仅要掌握公司法律知识，还需要掌握其他部门法，此外，还要掌握财务税务等相关背景知识。

就重组方案设计的基本思路而言，律师应对公司进行尽职调查，根据重组方案设计的目的不同，尽职调查的深度、侧重点等也应有所区别。就本案而言，律师除了对公司进行法律尽职调查外，还对公司两股东以及大学股东控股的其他从事竞争性业务的企业进行了尽职调查；在尽职调查的内容方面，除了法律尽职调查外，还需要掌握企业基本的财务信息。

在尽职调查的基础上，律师为企业设计了几种不同的重组方案，并列明了每种方案的优劣势，在和企业及相关主体反复沟通的基础上，最终确定了本文所述的重组方案。该方案充分考虑了各方的利益和诉求，充分利用了企业现有的资源，维护了企业的发展成果，并为企业下一步的发展目标搭建了合法、可行、清晰、高效的企业架构。

三、建议

与诉讼业务相比,非诉业务给予律师更大的创造空间,这对律师来讲,既是商机,更是挑战。优秀的非诉律师能够根据客户的需求,灵活地设计不同的法律模型供客户选择。这些模型既要合法,还要可行,并尽可能地降低各种成本,如税务成本、管理成本等。这就要求律师应当在准确把握客户商业目的的基础上,为客户搭建能实现商业目的的法律架构。律师不仅要精通法律,还要熟悉商业惯例、行业特点,并能和客户的现实情况相结合。

1. 律师应注重了解相关方的商业目的

不同企业、同一企业在不同发展阶段对重组的要求都不尽相同。帮助客户实现其合法的商业目的,是非诉业务中律师的使命。律师在处理此类业务中,应当重视与客户的沟通,细致准确地了解客户的商业诉求,这是作好重组方案的前提。在经过分析,重组目的不能全部实现时,律师要协助客户作出选择,调整重组目的,在达成共识的情况下对重组方案进行研究和分析。

2. 律师应将不同的部门法综合运用在重组业务中

重组业务都会涉及多个部门法,如公司法、劳动法、税法、知识产权法、合同法,甚至刑法等,此外律师还需要检索大量的部门规章和规范性文件。确保重组方案合法、可行,能够顺利得到审批机关的批准。

3. 律师应当尊重企业发展的历史

很多企业在发展之初都存在这样或那样的不规范之处,这是律师在从事重组业务时必须要面对的。如何充分体现和利用企业的发展成果,通过重组使企业走上规范发展之路,恐怕是律师在重组业务中考虑最多的。在尽职调查的基础上,律师应当详尽地了解企业的历史沿革及存在的问题,进行法律分析,提出解决方案。

4. 律师应当注意搜集新的商业信息及商业模式,对相似案例开展研究,不断丰富自己的知识结构

以本业务为例,由于该化工企业属高校下属企业,律师在方案设计中,对我国资本市场中现存的其他高校类上市公司进行了研究,对相同类型企业的实际控制人、高管任职限制等问题进行了研究。认真研究了其他企业在重组过程中的做法和依据,通过实证分析,增强了我们对本业务重组方案在实践中顺利实施的信心。

从国有企业并购国企、民企的两个案例谈律师实务

北京市鑫诺律师事务所　孔伟平

案例一：某大型国有建筑集团并购某国有施工企业

一、律师工作任务

为国企并购，实质是两国企合作设立子公司，将其做强做大提供法律服务。

二、交易背景

为保障工程质量、保证施工安全及规范建筑市场，《中华人民共和国建筑法》（以下简称《建筑法》）确立了若干规范建筑活动的基本制度，建筑企业资质管理就是其中一项重要制度。资质管理规定的是从事建筑活动的单位应具备什么条件才能进入建筑市场，这些条件是市场的准入前提，也是建筑领域市场经济体制的重要组成部分。《建筑法》第13条对从事建筑活动的建筑施工企业、勘察单位、设计单位和工程监理单位的资质进行了原则性规定。随后，建设部出台了一系列规定进行了细化。2001年建设部出台了《建筑企业资质管理规定》，该规定将建筑施工类企业划分为施工总承包、专业承包和劳务分包三个序列，并划分了相应的资质等级；《建设工程勘察设计企业资质管理规定》及《工程监理企业资质管理规定》也于2001年出台，该两个规定对工程勘察资质、工程设计资质、工程监理资质及相应资质等级进行了规定。

我国实施严格的建筑活动资质管理制度。《建筑法》严格禁止建筑企业没有资质或超越本企业资质等级许可的业务范围，或者以任何形式用其他建筑施工企业的名义承揽工程，企业违反资质管理规定承揽工程的，视情节严重将面临罚款、停业整顿、降低资质、吊销资质证书及没收违法所得等一系列行政处罚。

甲公司为某省国有资产监督管理委员会（以下简称"国资委"）监管的国有企业，主要经营范围为房屋建筑承包、工程承包、地产开发等，随着业务发展，甲公司在港口与航道工程方面也获得一些潜在机会，甲公司也想在此领域一展身手，一方面，借此打开一片新的领域，扩大企业营利点；另一方面，由于传统的房屋建筑承包、工程承包领域竞争日趋激烈，借此也避开了一些竞争压力。但如上所述，我国对港口与航道工程等基础设施建设领域也实行资质管理，甲公司由于缺乏相应资

质,只能眼睁睁地看着机会流失。

甲公司要获得新的资质,无非有两条道路:一条路是重新开始申请。从最低等级做起,其好处是可以按照自己意愿设立公司和发展,没有额外事项,不可控风险较小;坏处是从筹划、建设、投资到取得预期成果,往往需要很长时间,可能错失商业机会。另一条路是通过公司并购。好处是购得目标公司现实的、已经成熟的经营资源,包括资产、人力、技术、品牌等,可以在较短时间内实现预期的经营效果,可能减少选址、工程设计、建设、设备采购、调试运营以及市场拓展等风险;坏处是"买的没有卖的精",购买方对目标公司不了解,有可能在购买环节当"冤大头",而且,并购中多要涉及人员变动、管理模式选择等细节问题,文化差异表现会很突出和明显,可能水土不服,引发并购整合失败。

经过市场比较和反复论证,甲公司选中了在山东的目标公司(以下简称"目标公司"),目标公司为山东国有企业乙公司的全资子公司,主要经营范围为港口与航道工程施工、地基与基础工程施工、钢结构工程施工、市政公用工程施工、港口设备安装等,拥有港口与航道工程施工总承包一级资质。

甲公司、乙公司虽然属地不同,但都是国有企业,容易沟通。甲公司急需港口建设方面的资质,而乙公司也不愿目标公司长期偏安一隅,希望其做大做强,因此,双方有意合作发展目标公司。

故乙公司聘请评估师事务所,对目标公司进行评估,甲公司聘请律师事务所和会计师事务所,对目标公司进行法律尽职调查、财务审计和评估比照。就律师而言,甲公司希望我们做好尽职调查,设计并购方案,参与谈判,起草并购协议、章程等法律文书,办理工商手续等法律服务工作。

三、尽职调查

通过尽职调查,可知目标公司情况如下:

1. 主体资格

企业类型为全民所有制,注册资本1亿5千万元。因为公司没有改制,因此,没有股东会、董事会,实行总经理负责制。主体资格合法。

2. 拥有资质

港口与航道工程施工总承包一级;房屋建筑工程施工总承包一级。

其中,港口与航道工程施工总承包一级资质是甲公司特别在意、特别想拥有的。

3. 土地、房产

目标公司名下和使用的土地、房产比较复杂,有部分使用的土地、房产记在其股东,即乙公司名下,有部分名下的土地、房产为乙公司或乙公司下属其他公司使用,在目标公司为乙公司全资子公司时,这些都不是问题,但如果甲公司参与到目标公司来,则这些土地、房产问题就需厘清。

4. 设备、保险

设备权属无争议,保险办理正常。

5. 债权债务

公司处在正常生产经营中,大部分债权债务都属正常,但有一笔值得关注:多年来,乙公司对目标公司积累了2亿元的应收股利,出于支持、鼓励全资子公司发展的角度,乙公司一直未收取该股利,也未计息。

四、影响交易的节点——各方的利益诉求分析

1. 法人治理

目标公司是全民所有制企业,甲公司要介入经营,则目标公司必然要改制成为有限责任公司。企业改制需经历复杂的法律程序。

甲、乙公司都希望将目标公司做大做强,但又都希望目标公司在自己的控制之下,并入自己的财务报表,因此,二者之间需要找到平衡。

2. 资质

乙公司认为,资质是一种因管制而形成的稀缺资源,实际上是因(政府或非政府组织)管制而形成。资质是多要素贡献形成的行业进入壁垒,表明控制特定市场份额的能力,在现实中,有市场价格和市场交易,具有无形资产属性。因此,资质是目标公司非常重要的资产,应该评估作价。甲公司则认为,资质属于行政许可的范畴,《中华人民共和国行政许可法》第9条规定:“依法取得的行政许可,除法律、法规规定依照法定条件和程序可以转让的外,不得转让。”也就是说,依照法律、法规的规定,行政资质不得单独转让,评估机构当然也不应当对资质进行单独评估。参照《企业价值评估指导意见(试行)》中的有关规定,可以在分析企业的获利能力时,适当考虑调整企业评估价值。

3. 土地、房产

目标公司名下及使用的土地、房产比较复杂,从目标公司经营的角度出发,有的土地、房产必须为目标公司所有,有的可以从乙公司租赁。从乙公司角度出发,想拿走目标公司部分土地和房产。因此,需分门别类处理。

4. 知识产权

目标公司的知识产权也分三类:

(1) 单独拥有的知识产权,主要有专利、商标。

(2) 与乙公司或乙公司下属其他公司共有的知识产权,主要有专利、专有技术。

(3) 与山东省一些高校、研究所共有部分知识产权,主要有专利、专有技术。

此前,目标公司使用上述三种知识产权,都无须支付费用。甲公司介入后,情况会发生一些变化。

对第一类知识产权,目标公司当然无须支付费用。但对第二类知识产权,乙公

司认为，目标公司不再是其全资公司，如果目标公司继续使用，应该按市场行情支付使用费。对第三类知识产权，估计其他高校、研究所可能也会有相似要求。

甲公司则希望维持现状，这有助于降低目标公司的经营成本。

5. 乙公司应收股利

在债权债务中，正常生产经营、对上下游客户产生的债权债务都属正常，但对乙公司的债务，即乙公司对目标公司积累的 2 亿元的应收股利，如果要求现在，或甲公司介入后马上偿还，则会对目标公司的生存发展产生根本性影响。

甲公司希望尽量慢还，乙公司希望尽量快还，二者之间需要找到平衡。

五、交易可行性评价

虽然甲、乙公司利益存在不同诉求，但不存在重大法律障碍和根本利益冲突，只要交易方案设计得当，交易程序也将非常便捷。

六、交易方案

律师根据尽职调查情况及双方诉求，设计的交易方案要点如下：

1. 股权比例

鉴于甲、乙公司是初次合作，双方对目标公司的发展壮大都有积极性且各有优势，故暂定对目标公司的股权各占 50%，开始的 3 年由乙公司对目标公司实施财务并表，3 年后，如目标公司达到预定发展指标，则由甲公司对目标公司实施财务并表。为此，要设计出目标公司合理的发展指标，以及甲、乙公司作为股东对目标公司的支持力度指标。

2. 法人治理

为配合乙、甲公司在不同时期对目标公司分别实施财务并表的要求，目标公司的法人治理结构将作不同设计。

股东会由甲、乙公司组成，按实际出资行使投票及分红权利。除委派非由职工代表担任的董事、监事，决定有关董事、监事的报酬，审议批准监事会的报告事项外，其他所有提请股东会审议事项，须提前经董事会审议通过。以扩大董事会对目标公司的实际掌控能力。

公司董事会由 7 名董事组成，董事长是法定代表人。开始的 3 年，乙公司委派 4 名董事，甲公司委派 3 名董事。董事长是法定代表人，由乙公司提名，副董事长由甲公司提名。3 年以后，甲公司委派 4 名董事，乙公司委派 3 名董事。董事长由乙公司提名，副董事长由甲公司提名。所有董事会决议事项，经董事会成员半数以上通过即可。

3. 企业改制

目标公司企业改制和增资同步进行，由于甲公司也是国有企业，对目标公司增资后不改变其国有企业的性质，因此，不涉及职工安置及补偿问题。如果有职工因为改制、甲公司增资等原因辞职，目标公司将支付补偿金，资产状况会有所调整。

为节省时间和中介费用，建议评估工作也由一个机构进行，改制、增资共用一份评估报告。

4. 土地、房产

目标公司名下或实际占有、使用的土地、房产，将分为三种类型处理：

（1）对于乙公司确认要拿走且对目标公司生产经营无实质影响的土地、房产，不管在乙公司还是目标公司名下，都称为拟剥离土地、房产，乙公司用账面等额现金置换，中介机构无须进行调查和评估。

（2）对于在乙公司名下、对目标公司生产经营有实质影响、目标公司需要通过租赁等方式继续使用的，中介机构对上述土地、房产进行书面审查，无须评估，但租赁的方式、价格，需甲、乙公司事先确定。

（3）对于在目标公司名下且目标公司需要继续占有、使用的，中介机构进行完整调查，评估机构予以评估。

5. 资质

鉴于交易双方都是国有企业，且国资监管规定中并未要求对资质进行评估，故双方同意不对目标公司资质进行评估，在最终确定目标公司整体评估价值时予以考虑。

6. 知识产权

国资监管规定中要求对商标、专利、著作权等知识产权进行评估，但基于上述的同样理由，且甲公司同意对目标公司增资后，目标公司可以无偿使用甲公司的商标、专利，故乙公司同意对目标公司单独所有的知识产权评估时作适当处理，同意目标公司继续无偿使用乙公司的知识产权，与目标公司共有知识产权的其他单位，如大学、研究所，如果要求支付使用费的，乙公司负责协调，尽量不收或少收费用。

7. 乙公司应收股利

鉴于目标公司资金紧张，双方同意，目标公司应付乙公司的股利2亿元，由目标公司在3年内完成支付，其间不计利息。3年期满时，目标公司确实无力支付时，双方再协商，但其后该应付未付股利应按同期银行贷款利息计息。

七、交易结果

交易方案确定后，甲、乙双方经过数轮谈判，达成了对目标公司的增资协议，随后也分别通过各自的内、外部批准程序，由于是公司增资，不是股权转让，无须进产权交易所，故协议生效后，双方即履行了各自的权利义务，增资后的目标公司已进入正常生产经营。

案例二:某大型国有矿业集团并购民营矿业公司

一、律师的任务

接受国企委托,为其并购民企,拓宽产业板块,投资资源行业提供全程法律服务。包括对目标公司的法律尽职调查、论证交易方案、设计交易模式、起草收购协议、参与交易谈判、协助工商变更等工作。

二、交易背景

某大型矿业集团(以下简称"收购方")是国资委管理的国有重要骨干企业,主要从事矿产资源开发、有色金属冶炼加工、相关贸易及工程技术服务等业务。随着业务板块的拓展,正着力推动企业结构调整,探索存续企业重组合并,积极实施"走出去"战略,全力打造国际化多金属矿业公司。

某矿业公司(以下简称"目标公司")是西南某省一家民营矿业公司,主要从事锡矿、钨矿的开采、加工与销售等业务,持有"钨锡矿采矿权证",由于钨锡矿是战略性稀缺资源,故该采矿权证价值颇高。其股东为3名自然人。

收购方想拓展业务板块,试图通过并购目标公司的方式获取目标公司持有的"钨锡矿采矿权证",从而实现打造多金属矿业公司的战略发展目标。目标公司作为民营矿业公司,在经营中遇到资金短缺、管理不善等实际困难,故目标公司的股东对收购方并购意向持积极态度。

三、尽职调查

(一) 主要内容

律师对目标公司的尽职调查包括:目标公司的主体资格文件,目标公司下属或附属企业的主体资格文件,矿产资源及审批批复情况,物业及其他资产情况,借款、担保及其他或有负债情况,雇员、劳动关系及社会保险情况,经营性合同,重大诉讼/仲裁,知识产权等内容。

(二) 主要方法

律师在目标公司现场以资料收集、问卷调查、访谈等方式进行尽职调查,并走访了工商局、国土局、国土厅等相关政府主管部门,对目标公司进行了内部和外部的调查,收集了涉及公司主体、矿权设置、债权债务等方面的资料。律师根据法律、法规和规范性文件的规定,出具了法律尽职调查报告。

(三) 主要结论

1. 主体资格

目标公司注册资本1亿元,3名自然人股东出资到位,为民营企业,有董事会。主体资格合法。

2. 矿权

目标公司提供了西南某省国土资源厅出具的矿产资源储量评审备案通知,评审意见书中载有矿产资源储量1万吨的说明。在储量备案之后,目标公司又对矿产资源储量进行了补充勘查,并由地质大队出具《补充勘查报告》,以证实目标公司实际拥有的矿产资源储量为2万吨。

3. 土地、房产

目标公司没有提供土地使用权属相关证书及相关政府批文,所用土地均为采矿权证范围内;在矿井处盖有房屋若干,但是没有取得房产证。

4. 公路、电站

目标公司维修和扩建了一条公路,该路段并没有任何政府批文,也未取得相关手续;目标公司有一个自备电站,相关手续合法、齐备,与当地居民签署有优惠供电、免费使用土地协议。

5. 重大债务、债权

目标公司与公司股东、公司股东亲属、其他关联公司签署了有多份借款合同,借款共计5 000余万元。

四、影响交易的节点——各方的利益诉求分析

1. 交易模式

目标公司股东提出,股权收购、资产收购模式均可,只要他们拿回的钱比原来多就行。

收购方考虑到目标公司是民营企业,管理相对粗放,财务、资产资料难以真实、准确、全面,而且收购的主要目的是获得矿权,因此起初希望实施资产收购,即主要购买矿权及相应资产。但收购方又担心矿权及相应资产被收购注入新公司后,目标公司成了空壳,如果债权债务不能及时清结,收购方或新公司(以下统称新公司)恐连带惹上麻烦。

2. 资源储量与收购价款

由于目标公司的主要资产在于矿权,因此,无论是资产收购还是股权收购,矿权的价值很大程度上决定了收购的价款。

目标公司股东提出,虽然省国土资源厅备案的评审意见书载明矿产资源储量只有1万吨,但该矿实际储量达2万吨,有地质大队出具的《补充勘查报告》为证。

但收购方提出,收购方是国有控股公司,要遵循国资委规定,无论收购资产还

是收购矿权，都要进行评估，而根据评估的规定，评估只能依据省国土资源厅备案的数据进行，因此，目前认定的资源储量只能是1万吨，价款也要依此计算，如果将来备案到了2万吨，再考虑增加价款。

3. 税费承担

现在各省、市县政府及相关部门对于矿权转让以及与之相关的股权转让，在税、费方面都有一些特殊规定。

收购方考虑到自身与当地省、市、县关系不熟，希望所有税、费由出卖方负担，即目标公司股东或目标公司承担。目标公司股东则提出，他们只想拿到净收入，所有税、费应该由收购方承担。

4. 债务清理

收购方提出，目标公司债务较多，其实很多是欠股东或股东关联人的债务，但显得账面不好看，如果提交到公司上层如董事会讨论，有的领导可能会认为目标公司效益不好，为了便于上层决策通过，希望目标公司把债务先行处理掉，方式包括债转股、股东豁免等。

目标公司股东提出，只要净收入不减少，财务如何处理他们不反对，但是否涉税他们不懂，希望律师等中介机构出具意见。

五、交易可行性评价

虽然收购方与目标公司及其股东利益存在不同诉求，但不存在重大法律障碍和根本利益冲突，只要交易方案设计得当，交易程序也将非常便捷。

六、交易方案

律师根据尽职调查情况及双方诉求，设计的交易方案要点如下：

1. 交易模式

虽然资产并购在法理及形式上均仅是公司某项资产权属的转移，公司本身的权利义务（如公司的债务）并不转移给资产受让方。但是，矿业权是矿业公司最重要的核心资产，甚至几乎是全部资产（像本项目的目标公司，除了矿业权其他资产很少），矿业权的转移几乎就是公司整体的转移。实践中，债权人很可能分不清楚这两者的差别，出现向矿权受让方即新公司追索目标公司原债务的情况。这种情况下，即使新公司能在法律上打赢官司，经营中也会不胜其扰，因此，即使是采用资产并购模式，在交易合同中仍需仔细设计“债权债务的承担”条款，如约定交易价款的一部分直接交给目标公司债权人，分期支付收购价款以备债权人追偿，要求目标公司的股东以个人资产为目标公司或有负债提供担保等。

本项目中，目标公司为顺利开矿，还与当地政府、居民签署过一系列用地、用水、建自备电厂的协议，随着矿权市场价值的增长，当地政府、居民的要求在不断提高,如果采用资产并购模式,前述协议并不能自然为新公司承继,新公司为了继续开矿,需要与当地政府、居民重新签署一系列协议,这不仅需要时间、精力,而且成本只高不低,不利于新公司正常的生产经营。

因此,律师建议,本次收购采取股权收购模式。该观点为双方接受。

2. 资源储量与收购价款

起初目标公司股东不能接受根据省国土厅分批备案储量、分批支付收购价款的方案,但律师和收购方向其解释这是国资监管铁律,国有企业不可能突破之后,也只能接受。

故双方约定,先根据国土厅已备案的储量对目标公司进行评估,先支付该部分价款。目标公司股东继续负责其余储量的备案,在国土厅对补充勘察的储量再行备案后,再进行评估,同时,双方约定价格高限锁死,即按现行标准约定一价款,将来评估值低于该价款的,按实际评估值计算,高于该价款的,按该约定价款执行。

3. 付款方式

目标公司是民营企业,股东是自然人,目标公司成立时间不长,有采矿证但未实际开采,可以说都没有进入正常经营,加上管理比较粗放,提供的信息,资料的真实、准确、完整性,在主观、客观上都难以保证,尤其本次收购是股权全部转让,如果没有很好的风险预防措施,一旦出卖方拿钱走人,再发现风险,可能就追索无门了。

因此,协议约定分期付款,即使股权完成了变更,目标公司进行了交割,也要留10%左右的尾款,在项目完成后两年内支付。

这是本项目与上一项目(即国有并购国有项目)很大的不同。原因就在于,现实中,不同性质公司的资信状况、履约能力的确有很大不同,需要区别对待。

4. 税费承担

双方约定,所有交易中的税费,由目标公司的股东承担,同时,由于收购方是国有公司,不得有规避或协助规避逃税行为,因此,约定目标公司的股东必须提供合法合规的纳税凭证。

目标公司的现有股东为自然人,实践中,税务、工商部门对自然人转让股权管理较严格,要求立即缴纳20%的所得税。为了避税,自然人股东往往会先将股权转让给关联的或新设的公司(以下统称关联公司)。为此,我们在协议中约定,如目标公司的现有自然人股东将股权转让给关联公司,相应债权债务由关联公司一并承担,目标公司现有股东对此承担连带责任。

5. 债务清结

目标公司在收购之前将债务清结,确实会使账面好看,但会增加时间或金钱成本,如采取债转股,不仅手续非常繁琐,而且债转股部分股权短时间内(12个月内)不得对外转让,否则不得享受特殊税务政策。而债务豁免,将被视为目标公司收益,需要缴纳25%的所得税(但该部分所得可以抵扣5年的经营亏损),核算、缴纳和抵扣操作起来也比较麻烦。而且,我们也解释,收购是否会通过主要看收购价款及收购后公司的未来走向,当时账面的好看不好看实际影响不大。

收购方接受了我们观点,出卖方自然也没有意见。

七、交易结果

双方经过数轮谈判,已签署交易合同,收购现已完成。

从收购上海某电器有限公司案例分析企业并购重组后续时期关注的法律问题实务

新疆天阳律师事务所　李大明

企业并购重组传统意义上的概念，在现实经济社会发展及运用中日新月异，形式纷繁，律师从事企业间并购重组业务，从事前的法律状况尽职调查、方案设计及程序操作等事务中，逐步向企业并购后涉及法律事务及提供法律服务拓展。

笔者在从事企业并购重组法律业务过程中，更是感觉到，企业并购重组是个自始至终的系统化工程，在并购重组的法律业务中，专业律师仅仅就并购重组的法律事务本身做成业务，是远远不够的，更要重视在购并过程中每一项涉及并购后企业发展、并购双方（或多方）当事人未来合法利益保护，以及并购重组重要法律文件履行等事项。因此，在律师专业从事企业并购重组法律业务时，应重视在当事人各方完成并购重组后关注的法律事项，并能够贯穿在律师事务的整体操作之中。

2011 年开始，笔者协助新疆某上市公司（下称"A 公司"）收购完成了上海某电器有限公司（下称"B 公司"）。结合近几年从事该类业务的实务，就所遇到及考虑的相关问题在此作一案例分析。希望各位同仁、阅者提出宝贵意见。

一、案例基本情况

（一）律师工作任务

本次收购，笔者作为收购方的专项法律顾问，随从工作组共同参与收购业务的全过程，主要完成了尽职调查、提供咨询意见、提出收购方案、拟定收购程序、制作重要的法律文件、参加商业谈判，等等，多方面协助 A 公司把好收购法律关。

（二）交易背景

本次收购 B 公司及所属目标企业，是 A 公司战略规划和发展的需要，B 公司相关产业系 A 公司产业中的必要和重要环节，多年来，A 公司在该领域存在较大缺陷，未能实现产品自主供给，受制于该行业企业。

B 公司专属该产品制造行业，尤其所属中外合资企业（日资）上海某电子有限公司（下称"C 公司"）在华东地区占有一席之地，产品属日本技术，经过多年生产，技术和产品市场初步完备，基本符合 A 公司整体行业产业供应的需求。

本次收购目标企业 B 公司的实际控制人为自然人股东，由于实际控制人投资领域转向房地产及其他资本性投入，C 公司发展在其产业中处于调整阶段，未作为主要发展产业,同时该等自然人因资金需求,在寻找新的投资人进入以期待获得资金。

因而在上述背景下,B公司股东及实际控制人正多方接洽,寻求商机。在A公司介入之前,该类商业谈判已经存在,并对本次收购产生了一定的影响。

(三)法律尽职调查

A公司接受标的企业目前所涉及的有关事项经与目标公司人员沟通了解、实地调查或采取查阅相关文档文件的方式,就本次收购现阶段涉及的主要法律事项,提出以下关注要点:

1. 关于目标公司A公司投资控股的中日合资企业的合资事项。

(1) 根据核查该C公司出具的合资协议书、公司章程、技术转让合同等发现,在该等协议中,存在部分条款将限制本次股权收购以及收购后公司未来发展的情形。由于C公司为B公司唯一的实体公司,也是本次收购最主要的目标企业资产和经营业务,因此,有必要消除收购的障碍和风险,同时应对未来收购完成后的后续发展消除屏障。对于该等问题,要求B公司的原股东协调日方对本次公司收购行为出具有关的书面意见,并作为本次收购的前提和条件。

(2) A公司尽快与日方取得进一步联系,就日后的合作,尤其涉及C公司的合资协议、技术转让协议以及公司章程的事宜进行具体谈判,主要应包括……事项(略):

2. 目标公司的主体资格。

3. 目标公司资产及其他方面。

对于土地使用权、房屋产权、职工劳动保护、项目建设环境保护、销售管理、公司商标和专利、担保事项、关联往来、税收等进行尽职调查,并形成尽职调查报告,向A公司收购项目组提出具体问题以及解决方式和建议。

4. 本次收购还应当履行的法律程序(略)。

(四)交易方案主要内容

本次收购的标的企业,对于A公司而言,更看重C公司,但由于C公司中日合资的现状及收购程序的相对复杂以及本次收购涉及的背景因素,最终确定A公司收购B公司并完成对C公司的间接收购(B公司持有C公司70%的股权,另30%为日方所持有)。

1. 交易对象

确定为B公司股东。

2. 交易标的

B公司股东各自持有B公司共51%的股权。

3. 定价方式

按照共同委托的评估机构所出具的B公司净资产评估报告为依据,适当溢价,确定本次交易的标的金额。

4. 付款方式

分期付款。

5. 股权及企业交付

协议签署后30日以内,办理完毕股权转让变更登记,并完成被收购企业的资产、人员、业务等交付。

6. 其他重要约定

(1) 企业控制权转移,按照股款支付进度确定;

(2) 企业后期发展资金按照所持有股权比例投资及提供担保;

(3) 被收购方未来股权设置计划,即保障被收购方未来股权比例不低于15%;

(4) 或有事项风险承担及违约责任。

被收购方承诺不存在或有事项,并承诺同意以股权转让款直接抵付或有事项,或以未来企业分红支付或有事项债务或以所持股权抵付或有事项债务等。

(五) 交易结果

股权及企业按约进行交付完成,转让款未按期支付。

二、案例评析

由于较为特殊的背景原因,本案涉及收购事项前期进展很快,收购协议及程序及收购本身的事项在较短时间内得以完成,但该收购后续出现的各类事项值得探讨研究,主要体现在以下方面:

(一) 关于并购企业控制权

股权变更登记本应一次变更到位,股东权利即可行使,由于本案例系分期支付收购款,同时协议中约定,按照股权转让款支付实际到位行使股东权利,这两种权利如何认定,A公司如何行使控制权。

按照《公司法》第217条第2项的规定:“控股股东,是指其出资占有限责任公司资本总额百分之五十以上或者其持有股份占股份有限公司股本总额百分之五十以上的股东;出资额或者持有股份的比例虽然不足百分之五十,但依其出资额或者持有的股份所享有的表决权已足以对股东会、股东大会的决议产生重大影响的股东。”并购重组一家企业,并购方的目标首先应设定在完成对企业的控股上。但在实际过程中,如何实现对企业的控股并最终完全控制,并非简单地实现50%以上资本或股份控制即可,需要根据具体情况,精心设计和操作。

实践中,经常会遇到由于股权设置原因和谈判的结果,并购方无法实现完成持有50%以上资本或股份的情况,如何认定控制关系并实现对并购企业合并财务报表是摆在并购方面前的一个首要问题。在此种情况下,股权或股份比例应当达到何等程度,方能对股东大会、股东会产生重大影响,是值得探讨的问题,例如:一是达到1/3以上，行使特别决议议案否决权；二是由股东约定或公司章程规定，并购方股权可行使的否决权等是否构成对股东会、股东大会有重大影响。但该等形式并无法律上的明确界限。因此，在具体设计方案和操作时，会结合企业会计准则中对控制关系认定的标准、利用公司章程的规定来确认控股股东及控制关系，通常会采取并购方控制董事会人数、人选达到1/2以上；并购方有权决定公司的财务和经营管理；并购方担任的重要职务包括董事长、总经理及财务负责人等，使并购方通过投票权实现对并购企业主要管理人员的任免权、重要经营管理活动决策权和监督权，实现对企业的控制权。实际上，由于各类所并购企业的不同，实现控制的情形千差万别，不能一概而论，如通常情况下，一般拥有上市公司20%～30%的股份，就可成为上市公司的控股股东，甚至更低，而对于中外合资企业来讲，则控制关系体现在公司董事会层面。

在本案例中，由于A公司认为被收购方存在或有事项，引致双方争议，拖延支付股权转让款未付。而A公司在办理完毕工商变更登记后，已实际接手标的企业及所属C公司，实施经营和管理取得实际控制权。并购方通过实现控股权控制企业，仅仅是完成控制的法律前提，对于并购方而言，在实现通过法人治理结构完成控制的同时，更需要及时按照并购方案完成对并购企业财务、财产、业务的控制。

（二）关于并购重组交易中的个人所得税扣缴

通常在并购重组相关的法律文件中，对于税收事项会作出约定：交易双方按照国家有关税收规定各自承担税负。现阶段，伴随民营经济的发展，并购中法人企业并购自然人股权实现对目标公司的并购案例日益增多，而根据《中华人民共和国个人所得税法》的相关规定："个人所得税，以所得人为纳税义务人，以支付所得的单位或者个人为扣缴义务人……扣缴义务人应当按照国家规定办理全员全额扣缴申报。"

在并购重组相关法律文件中，交易双方会重视交易金额、支付方式等约定，一般情况下，并不会约定如何在扣缴完毕个人所得税后作价款支付，因而引发纠纷的案例经常出现。

在本案例中，被收购方存在一名自然人（交易对象），A公司作为支付所得价款的一方，需在交易中履行代扣代缴义务，但收购方如何进行纳税扣缴，如何计算扣缴纳税额基数等问题，则需要收购方积极作为，使之既符合税收法律规定，又能够满足被收购方纳税的需要。通常情况下，除非被收购方出具本次交易免缴个人所得税的税务机关核发文件，否则，收购方必须履行纳税扣缴义务，并承担由此产生的相关责任。因而，在本案中，由于A公司以代扣代缴为由减少支付自然人股东股权转让款，引发了双方矛盾。

在司法实践中，笔者曾接触到一些并购案例，收购方以代扣代缴为借口，克扣被并购方价款，或者未能积极履行代扣代缴义务的不作为引发并购纠纷的情形，对于收购方而言，需结合收购方案以及实际收购过程中法律文件所规定的情况决定纳税基数,例如被收购方债务的承担方式、并购中被并购方的主要义务和所发生费用情况,以及原始成本的确定,等等,不应简单以被收购方原始(股权)出资金额与交易价格相减结果作为个人所得税的纳税基数。同时,应当申报税务机关或其委托的专业机构,对本次交易涉及个人所得税进行核查,确认后予以纳税申报,避免无谓的纠纷发生。

(三) 并购企业债权债务(或有负债)的处理

在并购重组中,对于收购之前原股东(控制方)在控制企业过程中已经存在的应收账款(债权),由于其已经计入并购资产范围,且存在无法回收实现的客观风险,约定被收购方负责协助标的企业在一定期限内完成实现债权,对于无法实现的债权,则可约定按照约定方式由被收购方承担相应责任,同时,对于原股东(控制方)在控制企业过程中所发生的债务及潜在的担保等或有风险事项,收购方往往会采取约定方式,规避可能造成的未来损失,尤其是股权类并购,对于标的企业的债权债务(或有负债)的处理不尽相同,方式多种多样。

按照收购方案的不同,约定的方式也不同,例如,对原标的企业股东股权完全并购或全部净资产并购时,并购双方可约定:

(1) 将债务转由被收购方承担,并将该部分债务金额包含在转让款之中。

(2) 将标的企业债权转让予被收购方,并不计入并购资产范围以及支付对价。

(3) 对于或有负债,约定其发生并导致标的企业财产损失时,由被收购方赔偿标的企业,同时在一定时间内保留部分价款暂不支付,防止可能出现的或有风险。

(4) 其他约定:如标的企业在被收购后,原股东仍然持有标的企业部分股权且足以满足补偿条件时,也可采取以下方式,就原债权及或有事项产生的损失由被收购方承担,例如其股权由标的企业无偿回购,履行减资程序予以补偿;股权收益和分红用于直接抵偿标的企业;标的企业通过拍卖等方式处置其股权,变现收益归属标的企业;债权由被收购方回购,等等。

本案中,收购双方尽管在协议中按照上述方式作了约定,但产生了B公司及C公司存在潜亏及交付过渡期间经营亏损认定和承担方式的分歧,对于该部分损失,在实践中应予以明确约定并确定认定方式,减少纠纷。而上述约定债权债务(或有负债)的处理方式,在操作中孰优孰劣应视具体情况决定,不应一概而论。

(四) 企业并购后涉及的股权设置、权益分配、再投入等事宜

1. 关于股权设置、权益分配

本案中,原股东作为被收购一方,提出了一些在并购后保护自身利益的诉求,主要表现在对其在B公司股权比例的控制、利益分配的保障等方面,如设定最低持股比例,即无论并购方之后资本性投入金额大小,被收购方都保持最低的持股比例,或者其权益比例保持最低限额,不被稀释之类的要求,并购方为实现并购重组目标会接受这样一些条件。

上述设置在公司章程中一一体现，并不违背《公司法》的有关规定，体现了尊重股东意思自治原则，但在实践中，此类股权的再处置应当遵循的原则，往往会被忽视。例如被收购股东按照原收购条件，享有了权益保障及股权设置，其后再向第三方或收购方转让时，其股权或股份数如何计算、转让价格如何确定等？此类转让发生时，并购方能否接受第三方成为合作股东，依然享有原被收购股东上述条件，能否限制原被收购股东再次转让股权或设定限制条件等？这些问题都需要在收购时及其后作更多的考虑。

2. 关于目标企业的再投入发展

在收购方与被收购方仍然共同作为目标企业股东的情况下，双方在并购时会对目标企业未来投、融资作进一步的约定，一般的做法是：按照股权比例和项目资金需求向目标企业投入资金完成建设，或共同按照股权比例为目标企业自身融资提供担保，等等，但该类约定的实现，是以双方的经济实力以及信用作为前提和保障的。实践中，经常会出现被收购方无法按照约定投入资金，或是其担保资信较低，无法满足银行贷款的要求，因而将投资和担保义务全部转嫁给收购方，此时的收购方已无法放弃标的企业的项目建设，只有通过自身完成投入及融资，风险加大。

本案中，在收购完成后，B公司及C公司因业务发展需要资金投入，A公司具备投资能力，按照约定向C公司投入了大量资金，而被收购方却无法提供新的资金。同时，C公司在银行贷款所需担保时，由于B公司原股东资产及资信等问题（包括自然人），无法为B公司和C公司提供担保（银行不接受其信用保证又无优质担保资产），为此双方发生纠纷，导致收购一度搁浅。为此，A公司多投入的资金即便转化成资本性投入，由于受到合同约定最低股权比例限制，使其可能产生较大风险。

笔者在实践中遇到多起此类案例，因此，收购方不能忽视被收购方的合作能力，并且在前期收购过程中，应就目标企业发展所需之资金或融资量充分衡量评估被收购方的资信程度，建立担保机制，如标的企业股权质押、资产担保，等等，仅靠单纯的约定，对于收购方来讲，难以提供并购后的履约保障。

唐钢股份换股吸收合并邯郸钢铁、承德钒钛案例研究

北京金诚同达律师事务所　刘治海　董寒冰

一、案例背景

为整合河北省钢铁产业，提升河北省钢铁行业的竞争力，打造具有国际竞争力的特大型钢铁集团，经河北省国资委批准成立河北钢铁集团。河北钢铁集团成立后，间接控股唐山钢铁股份有限公司（以下简称“唐钢股份”）、邯郸钢铁股份有限公司（以下简称“邯郸钢铁”）和承德新新钒钛股份有限公司（以下简称“承德钒钛”）3家钢铁上市公司。在上市公司之外，河北钢铁集团另有部分钢铁主业资产。

为提升集团的产业竞争力，河北钢铁集团筹划了下属3家上市公司的整合事宜。2009年12月10日，唐钢股份发布《换股吸收合并暨关联交易报告书》，宣布通过换股方式吸收合并邯郸钢铁和承德钒钛。唐钢股份为合并方，邯郸钢铁和承德钒钛为被合并方。本次换股吸收合并（以下简称“本案例”、“本次交易”）完成后，唐钢股份作为存续公司，成为河北钢铁集团下属唯一的钢铁主业上市公司，邯郸钢铁和承德钒钛注销法人资格，其全部资产、负债、权益、业务和人员并入存续公司，唐钢股份更名为河北钢铁股份有限公司。在经历了不到30日的交易处理后，2010年1月20日合并交易结束，河北钢铁宣告复牌，本次换股吸收合并顺利实施完毕。

本案例是我国首例跨深、沪两市的上市公司合并案例，也是A股市场有史以来最大的钢铁行业上市公司并购案例。本案例横跨两大资本市场，涉及投资者近百万人，其中涉及唐钢吸收合并后，从沪市转登记至深市的邯郸钢铁股东约35万人、承德钒钛股东约18万人，并且股东所持股份存在有限售股、金融机构持股、个人流通股，且股份存在冻结、质押等各种情况，同时，股票又托管在遍布全国的几千个证券营业部，实施合并的复杂程度非同一般。如此浩繁复杂的系统工程，在不到30个交易日内完美收官，整个交易过程值得总结和借鉴。

在整个交易实施过程中，3家上市公司、中介机构、证券交易所、结算公司大胆创新、勇于实践，在有限的时间内换股吸收合并顺利实施完毕，为今后其他跨市场上市公司吸收合并案例开创了先河，奠定了坚实的实践基础。

（1）本次交易的方案设计，充分考虑到股东权益并大胆创新，运用了最简捷的方法应对纷纭复杂的局面。本案例涉及横跨深沪两市的3只股票，相关的近百万股东情况千差万别，最终设计并实施的方案充分保护了投资者的利益，实施简便，在资本市场取得了良好的反响。

（2）在本方案的制订与实施过程中，中介机构的努力工作功不可没。参与本

案例的财务顾问机构、律师事务所、审计机构等中介机构近十家,各中介机构在方案设计、实施等方面发挥了重大作用,确保了吸收合并案的顺利完成。

(3) 监管机构在方案核准、实施等方面给予了大力指导、支持与配合,为首例跨沪深交易所各项创新的实施指明了方向,提供了技术支撑与保障。

二、案例情况

唐钢股份通过换股方式,吸收合并了邯郸钢铁和承德钒钛。唐钢股份为合并方,邯郸钢铁和承德钒钛为被合并方。换股吸收合并完成后,唐钢股份作为存续公司,成为河北钢铁集团下属唯一的钢铁主业上市公司;邯郸钢铁和承德钒钛注销了法人资格,其全部资产、负债、权益、业务和人员并入存续公司。

(一) 换股价格及换股比例

唐钢股份的换股价格,为唐钢股份首次审议本次换股吸收合并事项的董事会决议公告日前20个交易日的A股股票交易均价;邯郸钢铁的换股价格,为邯郸钢铁首次审议本次换股吸收合并事项的董事会决议公告日前20个交易日的A股股票交易均价,由此确定邯郸钢铁与唐钢股份的换股比例为1∶0.775,即每股邯郸钢铁股份换0.775股唐钢股份。承德钒钛的换股价格,为承德钒钛首次审议本次换股吸收合并事项的董事会决议公告日前20个交易日的A股股票交易均价,由此确定承德钒钛与唐钢股份的换股比例为1∶1.089,即每股承德钒钛股份换1.089股唐钢股份。

(二) 换股吸收合并前后公司股本结构变化情况

唐钢股份因本次换股吸收合并,新增A股股份3 250 700 248股,每股面值人民币1.00元,其中换股吸收合并邯郸钢铁新增A股股份2 182 753 841股,换股吸收合并承德钒钛新增A股股份1 067 946 407股。

(三) 实施安排

唐钢股份换股吸收合并邯郸钢铁和换股吸收合并承德钒钛,共同构成本次交易不可分割的组成部分,其中任何事项未获得所需的批准(包括但不限于相关交易方内部有权审批机构的批准和相关政府部门的批准),则交易自始不生效。

(四) 持股期限制

河北钢铁集团及其关联企业自获得唐钢股份因本次换股吸收合并向其发行的股份之日起,36个月内不转让该等股份。

(五) 本次换股吸收合并构成关联交易

根据相关法律、法规和沪深两家证券交易所的《股票上市规则》的规定,本次换股吸收合并构成关联交易。在唐钢股份、邯郸钢铁和承德钒钛分别召开的股东大会正式表决换股吸收合并方案时,关联股东回避表决。

（六）本次换股吸收合并履行的主要批准程序

（1）唐钢股份、邯郸钢铁和承德钒钛各自召开股东大会，分别批准本次换股吸收合并方案；

（2）商务部对于本次换股吸收合并涉及的经营者集中申报审核，无异议；

（3）河北省国资委批准本次换股吸收合并方案；

（4）中国证监会上市公司并购重组审核委员会审核通过，中国证监会核准本次换股吸收合并方案。

三、重点法律文件——换股吸收合并协议

唐钢股份分别与邯郸钢铁、承德钒钛签署了《换股吸收合并协议》，主要内容如下：

1. 合并方式：

本次交易采取换股吸收合并方式。本次换股吸收合并完成后，邯郸钢铁和承德钒钛作为本次合并的被合并方暨非存续方，其全部资产、负债、权益、业务和人员等将并入唐钢股份，同时被合并方将办理注销登记手续。

2. 换股价格

唐钢股份的换股价格，为唐钢股份首次审议本次换股吸收合并事项的董事会决议公告日前20个交易日的A股股票交易均价，即5.29元/股；邯郸钢铁的换股价格，为邯郸钢铁首次审议本次换股吸收合并事项的董事会决议公告日前20个交易日的A股股票交易均价，即4.10元/股；承德钒钛的换股价格，为承德钒钛首次审议本次换股吸收合并事项的董事会决议公告日前20个交易日的A股股票交易均价，即5.76元/股。

3. 换股比例

邯郸钢铁与唐钢股份的换股比例为1∶0.775，即每股邯郸钢铁股份换0.775股唐钢股份；承德钒钛与唐钢股份的换股比例为1∶1.089，即每股承德钒钛股份换1.089股唐钢股份。

4. 资产交割

自交割日（应为换股日或合并方和被合并方同意的较晚日期）起，被合并方的全部资产、负债、权益、业务将由唐钢股份享有和承担。被合并方负责自协议生效日起12个月内办理完成将相关资产、负债、权益、业务转移过户至唐钢股份名下的相关手续，包括但不限于移交、过户、登记、备案。应被合并方的要求，唐钢股份同意协助被合并方办理移交手续。被合并方应当于交割日将其开立的所有银行账户资料、预留印鉴以及公司的所有印章移交唐钢股份。

5. 股份发行及登记

唐钢股份应当负责在换股日将作为合并对价而向被合并方股东发行的新增股

份，登记至被合并方股东名下。被合并方股东自新增股份登记于其名下之日起，成为唐钢股份的股东。

6. 余股处理方法

换股后，邯郸钢铁及承德钒钛股东取得的唐钢股份的股份应为整数。如根据《换股吸收合并协议》规定所换取的唐钢股份的股份数不为整数时，对于不足一股的余股按照小数点尾数大小排序，每位股东依次送股一股，如遇尾数相同者多于余股时，则电脑抽签发放，直至实际换股数与唐钢股份拟新增换股股份数一致。

7. 损益归属

唐钢股份、邯郸钢铁和承德钒钛换股吸收合并完成前的滚存未分配利润，均由换股吸收合并完成后存续公司的新老股东共享。

8. 员工安置

换股吸收合并完成后，被合并方的全体在册员工，将由唐钢股份全部接收。被合并方作为被合并方现有员工雇主的任何及全部权利和义务将自本次换股吸收合并的交割日起由唐钢股份享有和承担。

9. 协议生效条件

协议于双方签署之日成立，经双方董事会、股东大会和有权主管部门批准并经证监会核准后即生效。

10. 换股吸收合并实施的先决条件

双方召开的董事会、股东大会通过了批准本协议以及本协议项下有关事宜的议案；本协议项下的交易获得相关国有资产监督管理部门的批准；河北钢铁集团及其关联企业有关豁免以要约收购方式增持股份的申请获得证监会的批准（如适用）；本次合并已经取得证监会的核准；唐钢股份换股吸收合并作为一个不可分割的有机整体，已经取得了所有必要的备案、批准、核准和审批手续，而且唐钢股份换股吸收合并项下的任一交易，未曾被提前终止或产生类似情形。

11. 违约责任

除协议其他条款另有规定外，协议项下任何一方违反其于协议中所作出的陈述、保证、承诺及其他义务而给另一方造成损失的，应当全额赔偿其给另一方所造成的全部损失。

四、评析

（一）异议股东利益的保护

为充分保护异议股东的合法权益，唐钢股份异议股东可以要求唐钢股份回购其所持异议股份，回购价格为唐钢股份首次审议本次换股吸收合并事项的董事会决议公告日前20个交易日的A股股票交易均价。有权行使回购请求权的异议股东，是指在唐钢股份股东大会正式表决换股吸收合并议案时投出有效反对票，并且一直持有代表该反对权利的股份直至回购请求权实施日，同时在规定时间里履行申报程序的股东。

河北钢铁集团或其关联企业向邯郸钢铁和承德钒钛的异议股东提供现金选择权。有权行使现金选择权的异议股东，是指在邯郸钢铁和承德钒钛的股东大会正式表决换股吸收合并议案时投出有效反对票，并且一直持有代表该反对权利的股份直至现金选择权实施日，同时在规定时间里履行申报程序的股东。现金选择权的价格，根据两家上市公司就本次换股吸收合并召开的首次董事会决议公告日前20个交易日的A股股票交易均价确定。

（二）权利受限的被合并方股份处理

对于已经设定了质押、其他第三方权利或被司法冻结的被合并方股份，在换股时一律转换成唐钢股份的股份，原在被合并方股份上设置的质押、其他第三方权利或被司法冻结的状况，在换取相应的唐钢股份的股份上维持不变。

（三）邯郸钢铁、承德钒钛下属子公司股权的转移

邯郸钢铁、承德钒钛下属子公司股权，因本次换股吸收合并发生的转移应取得该等子公司其他股东同意。本案例中，邯郸钢铁、承德钒钛正常经营的子公司股权转移，均取得了其他股东放弃优先购买权的同意函。

（四）本次换股吸收合并对中小股东提供了充分的保护

在本次换股吸收合并过程中，唐钢股份、邯郸钢铁、承德钒钛均采取了积极措施保护其中小股东的利益：按规定履行了上市公司信息披露义务和关联交易批准程序；河北钢铁集团及其关联企业对其因本次换股吸收合并获得的股份作出了持股期限制承诺；3家上市公司均分别聘请了具有专业资格的独立财务顾问、律师事务所、会计师事务所等专业机构，对本次换股吸收合并方案及其实施的全过程提供服务，并出具专业意见和报告，保证本次关联交易定价公允、公平、合理，不损害其他股东的利益；3家上市公司的董事会均作为征集人，分别向3家上市公司全体社会公众股股东征集审议本次换股吸收合并事项的临时股东大会的投票权；河北钢铁集团作出承诺，解决本次换股吸收合并后唐钢股份与河北钢铁集团及其关联方现存的同业竞争问题等。

（五）要约收购豁免

如果不考虑现金选择权和回购请求权的行使，换股吸收合并完成后，河北钢铁集团及其关联企业持有唐钢股份股权比例将从53.885%下降至约46.825%，不会触发要约收购义务。但如果有较多异议股东行使现金选择权或回购请求权，则河北钢铁集团及其关联企业持有的唐钢股份股权比例，会高于换股吸收合并前的股权比例53.885%，从而触发向所有股东发出要约收购的义务。经唐钢股份股东大会同意，河北钢铁集团及其关联企业作为一致行动人，可以向中国证监会申请在上

述情况下免予以要约方式增持唐钢股份的股份。

（六）债权人利益保护安排

1. 唐钢转债债券持有人利益保护安排

唐钢股份于2007年12月14日发行了可转换公司债券。唐钢股份根据《唐山钢铁股份有限公司可转换公司债券募集说明书》的约定，通知召集债券持有人会议，并将债券持有人利益保护方案提交债券持有人会议审议。根据《公司法》的规定，唐钢股份提供了两种债券持有人利益保护方案供债券持有人会议表决：

（1）由河北钢铁集团提供不可撤销的、足以对到期债券还本付息的偿债担保；

（2）唐钢股份按照唐钢转债债券面值与当期应计利息之和向债券持有人提前清偿债务。根据募集说明书的规定，债券持有人会议经持有唐钢股份该次发行的债券50%以上（不含50%）未偿还债券面值的债券持有人同意，形成了有效决议。

2. 2008钒钛债债券持有人利益保护安排

承德钒钛于2008年2月28日发行了2008钒钛债。承德钒钛董事会根据《承德新新钒钛股份有限公司公开发行公司债券募集说明书》的约定，提请2008钒钛债受托管理人通知召集债券持有人会议，并将债券持有人利益保护方案提交债券持有人会议审议。根据《公司法》的规定，承德钒钛提供两种债券持有人利益保护方案供2008钒钛债债券持有人会议表决：

（1）由河北钢铁集团提供不可撤销的、足以对到期债券还本付息的补充偿债担保；

（2）承德钒钛按照2008钒钛债债券面值与当期应计利息之和向债券持有人提前清偿债务。根据募集说明书的规定，债券持有人会议经持有承德钒钛该次发行的债券50%以上（不含50%）未偿还债券面值的债券持有人的同意，形成了有效决议。

3. 其他债权债务处理

唐钢股份与被合并方在换股吸收合并方案分别获得各自股东大会的批准后，按照相关法律、法规的规定，履行了债权人的通知和公告程序，并且根据各自债权人于法定期限内提出的要求，向各自的债权人提前清偿了债务或提供了担保。被合并方的债权和债务，自交割日由吸收合并后的存续方唐钢股份承担；唐钢股份以及被合并方的下属子公司的债权债务，仍由其各自承担。

（七）交易涉及的职工安置

根据《换股吸收合并协议》，换股吸收合并完成后，被合并方的全体在册员工由唐钢股份全部接收。被合并方作为被合并方现有员工雇主的任何及全部权利和义务，自换股吸收合并的交割日起由唐钢股份享有和承担。

邯郸钢铁和承德钒钛控股子公司的员工与相关企业的劳动关系，不因本次交易发生变化，不涉及重新安置问题。

在审议本次交易的股东大会之前，邯郸钢铁和承德钒钛分别召开了职工代表大会，审议通过了本次交易涉及的职工安置方案。

（八）本次交易构成关联交易

本次换股吸收合并方案涉及的换股吸收合并，发生在唐钢股份与其实际控制人河北钢铁集团控制的下属企业邯郸钢铁、承德钒钛之间，因此，本次换股吸收合并构成重大关联交易。

换股吸收合并相关各方都严格按照有关法律、法规和规范性文件以及公司章程的规定，召开了董事会、股东大会，履行了关联交易决策程序。

五、结语

本次换股吸收合并以市场为导向，交易公正、公平、公开。主要体现在：唐钢股份、邯郸钢铁、承德钒钛均系依法设立并有效存续的上市公司，具备换股吸收合并的主体资格；3家上市公司在本次交易中均严格履行了应当履行的批准或授权程序，相关的批准和授权合法有效；3家上市公司签署的换股吸收合并协议内容合法，经各方正式签署并且在约定的相关条件全部成就时生效；唐钢股份、邯郸钢铁和承德钒钛的换股价格，以各自首次审议换股吸收合并相关事项的董事会决议公告日前20个交易日的A股股票交易均价为基础确定，使得资产定价公允，不存在损害上市公司和股东合法权益的情形；同时设置了回购请求权和现金选择权条款，现金选择权的行使价格确定方法合理，有效地保护了合并方和被合并方异议股东的利益；针对交易中涉及的合并方可转债和被合并方公司债处置，相关利益保护方案也切实有效地保护了债券持有人的利益；在交易中涉及的关联交易处理，遵循了公开、公平、公正的原则并履行了合法程序，有关关联方在公司股东大会上回避表决，以充分保护全体股东特别是社会公众股东的利益；3家上市公司在交易过程中充分履行了法定的信息披露和报告义务，符合相关法律、法规和规范性文件的规定。

总之，唐钢换股吸收合并，作为我国第一例跨市场合并案，整个合并方案设计高效、便捷，极大地方便了广大投资者，其举重若轻式的合并方式，为我国后续的企业跨市场、跨地区、跨所有制合并，探索了一条具有可操作性的方法和技术路径，为后续者提供了完美的示范案例。

有限责任公司股权整合交易

——增资扩股的法律机制

四川君合律师事务所　孙蓉

一、案例情况

(一) 律师工作任务

四川华盛石油实业开发总公司(以下简称“华盛公司”)因经营需要,欲实现对四川华成油气工程建设监理有限公司(以下简称“华成监理公司”)控股的目的,需要律师为其论证股权整合方案并协助其实现控股。

(二) 交易背景

华成监理公司前身为四川石油天然气工程建设监理公司,成立于1993年6月,2002年4月,经中国天然气集团公司《关于四川石油天然气工程建设监理公司改制问题的批复》(中油资字〔2002〕135号),公司进行整体带资分流改制,改制成为有限责任公司。根据四川石油管理局《关于四川石油管理局工程建设监理公司实施整体带资分流改制有关问题的通知》(川油企发〔2002〕19号)及公司章程的规定,改制后公司注册资本为180万元,由华盛公司以货币资金出资30万元,占注册资本的16.67%,22名带资分流职工以带资分流应得补偿金购买的净资产及货币资金出资150万元,占注册资本的83.33%。2009年5月,根据华成监理公司股东会决议,公司注册资本由180万元增加至340万元,增加的注册资本由公司未分配利润转增。注册资本转增后公司股东及股权结构不变。

2011年12月,为进一步提高华成监理公司的技术与管理水平,促进华成监理公司整体实力和执业能力稳步提升,促进华成监理公司稳定发展,华盛公司决定聘请律师对华成监理公司股权整合方案进行论证,提交全体股东协商,使华盛公司的持股份额达到60%以上,实现华盛公司对华成监理公司的控股。

(三) 法律尽职调查

通过尽职调查可知,华成监理公司的基本情况如下:

1. 公司主营业务和发展问题

华成监理公司于1993年6月经中国石油天然气总公司(〔93〕劳力字第39号文)批准成立,直属四川石油管理局,是中国石油天然气集团公司内首批从事油气工程建设监理服务的专业化公司。1996年,经建设部审定获化工石油工程甲级监理资质,目前已增加市政公用工程、房屋建筑两个甲级监理资质。2002年9月22

日,按照中国石油天然气集团公司和四川石油管理局体制改革的总体部署,根据国务院《关于社会中介机构与政府部门实行脱钩改制意见》和建设部《建设监理企业改制工作会议纪要》的精神,顺应建设部关于中介机构“社会化、中立化”的产业结构调整方针,经中国石油天然气集团公司中油资字〔2002〕135 号文《关于四川石油天然气工程建设监理公司改制问题的批复》批准,通过整体带资分流方式,将原国有企业改制为有限责任公司。

华成监理公司目前存在的主要问题有:

(1) 管理体制上,油气田尚未对华成监理公司实行控制性经营。目前中石油内部有监理公司 40 多家,除华成监理公司以外,各家公司均分属各地区油田管理(全资或控股),员工都是石油员工。只有华成监理公司在 2002 年进行改制整体带资分流出来。西南油气田公司(华盛公司)拥有华成监理公司股份只占 16.67%,其余股权分别由 22 名自然人股东持有,华盛公司不能实现控制性经营。

(2) 经营管理上,该公司目前缺乏进一步做大做强的能力。该公司主要从事在西南油气田分公司地面工程监理业务,2008 年,在西南油气田分公司市场收入占公司收入的 79.49%,2009 年在西南油气田分公司市场收入占公司收入的 64.96%,2010 年,在西南油气田分公司市场收入占公司收入的 73.13%。从人才队伍、技术资质、市场意识方面看,尚缺乏参与外部重大项目竞争的实力。因此,该公司 2008 年—2010 年销售收入增长率为负 29.51%,净利润增长率为负 13.17%。

因此若华盛公司能实现对华成监理公司的控股,则有助于促进华成监理公司整体实力和执业能力稳步提升,促进华成监理公司稳定发展。

2. 公司治理

华成监理公司为依法设立并有效存续的独立法人,设立至今持续经营,不存在依据法律、法规和公司章程规定需予终止的情形。华成监理公司于 2009 年 5 月进行过一次增资,公司注册资本由 180 万元增加至 340 万元,增加的注册资本由公司未分配利润转增。注册资本转增后,公司股东及股权结构不变。公司历史沿革清晰、合法。

公司各股东(包括华盛公司和 22 名自然人股东)出资行为均无瑕疵,华盛公司出资 566 780 元,持股比例为 16.67%,22 名自然人股东共出资 2 833 220 元,持股比例为 83.33%,各股东持有华成监理公司的股权合法、有效。

公司董事会共设 5 名董事,监事 3 名;经营管理层设总经理 1 人,副总经理 3 人;公司机构设四部一室(工程监理部、技术质量部、市场开发部、财务部、公司办公室)。董事长为自然人股东,董事会成员包括 1 名法人股东代表与 3 名自然人股东;监事会成员包括 1 名法人股东代表与 2 名自然人股东;总经理与副总经理均为自然人股东。股东会每半年定期召开 1 次,由董事长召集主持;董事会由董事长召集,每年度至少召开两次。公司各方股东都没有直接或间接开展与公司相竞争的业务。

3. 公司基本财务状况

截至2010年底,公司资产总额为1 794.4万元,流动负债707.47万元,净资产1 086.92万元。

近三年收入、利润、分红、收益及所有者权益情况见下表:

单位:万元

指标名称	2008年度	2009年度	2010年度
营业收入	3 597.16	3 340.83	2536.6
利润总额	314.19	397.39	272.81
净利润	235.65	298.04	204.6
分红	241.2		
资产总额	1 622.93	1 714.45	1 794.4
负债总额	822.44	868.24	707.47
所有者权益	800.49	846.21	1 086.92

公司资产权属清晰且无争议,公司与股东以外第三方之间的债权债务关系主要为合同往来关系,简单清晰且无争议。

(四)交易方案

1. 华盛公司提出的股权整合方案(增资扩股)分析

华盛公司首先提出了拟由其独家对华成监理公司进行增资扩股,其余股东放弃本次增资的优先认购权,由此达到华盛公司控股目的的股权整合方案。律师对该方案进行分析后,对其中的难点问题进行了解释。

(1) 华成监理公司股东会关于增资扩股议案的审议问题。华成监理公司股东会由股东单位华盛公司与22名自然人股东(其中17名为在岗股东员工)组成,根据公司章程的规定,议案须经代表2/3以上表决权的股东同意才能通过。由于自然人股东人数较多,形成统一意见较难,故股东会对议案的审议结果可能出现以下几种情况:

① 全体股东一致同意该议案,形成通过该议案的股东会决议。本次增资扩股将按照议案中的方案进行。增资扩股则能顺利完成。

② 2/3以上表决权的股东同意该议案,形成通过该议案的股东会决议。不同意该议案的股东放弃本次增资的优先认购权,愿意出面签订《增资扩股协议(草案)》,则本次增资扩股仍将按照议案中的方案进行。增资扩股能顺利完成。

③ 2/3以上表决权的股东同意该议案,形成通过该议案的股东会决议。不同意该议案的股东放弃本次增资的优先认购权,但不出面签订《增资扩股协议(草案)》,而由华盛公司与华成监理公司签订《增资扩股协议(备用草案)》,仍由华盛公司独家进行增资扩股。增资扩股能顺利完成。

④ 2/3 以上表决权的股东同意该议案,形成通过该议案的股东会决议。不同意该议案的股东行使本次增资的优先认购权,主张按出资比例认缴增资,则本次增资扩股只能将华盛公司与主张优先认购增资的股东作为增资方,按共同进行增资扩股的新方案进行。

具体分为以下两种情形:

第一种情形:行使优先认购权的股东仅按其原有的出资份额认缴增资,剩余比例全部由华盛公司认缴。若如此,则需要同意放弃权利的股东能容忍其他股东行使优先认购权的行为,且行使权利的股东的股权总数须小于33%,否则增资后华盛公司占有华成监理公司的股权份额达不到67%,且行使优先认购权股东的股权总数越大,华盛公司需增加的资本就越高。针对此种情形,可由华盛公司与主张认购权的股东共同进行增资。

第二种情形:行使优先认购权的股东主张按照原有的出资份额与华盛公司原有的出资份额计算出新的认缴增资份额,其余放弃认购权的股东的出资份额不纳入计算。若如此,则主张优先认购权股东股权总额须少于8.2%,否则,华盛公司无法实现增资后持有华成公司67%股权的目的。若出现主张权利股东股权总额超过8.2%的情形,华盛公司欲实现增资后对华成监理公司控股的目的,除针对上述第一种情形出现时的论述全部适用外,还需多增加一个程序增资事宜才能完成,即愿意配合的自然人股东先按出资份额认缴增资,再将认缴部分的股权转让给华盛公司。此种操作方式与部分股东直接转让部分股权,使得华盛公司在华成监理公司持股份额达67%的做法实质相同,但实际操作更为复杂。

若华盛公司针对上述两种情形,在华成监理公司配合的前提下,仍采取由华成监理公司股东会决议形式完成独家增资扩股,则工商变更能完成。但主张优先认购权的股东,可能会通过诉讼途径主张权利。因现行法律对此无明确规定,可能出现的诉讼结果如下:第一,不予立案;第二,法院裁决撤销本次增资扩股;第三,法院裁决原告可以按其股权比例认缴出资等。

⑤ 少于2/3 以上表决权的股东同意该议案,形成否决该议案的股东会决议。公司不进行增资扩股,增资扩股不能完成。

(2) 在岗股东员工的劳动合同核准问题。在本次增资扩股项目完成之前,华成监理公司的经营管理权仍由自然人股东掌控,公章由自然人股东管理,故可能出现在岗股东员工在移交公司管理权之前变更自己的劳动合同,提高工资、变更合同期限等情况。这将使在岗股东员工对华盛公司在增资扩股项目完成后给予其的福利政策的重视程度降低,可能不会为享受福利政策而放弃增资的优先认购权,影响本次增资扩股的顺利进行。

2. 律师提出的股权整合方案

在为华盛公司分析了增资扩股方案的利弊后,律师建议公司对股权整合方案进行调整,并提出两个新方案,分别对其优缺点作出阐释,供公司选择。

方案一:华盛公司直接收购自然人股东股权

方案要点:

(1) 基本思路:按华盛公司至少控股67%测算,现自然人股东持股比例需由目前83.33%减为33%,即现在自然人股东均需将其持有华成监理公司股权的50.33%转让给华盛公司。考虑少数股东不愿转让等情况,为使华盛公司最终能持有67%的股权,收购方案拟按华盛公司收购愿转让股权的自然人股东65%,直至全部股权安排。

(2) 实施程序:将原华盛公司全额增资改为收购自然人股东股权方案,依据相关法规,不需经过股东会审议程序。可按以下程序组织实施:

① 由华盛公司制定收购说明书和收购协议(草案)文本,向自然人股东进行说明,并就收购协议文本初步达成一致;

② 组织开展审计评估,确定收购价格;

③ 由华盛公司与各自然人股东确认自愿转让股份额度;

④ 根据自然人股东对股权转让比例确认情况,若能达到华盛控股条件,华盛公司按照审计评估结果确定的收购价格,与各自然人股东正式签订股权转让协议;

⑤ 组织工商变更,并由华盛公司正式接管华成监理公司。

(3) 收购后的华成监理公司的治理结构、运行管理机制,与原华盛公司全额增资方案一致。

(4) 对自愿全部或按华盛公司要约收购比例转让其股权的股东,华盛公司在股权收购协议中承诺在其职称评定、薪酬标准和福利待遇等方面,参照华盛公司实际控制人西南油气田分公司同类岗位合同员工相同标准执行。

优点:

(1) 可回避少数股东不愿转让其股权,并提出与华盛公司同比例增加股权的问题。

(2) 股权转让系股东间自愿行为,不需召开股东会表决同意,实施环节少,程序简化。

缺点:

(1) 华盛公司需要制作收购股权的说明文件,说明收购必要性及收购方案、对转让者的承诺等。

(2) 收购价格未确定前,自然人股东不能确定其最终转让。而收购价格需待审计评估结果出来后才能确定,约需1个月左右的时间。

(3) 股权收购后,对不愿转让股权的自然人股东,只能在职称评定和福利待遇方面对其制约。

方案二:华盛公司与自然人股东同比例增资,并由华盛公司收购自然人股东增资部分的股权方案要点：

（1）基本思路：为达到华盛公司绝对控股（持股67%及以上）之目的，拟将华成监理公司股本由目前340万元扩大到1020万元，扩大3倍，增加680万元，其中：华盛公司由56.67万元扩大到170万元，其余自然人股东由283.33万元扩大到850万元，增资566.67万元。按华盛公司达67%控股比例测算，华盛公司至少应拥有683.4万元的股权，需要收购自然人股东新增566.67万元股权中的513.4万元。目前自然人股东一般持有3.48%的股权比例，对应额度为11.84万元，按增加两倍股本测算，相应增加股本23.68万元，因此，华盛公司要达到67%的比例，必须将不愿转让股权的股东控制在两名才行。

（2）实施程序：

① 将同比例增资，并由华盛公司收购自然人股东股权增资部分股权的议案提交股东会审议；

② 股东会通过后，开展审计评估；

③ 由华盛公司与自然人股东签订股权收购协议，由华盛公司统一支付其增资款；

④ 开展工商变更，并由华盛公司接管华成监理公司。

（3）增资后华成监理公司治理结构、运行管理机制，与原华盛公司全额增资方案一致。

（4）华盛公司在其收购协议中，对于自愿转让其增资部分股权的自然人股东，华盛公司将在职称评定、薪酬标准和福利待遇等方面，参照华盛公司实际控制人西南油气田分公司同类岗位合同员工相同标准执行。

优点：

（1）可回避少数股东不愿转让其股权，并提出与华盛公司同比例增加股权的问题。

（2）虽然同样达到自然人减少持股比例目的，但由于自然人股东不出现金，不减少现有股本金额，容易接受。

（3）对不愿转让增资部分股权的自然人股东，需要支付20—30万元增资额，可以增加其筹资难度。

缺点：

（1）程序相对繁琐。须召开股东会并须经拥有2/3股权的股东同意；增资同时又要实施股权收购，操作难度比“方案一”更大。

（2）方案较为复杂，向自然人股东解释工作量大。同时，自然人股东仍需等审计评估结果出来后，才能确定其是否转让股权。

（3）本方案的前提是收购自然人股东增资部分股权，要达到华盛公司持股67%的目的，必须在只有两个股东不愿意转让股权的条件下才可行，实现难度较大。

(4) 若增资后,出现部分股东不愿转让其增资部分股权、华盛不能控股的状况,需终止股东会决议执行。为此,股东会决议时必须说明,若收购比例不能达到67%以上,增资行为将终止。但理论上讲,应增资在前收购在后,因此该条件不容易被全体股东理解。

(5) 对不愿转让增资部分股权自然人股东,仍然只能在职称评定和福利待遇等方面对其制约。

3. 最终确定的交易方案

公司经过考量,最终选择了律师提出的“方案一”,即华盛公司直接收购自然人股东股权的交易方案。具体方案实施内容包括:

(1) 整体方案。华盛公司(收购人)对华成监理公司22个自然人股东(受要约人)发出收购要约,受要约人向收购人转让其持有的华成监理公司65%及以上股权,使收购人最终持有华成监理公司股权比例达到60%以上,实现收购人对华成监理公司控制性经营的目标。

根据对上述情况的核查,律师认为,华盛公司与22名自然人均为华成监理公司合法股东,根据《公司法》的规定,股权转让自转让方与受让方达成合意后即合法有效。华盛公司以要约收购的方式向华成监理公司其余22名自然人收购股份的方案本身,不存在违反国家现行法律、法规规定的情形。

(2) 要约收购说明书及股权转让协议,本次股份收购价格和期限如下:

① 本次股权收购的价格。本次股权收购的价格是以四川信合资产评估有限责任公司的评估报告收益法为基础,确定股权收购价格的,即×元/股。

② 要约收购期限。本次要约收购的期限为自收购要约发出之日起的5个自然日,即2012年3月20日至2012年3月24日。

③《股权转让协议》的生效条件。《股权转让协议》经各自然人股东与华盛公司签字盖章并在华盛公司签署协议之日起15日内,收购华成监理公司股份达60%时生效。

律师经适当核查后认为,上述《要约收购说明书》及《股权转让协议》的形式和内容未违反现行法律法规和规范性文件的强制性规定,亦没有任何法院判决、仲裁裁决、行政命令或任何双方已签署的其他协议构成合同生效的障碍或使合同无效,待具备合同规定的生效条件后,上述合同将对本次增资中各方当事人构成法律约束力。

(3) 关于本次股权收购的授权及批准。根据有关规定,本次华成监理公司股权收购尚需履行以下程序和/或批准:

① 华盛公司召开职工(代表)大会会议,审议通过华盛公司要约收购华成监理公司股权的决议;

② 华盛公司主管部门四川石油管理局审核同意本次华成监理公司股权收购方案;

③ 向华成监理公司的工商登记机关办理股权变更登记手续。

（4）修改公司章程及选举新一届董事会、监事会。股权收购程序完成后，华盛公司提请华成监理公司召开股东会，就修改公司章程及选举新一届董事会、监事会事宜进行审议，作出股东会决议并办理工商变更登记。

（5）股权收购完成后华成监理公司的治理结构，包括董事会、监事会、董事长等设置。

① 公司设立股东会，股东会是公司最高权力机构，股东按照出资比例享有表决权。股东会会议作出修改公司章程、增加或者减少注册资本的决议，以及公司合并、分立、解散或者变更公司形式的决议，必须经股东会表决权的2/3通过。其他事项的决议经代表半数以上表决权的股东通过。

② 董事会的组成：股权收购完成后的华成监理公司董事会由5人组成，控股股东提名控股股东方3人进入董事会。董事会决议需要全体董事过半数同意才能生效。

③ 董事长由控股股东方提名并由董事会选举产生。股权收购完成后的华成监理公司高级管理人员按6人设置。总经理由控股股东方提名并由董事会聘任，副总经理、财务总监由控股股东方提名并由董事会聘任。原公司高级管理人员达到西南油气田分公司规定的任职年龄限制前，继续由控股股东方提名并由董事会聘任。

④ 公司监事会由3人组成，其中，控股股东提名控股股东方1人进入监事会，职工代表1人。

4. 对华成监理公司股权收购项目的总体结论性意见

律师认为，华成监理公司股权收购项目不违反《中华人民共和国公司法》《中华人民共和国合同法》等法律、法规及规范性文件的规定，可依法实施，不存在实质性法律障碍。本次股权收购能进一步提高华成监理公司技术与管理水平，促进华成监理公司整体实力和执业能力稳步提升，促进华成监理公司稳定发展。

（五）交易结果

股权收购方案于2012年3月底获得华盛公司及其上级主管部门通过，审计、评估也已完成。

4月，华盛公司与华成监理公司22名自然人股东签订了股权转让合同，自然人股东均同意转让符合华盛公司期望的股权数，最终使华盛公司的持股比例达到80.441%，华盛公司也按合同约定，支付了各自然人股东股权转让交易价款。

之后，根据签订的股权转让合同和华盛公司的要求，律师起草了《公司章程修正案》和《关于修改公司章程的议案》，根据公司人事部门的任职文件，起草了《关于选举新一届董事会、监事会成员的议案》。华盛公司提请华成监理公司召开股东会审议上述议案，并作出合法有效的股东会决议。

完成股权收购的华成监理公司进行一系列人事变动后，于4月下旬向工商行政管理局申请了工商变更登记和备案,并正式运行。

二、案例评析

本案中,争论最大、耗时最多的环节并非后来的股权收购,而是对最初的股权整合方案——由华盛公司独家对华成监理公司进行增资扩股,其余股东放弃增资优先认购权方案的合法性、合理性、操作性进行论证直至最终弃用的环节。该方案之所以在实际执行中存在多种困难及不确定因素,就是因为我国《公司法》仅对增资扩股程序作出了简单规定,却缺少能够解决实务问题的操作规则。由此导致了有限责任公司,尤其是股东人数较多的公司增资扩股过程中的种种歧义和障碍。

有限责任公司增资扩股过程中易出现的法律问题有:

(一) 小股东不同意增资的问题

根据现行《公司法》第44条、第35条、第179条的规定,股东会对公司增加注册资本作出决议,必须经代表2/3以上表决权的股东通过。对于新增资本,股东有权优先按照实缴的出资比例认缴出资。其中,《公司法》第35条规定:"股东按照实缴的出资比例分取红利;公司新增资本时,股东有权优先按照实缴的出资比例认缴出资。但是,全体股东约定不按照出资比例分取红利或者不按照出资比例优先认缴出资的除外。"

这一条规定引出了一个问题,假设个别小股东不同意增资,优先认缴出资的权利如何视为放弃?《公司法》第35条实质上将增资方案归纳为两种:全体股东按出资比例增资和全体股东同意不按照出资比例增资。个别小股东不同意增资,既包括不同意按出资比例增资,也包括不同意不按照出资比例增资。由于其股权数较少,不能影响股东会作出同意增资的决议,于是就造成了逻辑上的矛盾。《公司法》一方面规定优先按出资比例增资,若有股东不同意,就不按出资比例增资,但这又需要全体股东一致约定,已经造成了矛盾;而另一方面第75条第1款规定的对"股东会该项决议投反对票的股东可以请求公司按照合理的价格收购其股权"的情形又不包括增资的问题,小股东无法以退出的方式解决矛盾。这样的话,严格遵照《公司法》的规定却造成了增资也不是,不增资也不是的尴尬局面。这种局面的普遍存在,造成了实践中下一个问题的大量出现。

(二) 大股东强行增资扩股的问题

由于存在上述小股东对增资投反对票,或者股东无法对增资方式达成一致的情况,大股东为了达到增资的目的,往往会未经股东会决议或不履行股东的优先认缴程序,强行增资扩股,如此必定会稀释小股东的股权利益,甚至有可能改变公司的控制权,损害小股东权益。当然也存在小股东为谋求利益,恶意行使权利,妨碍公司正常增资的情况。无论哪种情况,一旦纠纷产生,小股东认为自己优先认购新增资本的权利受到侵害而寻求司法介入时,各地司法实践操作对这一问题没有统一做法。

另根据《公司法》第22条的规定:"公司股东会或者股东大会、董事会的决议内容违反法律、行政法规的无效。股东会或者股东大会、董事会的会议召集程序、表决方式违反法律、行政法规或者公司章程,或者决议内容违反公司章程的,股东可以自决议作出之日起六十日内,请求人民法院撤销。"股东提起诉讼,以优先购买权受到侵害为由,要求撤销股东会增资的决议有60日的除斥期间,但若股东起诉要求优先认购新增资本,《公司法》则未对其诉讼时效作出规定,只能适用《民法通则》规定的两年诉讼时效。又因为诉讼时间较长、诉讼结果难以确定,这样就使公司运营在大股东强行增资后很长一段时间内都处于不确定的状态,可能影响到公司、股东各方的利益。

三、建议

(一)立法建议

首先要对《公司法》第35条的逻辑问题进行修改,应该从公司法的基本原理出发。公司的重大决策,当然应交给大股东或者严格说法律规定的大多数,要做到人人一致难度较大。个别反对增资的小股东则应按少数服从多数的原则,选择妥协或离开,而不用再对增资方案发表意见。如果增资过程中,同意增资的股东严格尊重净资产评估的公平、透明原则,即使造成不同意增资的小股东股权比例稀释,也是不违反法律规定的;而如果同意增资的股东在增资过程中,增资比例所依据的出资价格,是存在严重不抵价的不公平的对价方式,其稀释不同意增资的小股东的股东持股比例的行为,就损害了这些小股东的利益,小股东可以通过司法途径维护自己的权益。

然后,同意增资的股东应对具体增资方案进行商谈,这些股东均能选择是否行使优先购买权,但优先购买权应当规定行使期间。

纵观我国的《公司法》,不管是股东股权转让,还是在公司新增资本的法律规定中,均没有规定股东优先购买权的行使期间,可以说这是我国《公司法》的立法缺陷。《公司法》第72条仅规定了其他股东对拟转让股东的转让书面通知作出答复的期间,而对其他情况下的股东优先购买权未予规定。在实践中,容易造成其他股东有意或无意拖延股权转让或公司增资的时间,使意欲转让出资的股东丧失最佳转让时机,损害转让方的利益,或者使不符合自己利益的增资事项流产,这必然导致股东之间产生纠纷,对公司正常运转造成影响。每一项权利都不可能无限期行使,股东行使优先购买权也不应无限期,但同时也不能约定过短的行使期间,变相剥夺股东的优先购买权。因此,《公司法》应规定优先购买权的除斥期间。

在《公司法》没有明文规定的情况下,我们仍然可以作出其他股东应在合理期限内行使优先购买权的推断。借鉴国外的公司法,一般以3个月为宜。至于究竟多长时间为合理期限，法官应根据股权标的、公司运营状况、公司和股东一般内部决策所需期限等多种因素综合确定。股东经过合理期限不主张购买的，应认定其放弃优先购买权，这就可以避免公司利益因股东个人原因受到损害的情况。在这种情形下，若股东提出认购新增资本，却被其他股东忽视，其优先购买权确实受到了侵害，则股东通过司法途径主张优先购买权，经法院审查确定诉讼请求成立的，股东可以享有优先认购新增资本的权利。如果增资事项已经完成，可以考虑通过转让方式，使受损的股东得到应得的股权。

（二）律师工作建议

在我国《公司法》对增资扩股的规定尚不完善的情况下，律师对协助公司增资扩股的相关工作应更加严谨对待。对公司董事会、股东会决策内容、程序的合法性、合理性、操作性进行全面考虑，若股东意见不一致，可能发生纠纷，增资扩股存在不确定性，则应对其风险程度进行预判。还应注意所在地的地方性法规及法院指导性案例，是否对此类纠纷有相关规定或倾向性判决。在为小股东服务时，应确保其合法权益不受侵害，包括表决权、优先购买权等，审查大股东是否有违法行为；而在为大股东服务时，应注意是否有小股东恶意行使权利，损害大股东或公司的利益，注意积极收集相关证据，确保决策程序合理合法，将风险控制在最小范围。

国有股权无偿划转方案

安徽承义律师事务所　孙艺茹

一、案例情况

（一）律师工作任务

为合肥通用机械研究院（以下简称“通用院”或“公司”）无偿受让巢湖市第一塑料厂（以下简称“巢湖一塑”）持有的安徽国通高新管业股份有限公司（以下简称“国通管业”或“目标公司”）11.89%的国有股份提供法律服务。

（二）交易背景

通用院成立于1993年12月29日，其经营范围包括石油化工、通用、制冷空调、包装、环保机械、净化工程、机械一体化设备及备件的设计、开发、制造、工程承包、产品性能检测、咨询、服务、培训等。目标公司注册资本为8 360万元人民币，现为国有独资公司中国机械工业集团有限公司（以下简称“国机集团”）100%出资的全民所有制企业。

为尽快引入合肥通用机械研究院作为国通管业控股股东，借助央企的综合优势和合肥通用机械研究院在技术、市场等方面的协同优势，迅速改善上市公司的经营状况，故巢湖市第一塑料厂与合肥通用机械研究院于2012年6月20日签署《国有股权无偿划转协议》，将巢湖市第一塑料厂持有的国通管业11.89%的国有股权（即1248.528万股股份）无偿划转给合肥通用机械研究院。合肥通用机械研究院在股权无偿划转完成后，将继续支持上市公司发展，做大做强上市公司。

（三）法律尽职调查

通过尽职调查可知，股权转让的转让方和受让方的基本情况如下：

1. 受让方

通用院前身为第一机械工业管理局通用机械研究所，1993年12月29日在合肥市注册成立企业法人，现为国有独资公司中国机械工业集团有限公司100%出资的全民所有制企业。

通用院位于合肥市长江西路888号，法定代表人陈××，注册资本8 360万元人民币，其经营范围包括石油化工、通用、制冷空调、包装、环保机械、净化工程、机械一体化设备及备件的设计、开发、制造、工程承包、产品性能检测、咨询、服务、培训等。

通用院现持有合肥市工商行政管理局颁发的《企业法人营业执照》，已办理2011年度年检，成立至今有效存续，根据法律、法规、通用院章程和其他规范性文件的规定，通用院不存在需要终止的情形。

2. 出让方

巢湖一塑成立于1982年10月30日，现为国有独资公司安徽国风集团有限公司（以下简称“国风集团”）100%出资的全民所有制企业。

巢湖一塑位于巢湖市银屏西路2号，法定代表人雍×，注册资本3 500万元，其经营范围包括农地膜、塑料制品生产、销售，出口本企业自产的塑料制品、农地膜及进口生产所需的原辅料、仪器仪表、机械设备、零配件及技术的进口业务。

巢湖一塑现持有巢湖市居巢区工商行政管理局颁发的《企业法人营业执照》，已办理2011年度年检，成立至今有效存续，根据法律、法规、巢湖一塑章程和其他规范性文件的规定，巢湖一塑不存在需要终止的情形。

3. 目标公司——国通管业的基本情况

国通管业前身为安徽德安制管有限公司，于1993年12月30日，经安徽省人民政府外经贸皖府资字〔1993〕1087号文批准成立，经安徽省经济体制改革委员会皖体改函字〔2000〕109号《关于同意安徽德安制管有限责任公司变更为安徽国通高新管业股份有限公司的批复》及安徽省人民政府皖府股字〔2000〕第57号《批准证书》批准，于2000年8月29日，由安徽德安制管有限责任公司依法整体变更设立了股份有限公司，设立时注册资本为人民币4 000万元。2003年11月20日，根据中国证券监督管理委员会《关于核准安徽国通高新管业股份有限公司公开发行股票的通知》（证监发行字〔2003〕138号文）核准，国通管业首次向社会公开发行人民币普通股（A股）3 000万股，并于2004年2月19日在上海证券交易所上市，股票代码为“600444”，股票简称为“国通管业”。

国通管业位于合肥市经济技术开发区繁华大道国通工业园，法定代表人钱×，注册资本10 500万元，经营范围为：UPVC管、PE管、PP-R管等塑料管材、金属塑料管复合管材及管件生产、销售、安装、服务、技术研究、开发；经营进出口业务；市政工程施工：管道安装。

国通管业现持有安徽省工商行政管理局颁发的《企业法人营业执照》，已办理2011年度年检，其成立后依法有效存续，不存在需要终止的情形。

（四）交易方案

经转让方与受让方内部决策程序批准后，2012年6月20日，巢湖一塑与通用院签订了《安徽国通高新管业股份有限公司国有股权无偿划转协议》；股权无偿划转事宜，需依法报经国务院国有资产监督管理委员会审核批准，并办理完毕相关变更登记手续；自标的股份过户之日起，通用院正式成为国通管业股东。

（五）交易结果

2012年10月15日，国务院国有资产监督管理委员会出具《关于安徽国通高新管业股份有限公司国有股权无偿划转有关问题的批复》（国资产权〔2012〕943号文),同意将巢湖一塑所持股份公司1248.5280万股股份无偿划转给合肥通用机械研究院。

二、案例评析

(一) 股权划转过程中应关注是否构成同业竞争

国有股权无偿划转完成后,通用院将持有国通管业12 485 280股股份,占总股本的11.89%,成为国通管业的控股股东。根据相关法律、法规的规定,上市公司业务应当独立于控股股东、实际控制人及其控制的其他企业,与控股股东、实际控制人及其控制的其他企业间不得有同业竞争或者显失公平的关联交易。据此,通用院及其控制的其他企业与国通管业是否存在相同或相近的业务是本次股权无偿划转需关注的重点,应当就此做好尽职调查工作。同时,可要求通用院出具承诺函,承诺通用院及除国通管业外通用院控制的其他企业未直接或间接从事与国通管业相同或相近的业务,亦未对任何与国通管业存在竞争关系的其他企业进行投资或进行控制;本次划转完成后,通用院将采取合法及有效措施,促使通用院及除国通管业外通用院控制的其他企业不新增与国通管业相同或相近的业务,以避免与国通管业的业务经营构成直接或间接的同业竞争。

(二) 非诉讼业务中应做好尽职调查工作

律师法律尽职调查是所有非诉讼业务顺利进行的最基本的前提条件,是非诉讼业务成功的基础。法律尽职调查质量的高低,直接影响甚至决定后续业务的推进。高质量的、规范的法律尽职调查是防范非诉讼业务中委托人和律师事务所及律师自身风险的最有力武器。但因为客观及主观原因,完成一次高质量的法律尽职调查,律师会面临各种困难和风险,而审慎性原则是法律尽职调查中最高也是最重要的工作指导原则,是律师防范委托人、律师事务所及自身法律风险、获取事实真相、保证尽职调查乃至整个非诉讼业务顺利进行的最有力武器,必须贯穿尽职调查及至整个非诉讼业务的全过程。

1. 调查资料清单的局限性

调查资料清单是律师尽职调查最经常使用的工具,项目投资、收购兼并、公司股票发行和上市使用的清单不同,但都包括公司组织结构的基本法律文件、重大资产、重大合同、税务、劳动人事管理、重大债权债务、诉讼、仲裁、行政处罚等基本内容。律师认为,必须根据每个案件的具体情况进行深入分析,设计出符合个案要求的清单,律师应就股权划转事宜出具专项调查资料清单。

2. 调查方法的选择

(1) 资料收集与核证。律师的主要调查方法是通过向被调查对象提供调查资料清单的方法,要求被调查对象提供资料,从而收集调查工作所需要的充分和适当的资料。根据调查需要,有时需要律师独立收集资料。

一般情况下，律师均假定被调查对象或委托人所提供的资料是准确、真实和完整的；但是，对于某些重大事项，律师应当依照审慎原则通过向第三人发核证函、独立调查等方式进行核证，而不应当仅仅依赖于委托人或被调查对象所提供的资料。

（2）实地考察。一般考察对象是公司的主要经营场所、仓库等，目的是熟悉公司产品和服务的生产和提供方式，观察公司的日常运营情况。

（3）分析和总结。在收集了足够的相关资料后，应运用专业手段、方法进行分析，确定已核证的事实、待核证的事实、未核证的事实。根据分析结果形成结论性的法律意见，就交易存在和可能发生的法律问题和风险发表意见，给委托人提供有意义的指引。

三、建议

在本次股权无偿划转过程中，笔者关注到关于无偿划转所涉税收政策问题尚存在争议，值得思考。

国家税务总局《关于企业处置资产所得税处理问题的通知》（国税函〔2008〕828号）规定：将资产在总机构及其分支机构之间转移，除将资产转移至境外以外，由于资产所有权属在形式和实质上均不发生改变，可作为内部处置资产，不视同销售确认收入，相关资产的计税基础延续计算。不属于内部处置资产的，对于企业自制的资产，应按企业同类资产同期对外销售价格确定销售收入；对于外购的资产，可按购入时的价格确定销售收入。该文件指出了不视同销售的范围只限于总机构及其分支机构之间，并没有将子公司包括在内。

财政部、国家税务总局《关于企业重组业务企业所得税处理若干问题的通知》（财税〔2009〕59号）中明确了企业重组包括企业法律形式改变、债务重组、股权收购、资产收购、合并、分立等几种方式，并没有将同一投资主体内部所属企业之间资产的无偿划转列入重组的范围。但从法理上分析，如无偿划转符合合理的商业目的，且不以减少、免除或者推迟缴纳税款为主要目的等几个特殊性税务处理的认定条件，应该会获得税收扶持。当然，企业也可以根据59号文的规定，通过合理安排重组架构，使之符合文件规定，从而享受特殊性重组的税收待遇。

目前在实务中，财政部、国家税务总局并未对无偿划转涉及的所得税问题作出明确规定，但河北省地税局在2009年度《关于企业所得税若干业务问题的通知》（冀地税发〔2009〕48号）第11条关于企业无偿划拨资产的税务处理问题明确规定："国有企业无偿划拨资产（固定资产、股权、债权等），划出方按划出资产的净值确认视同销售收入。划入方可按收到资产的净值确认其计税基础。"根据该文件规定，无偿划转资产需要按视同销售处理，但由于系按账面净值确认收入，因此对当期应纳税所得没有影响。

为统一在股权无偿划转过程中的税收操作规范，建议财政部、国家税务总局明确更具有可操作性的计税方法。

护航重大资产重组

吉林良智律师事务所　张嘉良

一、案例情况

（一）律师工作任务

为目标公司实现与上市公司进行重大资产重组提供法律服务，为目标公司及其一致行动人论证、核查相关交易活动之合法性及可行性。

（二）交易背景

广东盛润集团股份有限公司（以下简称"盛润股份"或"上市公司"）拟以新增股份换股吸收合并富奥汽车零部件股份有限公司（以下简称"富奥股份"或吸收合并对象）。本次吸收合并完成后，盛润股份将作为存续公司承继及承接富奥股份的所有资产、负债、业务及人员等，富奥股份的法人资格注销，富奥股份的股东将换股成为合并后存续上市公司的股东。吉林省亚东投资管理有限公司（以下简称"亚东投资"或"目标公司"）及其一致行动人吉林省天亿投资有限公司（以下简称"天亿投资"或"一致行动人"）作为富奥的控股股东，在本次重大资产重组后将成为上市公司的股东。

盛润股份系由原深圳市莱英达集团有限责任公司（盛润股份原控股股东）（以下简称"深圳市莱英达集团公司"）改组设立的股份有限公司，于1993年在深交所挂牌上市。2009年7月，盛润股份因资不抵债、不能清偿到期债务被债权人深圳市兴雅居装饰工程有限公司申请破产重整。2010年4月14日，深圳市中级人民法院（以下简称"深圳中院"）裁定受理该债权人的申请。2010年5月6日，深圳中院裁定对盛润股份进行重整并指定了重整案件的管理人。2010年9月30日，盛润股份与富奥股份签署《重组意向书》，约定富奥股份在《重整计划》获深圳中院裁定批准后，启动对盛润股份的重大资产重组工作。2010年10月22日，深圳中院以（2010）深中法民七重整字第5-5号《民事裁定书》裁定批准《广东盛润集团股份有限公司重整计划》（以下简称《重组计划》），终止重整程序。2011年4月25日，深圳中院裁定《重整计划》执行完毕，盛润股份按照《重整计划》完成了资产的变价及债务的调整和清偿工作，亟待通过重大资产重组注入具有盈利能力的优质资产，以恢复持续经营能力和盈利水平。

2011年7月25日，盛润股份与富奥股份签署《广东盛润集团股份有限公司吸收合并富奥汽车零部件股份有限公司之协议书》（以下简称《吸收合并协议》），拟以新增股份吸收合并富奥股份的方式进行重大资产重组。吸收合并完成后，包括亚东投资与天亿投资在内的富奥股份股东将成为合并后存续上市公司的股东。本次权益变动后，亚东投资将持有盛润股份 12 628.44 万股 A 股股份，占盛润股份本次交易完成后已发行股份 9.72%；天亿投资将持有盛润股份 26 225.93 万股 A 股股份，占 20.20%。作为一致行动人，亚东投资与天亿投资将持有盛润股份29.92%的 A 股股份，为上市公司第一大股东，因此，目标公司聘请律师参与重大资产重组过程，论证、核查相关情况及出具有关法律意见书。

（三）法律尽职调查

通过尽职调查可知，重大资产重组的相关情况如下：

1. 相关各主体基本情况

（1）盛润股份。盛润股份系依法设立并有效存续的股份有限公司，其经营范围为：自营和代理第二、三类商品在广东省内进出口业务（具体商品按粤经贸进字〔1990〕320 号文执行）；本公司出口商品转内销和进口商品内销，销售木制品（不含木片），工业生产资料（不含金、银、汽车和化学危险品），针、纺织品，电子计算机及配件，橡胶制品；咨询服务，实业投资。盛润股份是一家由原国有控股企业改制而来的上市公司，自 1997 年开始出现亏损并陷入财务危机，一直未能从根本上摆脱经营和财务上的困境。2010 年 5 月 6 日，盛润股份因无法清偿到期债务且资不抵债，经债权人申请被实施破产重整。后经实施重整计划。

（2）富奥股份。富奥股份的前身为富奥汽车零部件有限公司（以下简称“富奥有限”），是一汽集团旗下最大的汽车零部件生产企业。富奥有限成立于 1998 年 9 月，由一汽集团将其所属的 9 家全资和 8 家合资零部件企业合并组建而成，是一汽集团下属企业中第一家从母体剥离、独立面对市场运营的全资子公司。截至 2012 年，富奥股份共有 30 家下属公司，其中包括 9 家分公司、6 家控股子公司和 15 家参股公司，其经营范围为：汽车零部件及相关产品的研究、设计、制造；国内销售及售后服务；进出口业务；设备及工艺装备的设计、制造及相关服务；租赁业务、物业服务业务（需凭有效资质证书经营）；仓储和配送业务及相关服务。

富奥股份生产、销售的汽车零部件产品品种覆盖重、中、轻、微型商用车和高、中、低档乘用车等系列车型。产品主要配套市场包括一汽轿车、一汽解放、一汽大众、一汽丰田、一汽夏利、一汽客车、一汽通用、上海大众、上海通用、吉林汽车、神龙汽车、沈阳华晨、奇瑞汽车、长城汽车、江淮汽车、郑州宇通、厦门金龙、北汽福田、济南重汽、北方奔驰、安徽华菱、长安福特等多家整车/整机企业，部分产品销售海外。富奥股份主要产品包括七大类：环境系统（散热器总成、中冷器总成、空调器总成、冷凝器总成、膨胀箱总成、暖风总成、蒸发器总成等）；底盘系统[前副车架焊接总成、后副车架（后轴）焊接总成、减振器总成、钢板弹簧、空气悬架导向臂、底盘支架、转向节总成、前桥装配、后轴装配、车轮前轮毂/后轮毂轴、螺旋弹簧、横向稳定杆、控制臂、稳定杆连接杆总成、发动机横梁总成、车轮支架等]；制动和传动系统（制动阀类总成、变速操纵机构总成、传动轴总成、差速锁总成、离合器总泵总成、刹车凸轮、变速器润滑油泵总成、制动盘、制动踏板总成、离合器踏板总成、手制动器总成、差速器壳体等)；转向及安全系统(转向柱总成、转向器总成、液压助力缸总成、安全气囊总成、方向盘总成等)；电子电器(电子控制单元、线束及熔断器盒总成等)；发动机附件(电动汽油泵总成、涡轮增压器总成、节流阀体总成、机油泵总成、水泵总成、空气压缩机总成、燃油输油泵总成、机油滤支架、油底壳等)；其他种类(紧固件、粉末冶金件、压铸件、冲压件等)。

2009年，富奥股份被中国汽车品牌发展研究会、中国国际汽车工业节能技术研究会等六家机构联合授予"2009达沃斯(中国)汽车零部件制造十大最具综合实力企业"称号。2011年，富奥股份被吉林省科学技术厅等四部门联合认定为"高新技术企业"，富奥股份研发中心被吉林省工业和信息化厅等六部门联合认定为"省级企业技术中心"。

(3)目标公司及其一致行动人。亚东投资系吉林省国资委出资并监管的国有独资企业，其经营范围为：投资管理、投资咨询、代理投资、委托投资、资产管理、投资顾问、实业投资。

天亿投资其经营范围为：利用自有资金对外投资、股权投资咨询、为投资企业提供管理服务业务。天亿投资不设立日常管理机构，委托吉林长白山股权投资管理有限公司(以下简称"长白山投资")对天亿投资进行日常管理、经营，长白山投资为天亿投资的公司管理人。

2. 吸收合并对象的控股股东历史沿革

富奥有限成立于1998年9月，由一汽集团将其所属的9家全资和8家合资零部件企业合并组建而成，是一汽集团下属企业中第一家从母体剥离、独立面对市场运营的全资子公司。

2007年，富奥有限依据国务院八部委联合下发的859号文件，实施主辅分离、辅业改制；2007年12月20日，富奥有限完成改制，整体变更为富奥汽车零部件股份有限公司。改制完成后，富奥股份注册资本为10亿元，其中宁波华翔电子股份有限公司(以下简称"宁波华翔")出资4.9亿元，持有公司49%的股份，成为第一大股东；一汽集团出资3.5亿元，持有公司35%的股份；76名自然人合计出资1.6亿元，持有公司16%的股份。

2009年9月，宁波华翔将富奥股份29%的股权分别出售给中信证券直投机构金石投资、吉林省国资委所属的亚东投资和天亿投资，三者分别获得5%、2%和22%的股份，一汽集团晋升为第一大股东。

2011年3月，亚东投资以每股3.02元的价格认购富奥股份1.2亿股股份。最终，亚东投资和天亿投资以一致行动人身份，合计持有富奥股份32.14%的股权，超过一汽集团的31.25%。宁波华翔以17.86%的持股比例，退居第四大股东。

3. 本次资产重组前后的上市公司财务状况

根据中瑞岳华会计师事务所(特殊普通合伙)(以下简称"中瑞岳华")出具的

《广东盛润集团股份有限公司备考合并财务报表专项审计报告》(中瑞岳华专审字[2012]第0047号)和立信大华会计师事务所有限公司出具的上市公司2010年度审计报告(立信大华审字[2011]2756号)及公司2011年1—10月财务报表,资产重组前,盛润股份2011年1—10月因执行《重整计划》,获得债务重组利得145 559.82万元。在扣除上述债务利得影响因素后,盛润股份2011年1—10月基本每股收益为0.00元/股,显著低于本次资产重组完成后基本每股收益0.32元/股。

综上,资产重组完成后,盛润股份资产规模大幅增加,基本每股收益和每股净资产显著提升,盈利能力明显改善。

4. 吸收合并对象的未来盈利预测情况

2011年全国汽车销量增速明显趋缓,全国汽车行业将开始进入平稳增长阶段。受宏观经济和汽车行业整体影响,一汽集团下属整车厂的产量和销量增速同比降低。作为配套汽车产品的零部件企业,富奥股份2011年及2012年的盈利水平受到一定程度的影响。

2011年度富奥股份主营业务收入的确定主要依据一汽集团的产量大纲及外部客户的市场调查,销售价格考虑了年度降价及市场竞争带来的降价影响。受2011年一汽解放汽车有限公司等整车企业规划产量减少的影响,基于谨慎性原则,预测2011年主营业务收入比2010年度下降8.71%。但是,随着经济形势的好转,根据一汽—大众汽车有限公司等整车企业产量大纲规划,2012年度营业收入预计比2011年度增加10.18%。

本次资产重组完成后,盛润股份将成为一家专业从事汽车零部件的研发、生产、销售,并具有一定规模和行业竞争优势的上市公司。盛润股份未来的经营情况将大幅改善,且具有稳定的盈利能力。

根据中瑞岳华会计师事务所出具的《富奥汽车零部件股份有限公司盈利预测审核报告》(中瑞岳华专审字[2011]第2698号),吸收合并对象富奥股份2011年度和2012年度预测归属于母公司所有者的净利润分别为43 588.52万元和46 623.39万元。

5. 目标企业与天亿投资之间的一致行动关系

亚东投资与天亿投资分别持有富奥股份12.50%和19.64%的股权,合计持有富奥股份32.14%的股权。根据天亿投资《吉林省天亿投资有限公司章程》及天亿投资与长白山投资签署的《吉林省天亿投资有限公司委托管理协议》,长白山投资为天亿投资的公司管理人,拥有天亿投资的日常经营权。同时,由于亚东投资为长白山投资的控股股东,因此,亚东投资实际控制天亿投资对富奥股份的表决权。依据证监会《上市公司收购管理办法》(以下简称《收购办法》)第83条的有关规定,在本次权益变动中,亚东投资与天亿投资为一致行动人。

此外,为了加强对富奥股份的管理和控制,维持富奥股份控制权的稳定,保持富奥股份重大事项决策的一致性，亚东投资与天亿投资于2011年3月2日签署了《一致行动协议》，双方在该协议中约定：作为富奥股份的股东，共同实施相关股东权利。《一致行动协议》的具体约定如下：

> (1) 在富奥股份股东大会就任何事项进行表决时采取一致行动保持投票的一致性。双方将按本协议约定程序和方式，行使在富奥股份的股份表决权。
>
> (2) 任何一方按照富奥股份章程的规定向富奥股份股东大会提出提案或临时提案，均应事先与本协议对方协商一致；如双方不能达成一致意见，则该方不得向富奥股份股东大会提出提案或临时提案。
>
> (3) 双方共同提名富奥股份董事、监事候选人，共同向股东大会提出提案；在股东大会、董事会就审议事项表决时，双方应在会议召开两日前取得一致，并根据事先协商确定的一致意见对议案进行投票。
>
> (4) 任何一方如需委托其他机构或个人出席富奥股份股东会及行使表决权的，只能委托本协议的对方作为其代理人，并按前述协调一致的立场，在授权委托书中分别对列入股东会议程的每一审议事项作赞成、反对或弃权的指示，或将所持有的表决权不作投票指示委托给协议对方进行投票。
>
> (5) 双方在对其所持有的富奥股份的股份进行任何卖出、质押等处分行为或新增买入富奥股份的股份时，应通过相互协商以保持一致意见和行动。
>
> (6) 如未来富奥股份实现公开发行股份并上市，双方承诺将严格遵守和履行相关法律、行政法规、中国证监会行政规章及规范性文件规定的关于一致行动人的义务和责任。如中国证监会、证券交易所等有关部门要求双方对其所持富奥股份的股份，按对实际控制人的相关要求履行锁定义务，双方均同意按照该等部门的要求出具相关承诺。

6. 目标公司及其一致行动人最近5年受行政处罚、刑事处罚及涉及的诉讼、仲裁事项

(1) 亚东投资最近5年受行政处罚、刑事处罚及涉及的诉讼、仲裁事项。亚东投资最近5年未受过与证券市场相关的行政处罚、刑事处罚，未涉及与经济纠纷有关的重大民事诉讼或者仲裁事项。

(2) 天亿投资成立以来受行政处罚、刑事处罚及涉及的诉讼、仲裁事项。天亿投资于2009年9月成立，自成立以来，未受过与证券市场相关的行政处罚、刑事处罚，未涉及与经济纠纷有关的重大民事诉讼或者仲裁事项。

(3) 亚东投资与天亿投资董事、监事和高级管理人员最近5年受行政处罚、刑事处罚及涉及的诉讼、仲裁事项。亚东投资董事、监事和高级管理人员最近5年来，未受过与证券市场相关的行政处罚、刑事处罚，未涉及与经济纠纷有关的重大民事诉讼或者仲裁事项。

根据《吉林省天亿投资有限公司章程》第56条的约定，天亿投资“不设经营管理机构。公司经营管理委托管理人管理”。因此，天亿投资无高级管理人员。天亿

投资自成立以来，其董事、监事未受过与证券市场相关的行政处罚、刑事处罚，未涉及与经济纠纷有关的重大民事诉讼或者仲裁事项。

7. 目标公司及其一致行动人及其控股股东、实际控制人在其他上市公司及金融机构的投资情况

（1）亚东投资在其他上市公司及金融机构的投资情况。亚东投资通过长白山投资，间接持有吉林紫鑫药业股份有限公司（股票简称：紫鑫药业，证券代码：SZ002118）5.07%的股权。此外，亚东投资不直接持有其他上市公司或金融机构的股份。

（2）天亿投资及其公司管理人在其他上市公司及金融机构的投资情况。天亿投资不存在持有其他上市公司或金融机构的股份。

天亿投资的公司管理人长白山投资除通过参与吉林紫鑫药业股份有限公司的定向增发而直接持有该公司5.07%的股权外，不再持有其他上市公司或金融机构的股份。

8. 本次资产重组有利于亚东投资实现国有股权保值增值

从国际汽车工业的发展趋势来看，汽车零部件和整车已呈现分业发展的趋势，经济全球化引发汽车工业价值链的重新分工和全球资源的重新配置，全球生产、全球采购的浪潮使汽车工业主动改变了原有垂直一体化分工协作模式，许多世界级汽车零部件企业已经或正从整车集团中独立出来，形成零部件跨国集团，与整车企业建立对等合作、发展共赢的战略伙伴关系。

顺应国际汽车工业的发展潮流，为打造中国的世界级汽车零部件巨头，一汽集团将下属的除整车关键零部件（车身、发动机、变速箱、商用车桥等）外的汽车核心零部件业务剥离，并改制成立了富奥股份。按照改制时制订的总体方案，将改革和发展分为改制、引资、上市三个阶段。完成改制后，富奥股份的经营管理得到了较大程度的改善和提高，富奥股份的经营业绩迅速提升。改制后，富奥股份的盈利水平得到稳步提升，2008年富奥股份即扭亏为盈，2008年、2009年和2010年分别实现归属于母公司所有者的净利润0.98亿元、2.58亿元和6.98亿元。

在实现改制方案前两个阶段即改制和引资的目标之后，富奥股份正积极向实现第三阶段的上市目标迈进。富奥股份希望借助资本市场的助推力，为公司的发展筹集资金，推动产业升级改造，通过技术水平的提升，增强零部件的自主研发和创新能力，成为国内汽车零部件行业的龙头企业。

本次资产重组有利于富奥股份拓宽企业发展的融资渠道、构建产业整合平台、提升企业的管理和技术水平、提高富奥股份的品牌知名度和影响力。本次资产重组完成后，亚东投资所持股权的价值将通过资本市场有效提升，有利于国有股权的保值增值。

9. 本次资产重组有利于恢复上市公司的持续经营能力

盛润股份已按照《重整计划》完成债务重组。如果仅通过《重整计划》解决债

务问题，而不进行资产重组引入新的资产和业务，并不能使上市公司具备持续经营能力和盈利能力。未来盛润股份仍将面临被暂停上市甚至终止上市的风险，一旦盛润股份被终止上市，将使持有上市公司股份的投资者、中小股东的利益遭受巨大损失。

通过本次资产重组，可将盛润股份打造成为一家专业从事汽车零部件产品的研发、生产、销售，并具有一定规模和行业竞争优势的上市公司，上市公司的盈利能力将得到恢复并得到大幅提高，资产质量和财务状况将得到大幅改善，上市公司将获得较强的持续经营能力。本次资产重组将彻底改变长期以来上市公司无主营业务、无持续经营能力、无盈利能力的局面。从而使上市公司投资者、中小股东的利益得到保护，这也将对证券市场的稳定发展起到良好的促进作用。

10. 本次资产重组有利于促进资本市场的稳定发展

本次资产重组将使盛润股份中小股东的利益得到充分的保障，对促进资本市场的稳定发展具有积极的作用。

重整计划执行完毕后，盛润股份已无经营性业务，面临较大的退市风险，上述状况已经严重威胁上市公司全体股东的根本利益。为了解决上市公司目前所面临的严峻形势，帮助上市公司走出困境、恢复生机，盛润股份拟实施本次资产重组。通过本次资产重组，中小股东的利益将得到有力保障。

11. 本次资产重组有利于支持地方政府做大做强核心产业

富奥股份作为中国最大的汽车零部件生产基地之一，公司的发展长期得到了地方政府的高度重视。经过本次资产重组，富奥股份实现借壳上市，将进一步促进吉林省内重要核心产业——汽车及零部件产业的快速发展，对地方政府做大做强核心产业的政策提供了强有力的支持，并进一步带动了地方区域经济的繁荣。

综上所述，本次资产重组有利于进一步做大做强富奥股份，提升上市公司的核心竞争力，促进上市公司更好更快地发展，最终实现国有资产的保值增值。

（四）重大资产重组方案

按照本次重大资产重组的具体情况，盛润股份与富奥股份以新增股份换股吸收合并和有条件受让原股东股份的形式，进行本次重大资产重组，方案要点如下：

1. 协议约定换股吸收合并及有条件受让原股东股份

盛润股份与富奥股份签署相关协议，盛润股份以新增股份换股吸收合并富奥股份。本次换股吸收合并完成后，包括亚东投资与天亿投资在内的富奥股份股东将换股成为合并后存续上市公司的股东。根据盛润股份的《重整计划》和莱英达集团与天亿投资签署相关协议，天亿投资将有条件受让由盛润股份原控股股东莱英达集团让渡的6384.13万股盛润股份A股股份。

2. 新增股份的定价方式和价格确定方式

根据《关于破产重整上市公司重大资产重组股份发行定价的补充规定》，基于上市公司破产重整的现状，本次吸收合并新增股份发行价格由相关各方协商确定后提交股东大会作出决议。盛润股份通过与富奥股份及相关方之间的协商，兼顾各方利益，确定本次新增股份的发行价格为4.30元/股。

3. 新增股份的数量

本次吸收合并新增股份的数量，将根据富奥股份由具有证券业务资格的资产评估机构出具的、经国有资产管理部门备案的评估报告的评估结果，以及盛润股份本次新增股份的发行价格4.30元/股计算确定。根据富奥股份的净资产评估值434 418.31万元，盛润股份拟新增股份的数量为1 010 275 140股（最终以中国证监会核准的发行数量为准）。

4. 目标公司及其一致行动人有关交易资金的来源及支付方式

在本次换股吸收合并中，亚东投资与天亿投资拟以所持有的富奥股份之32.14%的股份与上市公司换股，不涉及收购资金的支付，不存在收购资金直接或间接来源于借贷以及直接或间接来源于上市公司及其关联方的情况。

在本次有条件受让中，天亿投资需支付转让价款总额，转让价款来自于天亿投资全体股东的借款，不存在天亿投资的资金来源不合法的情形，不存在利用本次权益变动以上市公司股份向银行等金融机构质押取得融资的情形，也不存在直接或间接来源于上市公司及其关联方的情况。

在本次换股吸收合并中，亚东投资与天亿投资以其持有的富奥股份32.14%的股份与上市公司换股，该股份将在本次换股吸收合并获得必要的批准后，按照监管机关的规定完成交割。富奥股份的资产置换至盛润股份后，亚东投资与天亿投资将按规定程序，获得盛润股份的新增股份。

有条件受让股份可能需要对应的价款，将按以下方式支付：在盛润股份重大资产重组中，新增A股完成登记结算公司登记之日起10个工作日内，将股份转让款总额的50%款项付至莱英达集团指定的账户，并自完成标的股份在登记结算公司过户登记后的一年内，向莱英达集团支付剩余股份转让款。

5. 重大资产重组后续计划

（1）未来12个月内，改变上市公司主营业务或者对上市公司主营业务作出重大调整的计划。盛润股份已经按照《重整计划》完成了资产的变价以及债务调整和清偿工作，亟待通过重大资产重组注入具有盈利能力的优质资产，以恢复持续经营能力和盈利能力。

本次重大资产重组完成后，盛润股份主营业务将变更为汽车零部件产品的研发、生产和销售，主要产品包括：环境系统、底盘系统、制动和传动系统、转向及安全系统、电子电器、发动机附件及其他等七大类汽车零部件产品。

除本次换股吸收合并和有条件受让外，目标公司及其一致行动人无其他在未来12个月内改变盛润股份主营业务，或者对其主营业务作出重大调整的计划或方案。

（2）未来12个月内是否拟对上市公司或其子公司重组。除本次换股吸收合并和有条件受让外,目标公司及其一致行动人无其他在未来12个月内对盛润股份或其子公司的资产和业务进行出售、合并、与他人合资或合作的计划,或上市公司拟购买或置换资产的重组计划。

(3)有无调整现任董事会或高层管理人员的计划。重大资产重组完成后,目标公司拟依据国家有关法律、法规和公司章程的规定,按照规范的法律程序对盛润股份有关董事、监事、高级管理人员进行调整,与盛润股份其他股东之间就董事、监事及高级管理人员的任免不存在任何合同或者默契。

(4)上市公司章程修改计划。重大资产重组完成后,盛润股份将根据本次交易后的实际情况及股东提议,按照《证券法》《公司法》《上市公司章程指引》等法律、法规的规定,对上市公司章程进行修改,并办理工商变更登记与备案手续。不存在信息披露义务人及其一致行动人拟对可能阻碍收购上市公司控制权的公司章程条款进行修改的情况。

(5)员工聘用变动计划。自交割日起,盛润股份的原有员工由莱英达集团依法负责安置,并由莱英达集团承担解除劳动合同的费用及其他任何可能由此产生的费用(包括但不限于经济补偿金)。

盛润股份及其现有员工已与莱英达集团签署《广东盛润集团股份有限公司及其员工与深圳市莱英达集团有限责任公司关于重大资产重组后人员安置的协议》。该协议的主要内容为:在《吸收合并协议》所约定的全部生效条件得以满足后,自交割日起,员工与盛润股份之间的劳动关系自动解除,莱英达集团将与员工签署用人单位由盛润股份变更为莱英达集团的新劳动合同(以下称为"新劳动合同")。莱英达集团将承担该协议项下与劳动关系的解除及重新建立有关的一切费用,及任何可能由此产生的其他费用(包括但不限于经济补偿金);盛润股份无须就此承担任何费用;员工将放弃与劳动关系解除有关的向盛润股份的任何主张和要求。若部分员工拒绝与莱英达集团签署新劳动合同,盛润股份依法应向其支付的经济补偿金将由莱英达集团承担;同意与莱英达集团签署新劳动合同的员工,其在盛润股份的工作年限将与其在莱英达集团的工作年限合并计算。

目标公司及其一致行动人无其他对上市公司现有员工聘用计划作重大变动的计划。

(6)分红政策调整计划。重大资产重组完成后,目标公司及其一致行动人暂无调整上市公司分红政策的计划。

(7)业务和组织结构计划。重大资产重组完成后,上市公司的主营业务将变为汽车零部件产品的研发、生产和销售,上市公司作为存续公司,将承继及承接富奥股份的所有资产、负债、业务及人员等。因此,本次权益变动完成后,上市公司组织架构将以富奥股份现有的组织架构为基础进行调整。

目标公司及其一致行动人尚无其他对盛润股份业务和组织结构作出重大调整的计划。

（五）交易结果

1. 本次换股吸收合并履行程序

（1）2010年9月30日，盛润股份与富奥股份签署《重组意向书》。

（2）2011年7月24日，富奥股份召开第二届董事会第二次会议，审议通过了《关于〈广东盛润集团股份有限公司以新增股份换股吸收合并富奥汽车零部件股份有限公司方案〉的议案》及其他相关议案。

（3）2011年7月25日，盛润股份召开第七届董事会第三次会议，审议通过了《广东盛润集团股份有限公司以新增股份换股吸收合并富奥汽车零部件股份有限公司方案》及其他相关议案。

（4）2011年7月25日，盛润股份与富奥股份签署《吸收合并协议》。

（5）2012年1月13日，长白山投资召开2012年第一次临时董事会会议，同意盛润股份以新增股份换股吸收合并富奥股份，本次吸收合并完成后，长白山投资受托管理的天亿投资，将成为盛润股份的股东。

（6）2012年1月17日，天亿投资召开股东会，同意依据《重整计划》受让盛润股东让渡的盛润6 384.13万股A股，并同意签署《股份转让协议》和《盈利预测补偿协议》。

（7）2012年1月18日，亚东投资召开总经理办公会议，同意富奥股份借壳盛润股份上市，并同意签署《盈利预测补偿协议》。

（8）2012年2月8日，富奥股份召开第二届董事会第六次会议，审议通过了《关于〈广东盛润集团股份有限公司以新增股份换股吸收合并富奥汽车零部件股份有限公司方案〉的议案》及其他相关议案。

（9）2012年2月8日，盛润股份召开第七届董事会第五次会议，审议通过了《广东盛润集团股份有限公司以新增股份换股吸收合并富奥汽车零部件股份有限公司报告书》及其他相关议案。

（10）2012年2月，国有资产管理部门下发富奥股份的评估项目备案表。

（11）2012年2月8日，富奥股份与盛润股份签署《吸收合并协议的补充协议》。

（12）2012年2月8日，盛润股份与亚东投资、天亿投资及中国第一汽车集团公司签署《盈利预测补偿协议》。

（13）2012年2月，重大资产重组方案已获得吉林省国有资产监督管理委员会《关于富奥汽车零部件股份有限公司与广东盛润集团股份有限公司资产重组有关问题的批复》（吉国资发产权〔2012〕14号），吉林省国有资产监督管理委员会原则同意本次重大资产重组方案。

（14）2012年3月12日召开、审议通过了关于公司符合上市公司重大资产重组相关法律、法规规定的议案、关于《广东盛润集团股份有限公司以新增股份换股吸收合并富奥汽车零部件股份有限公司方案》的议案。

（15）2012年4月《中国证监会行政许可申请受理通知书》(120510号)，中国证监会对公司提交的《广东盛润集团股份有限公司吸收合并申请》行政许可申请材料进行了审查，认为该申请材料齐全，符合法定形式，决定对该行政许可申请予以受理。

2. 有条件受让履行程序

（1）2012年1月17日，天亿投资召开股东会，同意依据《重整计划》受让盛润股东莱英达集团让渡的盛润6 384.13万股A股，并同意签署《股份转让协议》和《盈利预测补偿协议》。

（2）2012年2月8日，天亿投资与莱英达集团签署《股份转让协议》。

二、案例评析

重组方案的拟订，涉及众多法律、法规及相关规范性文件，包括但不限于《中华人民共和国公司法》《中华人民共和国证券法》《上市公司收购管理办法》《公开发行证券的公司信息披露内容与格式准则第15号——权益变动报告书》《公开发行证券的公司信息披露内容与格式准则第16号——上市公司收购报告书》，等等，律师对相关法律、法规的熟悉之优势，有时可以在重组方案设计中起到主导和高屋建瓴的作用，律师按照相关法律条文的要求，为重组事项中的不合规处提供有效的解决方式，另外，在拟定重组方案过程中，律师还可以就交易对方的基本情况进行尽职调查，对资产出售\购买\置换安排、作价方法、债务安排、房地产所有权、知识产权等权属处理以及上市公司高级管理人员的安排等问题，进行充分必要的法律可行性分析，从而协助设计重组的最佳方案。

三、建议

应当防范重大资产重组中的关联交易。

关联交易是中国证监会监管的重点之一，在进行重大资产重组时对关联交易应提起注意。关联交易应有助于重组后的上市公司与关联方之间交易的减少而非增加未来关联交易的可能，否则上市公司可能会被认定为对关联人的依赖性太强从而被视为不具备可持续经营能力，这样，重组方案就有可能不获批准。因此上市公司与关联方之间出售、购买或置换的资产应尽可能完整和干净，不留尾巴，而要做到这一点，最好在交易前对有关资产进行“净身”，如剥离人员、不良资产等。而且关联交易决策程序一定要按照相关要求执行，例如重大关联交易应由独立董事认可后，提交董事会讨论，独立董事应就资产交易是否有利于上市公司和全体股东的利益发表独立意见，并就上市公司重组后是否会产生关联交易、形成同业竞争等问题作出特别提示；根据《上市公司章程指引》及深圳、上海证券交易所股票上市规则的有关规定，关联董事和关联股东在对关联交易进行表决时应予回避，重大关联交易应报股东大会批准等。当对于无法避免或有合理原因而发生的关联交易事项，有关公司及公司控制的企业也应该承诺按照公允、合理的市场价格进行交易并切实履行。

企业上市前的资产重组方案设计

江苏世纪同达律师事务所　朱增进

一、案例情况

（一）律师工作任务

为目标公司在中国境内 A 股证券市场首次公开发行股票并上市前的资产重组提供法律服务，并为上述交易设计节税方案。

（二）交易背景

江苏绿诺医药有限公司（以下简称“目标公司”或“公司”）成立于 2001 年 3 月，注册资本为 1 500 万美元，主营业务为药品及医疗器械的研发、生产与销售。

目标公司股东有三方，控股股东为 GreenNuo（HongKong） Ltd.（以下简称“绿诺 HK”），持股 85%。另外两方股东为江苏绿诺贸易有限公司（以下简称“绿诺贸易”）和 GreenNuo Medical Inc.（以下简称“绿诺 US”），分别持股 5% 和 10%。

绿诺 HK 由境内自然人李中华、蔡红艳控制，绿诺贸易股东为李中华领导的医药销售团队，绿诺 US 则为注册在美国特拉华州的一家以研发为主营业务的公司，其控股股东为绿诺 HK，其他股东则为海外研发团队。

2010 年前，公司管理层曾考虑以绿诺 HK 作为上市主体，申请海外上市。但因种种原因，最终决定放弃海外上市，选择境内证券市场作为上市地。经公司多方了解，按境内上市审核标准与理念，公司上述外资架构应予以拆除。但是，对于公司未来股权结构的重新调整，尤其是绿诺贸易、绿诺 US 以及绿诺 HK 的未来定位，公司管理团队意见不一，境内上市工作也因此迟迟未启动。

2010 年 2 月，为尽快启动上市工作，公司聘请了券商、会计师事务所以及律师事务所三家中介机构。由券商和律师拟定上市前的资产重组方案，提交公司全体股东审议。

（三）法律尽职调查

经过初步尽职调查，公司基本情况如下：

1. 主营业务

公司是以研发、生产、销售药品及医疗器械为主的医药企业，是江苏省首批高新技术企业。

2. 历史沿革

（1）2001 年 3 月，公司设立。2001 年 3 月，经当地对外贸易经济合作局批准及会计师事务所出具的《验资报告》，目标公司办理了工商设立登记。公司成立时，注册资本为1 275 万美元，股东为绿诺 HK。

目标公司成立背景：受外资企业税收优惠的吸引及当地政府招商引资的驱动，境内自然人李中华、蔡红艳夫妇以绿诺 HK 的名义设立了外商独资企业。绿诺 HK 为李中华、蔡红艳二人在香港设立的投资型企业，两人分别持股 90% 和 10%。

(2) 2007 年 10 月，第一次增资。2007 年 10 月，绿诺贸易对目标公司增资 75 万美元，目标公司办理了相应的批准、验资及工商变更登记。

本次增资背景：公司 2001 年成立以后，经过多年的经营发展，取得了较好的销售业绩。经过长期市场调研，公司管理层发现，产品市场需求旺盛，但市场上同类产品质量参差不齐，且价格较低，抢占了公司部分产品市场。为应对现状，管理层决定进一步拓宽销售渠道，加强产品销售力度。为体现对核心销售团队的激励，管理层决定由李中华为首的核心销售团队成立绿诺贸易，以绿诺贸易名义持股目标公司。

绿诺贸易股权结构为：

序号	股东姓名/名称	出资额(万元人民币)	股权比例(%)
1	李中华	400	50
2	蔡红艳	300	37.5
3	销售团队(共 10 人)	100	12.5
合计		800	100

本次增资完成后，公司股权结构为：

序号	股东名称	出资额(万美元)	股权比例(%)
1	绿诺 HK	1 275	94.44
2	绿诺贸易	75	5.56
合计		1 350	100

(3) 2008 年 10 月，第二次增资。2008 年 10 月，绿诺 US 对目标公司增资 150 万美元，目标公司办理了相应的审批、验资及工商变更登记。

本次增资背景：为加强产品国内市场区分度，同时为研发新型产品，为日后海外高端市场作铺垫，管理层决定在美国成立研发公司。为体现对海外核心研发团队的激励，管理层决定由绿诺 HK 及海外核心研发团队组建绿诺 US，以绿诺 US 名义持股目标公司。

绿诺 US 为注册在美国特拉华州的有限公司，共发行 2 000 股普通股，绿诺 HK 持股 1 500 股，海外研发团队(共 4 人，其中三人为外籍人士)共持股 500 股

本次增资完成后，公司股权结构为：

序号	股东名称	出资额(万美元)	股权比例(%)
1	绿诺 HK	1 275	85
2	绿诺 US	150	10
3	绿诺贸易	75	5
合　计		1 500	100

截至 2010 年 2 月,公司股权结构图为:

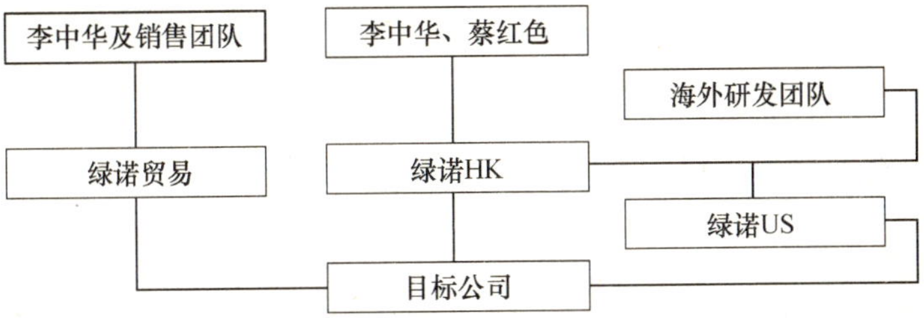

3. 资产状况

目标公司拥有如下主要资产:

(1) 与业务有关的资质证书:《药品生产许可证》1 份;《药品 GMP 证书》1 份;《药品注册证》9 份;《医疗器械生产企业许可证》1 份;《医疗器械注册证》15 份。

(2) 知识产权证书:商标 7 项;专利 31 项。

(3) 房屋产权证 3 项;土地使用权证 1 项。

经核查,目标公司拥有开展主营业务相关的资质证书及主要资产。经管理层介绍,公司目前产能不足,已不能满足市场需求,为抢占市场空间,管理层决定扩大产能,增加一条产品生产线。但经与当地相关政府部门沟通获悉,目前当地用地指标紧张,短期内目标公司可能无法获取。经各方协调推介,邻市某医疗器械生产企业拥有 100 亩土地及配套厂房,该企业因经营不善,已处于停产状态,该企业愿与目标公司开展合作。

4. 治理结构

目前,公司董事会成员有 3 名,分别为李中华、蔡红艳、肖国栋;有 1 名执行监事;1 名财务总监以及 3 名副总经理。李中华担任公司董事长、总经理。

5. 现存的主要问题

从初步尽职调查情况分析,目标公司的突出问题主要体现在:

(1) 历史沿革方面。目标公司控股股东为境外公司,按照中国证监会的审核理念,该等外资股权架构应予以拆除,控制权应回归境内,即绿诺 HK 这个持股平台应拆除,由李中华、蔡红艳直接或通过境内公司间接持股目标公司。

(2) 独立性方面。为激励销售、研发团队而设立的绿诺贸易和绿诺 US,主营业务分别为销售目标公司产品及研发新型医药产品，该等公司作为目标公司股东，存在以下几方面的问题：① 关联交易：因绿诺贸易销售团队掌握医药销售渠道，目标公司有1/3以上产品通过绿诺贸易对外销售；目标公司的新型产品均为绿诺US研发；上述经常性关联交易并无发生的必要性，交易价格的公允性亦无法得到有效保证。② 同业竞争：绿诺贸易、绿诺US与目标公司存在同业竞争。③ 目标公司的销售与研发依赖于绿诺贸易及绿诺US，业务独立性较差。

（四）交易方案

1. 关于股权结构的调整

提出具体资产重组方案之前，律师首先就绿诺贸易、绿诺HK及绿诺US的业务定位及存续的必要性征询了公司管理层的意见。据公司管理层介绍，绿诺US为海外研发机构，在海外已有一定的知名度，因此有必要保留该公司。绿诺贸易主要从事医药产品的销售，其核心资产为销售团队掌握的销售渠道，因此只要留住该公司核心销售团队，该公司本身则无保留的必要。绿诺HK为持股平台，除持有目标公司及绿诺US股权外，并无从事实业或其他对外投资，该公司亦无保留的必要。

（1）总体思路

经与公司管理层沟通并根据尽职调查过程中发现的问题，律师提出了如下解决思路：

① 拆除目标公司外资股权架构，由李中华、蔡红艳或二人控制的境内公司收购绿诺HK持有的目标公司全部股权，通过上述股权转让，将目标公司的控制权转回境内。

② 绿诺US主营新型医药产品的研发，为保证目标公司即上市主体的独立性，应将该公司纳入上市主体。

③ 绿诺贸易主营医药产品的销售，可将其纳入上市主体或变更其经营范围，将其作为投资类公司。

（2）具体步骤

① 绿诺US将持有的目标公司10%的股权转让给绿诺HK。注意要点：

第一，本次交易的受让方绿诺HK作为单一的持股平台，并无资金实力支付股权转让对价。因此，在本次股权转让前，目标公司可根据实际情况，进行一次现金分红。

第二，根据《企业所得税法》第3条第2款的规定，绿诺US应就其本次股权转让所得部分缴纳企业所得税。根据国家税务总局《关于加强非居民企业股权转让所得企业所得税管理的通知》（国税函〔2009〕698号）第7条的规定："非居民企业向其关联方转让中国居民企业股权，其转让价格不符合独立交易原则而减少应纳税所得额的，税务机关有权按照合理方法进行调整。"因此，本次股权转让作价宜根据转让的股权所对应的净资产值。

第三,中外合资企业股权发生变更,应办理相关审批及工商变更登记手续。

② 绿诺 HK、海外研发团队将持有的绿诺 US 股权全部转让给目标公司,使绿诺 US 作为目标公司的全资子公司。注意要点:

①本次股权交易的转让方及转让标的不涉及境内企业或个人,亦非国家税务总局《关于加强非居民企业股权转让所得企业所得税管理的通知》(国税函〔2009〕698 号)第 5 条所述的"境外投资方(实际控制方)间接转让中国居民企业"。因此,本次股权转让不负有境内纳税义务。

第二,绿诺 US 核心资产为海外研发团队所掌握的技术,本次交易仅为股权转让,并不涉及该公司人员劳动关系的变动。

③ 将绿诺贸易经营范围变更为"实业投资、投资管理",名称变更为"江苏绿诺投资有限公司"(以下简称"绿诺投资")。注意要点:

经与管理层沟通,绿诺贸易核心资产为销售团队掌握的医药销售渠道。因此,律师建议,为减少股权转让次数,为企业减少不必要的税务负担,绿诺贸易没有必要纳入上市体系。将绿诺贸易改为投资类公司,将核心销售团队劳动关系由绿诺贸易转移至目标公司,今后由目标公司直接掌握产品销售渠道,由此保证目标公司业务的独立性。

④ 因绿诺 US 在资产重组后已变成目标公司全资子公司,为体现对海外研发团队的激励,由海外研发团队对绿诺投资根据一定比例进行增资,即海外研发团队通过绿诺投资间接持股目标公司。注意要点:

绿诺贸易变更为绿诺投资后,该公司定位为目标公司高管层的持股平台,为保证实际控制人对该持股平台的控制,李中华、蔡红艳合计持股比例维持在 80% 以上,且在董事会中拥有半数以上的席位。

⑤ 绿诺 HK 将持有的目标公司股权全部转让给绿诺投资。注意要点:

第一,从目标公司历史沿革易判断出李中华、蔡红艳从公司设立之初即通过绿诺 HK 共同控制目标公司,本次股权转让完成以后,公司控股股东从绿诺 HK 变更为绿诺投资,但绿诺投资实际为李中华、蔡红艳共同控制。据此,律师判断本次股权转让并不会导致实际控制人发生变更。[①]

第二,根据《关于境内居民通过境外特殊目的公司融资及返程投资外汇管理有关问题的通知》(汇发〔2005〕75 号)第 8 条的规定,境内居民在该通知实施前(2005 年 11 月 1 日)已在境外设立或控制特殊目的公司并已完成返程投资,但未按规定办理境外投资外汇登记的,应按该通知相关规定补办境外投资外汇登记。因历史原因,李中华、蔡红艳 2001 年设立绿诺 HK 时,并未办理相关外汇登记手续。因此,

---

① 关于判断实际控制人是否发生变更的规定,参见《〈首次公开发行股票并上市管理办法〉第十二条"实际控制人没有发生变更"的理解和适用——证券期货法律适用意见第 1 号》。

为顺利完成本次股权转让,律师建议补办外汇登记。[①]

第三,根据《企业所得税法》第3条第2款的规定,绿诺HK应就本次股权转让所得部分缴纳企业所得税。根据国家税务总局《关于加强非居民企业股权转让所得企业所得税管理的通知》(国税函〔2009〕698号)第7条的规定:"非居民企业向其关联方转让中国居民企业股权,其转让价格不符合独立交易原则而减少应纳税所得额的,税务机关有权按照合理方法进行调整。"因此,本次股权转让作价宜根据转让的股权所对应的净资产值。

第四,若实施本次股权转让,目标公司企业性质将从外商投资企业变更为内资企业。根据《外商投资企业和外国企业所得税法》[②]第8条第2款的规定:"外商投资企业实际经营期不满十年的,应当补缴已免征、减征的企业所得税税款。"目标公司2001年3月设立以来无中止经营情形,至2011年3月连续经营满10年,若在2011年3月之前变更为内资企业,将补缴已免征、减征的企业所得税款。因此,律师建议公司2011年3月以后再实施该等股权转让。

第五,外商投资企业变更为内资企业应履行审批及工商变更登记手续。办理工商变更登记过程中,工商部门一般要求企业提交会计师事务所出具的《验资报告》。根据《中外合资经营企业法实施条例》(2001年修订)第23条的规定:"外国合营者出资的货币,按缴款当日中国人民银行公布的基准汇率折算成人民币或者套算成约定的外币。"因此,《验资报告》中实收资本应按外币缴款当日中国人民银行公布的基准利率折算成人民币。否则,因汇率不同,可能导致公司在变更完成后陷于"出资不实"[③]的冤枉境地。

第六,拆除绿诺HK这个持股平台另一种方案是绿诺HK将所持目标公司股权全部转让给李中华、蔡红艳。该等方案解释实际控制人未发生变动具有较大便利,但目标公司整体变更时,个人所对应的股本增加部分,按现行税务实践将征收个人所得税。[④] 考虑到个人税务成本,经各中介讨论并经管理层同意,最终选择由绿诺投资受让目标公司股权。

⑥ 绿诺HK将所持绿诺US以及目标公司股权全部转让后,该公司已不再持有任何股权亦无其他经营,为减少关联方,律师建议注销该公司。

2. 关于资产的收购

因客观原因,目标公司短期内无法通过招拍挂程序获取土地。经考察,邻市金

---

① 汇发〔2005〕75号文规定的补办期限过后,部分地方主管部门允许补办外汇登记。实务中,也有律师在为企业IPO出具的法律意见书时,地方主管部门会以境外公司不属于"特殊目的公司"为由不为其办理外汇登记。

② 根据2007年3月16日全国人民代表大会通过的《中华人民共和国企业所得税法》,此文件被宣布废止。但实践中,外商投资企业因经营期限不满10年的,均被要求补缴相关税款。

③ 假定实收资本按股权交割日汇率折算成人民币,且股权交割日汇率低于缴款日汇率,则会出现变更后的注册资本低于变更前的注册资本。

④ 参见"关于整体变更过程中的个税问题"分析。

盛医疗器械有限公司(以下简称“金盛器械”)拥有100亩土地及配套厂房,该企业愿就土地及厂房的出让问题与目标公司洽谈磋商。

就收购该等房地问题,律师提出如下几种收购方案供管理层参考:

① 直接购买。直接购买即目标公司直接向金盛器械购买其所有土地及其地上建筑物。该方案的优势在于法律关系简单,操作较为便捷。缺点在于目标公司可能承担较重的税负。注意要点:

第一,律师应对交易标的进行尽职调查,就标的之上是否存在抵押、查封或其他可能影响标的过户的情形发表明确意见。第二,交易行为应分别经双方内部有效决议,为保证价格公允,应对标的进行评估。

交易成本分析:双方交易完全属于市场行为,应缴纳相关税费。实践中,因出售方往往要求净得,即由购买方承担其应缴纳的相关税费,因此在下述分析交易成本时,将交易双方应缴纳的税费均予以列出,假定由购买方承担所有税费。目标公司作为购买方,按税法规定,应缴纳契税和印花税;金盛器械作为出售方,则应缴纳营业税、城市维护建设税、教育附加税、土地增值税、印花税和企业所得税。因此,该等方案可能导致目标公司承担较重税负。

② 目标公司收购金盛器械股权。该方案的实质在于,目标公司通过收购金盛器械全部股权,从而间接获得对方的土地与房产。该方案的优势在于税负较低,具体分析见交易成本分析。缺点在于操作较为繁琐,目标公司可能承担或有负债。注意要点:

第一,律师应对被收购方展开全面尽职调查,尤其关注被收购方资产是否真实完整,是否存在限制性权利,是否存在诉讼、仲裁或其他或有负债。第二,收购行为及方案应经双方内部有效决议,若被收购方存在国有股,还应履行国有资产评估及审批等程序。

交易成本分析:本次交易不属于房地产买卖,不产生土地增值税、契税、营业税。因目标公司不以股权支付收购对价,适用一般性税务处理。根据相关税法规定,股权转让方转让股权若有所得,应就其所得缴纳个人所得税或企业所得税。除上述税负外,目标公司尚需承担相关律师费和评估费用等。通过上述分析,该等方案交易成本相对较低。

③ 目标公司吸收合并金盛器械。该方案即金盛器械将其全部资产和负债转让给目标公司,为其股东换取目标公司的支付对价,合并完成后,金盛器械注销主体资格。该方案优势在于税负较低,缺点在于操作较为繁琐。注意要点:

第一,合并事宜应经交易双方内部有效决议通过,双方应就合并具体方案达成一致并签署合并协议。若被吸收合并方存在国有股,则还需履行相关审批程序。

第二,目标公司应就金盛器械的员工进行妥善安置。

第三,交易双方应按《公司法》第174条的规定履行其他相关法定义务。

交易成本分析:根据国家税务总局《关于转让企业产权不征收营业税问题的批

复》(国税函〔2002〕第165号)①的规定:"转让企业产权行为不属于营业税征收范围,不应征收营业税。"根据国家税务总局《关于转让企业全部产权不征收增值税问题的批复》(国税函〔2002〕420号)②的规定:"转让企业全部产权是整体转让企业资产、债权、债务及劳动力的行为,因此,转让企业全部产权涉及的应税货物的转让,不属于增值税的征税范围,不征收增值税。"根据财政部、国家税务总局《关于土地增值税一些具体问题规定的通知》(财税字〔1995〕的48号)的规定:"企业兼并中,对被兼并企业将房地产转让到兼并企业中的,暂免征收土地增值税。"根据《关于企业改制重组若干契税政策的通知》(财税〔2008〕175号)③的规定:"两个或两个以上的企业,依据法律规定、合同约定,合并改建为一个企业,且原投资主体存续的,对其合并后的企业承受原合并各方的土地、房屋权属,免征契税。"因目标公司不以股权支付对价,因此该方案适用一般性税务处理,被吸收合并方应计算转让所得或损失,申报缴纳企业所得税。综上分析,该方案不需缴纳营业税、契税、土地增值税、增值税,总体交易成本较低。

上述收购股权和吸收合并方案均属于非同一控制下合并,应参照适用证监会发布的《〈首次公开发行股票并上市管理办法〉第十二条发行人最近3年内主营业务没有发生重大变化的适用意见——证券期货法律适用意见第3号》,计算被重组方即金盛器械在被重组前一会计年度资产总额、利润总额、营业收入占目标公司相应指标的比重,以此判断该等重组行为是否会导致目标公司在申报发行前被要求多运行相应会计年度。经律师初步核查,因金盛器械在2009年即停止经营,资产总额、利润总额、营业收入占目标公司相应指标比例均在10%以下,因此,上述两种方案均不会延迟目标公司的申报发行工作。

金盛器械主营医疗器械的生产、研发与销售,与目标公司主营业务具有相似性,该公司虽已停产,但主要经营性资产均能达到医疗器械的生产要求。目标公司根据战略规划,权衡三种方案的优劣,并与金盛器械磋商达成一致意见,最终决定采用第二种方案。

(五) 交易结果

目标公司根据上述资产重组方案,于2010年11月完成了对金盛器械的收购,产权交割后,目标公司将金盛器械名称变更为"江苏绿诺医疗器械有限公司",并根据战略规划对经营范围作了相应变更。

2011年4月,因作为外商投资企业经营期限已满10年,目标公司实施了股权

---

① 案例发生时,该批复有效,2011年10月1日国家税务总局《关于纳税人资产重组有关营业税问题的公告》(国家税务总局公告2011年第51号)实施,该批复同时废止。

② 案例发生时该批复有效,2011年3月1日国家税务总局《关于纳税人资产重组有关增值税问题的公告》(国家税务总局公告2011年第13号)实施,该批复同时废止。

③ 案例发生时该通知有效,根据2012年1月12日发布的财政部、国家税务总局《关于企业事业单位改制重组契税政策的通知》,此文件被宣布废止。

架构的重新调整,通过拆除绿诺 HK 这个持股平台,将控制权转回了境内,并将绿诺 US 纳入了上市体系,而绿诺贸易则变更为绿诺投资,作为目标公司高管、核心销售及研发团队的持股平台。

资产重组完成后,目标公司引入了外部风险投资者,以 2011 年 6 月 30 日作为整体变更基准日,并于 2011 年 8 月召开了创立大会,将原有限公司整体变更为股份有限公司。至此,目标公司股权架构为:

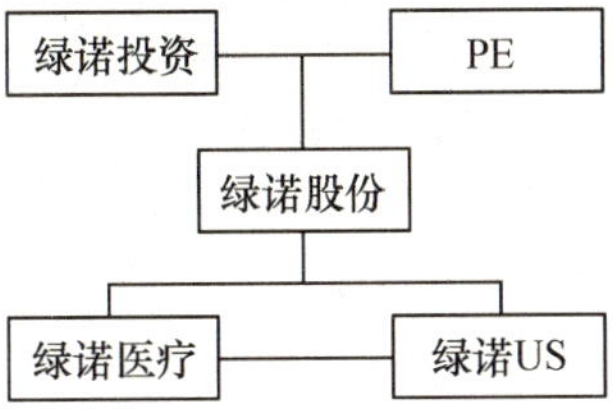

二、案例评析

(一) 交易涉及的主要法律问题

1. 返程投资问题

实务中,对具有红筹架构以及返程投资公司①,监管层因担心无法对境外控制方实施有效监管,均要求将上述公司控制权转回境内。操作方式一般是将境外控股公司所持拟上市公司股份转让给实际控制人或其控制的境内公司。

根据《关于境内居民通过境外特殊目的公司融资及返程投资外汇管理有关问题的通知》(汇发〔2005〕75 号)的规定:“境内居民补办境外投资外汇登记后,外汇局可为相关境内企业办理外资、外债外汇登记手续。”对于拟上市公司涉及返程投资的,证监会在审核过程中,对于控制权转回后拟上市公司的实际控制人是否变动、境外控股公司设立的目的、股东出资来源、是否办理外汇登记等问题均较为关注。其中,外汇登记是实务中讨论的热点,因补办外汇登记存在一定客观困难,目前较多企业以实际控制人设立的境外公司不属于汇发〔2005〕75 号文件规定的“特殊目的公司”②为由,不办理外汇登记。总体而言,审核机关对于返程投资及红筹回归持开放态度,只要程序合法或有合理解释,一般不会成为上市的实质障碍。

2. 资产重组中的税务问题

资产重组有多种法律表现形式,如企业的并购、合并、分立、债务重组,等等,而

---

① 《关于境内居民通过境外特殊目的公司融资及返程投资外汇管理有关问题的通知》规定,返程投资是指“境内居民通过特殊目的公司对境内开展的直接投资活动,包括但不限于以下方式:购买或置换境内企业中方股权、在境内设立外商投资企业及通过该企业购买或协议控制境内资产、协议购买境内资产及以该项资产投资设立外商投资企业、向境内企业增资。”

② 《关于境内居民通过境外特殊目的公司融资及返程投资外汇管理有关问题的通知》规定,特殊目的公司是指“境内居民法人或境内居民自然人以其持有的境内企业资产或权益在境外进行股权融资(包括可转换债融资)为目的而直接设立或间接控制的境外企业。”

上述企业行为，根据实际情况又有不同的形式，如企业并购可分为股权并购和资产并购，企业合并可分为吸收合并和新设合并，诸如此类。不同的资产重组方式往往产生不同的法律效果，而为达到同种法律效果，根据实际情况亦可有不同的法律操作思路，这主要取决于客户公司的利益诉求以及经济成本的考量。因此，律师在设计重组方案时，在满足合法合规性的同时，应根据各重组方式的相应税负，设计最经济的法律方案。

在上述案例中，律师在为目标公司设计股权架构的调整方案以及资产收购方案时，均较多考虑了公司的税务成本。具体表现为：

（1）因考虑目标公司作为中外合资企业经营期限不满10年，若于2011年3月之前将绿诺HK持有的公司股权转让，目标公司将补缴上百万元的税款。因此，律师建议上述股权转让在2011年3月之后实施。当然，还有一种备选方案，即在绿诺HK股权转让之前，先由海外研发团队单独成立外商独资公司，由其持股目标公司，维持目标公司的外商投资企业身份。① 因公司实际控制人考虑单独成立公司作为持股平台，无法形成对其的控制力，最终放弃了该方案。

（2）关于是否将绿诺贸易纳入上市体系，律师做了充分的尽职调查，该公司设立的目的是为了激励核心销售团队，除贸易外，不从事任何实业生产。另外，目标公司产品市场认知度较高，且公司本身也有医药销售资质。因此，目标公司只要将掌握了销售渠道的销售团队劳动关系转至公司即可，无需对绿诺贸易实施股权收购，这也避免了收购行为本身的繁琐法律手续及税务负担。

（3）关于收购金盛器械土地房产，除前文所述三种方案外，还有一种方案是由金盛器械以土地房产投资入股目标公司。该方案将产生契税、印花税和企业所得税。因该方案的税负并非最低，且目标公司无意向且无必要引入金盛器械作为股东，因此未予考虑。

实践中，资产重组涉及的税务问题非常多，如不同的出资方式、支付方式，以及不同交易价格等产生的税负均有较大差异，在此不详述。

（二）证监会的主要审核思路

公司在历史沿革过程中，尤其是上市申报前往往伴随着资产重组，该部分也是上市审核机关的重点关注部分，因此律师在设计重组方案时，就不得不考虑证监会的审核思路。

证监会对于公司报告期内资产重组的主要审核思路，简单概括如下：

（1）资产重组的真实性，如为避免同业竞争减少关联交易实施的股权转让，受让方是否为代持或受转让方控制，即是否存在关联交易非关联化情形；

（2）纳税问题，如历次股权转让是否依法缴纳了个人所得税；

（3）资产重组行为是否导致发行人主营业务或实际控制人发生变动。

---

① 若实施该方案，实务中应与税务机关沟通，取得其认可。

三、建议

（一）关于股权出资问题

新旧《公司法》对于股权出资均未予以否定，但对于股权出资的具体操作规范，直到2009年1月14日才由国家工商行政管理总局颁布[①]，即《股权出资登记管理办法》（国家工商行政管理总局令第39号，以下简称《管理办法》），它的实施，明确了股权出资的出资主体资格，拟出资股权的条件以及相关登记手续等。该《管理办法》的实施，在实践中有利于拓展出资方式，对实现股权功能的多样化，降低企业资产重组成本等方面亦有积极作用。但纵观《管理办法》全文，尚有与实务脱节及值得探讨商榷之处。

《管理办法》将拟出资的股权限定为中国境内设立的有限责任公司或者股份有限公司的股权[②]，否定了境外公司股权的出资能力，与《关于外国投资者并购境内企业的规定》（商务部令2009年第6号）第29条[③]也产生了冲突。随着我国市场经济的进一步深入，境外投资者进入我国金融、实业等领域的渴望越来越迫切，在我国实施的兼并重组等也越来越多。在当前国际金融危机状况下，企业现金流普遍缺乏，全球证券市场的低迷导致某些潜力公司的市值被严重低估，在此前提下，适当有前提地放开以境外公司股权出资，有利于我国企业吸收境外优秀公司股权。当然，以境外公司股权出资必然涉及外汇、税务、市场转入等一系列监管难题。但是，我们不能忽视境外股权出资的积极作用。无论是理论还是实务界均应审时度势，根据我国国情、政策，研究、制定、完善现有法规及相关规定，有效融合《公司法》《管理办法》以及《关于外国投资者并购境内企业的规定》等配套文件，充分发挥股权出资在我国金融证券市场的功效。

（二）关于整体变更过程中的个税问题

有限公司整体变更为股份公司时，存在以未分配利润、盈余公积以及资本公积[④]转增注册资本的情况。实践中，以未分配利润、盈余公积转增注册资本视同股息、红利性质的分配，自然人股东所取得的上述股本按"利息、股息、红利所得"征收个人所得税。然而对于资本公积转增注册资本是否征收个人所得税问题，实践中

---

① 《股权出资登记管理办法》颁布之前，北京、上海等地方工商部门就股权登记颁布了各自的规定。

② 参见《股权出资登记管理办法》第2条规定："投资人以其持有的在中国境内设立的有限责任公司或者股份有限公司（以下统称股权公司）的股权作为出资，投资于境内其他有限责任公司或者股份有限公司（以下统称被投资公司）的登记管理，适用本办法。"

③ 参见《关于外国投资者并购境内企业的规定》第29条规定："外国投资者以股权并购境内公司所涉及的境内外公司的股权，应符合以下条件：……（三）境外公司的股权应在境外公开合法证券交易市场（柜台交易市场除外）挂牌交易。"

④ 此处的资本公积仅指股本溢价形成的资本公积。

争议较大。

根据国家税务总局《关于原城市信用社在转制为城市合作银行过程中个人股增值所得应纳个人所得税的批复》(国税函发〔1998〕289号)的规定:国税发〔1997〕198号文①中所表述的"资本公积金"是指股份制企业股票溢价发行收入所形成的资本公积金。将此转增股本由个人取得的数额,不作为应税所得征收个人所得税。而与此不相符合的其他资本公积金分配个人所得部分,应当以"利息、股息、红利所得"项目征收个人所得税。实务中,税务机关认为,国税函发〔1998〕289号文中"资本公积金"应限于上市公司公开发行股票溢价发行收入所形成的资本公积金。因此,非上市公司以资本公积转增注册资本,对于个人取得的上述股本,应征收个人所得税。企业方面,自然人股东在公司整体变更中并无实际现金流入,客观上无力缴纳上述税费,因此往往向税务机关申请缓缴,即待企业上市后股东转让该部分股份实现收益时再缴纳。然而,企业上市且解禁期满后,自然人股东出售限售股实现收益时并非是向企业所在地税务机关申报纳税,因此税务机关无法实现税源。因上述原因,税务机关与企业就个税问题往往僵持不下。

笔者认为,首先,无论是上市公司股票溢价发行收入形成的资本公积还是非上市公司股本溢价形成的资本公积,均系股东投入,其实质是新股东在增资时因老股东对企业经营发展付出了努力而额外支付的价款,而非企业自身经营实现的利润。其次,整体变更后,自然人股东虽因转增取得了股本,但并未有现金流入,亦未实现收益,所持股份亦有随时贬值的可能。再次,对同等性质事项仅因公司形式不同而区别征税,这与税法公平原则不符。基于上述原因,笔者认为,对资本公积转增股本征税无论是理论上还是实务上,都缺乏必要的基础和客观条件。因此,建议有关部门尽快就此出具明确规定,化解实务中税务部门与企业的僵持局面。

(三)律师实务操作建议

企业上市是一项系统工程,律师要就企业的股本演变、内部控制、股东情况、重大资产等方方面面出具法律意见,而规范上市方面的法规及各种通知、公告、批复更是多种多样。此外,上市过程耗资巨大,因此,与传统诉讼业务相比,非诉尤其是为企业上市提供证券法律服务,更强调法律方案的可行性与经济性。

律师在为企业出具法律方案时,首先要对目标企业进行充分详尽的尽职调查。在摸清企业基本情况的前提下,更应与企业管理层充分沟通,了解企业及管理层的诉求。具体设计方案时,第一层次应符合《公司法》《证券法》等法律、法

---

① 根据国家税务总局《关于股份制企业转增股本和派发红股免征个人所得税的通知》(国税发〔1997〕198号)的规定,股份制企业用资本公积金转增股本不属于股息、红利性质的分配,对个人取得的转增股本数额,不作为个人所得,不征收个人所得税。

规;第二层次应符合证监会就企业上市发布的各种规定;第三层次应根据企业的诉求和实际情况进行方案的可行性及经济成本分析,在合法合规前提下制订最优方案。这不仅要求律师熟悉各种证券法律规定,还要求律师有一定的财务以及税务知识。表面完美的法律方案有时并不一定具有可操作性,为符合上市条件,还应与券商、审计等进行沟通,方案的设计要与财务、审计等多方面有效衔接与契合。

拟上市企业股东向公司借款出资解决方案

江苏世纪同达律师事务所　朱增进

一、案例情况

（一）律师工作任务

为目标公司在中国境内A股市场首次公开发行股票并上市历史沿革中存在的股东向目标公司借款出资的情形提供分析解决方案。

（二）案例背景

江苏飞邦生物医药制品有限公司（以下简称“目标公司”或“公司”）成立于2000年10月，目前注册资本为8 000万元，主营业务为生物医药制品的研发及生产。

公司目前有3位自然人股东及1位法人股东，其中黄进为控股股东，持有公司65%的股权，江苏陆华商贸有限公司（以下简称“陆华商贸”）持有公司25%的股权，其余两位股东魏莉及徐建兵分别持有公司7%及3%的股权。

目前，公司拟在中国境内A股市场首次公开发行股票并上市，但由于公司历史沿革中存在主要股东向公司借款进行出资的情形，此种情形可能导致公司股东出资来源合法性的质疑，违反《首次公开发行股票并上市管理办法》（证监会令32号）第13条关于“控股股东持有的发行人股份不存在重大权属纠纷”的规定，从而成为公司首次公开发行股票并上市的障碍。

（三）法律尽职调查

中介机构①驻场后，对公司的历史沿革情况进行了详尽的尽职调查，收集了公司2003年至2006年股权演变过程中存在的股东向公司借款进行出资的历史凭证并进行了分析，上述借款发生期间，公司的股权变动及股东向公司借款出资情况如下：

1. 2003年至2006年公司股权变动情况

（1）2003年股权转让。2003年3月，南京赛斯药品进出口公司（以下简称“赛斯公司”）将其持有的公司24.5%的股权分别转让予黄进（受让17.64%股权，价格为720万元）与谢平（受让6.86%股权，价格为280万元），三方分别就上述事项签订了股权转让协议，并办理了工商变更登记手续。

本次股权转让完成后，公司的股权结构如下：

---

① 这里的中介机构主要指券商及公司律师。

序号	股东名称/姓名	出资额(万元)	持股比例(%)
1	黄进	817.6	47.64
2	陆华商贸	420.4	24.5
3	公司职工持股会	360.3	21
4	谢平	117.7	6.86
合计		1716	100

（2）2005年股权转让

由于公司2004年度经营出现亏损，公司股东谢平决定以100万元将其持有的公司2.45%的股权转让给黄进。双方就上述事宜签订了股权转让协议并办理了工商登记手续。

本次股权转让完成后，公司的股权结构如下：

序号	股东名称/姓名	出资额(万元)	持股比例(%)
1	黄进	859.6	50.09
2	陆华商贸	420.4	24.5
3	公司职工持股会	360.3	21
4	谢平	75.7	4.41
合计		1716	100

（3）2006年股权转让

2006年初，公司职工持股会、谢平分别决议（决定），按照2005年年末净资产值转让各自所持有的公司全部股权。2006年2月，公司职工持股会与陆华商贸及黄进分别签订了《出资转让协议书》，以2005年末公司经审计的净资产值为定价依据，分别转让其持有的公司7.59%（转让价格为399.0822万元）和13.41%股权（转让价格为705.0978万元）；同日，谢平与陆华商贸签订《出资转让协议书》，基于相同的定价基础，转让其持有的公司4.41%股权（转让价格为231.8778万元）。

本次股权转让完成后，公司的股权结构如下：

序号	股东名称/姓名	出资额(万元)	持股比例(%)
1	黄进	1089.7	63.5
2	陆华商贸	626.3	36.5
合计		1716	100

2. 上述股权变动期间涉及股东借款及归还情况

中介机构核查了上述股权转让的转让协议、银行划款凭证、还款凭证等资料，其中存在的股东借款情况如下：

（1）2003年3月，公司股东黄进受让赛斯公司17.64%的股权，其受让价款为720万元，其中650万元系由黄进向公司借款支付；

(2) 2006年2月,公司股东黄进受让公司职工持股会13.41%的股权,其受让价款为705.0978万元,均系由黄进向公司借款支付;

(3) 2006年2月,陆华商贸分别受让职工持股会及谢平持有的7.59%及4.41%的股权,其受让价款总计630.96万元,均系由陆华商贸向公司借款支付。

截至2007年5月,黄进已向公司归还全部借款共计1 355.0978万元;2006年12月及2007年3月,陆华商贸分两次向公司归还了全部借款共计630.96万元。至此,上述由股东向公司借款支付股权转让款的资金均已归还完毕。

(四) 处理方案

在全面核查股东借款出资数额及归还等情况后,中介机构从股东借款的历史背景、是否损害利益相关方权利、是否存在违反法律法规的禁止性规定三个方面进行了分析,认定并提出了进一步解决措施。

1. 股东借款出资原因分析

经访谈公司控股股东黄进后,中介机构了解到,赛斯公司2003年转让目标公司股权,系由于赛斯公司当时自身准备启动改制程序,根据改制方案,赛斯公司需要清偿部分债务并支付职工安置费等相关费用,由此产生了较大的资金缺口,因此急需处置其对外投资的股权以变现。出于稳定公司股权结构同时延续公司业务经营之目的,黄进作为控股股东及公司主要经营管理者,决定受让赛斯公司转让的股权,但由于当时受限于自然人的身份及国家的产业政策,黄进在较短时间内无法向银行等金融机构筹措到足够的资金,故在不影响公司正常运营及偿付能力的前提下,向公司借取了部分资金用于支付股权转让款。

由于公司2003年及2004年出现了经营亏损的状况,公司职工持股会会员及股东谢平并不看好公司未来的经营发展,希望能将持有公司的股权转股变现,故而由全体公司职工持股会会员一致通过决议,转让其持有的公司的股权。同样出于稳定公司股权结构及延续公司业务经营之目的,黄进及陆华商贸作为公司主要股东,决定受让由原股东公司职工持股会及谢平转出的相关股权,但同样由于在较短时间内无法筹措到足够的资金,故而在不影响公司正常运营及偿付能力的前提下,向公司借取了部分资金用于支付转股价款。

2. 股东借款出资并未损害利益相关方的权利

根据民事法律关系的基本原则,股东向公司借款出资,可能损害公司自身及其他股东的利益,利益受损的股东如若行使诉权,可能造成主要股东所持公司股权的不稳定性,构成公司首次发行股票并上市的障碍。但是鉴于上述股权转让时的历史背景,黄进及陆华商贸受让公司职工持股会股东及谢平的股权,系出于维护公司整体利益之目的,并最大限度保证了公司股权结构及主要经营管理团队的稳定,促进了公司业务的长期发展,并在随后以其各自从公司分红所得形式,足额偿还了该等借款。因此,黄进及陆华商贸从公司借款出资,实际上并未损害公司其他股东的利益。同时,与上述股东借款相关的公司股东黄进、魏莉、徐建兵及陆华商贸,均已对上述股东借款的历史情形进行了书面确认，确认上述借款出资的行为并未损害其作为股东的权利，同时亦承诺不会追究借款人黄进及陆华商贸的民事责任；同时，根据公司出具的《确认函》，在发生股东借款期间（2003 年至 2007 年），公司日常生产经营情况正常，不存在因股东借款而影响公司偿付能力的情形，同时未发生任何到期债权未清偿之情形，未对公司债权人的利益造成严重的损害。

由于在 2003 年受让赛斯公司所持有的公司部分股权时，公司的全体股东均书面同意黄进向公司暂借部分资金用于支付股权转让费用，并同意上述股东借款无需计息。同时，在 2006 年，黄进及陆华商贸受让公司职工持股会会员股东及谢平所持股权后，借款方股东黄进及陆华商贸，同时为公司仅有的两名股东。因此，黄进及陆华商贸在归还借款时，并未向公司支付所借款项的资金占用费。为避免上述未支付资金占用费的情况可能对公司造成潜在不利影响，作为该等借款股东黄进及陆华商贸承诺，将全额承担公司因任何第三方就此未支付借款资金占用费之事项而提出索赔主张所产生的损失。

3. 股东借款出资并未违反法律的禁止性规定，不构成虚假出资或抽逃出资行为

公司股东黄进及陆华商贸，历史上存在上述以公司借款方式支付股权转让款的情形，但相关借款截至 2007 年 3 月已全部归还，且在报告期内，未发生股东占用公司资金的情形。截至目前，公司未发生任何针对上述股权转让的纠纷；中介机构亦征询了工商行政主管部门的意见，证明公司及其股东均未因虚假出资、抽逃出资等原因，受到过行政处罚。

股东向公司借款出资的行为是否构成抽逃出资，国家工商行政管理总局《关于股东借款是否属于抽逃出资行为问题的答复》（工商企字〔2002〕第 180 号）作出了相关解释，即“公司借款给股东，是公司依法享有其财产所有权的体现，股东与公司之间的这种关系属于借贷关系，合法的借贷关系受法律保护，公司对合法借出的资金依法享有相应的债权，借款的股东依法承担相应的债务”，因此，公司股东历史上存在的上述以公司借款方式支付股权转让款的情形，应属于股东与公司之间的借贷关系，且股东均在借贷行为发生后已将全部款项归还给公司。同时，经过沟通，公司注册登记地的工商行政管理部门亦出具了《关于江苏飞邦生物医药制品有限公司股东黄进及陆华商贸向公司借款情况说明的回复》，对上述股东借款进行出资的合法性进行了确认，即：根据《公司法》和国家工商行政管理总局《关于股东借款是否属于抽逃出资行为问题的答复》（工商企字〔2002〕第 180 号），该局认为，黄进及陆华商贸向公司借款系正常的借款关系，不存在违反法律、法规的行为。

（五）最终认定意见

中介机构在处理上述问题时分成了三个步骤：

（1）解释股东向公司借款的历史原因，即公司控股股东黄进及主要股东陆华

商贸向公司借款支付股权转让款,系出于稳定公司的股权结构及延续公司业务发展方向之目的,主观上出于善意,并非为损害公司及利益相关方的权利。

(2) 在证明股东借款系出于维持公司股权稳定及经营发展可持续性的基础上,通过让其他股东及公司相关利害关系人签署一系列的《确认函》或《承诺函》,免除了公司可能存在的潜在风险,同时借款股东承诺支付可能产生的资金占用费。

(3) 在免除了相关利害关系人可能产生的潜在风险后,通过引用部门规章进行解释,并由相关行政主管部门出具证明“公司存在的股东借款出资的行为”并未违反相关法律、法规,证明了股东借款行为的合法性。

综上,中介机构发表意见如下:

公司股东历史上存在的以公司借款方式支付股权转让款的情形,系股东与公司之间的借贷关系,并已于2007年全部归还了上述借款,其不构成虚假出资、抽逃出资,未对公司股东、债权人利益造成损害,未对发行人的有效设立、正常运营和合法存续构成实质性影响,对公司本次发行并上市不构成实质性障碍。

二、案例评析

(一) 本案例涉及的主要法律问题

本案例涉及的主要法律问题为企业历史沿革过程中股东出资合法性的问题,在我国的审核体制下,拟上市公司历史沿革的问题尤其是出资问题,是中介机构核查的重点,同时是没有任何回避余地的,中介机构必须给予明确的解释及法律意见。

结合监管机构审核的案例来看,如下几种情况可能存在出资合法性的问题,即存在虚假出资或抽逃出资之嫌:

(1) 股东向公司借款用于增资;

(2) 股东向公司借款用于支付股权转让价款;

(3) 股东向第三方借款出资或增资后又立即用公司资金归还。因此,在遇到上述三种情形时,中介机构应当结合真实的历史背景作出合理的解释,并按照监管机构的要求给出进一步的处理措施。

(二) 过会案例中相似问题的处理

1. 典型案例分析

笔者选取了4个已通过证监会审核的具有相似情形的案例,并就上述问题对其招股说明书及反馈意见进行了分析,对背景情况及中介机构作出的分析、认定及其他补正措施进行了归纳总结,具体如下:

(1) 老板电器(002508)[①]

① 背景情况。老板集团1998年在转制过程中,实际控制人任建华用于支付股权转让款的个人借款3 803.45万元和由此产生的利息63.30万元,以及应支付经联社的2 000万元股权转让款及其由此产生的资金占用费105.07万元,均由老板集团代为偿付,构成任建华对老板集团的债务。根据转制方案,任建华应取得的土地使用权价值256.75万元由转制后的老板集团受让,应予以扣除,因此,任建华对老板集团所负债务共计5 715.07万元。截至2009年12月31日,任建华已通过自有资金及2009年其在老板集团的分红所得,全部偿还了上述借款。

② 分析及认定。中介反馈意见如下:老板集团代任建华偿还转制相关款项,构成任建华与老板集团之间的债权债务关系,与股权转让是不同的法律关系,不影响股权转让法律关系的效力。任建华作为老板集团的股东,依法取得的分红款是其合法财产,以分红款偿付债务符合法律、法规的规定。转制完成后,老板集团代任建华偿还转制相关款项,属于公司治理不规范,且已纠正,不构成老板集团转制合法性的法律障碍。任建华于2009年以分红款偿付老板集团债务行为,符合法律、法规的规定,不存在纠纷和潜在纠纷,不构成发行人本次发行的法律障碍。

③ 其他股东确认。老板集团另一股东任罗忠于2010年4月20日出具《确认说明》,证明任建华的资金占用行为并未损害其利益,不会追究任建华的民事责任。

④ 工商管理部门确认。在证监会反馈意见中,要求发行人补充说明并披露任建华与老板集团债权债务事项可能存在的风险,补充提供有权部门的确认文件,并请保荐机构和发行人律师进行核查并出具核查意见。为此,浙江省工商行政管理局于2010年10月11日出具证明文件,证明"杭州老板实业集团有限公司为在杭州市工商局余杭分局登记注册的有限责任公司,2010年8月13日,杭州市工商局出具了相关证明,证实杭州老板实业集团有限公司依法设立并有效存续,其成立、转制及历次变更符合《中华人民共和国公司法》及相关法律、法规及政策,未发现抽逃出资及出资不实等情形;经查询全省经济户口信息,未发现杭州老板实业集团有限公司近三年来有违法行为及处罚记录"。

(2) 中电环保(300172)[②]

① 背景情况。2001年1月16日,王政福、周谷平、林慧生、宦国平、孙淮林、李婕、李琼林等7人向杭州广大建筑工程有限公司(以下简称"杭州广大")借款1 500万元,并委托杭州广大将此款项汇入南京国能环保科技发展有限公司(以下简称"国能发展")的验资账户,以现金出资1 500万元设立国能发展。

---

① 本案例中相关内容摘自《关于杭州老板电器股份有限公司首次公开发行人民币普通股股票并上市的补充法律意见书》及《关于杭州老板电器股份有限公司首次公开发行人民币普通股股票并上市的补充法律意见书(3)》。

② 本案例中相关内容摘自《浙江六和律师事务所关于公司首次公开发行股票并在创业板上市的补充法律意见书(一)》及《浙江六和律师事务所关于公司首次公开发行股票并在创业板上市的补充法律意见书(二)》。

2001 年 1 月 20 日，王政福存入国能发展 50 万元，同时王政福等向国能发展借款 1 450 万元，合计 1 500 万元，通过国能发展归还杭州广大。

2002 年 9 月 8 日，国能发展注册资本由 1 500 万元减少至 800 万元。截至 2002 年 12 月 31 日，王政福等用自筹资金 750 万元和减资款 700 万元，归还向国能发展的全部借款 1 450 万元。王政福等自筹资金中包含向发行人子公司中电联环保工程公司（以下简称“工程公司”）借款 300 万元，截至 2005 年 12 月 31 日，王政福等向工程公司借款全部归还。

② 分析及认定。对于证监会提出的发行人股东向发行人借款用于归还出资款的行为是否构成抽逃出资的疑问，发行人律师认为，根据《贷款通则》及《关于股东借款是否属于抽逃出资行为问题的答复》（工商企字〔2002〕第 180 号）的规定，法律、法规以及上述文件并未禁止公司向个人（包括公司的自然人股东）提供借款，在没有充分证据的情况下，仅凭股东向公司借款就认定为股东抽逃出资缺乏法律依据。发行人股东与发行人为独立、平等的民事主体，具有相应的民事行为能力；发行人按内部决策程序作出了借款的股东会决议，并与发行人股东协商一致后，签订《借款协议》，双方借款行为的意思表示真实；借款行为不违反法律或者社会公共利益，合法、有效且履行完毕。此外，自国能发展 2001 年 1 月成立至今，发行人及王政福等股东从未因虚假出资、抽逃出资或其他原因受过行政处罚；并且在报告期内，未发生股东占用发行人及其子公司资金的情形。

综上所述，发行人律师认为，发行人股东向发行人借款用于归还出资款的行为，不构成抽逃出资，对发行人的有效设立和合法存续未产生实质性影响，对发行人本次发行上市不构成实质性障碍。

③ 工商管理部门的确认。2010 年 9 月 2 日，发行人就王政福等股东向国能发展借款事宜向南京市工商局进行专项汇报，同时发行人律师也走访了南京市工商局法制处。2010 年 9 月 13 日，南京市工商局在审核发行人提交的资料后，向发行人出具了《关于〈王政福等股东借款情况的汇报〉的回复》，其认为，根据发行人提供的相关资料和该局核查，2001 年 1 月至 2002 年底，王政福等向南京国能环保科技发展有限公司借款和归还情况属实。该局认为，王政福等向国能发展借款 1 450 万元系正常的借款行为，符合国家的相关规定，不存在违法违规行为。

（3）星宇股份（601799）①

① 背景情况。2008 年 4 月，由于公司并未能按照原计划完成上市工作，之前引进的新股东深创投、东方嘉信、张荣谦、耿小红、徐惠仪、王占银、葛志坚（以下简称“原股东”）计划将其持有的公司股权变现。经协商，公司控股股东周晓萍决定受让上述股权。周晓萍在以自有资金支付张荣谦和耿小红的股权转让款合计 600

---

① 本案例中相关内容摘自《常州星宇车灯股份有限公司首次公开发行股票招股说明书》及《常州星宇车灯股份有限公司首次公开发行股票并上市补充法律意见书》。

万元后，已无其他自有资金支付深创投、东方嘉信、徐惠仪、王占银和葛志坚的股权转让款合计2683.50万元。2008年4月和7月，周晓萍分两次向公司借款共计2683.50万元以支付剩余的股权转让款，并于2008年11月完成了股权变更的工商备案手续，同时经公司第一届董事会第七次会议审议确认。

截至2009年12月，周晓萍以2008年度公司股东分红向发行人足额归还了上述欠款，并按照资金实际占用时间及同期银行贷款利率支付资金占用费281.06万元。

② 分析及认定。根据证监会的反馈意见，其要求保荐机构、发行人律师对上述股权转让的行为，是否构成回购或者抽逃资金及是否构成对发行人本次发行上市的实质性障碍作出说明。

经核查后，发行人律师认为，发行人代垫款项系以周晓萍名义向转让方深创投、东方嘉信、徐惠仪、王占银和葛志坚分别支付股权转让款，据此周晓萍履行完毕对东方嘉信等原股东的支付义务，同时与发行人形成新的债权债务关系，但发行人并不因此成为本次股权转让行为的主体，亦不存在发行人以其自身名义或委托他人回购东方嘉信等持有本公司股份的情形，或发行人股份需要依法减少的情形。据此，本次股权转让不构成法律规定的公司回购股份行为。同时，在本次股权转让发生之前，周晓萍均足额、及时缴纳其对发行人认缴的出资，且已履行完毕全部的出资义务。本次股权转让发生时，发行人因受让方周晓萍资金短缺，代其垫付了相关股权转让款，截至目前，周晓萍已足额归还发行人的垫付款项并支付了资金占用费，据此，周晓萍与发行人因垫付东方嘉信等股权转让款形成的债权债务关系已经终结，发行人代垫股权转让款对周晓萍已履行的股东出资义务不构成不利影响，亦不构成周晓萍非法抽逃资金行为。

发行人上述垫付款项行为，构成控股股东及实际控制人周晓萍对公司资金的占用，但截至目前，周晓萍已足额归还占用公司的资金并向公司支付了资金占用费，发行人的利益并未因此受到损害，同时周晓萍已出具书面承诺，保证今后不再占用发行人资金。据此，本次股权转让款支付涉及的大股东资金占用问题已经得到有效解决和纠正，对发行人本次发行上市不构成实质性障碍。

(4) 华中数控(300161)①

① 背景情况。2006年2月24日，大同机械企业有限公司与董明海签署《股权转让协议》，将其持有的本公司7.74%的股权全部转让给董明海。转让价格为根据2005年12月31日的资产净值确定的人民币580万元。2006年2月28日，董明海与陈吉红等15名员工分别签署了《股权转让协议书》，董明海将其持有的7.273%的股权(4734276股)转让给陈吉红等15名骨干员工。

---

① 本案例相关内容摘自《北京市嘉源律师事务所关于公司首次公开发行股票并在创业板上市的补充法律意见书(一)》。

发行人于2006年2月及7月代受让人支付了人民币5 800 030元股权转让款，上述代垫股权转让款于2006年及2007年，由16名员工通过其自有资金、其应得的车贴及分红已全部偿还。

② 分析及认定。发行人现有法人股东出具《确认函》，说明上述公司和管理技术骨干的上述行为实质上是对股东利益的维护，客观上没有造成公司及公司股东的任何实质损失，股东不会因上述行为对公司、公司工会、公司管理层以及上述股权受让方追究任何责任。

发行人律师认为，发行人为16名员工收购大同机械企业有限公司股权支付的股权转让价款，在短期内已经由员工全部还清，并已经发行人现有法人股东确认，因此不构成发行人发行与上市的实质性障碍。且截至补充法律意见书出具之日，未发生针对上述增资和股权转让的纠纷。

2. 认定债权债务关系的法律依据

纵观上述案例，虽然中介机构对于股东借款出资解释方式各不相同，但最终都会认定为股东与公司之间的债权债务关系，否则就会构成虚假出资或抽逃出资行为，通常情况下，在认定为债权债务关系时，主要适用的法律依据如下：

(1) 认定为抽逃出资

最高人民法院《关于适用〈中华人民共和国公司法〉若干问题的规定(三)》第16条规定："公司成立后，公司、股东或者公司债权人以下列情形之一为由，请求认定相关股东抽逃出资的，人民法院应予支持：(一) 公司设立时，股东将出资款项转入公司账户验资后又转出；(二) 股东出资后，通过虚构债权债务关系，将其出资转出偿还债务；(三) 制作虚假财务会计报表虚增利润进行分配；(四) 股东向公司出让股份，公司未按法律规定进行减资或者处置股份；(五) 利用关联交易转移公司财产；(六) 其他未经法定程序将出资抽回的行为。"

(2) 认定为虚假出资

国家工商行政管理总局《关于虚假出资认定问题的答复》(工商企字〔2002〕第97号)解释："公司利用本公司的其他银行账户将资金以借款名义借给股东，然后以股东名义作为投资追加注册资本，但实际上，公司未将资金交付给借款的股东，借款的股东也未办理资金转移手续，而是公司将股东所借资金在该公司银行账户之间内部转账，股东本身并未增加任何实际投资。此种行为可以认定为虚假出资行为。"

(3) 认定为合法的债权债务关系

国家工商行政管理总局《关于股东借款是否属于抽逃出资行为问题的答复》(工商企字〔2002〕第180号)指出："依照《公司法》的有关规定，公司享有由股东投资形成的全部法人财产权。股东以出资方式将有关财产投入到公司后，该财产的所有权发生转移，成为公司的财产，公司依法对其财产享有占有、使用、收益和处分的权利。公司借款给股东，是公司依法享有其财产所有权的体现，股东与公司之间的这种关系属于借贷关系，合法的借贷关系受法律保护，公司对合法借出的资金依法享有相应的债权，借款的股东依法承担相应的债务。因此，在没有充分证据的情况下，仅凭股东向公司借款就认定为股东抽逃出资缺乏法律依据。如果在借款活动中违反了有关金融管理、财务制度等规定，应由有关部门予以查处。”

在遇到股东借款出资时，中介机构通常会比照或援引上述规定，首先证明股东借款出资的情形不属于应当被认定为虚假出资或抽逃出资的情形，同时再进一步证明其属于正常的借贷关系。

三、建议

股东出资是公司设立及存续的基石及保障，因此，拟上市公司股东出资合法性问题是公司首次公开发行股票并上市尽职调查过程中不可回避的问题，在已通过监管机构审核的案例中，股东借款出资的案例不在少数，除了上述4个案例外，鸿特精密(300176)、维尔利(300190)等均存在股东借款的情形。因此，从理论上，即监管机构对股东借款问题的审核思路及实务操作中总结规律尤为重要。

(一) 监管机构关于上述问题的审核思路

监管机构在审核拟上市公司历史沿革过程中涉及出资合法性尤其是距离申报期时间较长的出资问题时，通常是抱着“历史问题从历史的角度分析”的态度对待，尽管出资是企业设立及发展的基础及保障，但是出资问题与企业缺乏持续盈利能力及存在重大关联交易等硬伤不同，是可以通过合理的解释及后续措施加以解决的，如果企业由于历史出资问题而被“一票否决”，难免有些遗憾。

面对上述问题，监管机构也需要拟上市公司及中介机构作出合理的解释，并根据各公司的不同情况采取进一步的解决措施，例如工商管理部门的确认等。通常情况下，监管机构会重点关注如下问题：

(1) 股东借款的历史背景和原因；

(2) 提供的每笔借款及偿还的情况，包括具体时间及数额，是否履行了必要的程序等；

(3) 分析该等行为对于发行人、其他股东以及债权人的利益的影响分析；

(4) 是否违反《公司法》等法律、法规的禁止性规定，构成出资不实、虚假出资或抽逃出资；

(5) 对于股东借款出资是否采取补救措施，如按照一定的利率收取股东的资金占用费、股东作出承诺今后不存在股东借款等。其中重点又在于中介机构如何认定股东借款不属于抽逃出资的行为。

(二) 律师实务操作建议

在理清监管机构审核关注点的基础上，中介机构应当根据拟上市公司的实际情况作出有针对性的解决方案，按照最严格的审核标准，通常应当包括历史原因分析及归还情况、中介机构关于股东借款出资性质的认定、工商管理部门确认、其他股东承诺等步骤，具体而言，操作中应当具体注意事项如下：

1. 历史原因及归还情况

从现有的案例情况来看，股东借款出资的情况多发生在拟上市公司报告期外的历史沿革过程中，基于监管机构“历史问题从历史角度分析”的思路，还原股东借款真实的历史原因是一个重要步骤。在多数公司发展的早期，存在股东向公司借款出资及公司无偿量化股权给职工或管理人员的现象，因为公司成立早期，人们受传统思想观念的束缚，并不能意识到作为公司股东的价值，很少有人愿意拿出大笔资金投资公司，而早期的公司经营者或职工又缺少购买公司股权的资金，因此，基于当时的特殊情况，“为了公司股权结构稳定及经营目标的连续性”，借款行为是能够被接受的。当然，这样的原因必须是真实的，对于中介机构来说，在尽职调查时要做到审慎及独立，要详细地核查每笔借款发生及归还的时间、数额、资金收付凭证等资料，做到所有过程有据可查。

2. 中介机构关于股东借款性质的认定

关于股东借款性质的认定是最为重要的环节，上述案例中无一例外地将其认定为股东及公司之间的债权债务关系，法律依据即为国家工商行政管理总局作出的《关于股东借款是否属于抽逃出资行为问题的答复》(工商企字〔2002〕第180号)。

此处，亦应关注一个问题，既然认定为股东借款，是否应当比照银行借款支付利息或资金占用费以及以何种标准支付资金占用费。在上述4个案例中，老板电器及星宇股份支付了资金占用费，其中老板电器资金占用费系按个人银行存款利率(一年期)计算的，星宇股份系按照资金实际占用时间及同期银行贷款利率计算的，其他两家并未支付资金占用费。可见，在此问题的处理上，存在一定的弹性空间，从最谨慎的角度出发，建议借款股东按照一定的标准，支付或承诺在未来支付一定数额的资金占用费。

3. 工商管理部门确认及其他股东承诺

工商管理部门作为企业及市场秩序的主管部门，其对企业行为的合法性认定较之中介机构具有更高的法律效力，更能为监管部门接受。而其他股东承诺不追究股东借款可能产生的民事责任，能够更好地避免纠纷或潜在纠纷。如果企业取得了上述确认或承诺，对监管机构的审核无疑是一个加分的选项。

下　篇

律师公司诉讼业务前沿问题

第一章　公司设立与股东出资

代理进口合同纠纷背后的公司法律关系

北京市秦华律师事务所律师　李占英　任红蕾

一、焦点问题

1. 股权转让协议的效力与工商变更登记的关系如何？
2. 如何认定股东抽逃出资资金？
3. 股东是否要承担公司的债务责任？
4. 如何启动强制清算程序及如何确定清算义务人？

二、基本案情

原告（二审被上诉人）：山东远东国际贸易有限公司（以下简称"远东公司"）

被告：上海华沁国际贸易有限公司（以下简称"华沁公司"）

被告（二审上诉人、再审申请人）：上海茶叶进出口公司（以下简称"茶叶公司"）

被告：深圳汇昌纺织辅料有限公司（以下简称"汇昌公司"）

审理法院：山东省青岛市中级人民法院（一审）
　　　　　山东省高级人民法院（二审）
　　　　　最高人民法院（再审）

案由：代理进口合同纠纷

1997年1月16日，远东公司与华沁公司签订了一份《代理进口协议书》，约定：远东公司为华沁公司代理进口白银板纸，由远东公司开立银行信用证，总金额为2 871 000美元。上海华信国际贸易有限公司（以下简称"华信公司"）出具《不可撤销担保书》，表示为华沁公司付款义务承担连带保证责任。1998年12月23日，华沁公司出具《确认函》，确认尚有20 509 113.43元未还。华信公司于1998年8月5日被上海市长宁区工商行政管理机关吊销营业执照。1998年8月20日，远东公司诉至山东省青岛市中级人民法院，请求判令华沁公司偿还欠款人民币20 599 185.47元及违约金和滞纳金，茶叶公司和汇昌公司在抽逃资金的范围内承担责任。

另外，华信公司系茶叶公司、汇昌公司以及中国对外经济贸易信托投资公司三方投资设立，其中，茶叶公司持股30%。1995年6月27日，华信公司董事会决议：同意茶叶公司将其拥有的25%股权出让给汇昌公司。同年9月1日，茶叶公司与汇昌公司签订了股权转让协议。嗣后，由华沁公司代汇昌公司向茶叶公司支付股权转让金105万元。1996年5月3日，茶叶公司及汇昌公司向华信公司董事会报告称股权转让工作已完成。同年9月6日，华信公司召开董事会，报告称股权转让工作已完成，并欲向上海市长宁区工商行政管理局申请备案。同年10月30日，华信公司召开董事会，作出“鉴于汇昌公司无力接受华信公司原投资方中国对外经济贸易信托投资公司和茶叶公司的股份转让，而上述两方原投资款（各为105万元）已由华沁公司等垫付，故本公司实收资本金由人民币350万元改为140万元，并向工商局申请备案”的决议，该决议上有3名董事的签字。该事项未在工商行政管理机关变更登记。1998年11月5日，汇昌公司被深圳市工商行政管理局吊销营业执照。华信公司、汇昌公司、华沁公司的法定代表人均系黄正之。

山东省青岛市中级人民法院一审认为：远东公司与华沁公司签订的《代理进口协议书》意思表示真实，合法有效，华沁公司应履行付款义务，并承担逾期付款的违约责任。由于双方约定的逾期付款违约金高于法律规定，超过部分无效。茶叶公司与汇昌公司签订股权转让协议后，由华沁公司代汇昌公司向茶叶公司垫付股权转让金105万元，该股权转让协议虽已成立，但因其未经工商机关核准，工商登记未经相应变更，故该股权转让协议无效，茶叶公司应返还华沁公司垫付款项105万元。由于华沁公司对远东公司负有债务，茶叶公司应在105万元范围内，对华沁公司不能清偿部分承担连带责任。对茶叶公司认为其股权已转让，不再承担民事责任的抗辩理由，不予支持。据此，作出（1999）青知初字第142号民事判决（以下简称142号判决）：

（一）华沁公司给付远东公司20 509 113.43元；

（二）华沁公司给付远东公司20 509 113.43元欠款的预期付款违约金；

（三）茶叶公司在105万元范围内对上述欠款承担连带清偿责任；

（四）驳回远东公司的其他诉讼请求。

茶叶公司不服一审判决，提出上诉，山东省高级人民法院认为：茶叶公司与汇昌公司签订股权转让协议，双方意思表示真实，符合法律规定，应认定该协议成立且有效。虽然该股权变动未经工商管理部门核准变更，但其在履行中的瑕疵并不影响股权转让协议的效力，原审法院认定转让协议无效，于法无据，进而对相关105万元作出的处理欠妥，应予纠正。一审查明该105万元是由华沁公司代汇昌公司向茶叶公司垫付的股权转让金。后因汇昌公司无力接受该转让，华信公司才表示其公司实收资本金由350万元改为140万元。该股权转让成就与否，都没有减少华信公司的资本金数额，远东公司诉称该105万元款项为茶叶公司的抽逃投资款，证据不足,不予采信。黄正之作为主债务人和担保人的法定代表人,对远东公司在法定期间以不同方式向主债务人及保证人主张权利的事实予以认可,故担保人的责任不应免除。鉴于华信公司已被工商行政管理机关吊销营业执照,该105万元股权转让金应由茶叶公司、汇昌公司及华沁公司另案处理。茶叶公司和汇昌公司作为华信公司的投资方,依法负有对华信公司进行清算的责任。据此,作出(2000)鲁经终字第566号判决(以下简称566号判决):

(一)维持142号判决的第(一)、(二)项。

(二)撤销142号判决的第(三)、(四)项。

(三)茶叶公司和汇昌公司在判决生效后60日内对华信公司进行清算,以华信公司的资产对上述第(一)项中的华沁公司债务承担连带清偿责任;逾期不清算,茶叶公司和汇昌公司对上述第(一)项中的华沁公司的债务承担赔偿责任。

茶叶公司不服,向山东省高级人民法院申请再审。2002年12月12日,山东省高级人民法院以(2002)鲁民二监字第10号通知书,驳回茶叶公司的申诉,维持原判。

三、策划和代理

本案自原告于1999年起诉至茶叶公司委托我所,已经耗时近五年,且该案判决已经发生法律效力,虽然茶叶公司为了履行566号判决,费尽周折联系华信公司控股股东汇昌公司,但汇昌公司却不予配合,且茶叶公司已不是公司股东,无权得到公司账目,所以华信公司无法进行清算。远东公司遂申请法院强制执行茶叶公司的财产,执行法院冻结茶叶公司账户资金1 866万元,扣划134万元。后法院又冻结茶叶公司在上海天坛国际贸易有限公司的股权2 200万元。该2 200万元款项是债权人中国东方资产管理公司在对上海茶叶公司实行资产重组时,为维持现有2 000多名职工生活采取的稳定措施,执行法院正欲对该股权进行评估、拍卖,若不及时制止,将对茶叶公司的合法权益和社会稳定造成无可挽回的损失,情况十分危急。

鉴于本案的具体情况,我所律师经过审查案件,认为566号判决存在如下问题:

1. 566号判决认定汇昌公司与茶叶公司的股权转让协议有效,茶叶公司已经不是华信公司股东,判令汇昌公司负清算责任,缺乏主体资格的事实依据。按照华信公司董事会决议,1995年6月27日茶叶公司与汇昌公司友好协商签订了股权转让协议,此时合同成立。同年9月2日,汇昌公司以委托书形式要求华沁公司代为向茶叶公司支付了114.6万元的股权转让款。1996年5月3日,茶叶公司与汇昌公司共同以《关于股权转让业已完成的报告》书面向华信公司董事会报告股权转让已完成,此时股权转让的事实,在转让人和受让人之间得以完成并得到双方的认可。1996年6月,华信公司以(96)华信字第005号函正式向上海市长宁区工商管理局进行了上述股权转让备案（此备案同时说明，待公司另一股权转让协议履行完毕后一同进行股权变更登记），此备案说明，股权转让已经得到了公司的认可（公司只有确认后，才会向工商局备案），华信公司认可茶叶公司已不是其股东。1996年10月30日董事会决议是在茶叶公司不知情的情况下作出的，华信公司董事会无权撤销已经成立的股权转让协议，也不能使茶叶公司再次成为华信公司的股东。茶叶公司不是华信公司股东，不应当承担清算责任，更不应该承担逾期不清算的赔偿责任。

2. 在远东公司没有上诉，茶叶公司仅对其在105万元范围内承担连带责任有异议的情况下，566号判决加重了茶叶公司责任承担范围，违反了最高人民法院《关于民事经济审判方式改革问题的若干规定》第35条“二审法院的审理应当围绕当事人上诉请求的范围进行，当事人没有提出请求的，不予审查”的规定。

3. 公司清算主体虽然是股东，但公司债务清偿主体仍然是公司，即《公司法》第3条规定的“有限责任公司，股东以其出资额为限对公司承担责任，公司以其全部资产对公司的债务承担责任”，而566号判决的第（三）项，在华信公司与其股东没有任何人格混同的情况下，要求华信公司的股东对公司债务承担连带责任，实质损害了作为公司法基石的公司独立法人制度。

4. 受委托后，律师从以下方面做工作：

（1）申请最高人民法院裁定中止或暂缓二审判决的执行；

（2）向参与本案执行的山东各法院作出书面情况反映，要求中止二审判决的执行；

（3）启动申请再审程序。

5. 茶叶公司为进行清算已经进行了一系列的努力，多次向华信公司的法定代表人黄正之联系要求清算，多次开会布置清算工作，也聘请会计师事务所进行了审计，终因主体不合格，没有会计凭证而无果。所以逾期清算工作不顺利的责任不应由茶叶公司承担。并且终审判决也没有规定清算完成日期，茶叶公司没有不履行终审判决书，不应该对远东公司承担赔偿责任。

依据上述理由，我们认为，566号判决存在《民事诉讼法》179条规定的可以提起再审的情形，故建议茶叶公司向最高人民法院提起再审。为了及时保护当事人的合法权益，立即代理当事人向最高人民法院提出中止或暂缓执行的申请，最高人民法院批准了茶叶公司的申请，下达了暂缓执行的通知。随后代理律师围绕以上问题进行了详尽的工作。最终，最高人民法院于2005年7月26日以（2001）民二监字第235-2号裁定书裁定：

（一）本案由本院提审；

（二）提审期间，中止原判决的执行。

再审程序审理后，最高人民法院支持了上海茶叶公司的诉讼请求。

四、终审裁判

再审请求：

1. 依法按照审判监督程序对本案提起再审，依法撤销二审判决第(三)项[即茶叶公司和汇昌公司应在判决生效后60日内对华信公司进行清算，以华信公司的资产对上述第(一)项中的华沁公司债务(20 509 113.43元及违约金)承担连带清偿责任；逾期不清算，茶叶公司和汇昌公司对上述第(一)项中华沁公司的债务承担赔偿责任]。

2. 依法裁定中止原判决执行。

3. 依法解除对申请人在上海天坛国际贸易有限公司的股权2 200万元的查封。

远东公司主要抗辩理由为：茶叶公司混淆了股权转让协议的效力和股权转让行为的效力。有限公司的股权变更和转让是要式民事法律行为，必须依法登记备案，经原登记机关确认后方可生效，否则是无效民事行为。华信公司自成立至今，从未对公司股东进行变更登记。茶叶公司作为华信公司的股东地位未发生任何变化，当华信公司被吊销营业执照后，茶叶公司作为其股东依法负有清算责任。至于茶叶公司是否履行了清算义务，属于执行中审查的问题，与案件实体问题无关，且华信公司根本就没有成立过清算处理小组。代理进口协议和不可撤销担保书是合法有效的合同书和担保书，应受法律保护，华沁公司与远东公司的欠款，双方已多次书面对账确认。请最高人民法院驳回茶叶公司的再审申请。

经过审理，最高人民法院认为：华沁公司清算处理小组依公司股东会决议成立。黄正之作为华沁公司和华信公司的法定代表人，对远东公司在担保期间内以不同方式向主债务人及保证人主张权利的事实予以认可，诉讼时效应重新起算。故远东公司对华沁公司和华信公司提起本案诉讼时，没有超过诉讼时效期限。

远东公司与华沁公司签订的《代理进口协议书》意思表示真实，不违反法律法规的禁止性规定，应当有效。《代理进口协议书》签订后，远东公司依约履行了义务，华沁公司未依约向远东公司付款，应继续履行付款义务并承担逾期付款的违约责任。对本案欠款数额，华沁公司经核对后出具了确认函。由于双方约定的逾期付款违约金高于法律规定的标准，该约定部分无效，应按法定标准执行。原审该项判决正确。

茶叶公司与汇昌公司签订的股权转让协议，系真实意思表示，不违反法律的禁止性规定，应认定依法成立。签约当事人未办理股权转让变更登记属于履行行为瑕疵，应由履行行为完善，不应认定该转让协议无效。但该股权转让在依法变更登记前，未产生公示力，不能对抗善意第三人，故茶叶公司对于第三人远东公司仍具有华信公司的股东身份。但茶叶公司虽收取了由华沁公司代汇昌公司支付的股权转让款,却缺乏证据证明其就此侵犯了华信公司的资产。华信公司董事会关于减少资本金数额的决议,既无股东会决议证明其有效性,又无证据证明该董事会决议已实际履行并由此导致华信公司实收资本的减少。故远东公司关于茶叶公司抽逃注册资本105万元,其在抽逃资金范围内对华沁公司的欠款承担清偿责任的主张,因缺乏事实依据,不予采信。茶叶公司和汇昌公司作为华信公司的股东,应对其债务承担有限责任。

由于股东清算责任系公司清算过程中的裁判事项,该程序应依当事人之请求提起。远东公司的诉讼请求未包含股东清算责任的内容。茶叶公司和汇昌公司对华信公司的股东清算责任不应在本案的诉讼中审理,原判茶叶公司承担清算责任超出当事人诉请范围,应予纠正。茶叶公司、汇昌公司、华沁公司之间,因105万元股权转让金所发生的债权债务关系,非本案诉讼标的,原判另案处理并无不当。据此,判决维持山东省高级人民法院(2000)鲁经终字第566号民事判决第(一)、(二)项(即华沁公司支付20 509 113.43元及违约金);撤销山东省高级人民法院(2000)鲁经终字第566号民事判决第(三)项[茶叶公司和汇昌公司应在判决生效后60日内对华信公司进行清算,以华信公司的资产对上述第(一)项中的华沁公司债务承担连带清偿责任;逾期不清算,茶叶公司和汇昌公司对上述第(一)项中华沁公司的债务承担赔偿责任]。

五、焦点问题评析

1. 没有办理工商股权转让变更登记手续,只是没有产生对外进行公示的效力,不具备对抗第三人的效力,不影响股权转让协议本身的效力及受让人股东身份已被公司和其他股东认可的事实。

本案争议的关键在于,认定股权转让的效力,是否一定以工商登记作为转让效力的标志?

(1) 股权转让协议作为诸多协议种类之一,对其效力的审查与其他类型的协议效力审查并无实质的不同,股权转让协议的效力应围绕协议本身来审查。即审查协议双方的权利能力与行为能力是否欠缺、协议双方的意思表示是否真实、协议表现形式是否合法等。本案中的股权转让协议,是当事人双方真实意思表示一致的结果,协议中也没有约定需办理工商变更登记协议才生效的条件,所以应为有效协议。

(2) 应区别股权转让协议的生效与转让股权的交付。合同的生效是合同是否符合法定形式,在合同当事人之间是否产生法律拘束力的问题。转让股权的交付是指股权是否已经完全转移,股权转让协议是否已经履行完毕的问题,即受让人股东身份的认可。一个转让的股权完全交付，分为两个层次：一个层次是在公司内部交付，表现为受让人已经被公司记载入股东名册，并已经开始实际履行股东权利，这时受让人对于公司和其他股东来讲，已经取得了股东地位，完成了股权交付；另一个层次是公司对外宣示股权的交付，即以工商登记的形式，对外公示该股权的权属归属，受让人已是公司股东。以商事登记的性质而言，可分为设权性登记和证权性登记两类。设权性登记是登记后权利才得以产生，如公司的设立登记是公司取得法人资格的程序性要件。公司不经设立登记，无从取得法人资格，因此设立登记是一种设权程序，具有资格授予的效力。而证权性登记具有证明权利的效力，未经登记不会导致整个商事行为失效，只是该事项本身不具备对抗第三人的效力。确认股东身份的主体是公司，所以股权转让工商变更登记属于证权式登记，没有办理工商股权转让变更登记手续，只是没有产生对外进行公示的效力，不具备对抗第三人的效力，而不影响股权转让协议本身的效力及受让人股东身份已被公司和其他股东认可的事实。

2. 应当根据最高人民法院《关于〈中华人民共和国公司法〉若干问题的规定（三）》的规定，核查公司资本是否减少，由此确认股东是否抽逃出资。

本案茶叶公司在华沁公司代汇昌公司垫付股权转让款的行为，是否构成茶叶公司抽逃资金？

抽逃出资是指虽有出资行为，且已足额缴纳，但在公司成立后，却以各种理由非法撤资，从而导致公司注册资本的减少。股东抽逃的出资财产既包括股东原始出资时提供的特定财产（如用于出资的汽车），也包括公司成立后取得的其他财产（如货币）。因为抽逃出资侵害了我国公司法所确立的资本确定、资本维持和资本不变的公司资本制度，所以抽逃出资是我国法律所禁止的非法行为，甚至是犯罪行为。

抽逃出资的认定，一直是审判实务中的难点，但最高人民法院《关于〈中华人民共和国公司法〉若干问题的规定（三）》的出台，改善了这一问题，该规定第 12 条确定了抽逃出资的四种情形，即“（一）将出资款项转入公司账户验资后又转出；（二）通过虚构债权债务关系将其出资转出；（三）制作虚假财务会计报表虚增利润进行分配；（四）利用关联交易将出资转出”。

该条不但明确了四种抽逃出资的情形，而且设置了一个兜底条款，下列情形可以初步认定为该兜底条款所称的“其他未经法定程序将出资抽回的行为”：

（1）股东在公司成立且资本到位后，以出资的货币购买设备等为名，用假购物收据入账，或无采购发票而虚构存货或固定资产；

（2）公司的注册资本全部到位，且正常开展生产经营，但将公司的产品部分或全部无偿交给股东，或者将公司销售产品的销货款归股东所有；

（3）用“先后分配”的方法代替按出资比例分配利润，从而以先分利润的名义达到抽逃注册资金的目的；

（4）股东在公司设立不久后将注册资金中的货币出资全部或部分抽走，并在公司的财务账目上采取虚假挂账，或者是在抽逃资金后干脆不做账，货币资金账目不相符；

（5）股东在公司成立后，将注册资金中的货币出资全部或部分抽走，再虚构其他非货币资产补账或者以低值资产高估补账；

（6）用虚报利润的方法，不担或少担储备基金、职工奖励及福利基金，而在短期内以分配利润名义提走；

（7）在股权转让中，采用转让方为转让其所持股权而先将其对公司的出资全部抽回，再由受让人将同等资本投入公司方式，但在转让方抽出其出资后，受让方又未实际投入；

（8）通过公司对其股东的捐赠、提供抵押担保等形式抽逃注册资金；

（9）股东将公司注册资金的非货币部分，再次进行投资，而投资主体非该公司，而是原出资股东。

抽逃出资股东要承担责任。

（1）抽逃出资股东对公司的责任。股东出资的财产在转移给公司之后就转化为公司财产，未经公司同意，擅自收回出资，就侵害了公司的财产权利。抽逃出资股东首先应当承担的是出资返还责任。

（2）如果因为抽逃出资给公司造成其他损失的，还应赔偿损失，利息是至少的实际损失。

（3）抽逃出资股东对债权人的责任。抽逃出资股东应在抽逃出资数额及其利息范围内对债权人承担补充赔偿责任。

本案中，茶叶公司与汇昌公司签订的股权转让协议约定："如汇昌公司以华信公司或其他公司名义支付转让款，茶叶公司将视同汇昌公司履行支付"，协议履行过程中，茶叶公司收取了华沁公司代汇昌公司支付的股权转让款。由此可见，茶叶公司与汇昌公司的股权转让协议是合法有效且已经履行完毕的，茶叶公司只是将其出资转让给汇昌公司，华信公司的资本并没有减少，茶叶公司并不存在抽逃出资的行为，没有违反公司资本维持原则。至于华沁公司与汇昌公司的欠款问题应另案解决。

应该说，本案如果是华沁公司直接受让华信公司的股权，可能导致子公司和母公司相互持股，从而会对案件造成影响。

3. 股东承担有限责任，公司承担独立责任。股东对公司存续期间的债务是否应当承担责任，承担什么样的责任？

股东有限责任是指股东以其出资额为限对公司承担责任。公司独立责任是指公司对其债务以其全部资产独立承担责任。由于公司具有与其股东个人相互分离的独立人格，使得公司与股东个人之间竖起了一道屏障，一方面鼓励了股权投资者利用公司这种形式进行商业冒险活动，另一方面使公司募集社会资金更加便利，也正因为如此，公司这种企业形态一出现，就表现了其强大的生命力，股东的有限责任与公司的独立责任成为公司法理论的两大基石。本案茶叶公司作为公司股东适用公司法基本原则，无需承担华信公司的债务，何况茶叶公司并不是华信公司的控股股东或实际控制人，不存在法人人格否认的情形。

4. 公司股东应根据最高人民法院《关于〈中华人民共和国公司法〉若干问题的规定(二)》提起清算之诉，请求法院启动强制清算程序。

本案讨论的问题是：公司(主要指有限责任公司)被有关行政部门吊销后，未进行清算的，谁有权利提起公司清算之诉？如清算义务人没有及时清算，应承担什么责任？

公司被吊销营业执照是公司解散的事由之一，所以华信公司被吊销营业执照后应进行清算。《公司法》184条明确规定：有限责任公司的清算主体是股东，但公司作为市场经济的主体，对其自身利益追求最大化是不二选择，如果不遵守法律的成本低于遵守法律的成本，公司自然也会选择不遵守法律而获得利益。但由于《公司法》没有规定公司解散时股东不及时履行清算义务的制裁措施，导致公司解散后不清算对股东既得利益丝毫无损，所以不再继续经营的公司股东，为了逃废债务、银行贷款或税款，往往采取不年检的"自行冷却"方式，希望或者放任公司被吊销营业执照，成为最经济的选择。

为了制止上述行为，2005年修订的《公司法》184条及最高人民法院在《关于适用〈中华人民共和国公司法〉若干问题的规定(二)》第7条都明确规定了公司解散事由出现后15日内成立清算组，开始清算。有限责任公司的清算组由股东组成，股份有限责任公司的清算组由董事或者股东大会确定的人员组成。逾期不成立清算组进行清算的，债权人可以申请人民法院指定有关人员组成清算组进行清算。

最高人民法院《关于〈中华人民共和国公司法〉若干问题的规定(二)》第9条还赋予了公司股东提起清算之诉的权利。在股东间的矛盾导致公司经营发生严重困难被法院判决强制解散，或者出现公司章程规定的其他解散事由的情形下，公司往往拖延不清算。上述规定使那些试图通过清算而分配剩余财产，以便从公司脱身的部分股东，可以依法责令其他股东在法定期限内组成清算组，赋予这些股东诉权，是其彻底摆脱"公司困境"的保障。

在本案中，最高人民法院认定茶叶公司对第三人远东公司仍具有华信公司股东身份，在工商变更登记作出前，茶叶公司仍负有清算的义务，因而茶叶公司也是华信公司的清算主体。但是，在整个诉讼过程中，一审原告远东公司自始至终未提出判令茶叶公司清算的诉讼请求，只是要求上海茶叶公司在抽逃出资的范围内承担责任。山东省高级人民法院判令茶叶公司对华信公司进行清算，逾期不清算，茶叶公司对上述华沁公司的债务承担赔偿责任。以上判决结果显然与公司股东的有限责任相矛盾。股东有限责任是公司法的基石，没有法律的明确规定不得否定，即便股东作为公司清算义务人未履行清算义务，也不应该否认股东的有限责任，而是应该根据清算义务人的过错造成的损失赔偿债权人的损失。所以本案清算义务主体是华信公司股东，在华信公司股东怠于履行清算义务时，远东公司可以债权人的身份提起另一诉——强制清算之诉。如股东怠于清算导致公司财产贬值、流失、毁损或者灭失，远东公司可以主张股东承担赔偿责任。

六、结语

本案案情发生时间为 1997 年 1 月至 1998 年底，起诉时间为 1999 年 8 月 20 日，一审判决时间为 2000 年 6 月 9 日，二审判决时间为 2000 年 12 月 19 日，再审判决时间为 2006 年 9 月 19 日(开庭时间为 2005 年 12 月 28 日)，所以本案虽然一审、二审判决时间都在 2005 年《公司法》修订之前，当时审判实务中存在大量的公司法问题的争议，但 2005 年《公司法》大修期间的讨论及最终修订统一了认识，客观上对本案正确处理起到了促进作用。该案虽然审结多年，但今天公司清算、股东抽逃资金问题仍大量存在，对解决公司诉讼有一定的参考意义。

对一份关于入股协议效力的判决所引发的思考

黑龙江金海律师事务所　莫雷

一、争议焦点

1. 入股协议是否有效力?

2. 入股协议是否违规?

3. 法院判决是否可执行?

二、基本案情

2002年3月,原告A客运有限公司(以下简称"A公司")与被告B客运公司(以下简称"B公司")各股东签订了一份《B公司吸收A公司以经营线路作价入股协议》(以下简称"入股协议"),该入股协议约定:

(1) A公司经营的线路每个班次作价35万元吸收入股;

(2) A公司线路入股,其入股金额最后以实际办完过户手续为准计算,如违约按班次作价两倍付给对方;

(3) A公司办理过户手续,B公司予以配合,在过户前一切事宜由A公司负责,过户后一切事宜由B公司负责,以上事宜需股东签字生效。

需要说明的是,该协议虽有B公司的盖章,但占有B公司41.3%股份的股东自然人C明确表示反对该入股协议,并拒绝在入股协议上签字。

协议签订后,2002年5月,A公司将其27条线路经过省、市交通运输管理部门批准,更名过户到B公司,办理了《公路客运经营调整通知单》。但未办理A公司的入股手续。后被告B客运公司以大股东未签字,特许经营权不能作价入股等理由,拒绝履行协议。

A客运公司向中级人民法院提起诉讼,要求B公司继续履行入股协议,并承担违约责任,支付违约金。

三、代理思路

笔者作为被告B公司的代理人,提出了如下代理意见:

1. B公司作为本案被告不适格。本案的案由是入股协议纠纷,按照《中华人民共和国公司法》(以下简称《公司法》)以及《中华人民共和国合同法》(以下简称《合同法》)的相关规定,入股协议应当是公司股东为明确股东之间的权利义务关系而签订的协议。签订该协议的主体只能是公司股东,而不应是公司本身,不会存在拟入股公司的股东与公司签订入股协议的情况,所以 B 公司不应作为入股协议纠纷案件的被告被提起诉讼。

2. 本案《经营线路作价入股协议》不具备有效合同要件,违反法律、法规的强制性规定。根据协议签订时的法律,即修改前《公司法》第 24 条规定:"股东可以用货币出资,也可以用实物、工业产权、非专利技术、土地使用权作价出资。"该条法律对出资方式采用了列举的形式规定,对于列举之外的其他财产及权利出资是禁止的,这是法律的强制性规定。新的《公司登记管理条例》(国务院令第 156 号)第 14 条第 2 款也明确规定:" 股东不得以劳务、信用、自然人姓名、商誉、特许经营权或者设定担保的财产等作价出资。"而在本案中,该入股协议约定,A 公司以作为特许经营权的经营线路作价入股,显然违反了法律、行政法规的强制性规定,应当依据《合同法》第 52 条第(5)项违反法律、行政法规的强制性规定,合同无效。据此认定该入股协议无效。

另外,国务院《关于清理整顿道路客货运输秩序意见的通知》(国办发〔2000〕74 号)及交通部依据国务院(国办发〔2000〕74 号)通知制定的细则《交通部关于继续开展清理整顿道路运输市场秩序的通知》都明确规定:禁止搞任何形式的变相的客货运输线路经营权有偿出让。本案用经营线路作价入股,就是将客运线路经营权有偿出让。这也直接违反了《关于清理整顿道路客货运输秩序意见的通知》及《交通部关于继续开展清理整顿道路运输市场秩序的通知》中的禁止性规定,故《经营线路作价入股协议》是无效的。

3.《公路客运经营调整通知单》,不能证明 A 公司的出资义务已履行完毕,本案行为人履行的是 A 客运公司以其客运线路经营权出资作价入股协议,协议中约定的过户是以每条客运线路作价 35 万元的出资入股过户,因此本案行为人履行过户义务的过户方式应是"出资入股过户",而不应是任何其他形式的过户。然而,恰恰是《公路客运经营调整通知单》这个证据能够证明,A 公司 27 条经营线路的过户不是"出资入股过户",而是"无偿划拨过户"。原因很简单,省运输管理局只在经营线路无偿划拨过户时才使用《公路客运经营调整通知单》办理过户,也就是说,凡是黑龙江省运输管理局使用《公路客运经营调整通知单》办理过户的,全部都是"无偿划拨过户",无一例外。"无偿划拨过户"和"出资入股过户"二者之间在法律上有着天壤之别。"出资入股过户"能履行出资入股协议,但"无偿划拨过户"却无法履行出资入股协议。法律绝对禁止经营者把无偿取得(政府授予)的道路客运班线特许经营权有偿出让(出资)他人,可见这是一种典型的国有资产流失行为。

4. 本案《经营线路作价入股协议》系 B 公司增资扩股协议,是适用《公司法》第 38 条、第 43 条、第 44 条的规定,修改公司章程、增加或者减少注册资本的决议,以及公司合并、分立、解散或者变更公司形式的决议,必须经代表 2/3 以上表决权的股东通过;而根据 B 公司《公司章程》的记载,B 公司有股东 5 名,其中自然人股东

C 持有公司 41.3% 的股权；因此，在 B 公司自然人股东 C 未签字确认的情况下，该入股协议不发生法律效力。

本案《经营线路作价入股协议》第 3 条第 3 款明确约定：本协议"以上事宜需股东签字生效"。而本案最大的股东 C 恰恰未签字，而且明确表示坚决不签字。本案协议是增资扩股协议，是必须报送公司登记机关进行登记的书面协议，是必须经 B 公司代表 2/3 以上表决权的股东签字或盖章予以认可的协议，是不能用推定形式表示同意的协议，由此可见，本案《经营线路作价入股协议》缺乏法定成立要件，本案《经营线路作价入股协议》未成立，进而无法律效力。

四、法院判决

法院判决认为，"以客运线路经营权投资入股有效，本案入股协议的主要内容是原告 A 公司以其客运线路经营权作价入股，加入被告 B 公司，成为被告 B 公司股东。签订入股协议时，法律、行政法规并未禁止客运线路经营权作为出资。客运线路的取得源于国家行政主管部门的特别许可。本案当事人协商一致，原告 A 公司以其经营的客运线路作为出资方式，并经省运管局批准，办理了相关过户手续。被告 B 公司以客运线路经营权不得作为出资抗辩入股协议无效，无法律依据。虽然被告 B 公司大股东自然人 C 未在入股协议上签字，但其多次参加股东会议，口头表示公司盖章我是认可的，其同意 A 公司入股 B 公司。且原告以经营的客运线路作为出资已经办理了线路相关过户手续（指交通运输管理局批准的《公路客运经营调整通知单》）。"

判决入股协议继续履行；由 B 公司向 A 公司支付违约金。

五、焦点问题评析

1. 在法律和行政法规没有针对性明确规定的情况下，对于违反地方性法规或部门规章强制性规定的入股协议，法院应当慎重确认其效力。

法院以该入股协议签订时不违反法律、行政法规，虽违反交通部〔2000〕699 号《关于清理整顿道路客货运输秩序的意见》的规定："停止道路客货运输经营权有偿转让"以及"禁止客运线路、货运配载专线经营权的私自转让"。但根据最高人民法院《关于适用〈中华人民共和国合同法〉若干问题的解释（一）》第 4 条的规定："合同法实施以后，人民法院确认合同无效，应以全国人大及其常委会制定的法律和国务院制定的行政法规为依据，不得以地方性法规、行政规章为依据。"故作出交通部的文件不能作为认定该协议是否有效的依据。这又是一起典型的对违规事件作出的判例，这一问题在司法实践中具有普遍性，如地方司法部门和物价部门颁布的《律师收费标准指导》因与《合同法》相悖而几乎无法实施，而在当事人提起诉讼时，则更使地方行政机关的抽象行政行为处于尴尬地位。法院以《合同法》等法律为依据而摒弃地方性法规及部门规章的判决，在行政及地方政府部门的执行中也遭遇尴尬处境，尤其对于像本案例中的私自转让特许经营权现象已在全国形成乱象，严重扰乱了客货运交通管理秩序，属于应当坚决禁止的行为，而法院的此类判决无疑起到了助长此行为发展的作用。也如律师乱收费一样，法院一如既往地根据《合同法》一判了之，这对于当事人合法权利的维护、司法行政机关的管理公信力及律师队伍建设都有很大的不利影响。

另外，本案应当掌握修改前后《公司法》关于设立公司出资方式的规定具有重大变化，而注意对该入股协议的效力具有重大影响。修改前的《公司法》(1993年《公司法》)规定的是列举式的即只允许货币、实物、工业产权、非专利技术、土地使用权。而现行《公司法》是归纳概括式的，即凡可以用货币估价并依法可以转让的非货币财产，都可以作为出资。只是规定法律、行政法规规定不得作为出资的财产除外。同时，修订的《公司登记管理条例》规定了禁止特许经营权作价出资。而该案法院的审判思维方式令人费解，即选择了现行《公司法》出资方式中的法律、行政法规不禁止出资入股的财产都可以出资入股。而时间选择的却是修改前的1993年《公司法》，视而不见1993年《公司法》对出资方式所作的列举式的规定，及未列举的财产不能出资入股的强制性规定。法院这样的忽视，恰恰直接影响对《经营线路作价入股协议》法律效力的准确判断。

2. 法院应当考虑该《经营线路作价入股协议》的履行效力问题。本案原告A公司拿到了这份《经营线路作价入股协议》继续履行的判决后，工商行政部门不给予办理股东变更登记手续，法院又无法强制执行，原告称拿到了一份废纸，这种尴尬就是盲目套用或者滥用法律规定所造成的。法院认定该协议已经履行，即根据运输管理局批准，办理了相关过户手续，但这是法院的认知错误，法院所说的过户手续仅是根据《公路客运经营调整通知单》办理了线路划拨更名过户，而与法定的工商行政机关的股东登记过户是两码事，风马牛不相及，而中华人民共和国工商管理法律及《中华人民共和国公司登记管理条例》均规定，只能经工商部门登记注册后股东身份才能确立，才能对外享有股东的权益。根据《公司法》分析，这份《经营线路作价入股协议》，只有经过工商行政部门办理股东登记后才应当发生法律效力，股东才能享有股东权利。抑或这种理解不准确，但也建议今后在立法或司法解释方面对此问题作出如是规定。如同《合同法》第44条第2款的规定："法律、行政法规规定应当办理批准、登记等手续生效的，依照其规定。"即将此类协议的成立与生效分离，经工商行政部门审批登记时生效。这样就可以避免诸如此类问题的发生。

3. 法院应考虑其判决的可执行性。法院对某一案件的审理和宣判，应当保证该判决的可执行性，不能简单套用法律机械地作出判决，如此非但不会止争息诉，反而会增加更大的社会矛盾和社会成本。就本案而言，从2003年至今，各级法院先后作出了3份判决两份裁定，但均无法执行。A公司一定不会放弃利益，必然还会继续上诉和申诉。B公司认为，这样的判决严重侵害了其合法权益，也会继续上诉和申诉。A、B两家公司均是本地区规模较大的民营客运公司，承担着本地区客运最繁忙的一个区域的旅客运输，为本地区的社会经济发展均做出过贡献。但经过近十年的诉争，双方的经营都举步维艰濒临倒闭，对于目前这样的局面值得我们反思。促成它的原因有多种，既有双方当事人的失误，也有主管部门的疏忽，更有后来法院这种简单机械无法执行的判决。司法的公平、公正不能仅体现在法律层面上，更应体现在社会价值和社会效率促进上，为经济社会的发展服好务。

六、结语

以上是笔者对本案的入股协议效力、违规不违法及其可执行性等法律问题作出的粗浅探讨，难免有不当之处，恳望同仁指正。

买卖合同纠纷案牵涉的出资到位问题

湖北华隽律师事务所律师　吴和平
湖北瑞通天元律师事务所律师　秦进

一、争议焦点

1. 公司设立有限责任公司(中外合资)以建筑物出资,是否应过户?

2. 公司设立有限责任公司(中外合资)出资不到位,是否应认定为资产混同?

3. 原审法院的案件主要证据未经持证、判决金额超出原告诉讼请求,上级法院应否发回重审?

二、基本案情

申请再审人(一审被告、二审上诉人):C

申请再审人(一审被告、二审上诉人):武汉 D 公司

被申请人(一审原告、二审被上诉人):武汉 A 铸造公司

一审被告、二审上诉人:E 公司

原审被告:武汉 B 公司

审理法院:武汉市汉阳区人民法院(一审)
　　　　　武汉市中级人民法院(二审)
　　　　　湖北省高级人民法院(再审)

三、两审情况概要

(一)案件基本事实

原告武汉 A 铸造公司与被告武汉 B 公司系长期业务往来单位,原告武汉 A 铸造公司长期向被告武汉 B 公司供应铜材等加工原材料。2008 年 6 月 30 日,原告与武汉 B 公司进行了对账,双方以对账纪要确认:截至 2008 年 6 月 30 日,武汉 B 公司欠武汉 A 铸造公司货款(以开增值税发票为准)为 3 138 226. 72 元,双方约定在对账纪要上签名即生效。嗣后,2008 年 7 月 1 日、8 月 3 日、9 月 3 日、10 月 7 日,原告武汉 A 铸造公司与被告武汉 B 公司签订供货合同 4 份,原告又向被告武汉 B 公司提供铜材等材料。2008 年 8 月 22 日,原告 A 铸造公司向被告武汉 B 公司开具了 3 张增值税专用发票,并附被告武汉 B 公司收到货物的收料单凭证,货款计 246 970. 53元。2008 年 10 月 29 日,原告 A 铸造公司又向被告武汉 B 公司开具了两张增值税专用发票,并附被告武汉 B 公司收到货物的收料单凭证,货款计

223 438．26元。被告收到原告A铸造公司原材料货物价值共计470 408．79元。被告武汉B公司于2008年7月至10月7日止，先后向原告A铸造公司支付货款人民币20万元。被告武汉B公司又增欠原告A铸造公司货款计270 408．79元。上述款项表明，武汉B公司共欠原告A铸造公司货款计3 408 635．51元。

（二）当事人诉讼请求及一审法院裁判要旨

1．当事人诉讼请求

武汉A铸造公司诉称：其与B公司系多年的业务合作单位。长期以来，武汉A铸造公司一直向武汉B公司供应铜材等原材料。截至2008年11月30日，武汉B公司共拖欠武汉A铸造公司货款3 408 635.51元未付。武汉C厂系武汉B公司的股东，该公司成立时，武汉C厂以其厂房等实物作为出资，但房产从未过户给武汉B公司。后武汉C厂又将武汉B公司的资产作为对武汉D公司的出资，造成武汉D公司与武汉B公司在资产上的混同。E公司在2008年3月14日整体收购武汉C厂时，亦将武汉D公司及其武汉B公司一并收购，因此，E公司依法应该承担所收购企业的债务责任。现要求武汉B公司给付货款3 408 635.51元及利息损失50万元，并承担本案诉讼费及律师费。武汉C厂、武汉D公司、E公司对上述款项承担连带清偿责任。

2．一审法院裁判要旨

一审认为：武汉A铸造公司与武汉B公司之间的买卖合同关系成立。截至2008年11月30日，武汉B公司共欠武汉A铸造公司货款为3 408 635.51元。武汉B公司对其欠武汉A铸造公司货款数额不持异议。武汉B公司不仅有违诚实信用之原则，且给武汉A铸造公司造成了一定的经济损失。因此，武汉B公司应承担偿还武汉A铸造公司货款和支付利息损失的责任。故对武汉A铸造公司要求武汉B公司支付货款和利息损失的诉讼请求予以支持。武汉C厂作为武汉B公司的股东，在对武汉B公司以厂房等实物作价出资，按照物权变动的一般规则，应采取公示的方式办理过户登记，但武汉C厂至今未办理产权过户登记，后武汉C厂又以其持有武汉B公司70%的股权等资产，作为对武汉D公司的出资，且仍未办理股权及产权变更手续，导致在出售前，形成武汉C厂、武汉D公司、武汉B公司三个彼此独立的企业，但为同一法定代表人、同一所在地，有关厂房和机器设备也属同一，从而造成企业法人之间的资产无法区分、严重混同的情况。上述事实表明，武汉C厂、武汉D公司违反了《中华人民共和国公司法》第28条之规定，“以非货币财产出资的，应当依法办理其财产权的转移手续”。同时，也违背了法人制度设立的宗旨——诚实信用和公平原则，损害了债权人的利益。据此，根据企业法人财产原则，武汉C厂、武汉D公司应承担资产混同的法律责任。E公司在整体收购武汉C厂（包括武汉D公司、武汉B公司）的资产时，已一并承接了被出售企业的债务，构成出卖人与买受人在企业资产及债权债务上的承继关系。武汉B公司虽系合资企业，但该公司的资产已作为武汉C厂国有产权的整体出售范围，一并出售给了收购人 E 公司。根据最高人民法院《关于审理与企业改制相关民事纠纷案件若干问题的规定》第 27 条的规定,E 公司应成为本案责任主体,理应对武汉 B 公司的债务承担连带清偿责任。据此,一审法院判决:

一、武汉 B 公司于判决生效之日起 10 日内支付武汉市 A 铸造公司货款 3 408 635.51元。

二、武汉 B 公司于判决生效之日起 10 日内赔偿武汉市 A 铸造公司利息损失。利息损失的标准应分段计算以 3 138 226.72 元为本金,按中国人民银行同期贷款利率,自 2008 年 6 月 30 日起至付清之日止,以 270 408.79 元为本金,按中国人民银行同期贷款利率,自 2008 年 10 月 7 日起至付清之日止。

三、武汉 C 厂、武汉 D 公司、E 公司对武汉 B 公司的应付款项承担连带清偿责任。

四、驳回武汉市 A 铸造公司其他诉讼请求。

武汉 C 厂、武汉 D 公司、E 公司不服一审判决,提出上诉。

(三) 当事人上诉情况及二审裁判要旨

1. 当事人上诉情况

武汉 C 厂上诉认为:(1) 一审认定武汉 C 厂以房屋所有权等出资未到位缺乏事实依据。① 武汉 C 厂一直强调其以房屋对武汉 B 公司出资,系指房屋的使用权,即《中外合资经营企业法实施条例》规定的场地使用权出资;在当时的条件下,该房屋不能分割过户,根本不可能以该房屋的所有权出资。武汉 C 厂在筹建武汉 B 公司时,即已将该机器设备、房屋交付使用,验资报告中的交接手续清楚,不存在出资未到位问题。② 武汉 C 厂作为场地使用权出资的房屋,武汉 B 公司一直在使用,从未交纳过租赁费用;如果按照武汉 B 公司 1990 年成立至 2009 年 19 年使用权的租赁价值计算,其价值远远高于当时作价的 31.5 万元。从这一点可见,认定武汉 C 厂房屋出资未到位也缺乏依据。

(2) 即使武汉 C 厂房屋出资未到位,也与“资产混同”无关。① 武汉 C 厂(出资 70%)与加拿大中时公司(出资 30%)共同设立的武汉 B 公司为中外合资企业,该公司设立时资产确定,范围清楚,没有与任何其他公司的资产相混同。即使武汉 C 厂房屋出资没有到位,武汉 C 厂也仅应在该出资不足的范围内承担责任,即在人民币 31.5 万元的范围内承担责任。② 武汉 C 厂与中国汽车工业投资开发公司共同设立的武汉 D 公司,注册资本为人民币 2 441 万元,全部为实物出资,未将股权出资。武汉 C 厂将武汉 B 公司 70% 的股权投资权益(内部财务处理)划归武汉 D 公司享有,而并非在出资时以股权作为出资。即使以股权出资,也并不违反现行法律规定,也不构成资产混同的问题。鉴于一审判决缺乏事实与法律依据,故请求二审法院依法撤销一审判决,改判驳回武汉 A 铸造公司的诉讼请求,并由该厂承担本案全部诉讼费用。

武汉 D 公司上诉认为:

（1）原审查明及认定的事实均存在明显错误。① 武汉 C 厂是以实物资产对 D 公司进行出资的。武汉 D 公司是由武汉 C 厂与中国汽车工业投资开发公司（下称“中汽投资公司”）于 1997 年共同合资组建，注册资本为 2 441 万元（出资比例为武汉 C 厂占 80.77%，中汽投资公司占 19.23%）。此后，武汉 C 厂收购中汽投资公司股权，至此，武汉 D 公司成为武汉 C 厂的全资子公司。无论是审查武汉 D 公司设立过程中所进行的资产评估、验资报告及工商登记等程序，还是依据武汉 D 公司设立时的法律规定，事实上，武汉 C 厂是以实物资产对武汉 D 公司进行出资而不是以其持有武汉 B 公司 70% 的股权等作为出资。② 武汉 C 厂用以出资设立武汉 B 公司、武汉 D 公司的资产范围清楚，不存在出资资产混同的情形。③ 武汉 C 厂、武汉 D 公司、武汉 B 公司在资产、经营、业务、财务等方面相互独立，并依法存续，均能依法独立享有民事权利和承担民事义务。④ 即便武汉 C 厂是以股权出资，也不构成武汉 D 公司及武汉 B 公司成为资产混同企业。

（2）原审适用法律错误。① 原审法院认定武汉 C 厂、武汉 D 公司违反我国《公司法》第 28 条规定是错误的。武汉 C 厂用以出资设立武汉 B 公司资产中的房屋，是“房屋使用权”而不是“房屋所有权”；武汉 C 厂用以出资设立武汉 D 公司的资产是实物资产，并已办理了移交手续。② 即便认定武汉 C 厂未办理“房屋的所有权”变更登记，武汉 C 厂及武汉 D 公司对武汉 B 公司的债务，依法也不应承担连带责任。因为依据我国《公司法》的规定，股东只能承担有限责任。如注册资金不到位，也只是在注册资本不到位的范围内承担民事责任。③ 武汉 D 公司不是武汉 B 公司法定的投资人（股东），其对武汉 B 公司债务依法不承担连带责任。综上，请求原审依法改判武汉 D 公司不承担连带责任。

E 公司上诉认为：

（1）原审法院审理查明的事实及认定的事实均存在明显错误。① E 公司收购的武汉 C 厂的国有产权中并未包括武汉 D 公司、武汉 B 公司的产权。② E 公司收购的债权中也不包括武汉 D 公司、武汉 B 公司的对外负债。③ 武汉 C 厂全部国有产权证移交的法律手续并未完成。④ 不能片面理解“武汉 B 公司资产和负债 195.94 万元移交乙方 E 公司”。⑤ 收购完成后，E 公司仅承接武汉 C 厂的对外负债。⑥ 不能将股权收购混淆为资产收购。⑦ 武汉 B 公司独立的法人财产权不容侵犯。

（2）原审法院适用法律错误。最高人民法院《关于审理与企业改制相关的民事纠纷案件若干问题的规定》第 27 条规定并不适用本案。① 武汉 B 公司不因 E 公司完成收购而注销。② 在武汉 C 厂全部国有产权正式移交的法律交割手续未办理完成前，E 公司对武汉 C 厂的对外负债不承担法定的连带清偿责任。

综上，鉴于原审法院判决认定事实错误，适用法律不当，恳请二审法院撤销一审判决，查清事实后改判驳回武汉 A 铸造公司的诉讼请求。

2. 二审裁判要旨

(1) 关于武汉C厂、武汉D公司民事责任问题。《中华人民共和国民法通则》第4条规定:“民事活动应当遵循自愿、公平、等价有偿、诚实信用原则。”《中华人民共和国公司法》第20条规定:“公司股东应当遵守法律、行政法规和公司章程,依法行使股东权利,不得滥用股东权利损害公司或者其他股东的利益;不得滥用公司法人独立地位和股东有限责任损害公司债权人的利益。公司股东滥用公司法人独立地位和股东有限责任,逃避债务,严重损害公司债权人利益的,应当对公司债务承担连带责任。”上述规定表明,股东应正当行使自己的权利,滥用股东权利则应承担相应的民事责任。本案中,武汉C厂与加拿大中时公司以合资形式成立武汉B公司,武汉C厂持股70%,为武汉B公司控股股东。1997年6月26日,武汉C厂成立武汉D公司时,将上述股权投资到武汉D公司。2006年经股权回购,武汉C厂成为武汉D公司的唯一股东,客观上形成武汉C厂对武汉D公司控股,武汉D公司对武汉B公司控股的局面,但上述变更未办理工商登记,对外尚不具备公示效力。故从股权结构看,武汉C厂、武汉D公司、武汉B公司三者之间构成关联企业。武汉C厂投入到武汉B公司的房产,现属于武汉D公司,改制时记入武汉D公司资产报表,但房产证仍在武汉C厂名下。武汉D公司向银行借款又抵押了上述房产,以上事实表明,武汉C厂及武汉D公司控制并占有武汉B公司财产,侵犯了公司财产权,客观上影响了公司偿债能力。

武汉A铸造公司系武汉B公司供应商,长期向武汉B公司供应铜材。经营中,除武汉B公司外,武汉D公司也向武汉A铸造公司支付货款,其中部分付款系武汉D公司法人代表钟某签名审批,但武汉D公司与武汉A铸造公司无购销铜材往来关系。武汉D公司也无法证明该公司与武汉B公司存在借款关系。目前,武汉B公司已停止对外经营,其业务及结算均由武汉D公司负责,武汉B公司仅负责生产加工。此间,武汉D公司清收了武汉B公司对大同齿轮厂相关债权,但清收的款项未入武汉B公司账目。这表明,两关联企业在付款行为中存在法人人格混同的事实。武汉D公司在财务及业务上对武汉B公司进行了控制,故武汉B公司并非独立的财政单位,既没有足够的资金应付其经营开支,也没有能力承受其经营活动的可预见的风险,其行为足以使武汉A铸造公司模糊两公司界限,使两公司对外表现为一个整体形象。武汉C厂、武汉D公司、武汉B公司在同一厂区经营,改制前法人代表同一,改制后武汉C厂、武汉D公司法人代表为钟某,武汉B公司的法人代表虽有变更,但该人事变动系武汉D公司任命且未经武汉B公司董事会研究决定,实质上由武汉D公司控制。上述事实表明,三公司在经营地点及组织机构上出现混同,债权人从外观上已无法对三者进行区分,使之无法对交易对象作出正确评估,故而增加了债权人的交易风险。

(2) 根据诚信原则,公司注册资本不足,股东也应承担民事责任。公司资本不足表明,公司股东利用公司人格经营其事业的诚意欠缺。以较少资本投入经营,可利用公司人格和有限责任将投资风险降到必要极限之下,但却通过公司形式将投资风险外化给债权人。因此,以低注册资本对外从事经营,其股东应对此承担民事责任。本案中,武汉 A 铸造公司与武汉 B 公司系长期业务往来单位;至减资前,武汉 B 公司尚欠武汉 A 铸造公司货款为 3 138 226.72 元,减资后,双方业务量不断增加,截至 2008 年 11 月 30 日,武汉 B 公司欠款累计为 3 408 635.51 元。其欠款额已严重超出注册资本。武汉 B 公司的资产主要由应收账款和无法等值变现的成品及半成品构成,而这些资产均不足以偿还债务。事实表明,武汉 B 公司股东投入公司形成的资本额与公司经营产业及隐含的风险相比明显不足。武汉 A 铸造公司债权处于风险之中。对此,武汉 C 厂及武汉 D 公司均应承担民事责任。

据此,本院认为:武汉 C 厂、武汉 D 公司与武汉 B 公司在组织机构、经营地点、公司财务等方面形成混同,损害了公司债权人的利益。武汉 C 厂、武汉 D 公司的行为均构成滥用公司法人独立地位和股东有限责任,因而违反了诚实信用原则。根据《中华人民共和国公司法》第 20 条的规定,武汉 C 厂、武汉 D 公司应当对本案债务承担连带责任。

至于 E 公司是否承担责任的问题。最高人民法院《关于审理与企业改制相关民事纠纷案件若干问题的规定》第 27 条规定:“企业售出后,应当办理而未办理企业法人注销登记,债权人起诉该企业的,人民法院应当根据企业资产转让后的具体情况,告知债权人追加责任主体,并判令责任主体承担民事责任。”这项规定是指企业被出售以后,买受人对所购企业资产纳入该企业或将所购企业变更为所属分支机构,或者以其名义将所购企业资产作价入股与他人重新组建新公司,或者重新注册为新公司时,应及时到工商行政管理机关办理注销登记。此时,即使被出售企业未予注销也形同虚设,无力对外承担民事责任,故对此类情况,应告知债权人追加有关责任主体承担民事责任。本案中,E 公司与工业控股公司签订产权转让合同,以资产评估值为基础,收购武汉 C 厂国有产权。收购完成后,武汉 C 厂按合同约定仍保留法人资格,正常经营,独立对外承担民事责任。对武汉 B 公司、武汉 D 公司而言,E 公司仅收购其股权,未收购资产,其资产也未因改制而发生改变,因此,从改制后武汉 C 厂、武汉 B 公司、武汉 D 公司的现实状况看,并不属于最高人民法院《关于审理与企业改制相关民事纠纷案件若干问题的规定》第 27 条规定的情形。原审按上述规定判令 E 公司承担民事责任,显属不当,本院依法予以纠正。E 公司在《产权转让合同》第 6 条第 6 项中为武汉 C 厂作出的连带责任保证,是以《产权转让合同》项下的权利义务为基础,其承诺对象为工业控股公司,而非普通债权人,所承担义务仅限于改制职工安置而非普通债权。上述情形不符合《中华人民共和国担保法》第 6 条的规定:“本法所称保证,是指保证人和债权人约定,当债务人不履行债务时,保证人按照约定履行债务或者承担责任的行为。”故 E 公司不属于本案债务的保证人,不应承担保证责任。

综上,原审认定事实基本清楚,但适用法律及实体处理均有不当之处,应当依法予以纠正。根据《中华人民共和国民法通则》第4条,《中华人民共和国公司法》第20条第3款、第28条,《中华人民共和国合同法》第130条、第159条、第161条、第109条,《中华人民共和国担保法》第6条,《中华人民共和国民事诉讼法》第153条第1款第(2)项之规定,判决如下:

一、维持湖北省武汉市汉阳区人民法院(2009)阳民三初字第143号民事判决第一、二项(一、武汉B公司于本判决生效之日起10日内支付武汉市A铸造公司货款3 408 635.51元;二、武汉B公司于本判决生效之日起10日内赔偿武汉市A铸造公司利息损失。利息损失的计算标准是以3 138 226.72元为本金,按中国人民银行同期贷款利率,自2008年6月30日起至付清之日止,以270 408.79为本金,按中国人民银行同期贷款利率,自2008年10月7日起至付清之日止)。

二、撤销湖北省武汉市汉阳区人民法院(2009)阳民三初字第143号民事判决第三、四项(三、武汉C厂、武汉D公司、泉州汽车零部件有限公司对武汉B公司的应付款项承担连带责任;四、驳回武汉市A铸造公司其他诉讼请求)。

三、武汉C厂、武汉D公司对武汉B公司应付款项承担连带清偿责任;

四、驳回武汉市A铸造公司其他诉讼请求。

四、再审申请人申请再审,需解决的焦点问题

二审判决作出后,武汉C厂拟提出再审申请。

本案争议主要焦点是武汉C厂、武汉D公司是否对武汉B公司的债务承担民事责任?

原一、二审法院认定:

(1) 武汉C厂投入武汉B公司的房产评估作价为31.5万元,但没有办理过户,该房产一直由武汉B公司使用。1997年9月26日成立武汉D公司时,武汉C厂将上述房产投入到武汉D公司,但仍未办理过户。改制后,上述房产被武汉D公司办理抵押,武汉C厂及武汉D公司控制并占有武汉B公司财产,侵犯了公司财产权,客观上影响了公司偿债能力。

(2) 武汉C厂、武汉D公司与武汉B公司在组织机构、经营地点、公司财务等方面形成混同,行为构成滥用公司法人独立地位和股东有限责任,损害了公司债权人的利益。

(3) 武汉C厂及武汉D公司依诚信原则应对武汉B公司注册资本不足承担民事责任。

再审申请人的代理律师认为,就武汉C厂对武汉B公司及武汉D公司出资方式,以及三公司在组织机构、经营地点等方面并不混同的事实根据及法律依据进行分析,是本案的重要突破点。在此基础上,提出申请再审的理由如下:

(一) 武汉C厂对武汉B公司的出资为场地使用权

(1) 武汉C厂对武汉B公司的出资为场地使用权(630平方米,其中90平方

米为无证房屋,该出资不含土地使用权),并依法办理了场地使用权证(见评估报告)。20 年来,武汉 B 公司一直在无偿使用上述房屋,原审判决将场地使用权的出资当作房屋所有权的出资,明显依据不足。

(2) 武汉 C 厂主厂区有证的房屋建筑面积 33 389.21 平方米,对武汉 B 公司的出资房屋使用权为 630 平方米,武汉 B 公司占有使用的房屋与武汉 C 厂划归 D 公司的房屋完全不重合,在改制评估的资产盘点清单中清晰明了,而原一、二审判决却均视而不见。

(二) 武汉 C 厂是以实物资产对武汉 D 公司进行出资而不是以其持有武汉 B 公司 70%的股权等作为出资的

D 公司 1997 年的验资报告显示,武汉 C 厂投资均为实物。而"股权作为出资一部分"的说法,来自于再审被申请人举证的 2006 年的一份与事实不符的审计报告中附注的记载,该记载称:"武汉 C 厂将持有的武汉 B 公司、武汉 D 车桥公司的股权作为对 D 公司的出资。"武汉 D 车桥有限公司成立于 2001 年,而武汉 C 厂对武汉 D 公司的出资在 1997 年,武汉 C 厂如何能用尚未成立的公司股权作为对武汉 D 公司的出资呢?

同时,武汉 C 厂若将持有的武汉 B 公司 70% 的股权投资到 D 公司,要先取得合资外方的同意,实际上,历史上合资企业武汉 B 公司从未有如此动议,也未有任何工商变更。武汉 C 厂只是将其对武汉 B 公司 70% 的股权投资权益处置划拨给控股子公司武汉 D 公司享有,根本与出资无关,原一、二审判决有意混淆。

(三) 武汉 C 厂、武汉 D 公司与武汉 B 公司人格混同缺乏事实根据

1. 武汉 C 厂和武汉 B 公司经营场所不存在混同。武汉 C 厂主厂区面积有 88.44亩,建筑物界限明显,武汉 C 厂未从事实体生产活动,武汉 B 公司的生产经营场所只占其中很小的一部分,其与武汉 D 公司的生产经营场所是完全分开的,不存在无法区分的问题,特别是对与 B 公司有业务往来近二十年的再审被申请人单位来说,更不存在这个无法区分的问题。

2. 武汉 D 公司和武汉 B 公司人员不存在混同,组织架构界限清晰。原一、二审判决中认定武汉 B 公司人事变动由 D 公司控制。这个认定依据来源于再审被申请人举证的一份证据——一份无 D 公司公章的任命书,这份证据的内容是 D 公司下发任命书,将武汉 B 公司的法定代表人由邹德春变更为"刘善华",再审被申请人以此证明武汉 B 公司人事变动由 D 公司控制。而实际上,再审申请人从未承认这份任命文件证据的效力,这份法定代表人变更的任命文件,也并未进行工商变更登记。

这样一份明显伪造的无效证据,一二审法院均予以认可其效力,否定工商营业执照记载的合法效力,并将"刘善华"作为武汉 B 公司的法定代表人,堂而皇之的写在一二审判决书中,这显然是认定事实错误。

3. 二审判决中认定事实的一个主要证据未经质证。二审判决书中认定,目前武汉 B 公司已停止对外经营,其业务及结算均由武汉 D 公司负责,武汉 B 公司仅负责生产加工。此间,武汉 D 公司清收了武汉 B 公司对大同齿轮厂的相关债权,但清收的款项未入武汉 B 公司的账目,这表明,武汉 D 公司、武汉 B 公司两个关联企业,在付款行为中存在法人人格混同的事实。

首先,本案从未在任何庭审调查中提及清收山西大同齿轮有限公司的债权,判决书中怎么会冒出这样一个表述呢? 这是因为,本案判决书照抄了同类案件——武汉市中级人民法院(2009)武民商终字第 1836 号民事判决书中第 20 页的内容及第 13 页所列证据:“武汉 B 公司主要管理层人员黎泽友、梅家新就该公司现状于 2010 年 9 月 14 日作出的陈述”,这个“陈述”证据是一个未经质证、不知来源、不知真实性的证据中,本案判决中根本不应该引用,更不应据以作为判决的主要事实。

其次,武汉 B 公司清收山西大同齿轮有限公司的债权已入账,有据可查,二审判决中的认定与事实不符;

最后,二审判决的认定自相矛盾:“目前武汉 B 公司停止经营”,同时又“负责生产加工”? 实际上,在 2009 年 7 月 20 日营业期限到期前,武汉 B 公司一直在经营,而不像原二审判决中说的 2008—2009 年已停止经营,营业期限届满,也即停止经营,进行清算,没有“生产加工”。由以上可知,上述“陈述”本身即不真实,不能作为二审判决的裁判依据。

(四)原审判决适用法律错误

1. 武汉 D 公司及武汉 B 公司,分别依我国《公司法》及《中外合资经营企业法》设立的内资及中外合资企业,无论在 E 公司收购武汉 C 厂国有产权前或后,两公司法人治理结构完善,在人员、资产、经营及财务等方面均是相互独立的,目前仍能依法独立享有民事权利和承担民事义务。原一、二审判决援引《民法通则》及《公司法》,认为再审申请人违反诚实信用原则、滥用公司法人地位和股东有限责任,均无任何事实依据。

2. 武汉 C 厂对武汉 B 公司的减资,经过法定 3 次公告,外管部门、工商登记机关批准,已完成了法定减资程序,再审被申请人作为武汉 B 公司的经常往来单位,未在公告期内申报债权,武汉 C 厂不存在违反诚信原则的问题;同时,武汉 B 公司现所欠武汉 A 铸造公司的债务,是武汉 B 公司减资之后发生的,该债务与 C 厂的减资行为没有任何联系,C 厂不应承担任何责任。另外,原审判决称:“以低注册资本对外从事经营,其股东应对此承担民事责任。”这种说法与公司法的立法精神背道而驰,以此根据《公司法》第 20 条判令再审申请人承担民事责任,显属适用法律错误。

综上,C 厂对 B 公司的出资是 630 平方米的场地使用权,其中 90 平方米为无证房屋,并依法办理了场地使用权证,而 D 公司 1997 年验资报告显示,C 厂投资均为实物,武汉 C 厂及武汉 D 公司控制并占有武汉 B 公司财产,侵犯了公司的财产权,客观上影响了公司偿债能力这一说法并无依据。有充分证据证明C厂、D公司和B公司都是独立法人,原判认定C厂、D公司滥用公司法人地位和股东有限责任,均无事实依据,适用法律错误;武汉C厂对武汉B公司的减资经过法定的减资程序,因此,"以低注册资本对外从事经营,违背诚实信用原则"这种说法,也不符公司法的立法原意。

五、再审裁判

湖北省高级人民法院经再审认为,本案一、二审判决认定事实不清,程序违法,实体处理不当。依照《中华人民共和国民事诉讼法》第186条第1款、第153条第1款第(3)项之规定,裁定:

一、撤销湖北省武汉市中级人民法院二审民事判决、武汉市汉阳区人民法院一审民事判决;

二、本案发回湖北省武汉市汉阳区人民法院重审。

六、案件评析

(1)公司设立有限责任公司(中外合资)以建筑物出资,实质上是以场地使用权出资,且在出资后依法办理了《场地使用权证》,并不存在过户问题。

本案中,武汉C厂设立武汉B公司时,以建筑物评估重置价值作为出资,该出资的建筑物并不包含土地,实质上是以场地使用权出资;根据《中华人民共和国中外合资经营企业法实施条例》第22条的规定:"合营者可以用货币出资,也可以用建筑物、厂房、机器设备或者其他物料、工业产权、专有技术、场地使用权等作价出资。"合营的中方是可以场地使用权作为出资的,并且实际出资后也依法办理了《场地使用权证》,由于本案中的房屋建筑物出资,实质上是以场地使用权出资,因此,并不存在过户问题。

(2)公司设立有限责任公司(中外合资)出资不到位,不应认定为资产混同。本案中,以房屋建筑物出资未过户,被认为是资产混同的一个主要标志;而实际上关于出资不到位的法律责任,我国《公司法》第28条明确规定:"股东应当按期足额缴纳公司章程中规定的各自所认缴的出资额。股东以货币出资的,应当将货币出资足额存入有限责任公司在银行开设的账户;以非货币财产出资的,应当依法办理其财产权的转移手续。股东不按照前款规定缴纳出资的,除应当向公司足额缴纳外,还应当向已按期足额缴纳出资的股东承担违约责任。"

出资不到位应承担的法律责任已有明确规定,不应认定为资产混同,进而判定承担连带责任。

(3)原审法院的案件主要证据未经质证、判决金额超出原告诉讼请求,上级法院应发回重审。2007年《中华人民共和国民事诉讼法》第153条第1款第3项规定:“原判认定事实错误,或者原判认定事实不清,证据不足,裁定撤销原判决,发回原审人民法院重审,或者查清事实后改判;”第4项规定:“原判决违反法定程序,可能影响案件正确判决的,裁定撤销原判决,发回原审人民法院重审。”

最高人民法院《关于适用〈中华人民共和国民事诉讼法〉若干问题的意见》第181条也具体规定了发回重审的具体情形。本案中,主要案件证据未经质证,违反证据规则,严重违反法定程序;判决超出诉讼请求,违反了民事诉讼“不告不理”的基本原则;依此两种理由,上级法院均应发回重审。

股东追偿权纠纷案

——公司发起人承担被告股东瑕疵出资连带责任及其追偿权的限制

北京市大成(南京)律师事务所律师　朱涤非

一、争议焦点

1. 在被告股东瑕疵出资的情况下,债权人是否有权请求公司的发起人与被告股东承担连带责任,被告股东应承担什么样的责任?

2. 公司发起人承担被告股东瑕疵出资的连带赔偿责任后,有权向何人主张追偿权,其追偿权是否有限制?

二、基本案情

1993 年 1 月 5 日,原告中国人民财产保险股份有限公司南京市分公司(以下简称"人保南京分公司")与南京市浦口区经济技术发展总公司(以下简称"浦口经济发展总公司")、南京市浦口高新技术外向型开发区技术经济开发总公司、××银行南京分行等 11 家被告单位,共同发起设立南京飞浦股份有限公司(以下简称"飞浦公司"),除浦口经济发展总公司认缴的 2 400 万元注册资本外,其余股东的认缴资本均已到位。浦口经济发展总公司以 400 亩土地使用权作价 2400 万元认缴出资,但其并未将该土地使用权交付飞浦公司,亦未以其他方式出资。

飞浦公司因作为保证人为案外人担保借款,1996 年经南京市浦口区人民法院判决其承担连带清偿责任。因飞浦公司不能按生效判决履行义务,债权人长城资产管理公司南京办事处于 2009 年向南京市浦口区人民法院提起诉讼,要求飞浦公司的发起人在浦口经济发展总公司出资不到位的范围内对飞浦公司的债务承担连带清偿责任。经南京市浦口区人民法院(2009)浦民二初字第 500 号民事判决书以及南京市中级人民法院(2011)宁商终字第 16 号民事判决书确认,飞浦公司应承担连带清偿借款本金 206 万元、利息 845 965 元,合计 2 905 965 元;浦口经济发展总公司在设立飞浦公司时,未将作价 2 400 万元的 400 亩土地使用权交付飞浦公司,对飞浦公司未履行出资义务,应在未出资范围内对债权人承担补充清偿责任,其他发起人对浦口经济发展总公司的责任承担连带责任。判决生效后,浦口经济发展总公司及其他连带责任义务人未履行。债权人长城资产管理公司南京办事处向南京市浦口区人民法院申请强制执行,浦口区人民法院于 2011 年 9 月 6 日划拨人保南京分公司银行存款 1 524 308 万元。

2012年1月12日，原告人保南京分公司以浦口经济发展总公司出资不到位导致其承担连带清偿责任为由，向南京市浦口区人民法院提起诉讼，要求浦口经济发展总公司偿付其1 524 308元，并按银行同期贷款利率支付自2011年9月6日起至付清款项时止的损失；浦口经济发展总公司偿付不能部分，由本案被告承担按份责任。

三、代理思路

作为本案被告之一××银行南京分行的诉讼代理人，也参与了与本案相关的飞浦公司债权人长城资产管理公司南京办事处诉飞浦公司12个发起人对未出资股东出资额本息范围内承担连带责任一案的审理，该案最主要的争议焦点，即飞浦公司瑕疵出资的股东及其他发起人是否应对公司债务承担补充清偿责任，这是本案产生的基础和前提。在前述案件的基础上，法院执行了飞浦公司发起人之一人保南京分公司的财产，人保南京分公司为获得补偿和分摊损失，要求浦口经济发展总公司赔偿损失并向律师的委托人在内的其他10个发起人主张按份责任。

经过对案件的分析，律师确定了本案主要的代理思路如下：

（一）支持原告人保南京分公司向本案瑕疵出资的被告股东要求其承担补充赔偿责任

南京飞浦股份有限公司系20世纪90年代初，由当地政府牵头发起组建并指定，浦口经济发展总公司用400亩土地折价2 400万元人民币向飞浦公司入股，并有多家国有金融机构及大型企业参与发起设立的股份有限公司，公司成立时的注册资本为4 000万元人民币。飞浦公司成立后，来自金融、保险、物资等系统的其他多家股东入股飞浦公司的资本金先后陆续到位，但是浦口经济发展总公司应投入的估值为2 400万元的土地资产却未交付使用，也一直未办理权属变更手续。在新的市场经济条件下，浦口经济发展总公司对飞浦公司的出资问题成为历史遗留问题。对被告股东应承担出资补足责任的问题上，各出资到位股东并无不同意见。因此，本案原告应同被告股东协商处理在出资范围内的补足义务如何承担问题。本案其他被告也应积极协调与被告股东的沟通，并向浦口经济发展总公司的股东说明利害关系，争取通过协商或和解解决争议，并敦促其履行补足出资的责任。

（二）在最高人民法院《关于适用〈中华人民共和国公司法〉若干问题的规定（三）》的背景下，向法院提出公司发起人承担被告股东瑕疵出资连带责任后，追偿权仅限于向被告股东追偿的抗辩，维护委托人的合法权益

在第一项努力不能解决争议的情况下，需要找到对股东追偿权的限制法律规定或者理由，提出委托人不应承担按份连带责任的抗辩。律师认为，虽然《公司法》第94条明确规定了“发起人未按照公司章程的规定缴足出资的，应当补缴，其他发起人承担连带责任”。但并未明确其他发起人承担连带责任后的责任分摊问题。律师同时注意到，本案审理之时，最高人民法院《关于适用〈中华人民共和国公司

法〉若干问题的规定(三)》(法释〔2011〕3 号)已经实施,其中第 13 条第 3 款明确了“公司的发起人承担责任后,可以向被告股东追偿”的表述,这对本案的其他被告而言,犹如雪中送炭。

四、法院裁判

经审理,南京市浦口区人民法院认为:股份有限公司发起人(股东)的出资义务是法定义务,发起人对股份有限公司未履行出资义务的,应对公司的债务承担相应的法律责任。本案中,浦口经济发展总公司对飞浦公司未履行出资义务,浦口经济发展总公司依法应在未出资范围内对飞浦公司的债权人承担补充清偿责任,人保南京分公司等其他已履行出资义务的发起人,对未出资的浦口经济发展总公司的民事责任承担连带清偿责任。已履行出资义务的发起人(股东)在承担连带清偿责任后,可以向未履行出资义务的发起人(股东)追偿。人保南京分公司作为股东之一,在 2011 年 9 月被强制执行,应视为对应承担补充清偿责任的浦口经济发展总公司的债务承担了连带清偿责任,应当适用 2011 年 2 月 16 日施行的最高人民法院《关于适用〈中华人民共和国公司法〉若干问题的规定(三)》的规定,依照该规定,人保南京分公司可以向未履行出资义务的股东即浦口经济发展总公司追偿,而不是向所有已履行出资义务的其他发起人追偿。

人保南京分公司要求其他股东在浦口经济发展总公司对人保南京分公司不能清偿部分承担按份清偿责任无事实和法律依据,法院不予支持。股份有限公司的股东在公司设立登记后,对已履行出资义务并因公司债务与未履行出资义务股东承担连带责任后,要求其他股东承担责任,须认定其他股东的未出资或抽逃出资情况,但股东未履行出资义务或抽逃出资的举证责任应由债权人承担,故人保南京分公司应举证证明其他股东有未履行出资义务或抽逃出资的情形,未能举证仍然要求其他股东按份承担责任无事实依据。《中华人民共和国公司法》规定,股份有限公司的股东以其认购的股份为限对公司承担责任,人保南京分公司不能证明其他股东未认购股份,要求其他股东对其承担责任无法律依据。

综上,依照 2007 年《中华人民共和国民事诉讼法》第 64 条第 1 款、第 130 条,《中华人民共和国公司法》第 3 条第 2 款,最高人民法院《关于适用〈中华人民共和国公司法〉若干问题的规定(三)》第 13 条第 3 款的规定,判决如下:

(一) 被告浦口经济发展总公司自本判决生效之日起 10 日内,在 2 400 万元范围内偿付给原告人保南京分公司 1 524 308 元,并按中国人民银行同期贷款基准利率支付自 2011 年 9 月 6 日起至其付清欠款时止的利息损失。

(二) 驳回原告人保南京分公司要求其他被告承担按份责任的诉讼请求。

五、相关法律规定

《中华人民共和国公司法》

第3条 公司是企业法人，有独立的法人财产，享有法人财产权。公司以其全部财产对公司的债务承担责任。

有限责任公司的股东以其认缴的出资额为限对公司承担责任；股份有限公司的股东以其认购的股份为限对公司承担责任。

第94条 股份有限公司成立后，发起人未按照公司章程的规定缴足出资的，应当补缴；其他发起人承担连带责任。

股份有限公司成立后，发现作为设立公司出资的非货币财产的实际价额显著低于公司章程所定价额的，应当由交付该出资的发起人补足其差额；其他发起人承担连带责任。

最高人民法院《关于适用〈中华人民共和国公司法〉若干问题的规定(二)》

第22条 公司解散时，股东尚未缴纳的出资均应作为清算财产。股东尚未缴纳的出资，包括到期应缴未缴的出资，以及依照公司法第二十六条和第八十一条的规定分期缴纳尚未届满缴纳期限的出资。

公司财产不足以清偿债务时，债权人主张未缴出资股东，以及公司设立时的其他股东或者发起人在未缴出资范围内对公司债务承担连带清偿责任的，人民法院应依法予以支持。

最高人民法院《关于适用〈中华人民共和国公司法〉若干问题的规定(三)》

第13条 股东未履行或者未全面履行出资义务，公司或者其他股东请求其向公司依法全面履行出资义务的，人民法院应予支持。

公司债权人请求未履行或者未全面履行出资义务的股东在未出资本息范围内对公司债务不能清偿的部分承担补充赔偿责任的，人民法院应予支持；未履行或者未全面履行出资义务的股东已经承担上述责任，其他债权人提出相同请求的，人民法院不予支持。

股东在公司设立时未履行或者未全面履行出资义务，依照本条第一款或者第二款提起诉讼的原告，请求公司的发起人与被告股东承担连带责任的，人民法院应予支持；公司的发起人承担责任后，可以向被告股东追偿。

股东在公司增资时未履行或者未全面履行出资义务，依照本条第一款或者第二款提起诉讼的原告，请求未尽公司法第一百四十八条第一款规定的义务而使出资未缴足的董事、高级管理人员承担相应责任的，人民法院应予支持；董事、高级管理人员承担责任后，可以向被告股东追偿。

六、焦点问题评析

考虑到本案与债权人长城资产管理公司南京办事处诉飞浦公司发起人股东在出资范围内承担补足出资义务及连带责任一案，与本案有密切联系且在时间上相互承接，律师对本案的分析部分及于前案内容，因此，本案的焦点问题集中在以下两点：

（一）在被告股东瑕疵出资的情况下，债权人有权请求公司的发起人与被告股东承担连带责任？被告股东应承担补充赔偿的责任

注册资本是公司最基本的资产，股东出资是股东最基本、最重要的法定义务。我国《公司法》规定，股东以货币出资的，应当将货币出资足额存入公司的银行账户，以非货币出资的，应当依法办理财产权的转移手续，以保证公司能够进行正常的经营活动，并为债权人提供最低限度的财产保障。然而，现实中，公司的部分投资者由于各种各样的原因，未能及时、足额履行出资义务，导致公司丧失了诸多交易机会，也给债权人主张权利带来了损害。为此，我国《公司法》第 28 条、第 31 条、第 84 条、第 94 条对股东的出资责任分别作了规定，两种公司的股东出资责任基本相同。根据上述规定，如果公司股东未能按期足额缴纳公司章程中规定的自己所认缴或认购的出资额，则需依法承担相应的法律责任，具体而言，主要包括：

（1）承担继续履行出资义务的责任，包括货币出资的缴纳责任和非货币出资的差额补足责任。

（2）向其他股东承担违约责任。

（3）在未出资本息范围内对公司债务不能清偿的部分向债权人承担补充赔偿责任。

对于瑕疵出资股东对债权人所承担的责任的依据，学理上仍有争议。有学者认为，是一种赔偿责任，即出资瑕疵股东实际上是对不特定交易相对人的欺诈，在公司没有能力偿付时，自然应当承担欺诈行为的赔偿责任。另有学者认为，这是一种代位履行，即在股东没有履行出资义务的情况下，实际上是在股东与公司之间形成了一种债权债务关系。如刘俊海教授认为，瑕疵出资股东对公司债权人承担补充赔偿责任的法理依据，源于《合同法》第 73 条规定的债权人的代位权。[①] 律师认为，代位履行说更为合理，但在实践当中区分的意义不大，瑕疵出资股东需要向债权人承担责任已经成为共识。

股东承担的这种责任与《公司法》第 20 条[②]中股东对公司债务承担连带责任有相似之处，但也有不同。在公司人格否认个案中，股东承担的责任是连带责任，并且是共同连带责任，这与股东滥用权利造成债权人损害的严重程度是一致的。在股东瑕疵出资的情况下，股东承担的是补充清偿责任，亦即学理上所说的补充连带责任。一般连带责任和补充清偿责任有很多相同点，例如两者都是一种不同于

---

① 参见刘俊海：《现代公司法》，法律出版社 2011 年版，第 163—164 页。

② 《中华人民共和国公司法》第 20 条规定："公司股东应当遵守法律、行政法规和公司章程，依法行使股东权利，不得滥用股东权利损害公司或者其他股东的利益；不得滥用公司法人独立地位和股东有限责任损害公司债权人的利益。公司股东滥用股东权利给公司或者其他股东造成损失的，应当依法承担赔偿责任。公司股东滥用公司法人独立地位和股东有限责任，逃避债务，严重损害公司债权人利益的，应当对公司债务承担连带责任。"

按份责任的、例外的、非常规性的复合责任形态;而且在其各自与债权人形成的法律关系来看,两者也具有一致性。但在责任产生的原因、各个债务人的主观意志、各个债务人的责任顺序以及责任的对内效力方面,两者也有明显区别。在补充清偿责任下,股东和公司的责任有先后次序之分,股东仅就公司无法清偿的部分对公司债权人承担补充连带责任;而共同连带责任下,股东和公司在承担责任时没有先后次序之分,公司债权人可以直接起诉股东。对于补充清偿责任而言,一般情况下,当主债务人独立向外承担全部责任之后,就不存在内部求偿问题了;而当次责任人一旦对外向债权人承担清偿责任之后,就可以向主债务人进行追偿。①

与此同时,由于公司股东作为具有一定人合性的组织成员,公司股东相对于债权人而言,对其他股东出资应承担更高的监督义务,且股东或股东团体也更容易利用对公司的有限责任规避公司债务,因此,我国《公司法》第31条和第94条分别规定了有限责任公司和股份有限公司其他发起人对瑕疵出资股东的出资应向债权人承担连带责任。因此,与本案相关的前一案中,飞浦公司债权人在飞浦公司已实际停止运营但长期未进行清算的情形下,要求飞浦公司未完全履行出资义务的浦口经济发展总公司承担补充清偿责任,并要求其他发起人对浦口经济发展总公司的瑕疵出资承担连带责任符合法律规定。

在本案审理的过程中,浦口经济发展总公司主张,其在本案中承担的是补充赔偿责任,仅承担飞浦公司无法清偿部分的债务。由于飞浦公司未进行清算,也未宣告破产,本案原告未能就飞浦公司不能清偿债务完成举证义务,因此其承担补充责任的范围和大小未能确定,不应由其先行承担清偿责任。律师认为,虽然瑕疵出资股东承担的是补充赔偿责任,但鉴于股东对公司的运营状况总是较债权人更为了解,且浦口经济发展总公司作为控股股东,对企业的生产经营情况应当是明知的,因此,仍应由其承担举证责任,瑕疵出资股东不能举证或举证未能证明公司具有清偿债务能力的,应承担补充赔偿责任。一审法院判决同样持此观点。

（二）公司发起人承担被告股东瑕疵出资的连带赔偿责任的范围

此范围以未出资本息为限,任一发起人代为履行后,应仅限于向瑕疵出资的股东追偿。

瑕疵出资的股东未能履行对公司债务的补充赔偿责任的,根据前述分析,公司的其他发起人股东也要就瑕疵出资股东未出资本息范围内对公司债务不能清偿的部分向债权人承担连带责任。在此需要关注的问题是:其他发起人股东如何承担连带责任?如任一股东承担了本应属瑕疵股东的补充赔偿义务,其如何向瑕疵出资股东或者其他发起人股东追偿?

关于存在多个发起人对瑕疵出资股东的未出资本息范围内承担连带责任,其各自间承担的义务范围如何界定的问题,目前没有明确的规定。司法实践中的做

---

① 参见张凤翔:《连带责任的司法实践》,上海人民出版社2006年版,第62—65页。

法一般是,法院根据债权人的申请内容及提供的财产线索,决定执行申请书范围内的特定发起人股东的财产,至于最终各发起人承担的连带责任比例如何,在所不问。这实际上是赋予了债权人选择权,而债权人一旦选定了执行的债务人财产,则被执行人只能“自认倒霉”。前述债权人的选择权问题,实际上涉及其他发起人与瑕疵出资股东之间连带责任的性质问题。律师认为,由于瑕疵出资股东已无力清偿债务,在此情况下,如果非要让其他发起人承担补充连带责任已无意义,因此,其他发起人应对瑕疵出资股东的补充赔偿义务承担共同连带责任,赋予债权人选择权,有利于对债权人的保护和实现债权的便利性。

关于连带责任如何承担的问题,《中华人民共和国民法通则》第 87 条规定:“负有连带义务的每个债务人,都负有清偿全部债务的义务,履行了义务的人,有权要求其他负有连带义务的人偿付他应当承担的份额。”虽然其中没有直接规定各连带责任义务人直接承担按份责任,但从条文的要旨来看,连带责任义务人“应当承担的份额”似为按份责任。① 此外,实践中也存在其他的做法,按照《关于贯彻执行〈中华人民共和国民法通则〉若干问题的意见(试行)》第 47 条的规定:“全体合伙人对合伙经营的亏损额,对外应当承担连带责任;对内则应按照协议约定的债务承担比例或出资比例分担;协议未规定债务承担比例或者出资比例的,可以按照约定的或者实际的盈余分配比例承担。但是对造成合伙经营亏损有过错的合伙人,应当根据其过错程度相应的多承担责任。”律师认为,从股东之间设立公司的风险与收益的角度出发,按照实际盈余的比例确定发起人承担连带责任的大小,体现了权利义务相一致的原则,显得更为公平合理。

《公司法》和最高人民法院《关于适用〈中华人民共和国公司法〉若干问题的规定(二)》也规定了“其他发起人应当承担连带责任”的内容,但并未涉及任一发起人承担出资连带责任后,如何行使追偿权问题,最高人民法院《关于适用〈中华人民共和国公司法〉若干问题的规定(三)》第 13 条第 3 款增加了一部分内容,即“公司的发起人承担责任后,可以向被告股东追偿”,这意味着发起人股东承担连带出资义务后,只能向被告股东,即向瑕疵出资股东行使追偿权。该款关于追偿权的规定,属于股东内部再行承担补偿义务问题,律师认为,该义务的承担应属于连带责任例外的情形,原因有二:一是当今公司的组成,股东资合性的属性甚于人合性,因此股东之间未必有意承担连带责任,甚至也有各方约定责任承担互不相干等内容。二是大部分股东无法在有限的资源条件下,对其他股东出资的真实性、有效性进行审核。因此,公司发起人承担连带责任后,对其追偿权给予一定限制是合理的,仅

---

① 《德国民法典》第 426 条对连带债务人之间的关系方面作了较为明确的规定:(1) 连带债务人在相互之间的关系上,对相同的份额负担义务,另有规定的除外。不能向一个连带债务人取得其分摊的数额的,不能取得的部分应当由其他负有补偿义务的债务人承担。(2) 一个连带债务人向债权人清偿,并且可以向其他的债务人请求补偿的,债权人对其他债务人享有的债权,转移予该连带债务人。主张债权转移不得损害债权人的利益。

限于向瑕疵出资的股东追偿。因此,本案一审法院判决驳回原告人保南京分公司要求其他被告承担按份责任的诉讼请求是合法合理的。

七、结语

本案及与本案相关联的案件审理之时,恰好是在最高人民法院《关于适用〈中华人民共和国公司法〉若干问题的规定(二)》和最高人民法院《关于适用〈中华人民共和国公司法〉若干问题的规定(三)》两个司法解释颁布不久的一段时间内,这段时间内关于股东未尽出资义务以及其他发起人的连带责任,得到了广泛讨论和总结。可以预见,对公司股东瑕疵出资行为的立法和司法实践,仍将处于不断发展和丰富当中,而本案则为最高人民法院《关于适用〈中华人民共和国公司法〉若干问题的规定(三)》第13条作了最好的注解。

第二章　公司治理

公司诉公司董事、高级管理人员损害公司利益赔偿纠纷案

——论董事、高级管理人员损害公司利益的若干问题

广东深宝律师事务所　黄振辉

一、争议焦点

1. 董事、高级管理人员损害公司利益纠纷中，侵权主体如何认定？
2. 董事、高级管理人员损害公司利益的行为如何认定？
3. 董事、高级管理人员损害公司利益的损害如何认定？

二、基本案情

原告（二审上诉人、被上诉人）：深圳市永某泰实业发展有限公司（简称“永某泰公司”）

被告（二审上诉人、被上诉人）：李某、曹某、陈某

审理法院：深圳市宝安区人民法院（一审）

　　　　　深圳市中级人民法院（二审）

案由：董事、高级管理人员损害公司利益赔偿纠纷

本案件基本事实是：1999 年底，张某、姜某、曹某、刘某、陈某、李某 6 人合伙在宝安区松岗街道坑尾村承租了一块地，建起了恒某市场。其后，上述 6 人为方便经营管理恒某市场，拟成立永某泰公司。2000 年 2 月 15 日，6 人签订《永某泰公司章程》，其中第 30 条规定：“董事、经理不得自营或者为他人经营与其所任公司同类的业务或者从事损害本公司利益的活动。从事上述业务或者活动的，所得收入应当归公司所有。”2000 年 3 月 28 日，永某泰公司经工商管理部门核准注册成立，经营期限 10 年。注册资本为 300 万元，李某和曹某各占 10% 的股份，陈某占 18% 的股份。刘某任董事长及总经理，陈某、曹某任董事，张某、姜某、李某任监事。公司董事、监事等到期均未再选举，也未办理变更登记。

2004年9月18日，永某泰公司与李某、曹某、陈某签订《深圳市永某泰恒某综合市场合作合同》，约定永某泰公司将恒某市场A、B栋地面档位承包给李某、曹某、陈某3人作肉菜市场经营，承包期3年（自2004年11月1日起至2007年10月30日止），每月承包费112 000元。2006年4月24日，永某泰公司把恒某市场设立为分公司，负责人为李某，2008年10月6日，负责人变更为刘某。

2006年4月29日，萧某等4人注册成立了山某公司，2007年1月25日，山某公司发生股权变动，其中3位股东将所占股份转让给李某、曹某、陈某3人。萧某为总经理兼执行（常务）董事，曹某为监事。此后，李某、曹某、陈某3人与萧某一起经营山某市场。

2007年1月至8月，恒某市场进行升级改造，期间曾临时租用山某市场干菜批发档位，月租金23 760元。

2009年7月24日，李某、曹某、陈某因刻制恒某综合市场的印章，因涉嫌伪造公司印章罪被深圳市公安局宝安分局刑事拘留，深圳市宝安区人民法院作出刑事判决：李某、曹某、陈某犯伪造公司印章罪，判处有期徒刑1年（自2009年7月24日起至2010年7月23日止）。自李某等3人被限制人身自由始，永某泰公司完全由法人代表刘某和张某经营，李某等3人完全丧失参与管理公司的机会。

2010年3月28日，永某泰公司经营期限届满，股东会未能通过决议延长经营期限。永某泰公司继续经营恒某市场，李某、曹某、陈某投诉要求取缔公司的无照经营。

2010年5月，因恒某市场承包期间的纠纷，永某泰公司对李某、曹某、陈某3人提起诉讼，并采取诉讼保全措施，冻结了3人在山某公司的全部股份。

诉讼前，永某泰公司通过自行现场勘查山某市场和调查山某市场档位的租户，提交了山某市场现场图和照片、部分租户的租金收据及证人证言等证据，证明山某市场分17种类型经营，根据其所作统计，山某市场每月收入为60 410元。李某、曹某、陈某针对原告的诉请，提交了如下三类证据：

（1）向法院申请现场勘察，请求法院抽取时间随机对山某综合市场进行勘察，确认市场经营空置情况，确定李某3人不可能从山某综合市场获得利润；

（2）不同时期市场空置状态的照片视频；

（3）绝大部分租户作为证人出具的证言。双方提交的证言出自同样的证人，但内容是互相矛盾的，所有的证人均未出庭作证。

法院以目前的现场勘察不能证明以前的经营状况为由，不予现场勘察。

三、法院裁判

1. 永某泰的诉讼请求

永某泰公司于2011年12月，将李某、曹某、陈某3人诉至深圳市宝安区人民法院，认为李某、曹某、陈某3人作为公司的董事和高级管理人员，违反《公司章程》和

《公司法》的规定,入股经营与永某泰公司同样营业的山某公司,请求判令:

(1) 李某、曹某、陈某终止同业竞争行为;

(2) 李某、曹某、陈某从山某公司所得收入归永某泰公司所有,暂计为2 357 050元(自2007年1月25日至2010年12月25日),其余计至李某、曹某、陈某终止同业竞争行为时止;

(3) 山某公司承担连带责任。

2. 李某、曹某、陈某的主要答辩理由

李某等3人的主要答辩理由为:

(1) 3人入股山某市场,永某泰公司是知道并且同意的,本案所谓同业竞争并不存在。

(2) 李某不是董事,其在2008年10月6日以后也不再担任分公司的经理,其身份不符合同业竞争的条件。

(3) 自2003年3月28日起,曹某和陈某也已不再是公司董事,不构成同业竞争的主体。

(4) 自2010年3月28日起,永某泰公司营业到期,其营业已经不受法律保护。

(5) 3人在山某公司仅有股份,没有经营行为。

(6) 3人入股山某公司,但并没有"所得收入"。

(7) 法院错误分配了举证责任,本案永某泰公司未举证证明山某公司以及3人的收入。

3. 法院裁判要旨

深圳市宝安区人民法院和深圳市中级人民法院均认为:

永某泰公司经营的恒某市场和李某、曹某、陈某经营的山某市场提供的摊位均是销售日用杂货、副食干菜、农副产品等同类商品,而且两相毗邻,两个市场存在同业竞业关系。李某、曹某、陈某不仅系永某泰公司的股东,还是永某泰公司的董事或监事,未经永某泰公司董事会或者股东大会同意,李某、曹某、陈某私自通过股权受让方式成为山某公司的股东,直接经营与永某泰公司存在同业竞争关系的山某市场,违反了《公司法》和《公司章程》关于公司董事、高管人员竞业禁止的相关规定,对公司的正常经营造成了损害,应当承担停止侵害、赔偿损失等侵权责任。而且,李某、曹某、陈某从山某公司所得收益应当归公司所有。但对于3人是共同责任还是分别责任,同业竞争的截止时间以及同业竞争造成的损害后果方面,两审法院作出了不同的认定和判决。

深圳市宝安区人民法院判决如下:

(1) 李某、曹某、陈某于判决生效后立即停止在山某公司经营的同业竞争行为;

(2) 李某、曹某、陈某于判决生效后10日内赔偿永某泰公司损失2 357 050元;

(3) 驳回永某泰公司的其他诉讼请求。

深圳市中级人民法院改判如下：

（1）撤销深圳市宝安区人民法院（2011）深宝法民二初字第200号民事判决；

（2）李某应于本判决生效之日起10日内赔偿永某泰公司277 886元；

（3）曹某应于本判决生效之日起10日内赔偿永某泰公司416 829元；

（4）陈某应于本判决生效之日起10日内赔偿永某泰公司277 886元；

（5）驳回永某泰公司的其他诉讼请求。

四、焦点问题评析

《公司法》第149条是关于董事、高级管理人员不得违反对公司忠实义务的具体规定。本案涉及的是对董事、高级管理人员“未经股东会或者股东大会同意，利用职务便利为自己或者他人牟取属于公司的商业机会，自营或者为他人经营与所任职公司同类的业务”这一项。所谓商业机会，是赢得客户、获取商业利润的机会。在竞争日趋激烈的市场中，能否获得商业机会，对公司的发展至关重要，如果公司董事、高级管理人员利用职务便利抢占本属于公司的商业机会，为自己或为他人牟取利益，无疑会给公司的利益造成损害。董事、高级管理人员自营或者为他人经营与所任职公司同类的业务，发生与公司争夺商业机会的道德风险会大大增加。因此，从事这类业务，应当经股东会或者股东大会同意，未经股东会或者股东大会同意，自营或者为他人经营与所任职公司同类的业务，是违反忠实义务的行为，应当予以禁止。由于实践中该类行为的多样性以及《公司法》条文规定的原则性，需要解决该类行为“侵权主体的认定”、“侵权形式的认定”和“损害后果的认定”三个问题，本案涉及了众多争议性颇大的细节性问题，笔者特将本案的情况予以分析介绍。

1. 董事、高级管理人员损害公司利益纠纷中，侵权主体如何认定

最高人民法院《民事案件案由规定》（2008年4月1日起实施）第253项规定了“董事、高级管理人员损害股东利益赔偿纠纷”，第254项规定了“公司的控股股东、实际控制人、董事、监事、高级管理人员损害公司利益赔偿纠纷”。本案定性为“董事、高级管理人员损害公司利益”，侵权主体应当是“董事”和“高级管理人员”。对于高级管理人员的含义，《公司法》在附则第217条规定为“指公司的经理、副经理、财务负责人，上市公司董事会秘书和公司章程规定的其他人员”。法律规定得似乎很明确，但是，董事和高级管理人员的存在形式多种多样，而控股股东、监事承担赔偿责任的条件与董事和高级管理人员又有所不同，导致本案在侵权主体的认定上存在多个争议。

（1）特殊形态董事的问题

董事是由股东大会选举，作为董事会成员参与董事会决议，并对公司及其全体股东履行诚信义务的公司高管。实践中又存在如下多种董事形态，例如事实董事、影子董事、名义董事、超期董事、丧失资格董事等。

事实董事是指未经正式任命，而其公开行为显示他像是经有效任命的董事，美国

判例法也承认事实董事。1980 年《英国公司法》正式使用“影子董事”一词,1985 年《英国公司法》始有标准定义,并在 1986 年《英国公司董事资格剥夺法》1986 年《英国金融服务法》以及 1986 年《英国破产法》中作了相关规定。Re Tasbian Ltd (No. 3) Official Receiver 诉 Nixon 等典型判例,反映了对影子董事定义的理解与使用。影子董事虽然不是董事,但依靠其在公司中的“地位”,却能够指挥公司行为,如果其实际上进行了指挥,即应承担董事责任。从司法实践来看,影子董事责任主要出现于公司破产或无力偿付阶段,对于保护债权人利益具有积极意义。影子董事制度在保护公司债权人权益上确有其独到之处。我国相关立法对此尚无规定。

名义董事也很常见,实际的出资主体为了规避某些法律规定,或者某些顾忌,会作为隐名股东,同样,为了符合我国《公司法》的要求,也会有虚设的董事,该董事就是名义董事。

超期董事,是指超过了我国《公司法》和公司章程规定的任期,但仍登记为董事或者行使董事职权的董事。本案中,曹某和陈某登记为公司董事,根据《公司法》和《公司章程》,董事应当 3 年选举一次,连选连任,曹某和陈某的董事身份在 2003 年 3 月到期,到期后,公司从来没有召开过股东会选举董事,也没有召开过董事会,已构成超期董事。对于超期董事,根据《公司法》第 46 条第 2 款的规定:“董事任期届满未及时改选,或者董事在任期内辞职导致董事会成员低于法定人数的,在改选出的董事就任前,原董事仍应当依照法律、行政法规和公司章程的规定,履行董事职务。”可见,为了维持董事会人员的衔接,法律规定了前任董事的“留任”义务。然而,本案中,原任董事声称在任期届满后,已无意再任董事,只是基于疏忽和法律障碍,未能变更,这种情况下的董事资格认定又成了问题。

丧失任职资格的董事源于《公司法》第 147 条对任职董事、高级管理人员一系列条件限制的规定。本案中,涉及“因贪污、贿赂、、侵占财产、挪用财产或者破坏社会主义市场经济秩序,被判处刑罚,执行期满未逾五年,或者因犯罪被剥夺政治权利,执行期满未逾五年”这一项。李某、曹某、陈某 3 人在承包恒某集贸市场期间,刻制了恒某集贸市场的印章被判刑,对于李某作为分公司负责人,曹某、陈某为共同承包人,刻制分公司印章是否构成犯罪,笔者持保留意见。但鉴于刑事判决是生效的,因此,自 2009 年 7 月 23 日开始,3 人都丧失了董事和高级管理人员的任职资格。

在上述董事任职形式中,是否均需承担同业竞争限制义务呢? 笔者认为,董事的形式虽然多样,但是否为真正的“董事”,应根据两个基本原则认定:

第一,参与管理原则,股东会是公司的权力机构,董事会是公司的决策机构,总经理是公司的管理机构。董事负有同业竞争限制义务,正是因为其参与经营管理,从而可能通过职务之便,将公司利益转移至与自己有利害关系的其他主体手中,如果其仅有董事之名,而无董事之实,则不应受此限制,这是从实体上对董事身份予以认定。

第二，登记公示原则，由于公司的机构均需在工商机关办理登记，如果董事没有相反证据证明其“有名无实”，则应当承担董事应当负有的义务，这是从程序上对董事身份的认定。

结合此两项原则，对以上各种形式的“董事”是否为损害公司利益的侵权主体可以作出如下判断：事实董事和影子董事，都是实际董事职权的行使者，根据权利义务相一致的原则，应当承担董事的同业竞争限制义务；名义董事和超期董事，必须有相反证据证明其不是实际上的董事，或者在超期后，已经不是董事，但因法律障碍而无法变更，否则，应当负有同业竞争限制义务；丧失任职资格的董事，因法律的强制性规定而不能再具有董事身份和行使董事职权，故而应不负同业竞争限制义务。

（2）监事是否负有同业竞争限制义务

本案中，李某是监事，他对其是否构成侵权主体提出了质疑。永某泰公司起诉索赔的依据是《公司法》第 149 条和《公司章程》第 30 条的规定。但是，《公司法》第 149 条规定的是“董事、高级管理人员不得有下列行为”，《公司章程》规定的是“董事、经理不得自营或者为他人经营与其所任公司同类的业务或者从事损害本公司利益的活动”。李某作为监事，是否负有同业竞争限制义务呢？

有观点认为，2008 年最高人民法院《民事案件案由规定》第 253 项，规定了董事和高级管理人员的责任，第 254 项规定了控股股东、实际控制人、董事监事和高级管理人员的责任，因此，监事应当是侵权主体。

笔者对此持不同意见，因为：

第一，从《公司法》第 147—153 条看，关于董事、高级管理人员与监事的责任划分是分开的，《公司法》第 149 条规定的是董事和高级管理人员的同业竞争限制义务，第 150 条规定的是监事的法定义务和责任。董事和高级管理人员的义务源于其身份，而监事承担责任的依据除了其身份外，还必须有“执行职务时违反法律、行政法规或者公司章程的规定”。

第二，2008 年最高人民法院《民事案件案由规定》第 253 项列举了“董事、高级管理人员”，但行为是“损害股东利益”，而非公司利益，其案由设立的依据应为《公司法》第 153 条的规定：“董事、高级管理人员违反法律、行政法规或者公司章程的规定，损害股东利益的，股东可以向人民法院提起诉讼。”而第 254 项，对应的应当是《公司法》第 149 条、第 150 条，已将所有可能的侵权主体罗列，但在具体适用时，应根据实际情况选择性列举，该条指向的行为是“损害公司利益”。因此，监事是否构成侵权主体，应以《公司法》第 150 条规定为准，不应参照第 149 条。

第三，从设立同业竞争义务的渊源来看，是因为董事和高级管理人员利用其职权范围可能损害公司利益。而监事的职权，并不直接参与公司的经营管理，只是对董事、高级管理人员行为的监督。综上，笔者认为，如无特别约定，监事不负有同业竞争限制义务。

(3) 股东是否负有同业竞争限制义务

同业竞争限制义务的设置理念,是基于公司董事、高级管理人员实际管理控制公司的日常经营活动、存在损害公司利益的可能性。而股东对公司的主要义务是足额出资,通过缴纳出资款取得股东资格,并通过股东会行使管理公司事务的权利。所以,公司对股东投入的出资享有所有权,但对股东本人并不享有管理权,股东可以通过股东会为公司运行设定规则和义务,但股东会却无权为股东设定任何义务。例如本案,《公司章程》没有规定股东不得开办同样的营业,又没有召开股东会通过类似的决议,故不能仅因李某等3人是股东而判其承担责任。

(4) 高级管理人员的身份认定

本案中,李某担任分公司的负责人,法院认定其具有高级管理人员的身份。根据《公司法》第217条的规定,高级管理人员的认定既有法律规定的人员,包括经理、副经理、财务负责人、上市公司董事会秘书,也认可公司章程的约定。

目前的企业中,核心高级管理人员一般是"总经理、副总经理",一般高级管理人员也都是带"总"的,如"销售总监""生产总监",中低层管理一般才称经理。在认定高级管理人员时,不应当只看其名称,而应该对照《公司法》第50条,根据其权力来源和权力范围来确定,公司规定的经理一般应和"总经理"相对应。至于其他高级管理人员,如CTO(首席技术官)、COO(首席运营官)等,则需严格根据公司章程的规定确认是否高级管理人员。

本案中,李某作为分公司的负责人,其实就是经理身份,是可以认定为高级管理人员的,但是,在2008年10月6日,负责人变更为刘某之后,李某就丧失了经理身份,不应再是高级管理人员。

2. 董事、高级管理人员损害公司利益的行为认定

解决了侵权主体问题,还需要界定侵权行为的表现。开设同样营业的公司、企业自然构成同业竞争,但是,在某些特殊情况下,是否还符合"经营"的要素与竞争的条件呢?

(1) 在公司明知或应知的情况下,董事、高级管理人员另外经营同业的行为是否构成侵权

永某泰公司经营的恒某市场于2007年1月至8月进行升级改造,期间曾临时租用山某市场干菜批发档位,月租金23 760元。该租赁是永某泰公司的行为,作为法定代表人的刘某,作为股东的张某都知道山某市场的股东是李某等3人,但都没有提出异议,且由公司出租金,将山某市场的干菜批发档位租下来。虽然没有股东会决议,但从公司事实上的行为,可以推断出当时的股东对3人入股山某市场是明知的。这样的同业竞争是否要承担赔偿责任呢?

笔者认为,诚实信用是民法的基本原则,如果公司明知或应知其董事、高级管理人员从事同业竞争,却未表示异议,并且认可其营业,甚至合作的,应丧失自知道之日后同业竞争存在期间索取赔偿的权利,但是,公司应有权随时提出制止,要求

停止同业竞争行为。

（2）在公司营业到期的情况下，董事、高级管理人员是否有权另行经营同样的业务

永某泰公司诉请李某等3人承担赔偿责任的期限截止到3人停止经营为止，而永某泰公司的“合法经营权”在2010年3月28日到期。根据公司章程的规定，公司的经营期限到期续期必须经股东会决议。曹某、李某、陈某是明确拒绝延期的，根据《公司法》第181条第1项的规定“公司章程规定的营业期限届满”后公司解散，这种解散是一种当然的、事实上的解散，不需要通过工商登记部门、法院确认或者判决，自然解散。在公司营业到期应予解散的情况下，公司是不得从事清算以外的经营活动的，否则，应当依法被查处取缔。在永某泰公司已经不营业的情况下，公司的人员已经不负有同业竞争的义务，曹某、李某、陈某有权从事其他营业。公司法关于董事、高级管理人员同业竞争禁止的规定，立法目的是保护公司的营业，在公司解散，不再经营的情况下，自然没有必要再予以保护。本案法院也采纳了该观点。

（3）董事、高级管理人员被限制人身自由期间，是否仍能认定其“同业竞争”行为存续

在2009年7月至2010年7月这段时间，李某等3人因为伪造公司印章案，被限制人身自由，这期间能否认定存在同业竞争经营？

法院认为，李某等3人是在任职高级管理人员期间就已经从事了同类业务的经营，即使李某等3人中途自愿辞职，由于李某等3人已经利用了永某泰公司的信息或机会，其对永某泰公司的侵害已经实际产生并将持续发生，且李某等3人羁押期间并未提出辞职，故3人被羁押期间仍构成对竞业限制义务的违反。

笔者持不同意见：

第一，3人因被羁押，已经丧失了董事和高级管理人员的任职资格，主体上已不适格；

第二，3人已经没有条件参与两个公司的经营，更无所谓竞争；

第三，如果按照法院的逻辑，认为侵害发生后是一直持续的，除非山某公司停业，否则，侵权行为就无法停止了，而山某公司停业，又涉及其他股东权益，超出了3人的责任能力。

因此，笔者认为，在3人被羁押期间，应认定为同业竞争“中止”。获得自由后如何认定，应根据之后的情况再行确定。

（4）后来在营业公司的股权被冻结的情况下，董事、高级管理人员是否仍构成同业竞争经营

对于同业竞争一事，李某、曹某、陈某是认可的，也是无意这样做的，否则，绝对不会那么明目张胆，在原公司旁另行入股公司并开设市场。在意识到自己行为违法的情况下，3人拟转让山某公司的股份，但是，由于永某泰公司与他们3人另有其

他诉讼,3 人的股份被冻结。这样 3 人就不能把股份转让出去,这种情况下,他们的行为还构成侵权吗?如 3 人提出将山某公司股权以原购买价格转让给永某泰公司,是否属于停止侵权?

一种观点认为:虽然 3 人在山某公司的股份被冻结,但是不影响 3 人的经营,故属于同业竞争经营的继续。

笔者认为,同业竞争作为侵权行为,应根据民事侵权行为的基本特征来认定。在主观方面,侵权人要有过错。董事、高级管理人员意识到自己的同业竞争侵犯了公司利益,如果将股份转让第三方,则其同业竞争的经营行为即告终止。但本案李某等 3 人在山某公司的股份被冻结了,虽欲转让而不能,无法根据其行为和后果来判断是否侵犯了公司利益,只能依其主观过错判断。若其作出将股份以原价转让给永某泰公司的意思表示,应认定其主观上已无侵权之故意。因为同业竞争的所得均应归公司所有,而其所得表现为已分红利和股权本身的价值。3 人如表示将股权原价转让,即表明除原始投入外,如有所得,愿意将所得无偿给予公司,且因其是将股权转让给公司,故其再无继续侵权的意思应是可以认定的。当然,永某泰公司有权决定是否购买,但无论其是否购买,均可认定李某等 3 人同业竞争行为已终止。

(5) 后来经营同业的公司,是否有权要求董事、高级管理人员对其先营业公司的经营行为承担同业竞争的责任

针对本案,额外引申出来一个问题:如果李某等 3 人在山某公司也担任董事和高级管理人员,山某公司能否同样以李某等 3 人存在同业竞争行为,要求 3 人也对公司承担赔偿责任呢?

笔者认为,在同业竞争中,同业的公司是各自有自己的利益的,如果李某等 3 人在后来开设的公司中,担任董事和高级管理人员,即负有同业竞争限制义务。但是,后来营业的公司其他股东如果明知或认可的,应无权追究。

3. 董事、高级管理人员损害公司利益的损害如何确定

董事、高级管理人员损害公司利益,会导致其所得归公司所有的后果,但是其所得如何认定,在无充分证据认定的情况下如何处理是两个难题。

(1) 公司收入与董事、高级管理人员收入的界定

本案一审法院认定山某公司的收益情况就是李某等 3 人的所得收入,这是错误的。公司的收入是公司的,公司有收入还有支出,还要承担工人工资、税费,要提取公积金、公益金,扩大再生产。在公司存在可分配利润的前提下,通过股东会分配利润后,股东才获得"所得收入"。山某市场的收入与 3 人所得收入,是截然不同的概念。

二审法院否定了一审法院的认定,但认为:在董事、高级管理人员以股东的身份另行自营其他公司的情况下,另行自营公司的收益情况对于确定董事、高级管理人员的个人收入数额有重要意义。本案中,山某公司如果不营利,李某 3 人将没有

收入，或者李某3人的个人收入只是其从山某公司得到的工资性收入。而山某公司如果营利，李某3人作为山某公司的股东，享有山某公司的利益分配权，即使山某公司因为各种原因没有实际分配利益，李某3人的股权价值也已经提高，李某3人的资产也获得升值，在此情况下，应认为李某3人获得了收入，但这不是以现金的形式获得的收入，而是以资产升值形式获得的收入。因此，以山某公司的收益情况作为参考确定李某3人个人收入并无不当。

笔者认为，二审法院的认定方向是正确的，但操作方法不对，因为法院认为，3人的收入体现在公司股权的增值上，但却没有对公司的股权价值进行评估。公司经营可能营利，也可能亏损，如果公司一直没有实现营利，则3人根本就没有“所得收入”，也就不存在将“所得收入”归永某泰公司所有。本案中，山某市场遭遇升级改造，3人又身陷囹圄，没有能实现营利是极有可能的，法院未通过评估，即将公司可得收入视为3人“所得收入”，这种做法是有失偏颇的。

（2）“收入所得”难以认定情况下的解决方案

认定董事、高级管理人员同业竞争的收入所得，在实践中存在很多困难，原因在于，多数私有企业，尤其是在中小型企业中，公司管理是不规范的，难以通过对公司账目的鉴定和审计确定其股东的收入，但是，不能因此就错误地分配举证责任，例如本案，双方提交的证据在形式、关联性、证明力等方面如出一辙，内容则相反，而根据举证能力，双方也确实都已经穷尽了其能力。法院认为，“李某等3人已经构成对竞业限制义务的违反，作出了不诚信的行为，不能因此加重受害人一方的举证责任而使侵害人免担法律责任，并基于公平原则加重李某3人的举证责任”。从而采信了永某泰公司对损失数额的主张。这种做法没有依据，但摆在法院面前的难题是：关于损失数额法院确实又无法查明。笔者认为，这一点可以借鉴知识产权审判中关于侵权所得和侵权造成损失的数额无法认定情况下的做法，例如《著作权法》第49条规定：“权利人的实际损失或者侵权人的违法所得不能确定的，由人民法院根据侵权行为的情节，判决给予五十万元以下的赔偿。”《专利法》第65条规定：“权利人的损失、侵权人获得的利益和专利许可使用费均难以确定的，人民法院可以根据专利权的类型、侵权行为的性质和情节等因素，确定给予一万元以上一百万元以下的赔偿。”

当然，这一充分自由裁量权的认定，应当是在举证责任难以分配，现有证据又难以证明侵权人“收入所得”的情况下确定的。

五、结语

笔者代理了本案的二审诉讼，二审法院纠正了一审判决大量的明显错误，对案件中的诸多细节问题，也进行了细致的分析。但是，由于法律规定的原则和社会现实的多样，仍存在大量的争议问题，笔者将这些问题加以罗列分析，寄望在学界深入研究后，在立法或司法解释上有所体现，以定分止争。

企业家巨额“借条”证据的公司法、税法综合破解之道

——为“民间借贷争议”案件败诉方提供法律救济方案

北京市盈科(深圳)律师事务所　吕俊山

一、争议焦点

1. 如何“揭开公司的面纱”?
2. 如何认定逃税?

二、基本案情

Y(原审原告,以下由Y任董事长的公司分别称为Ya房产公司、Yb投资公司)与B(原审被告,以下由B任董事长、法定代表人的公司分别称为Ba房产公司、Bb投资公司,与B有其他关系的公司称为B-c公司)“民间借贷”纠纷一案,于2011年11月作出一审民事判决,于2012年5月作出二审判决。一审、二审B均败诉。之后,B进行法律咨询准备启动再审程序,或者通过其他合法途径获得法律救济。

(一) 二审判决书中法院查明的事实

1. 双方资金往来

2008年3月6日、2008年7月21日、2008年7月22日、2009年3月11日、2009年4月8日、2009年4月8日,Ya公司深圳分公司通过银行转账方式向Bb投资公司分别汇款6次,共计金额为人民币25 699 807元。

2009年10月19日,Y向B、Ba房产公司财务部出具授权委托书,其内容为:本人Y授权YH代理本人全权处理B董事长给本人抵欠款的“B-d项目”商品住宅房,并代本人收取处置该抵债房的全部收款事项。通过贵公司代收的现金房款、银行按揭方式收取的房款,贵公司付款时由本人授权人YH向贵公司出具收款收据即可,不再办理其他审批手续。本人对以上授权承担全部责任。之后,YH依据Y的授权,在Ba房产公司从2009年10月10日至2010年5月11日共领款14次;Ba房产公司于2010年4月19日、2010年5月6日(2次)、2010年5月11日通过银行转账方式,向Yb公司汇款4次,B通过B-c公司于2010年2月11日向Yb公司通过银行转账方式汇款1次,共计归还借款全额为人民币10 811 472元。双方在庭审中均称,在诉讼中所提交的转账、收款收据等凭证,只是其中的一部分,并不是全部转账和收款的全部凭据。

2. “借条”记载

2011 年 2 月 24 日，B、B 妻向 Y 出具“借条”一份，其内容为：“借款人 B 及其妻多年来向 Y 借款（包括多次现金及银行账户汇款），2011 年 2 月 24 日，经双方在开县核对账目，扣除已偿还 Y 的部分，包括债务人用房子抵扣的还款，至今仍欠 Y 借款本金 2 600 万元（大写：贰仟陆佰万元整），利息 900 万元（大写：玖佰万元整），本金和利息共计：3 500 万元（大写：参仟伍佰万元整）。对上述债务，借款人约定在 2011 年 3 月 30 日前归还借款本金 2 000 万元（大写：贰仟万元整）。余款约定于 2011 年 12 月 30 日前一次性还清，如不按约定时间还款，按月息 2 分（2%）计算资金利息，借款人同时提供 Ba 房产公司、Bb 投资公司、Bb 投资公司开县分公司的全部资产作为担保，承担连带责任（① 债务方与 Y 之间以前发生的银行汇款单、借条、收条全部作废，自行当面销毁，债务人与债权人都没有异议。② 此借条中确定的金额双方反复核对无误，双方不存在任何异议）。借款人：B、B 妻。担保人或担保单位：Ba 房产公司、Bb 投资公司、Bb 投资公司开县分公司。”借款人 B、B 妻、担保单位即 Ba 房产公司、Bb 投资公司、Bb 投资公司开县分公司均在该“借条”上签名、捺印、加盖公章。

3. 未按照借条约定还款的事实

B、B 妻在出具该“借条”后，没有按照该“借条”中的约定于 2011 年 3 月 30 日前归还原告 Y 本金 2 000 万元，原告 Y 遂于 2011 年 3 月 31 日起诉。

4. 双方与相关企业的关系

B 系 Ba 房产公司、Bb 投资公司、Bb 投资公司开县分公司法定代表人、负责人。Y 系 Yb 公司董事长（其妻系该公司法定代表人）、Ya 公司深圳分公司法定代表人。Ba 房产公司、Bb 投资公司、Bb 投资公司开县分公司与 Ya 公司深圳分公司、Yb 公司之间无任何合作和业务往来。

（二）一审原告 Y 的主要诉讼请求

（1）判决 B、B 妻立即偿还原告 Y 借款本金及利息 3 500 万元，并按照约定承担自 2011 年 2 月 24 日起至还款之日止每月 2% 的逾期利息。

（2）判决 Ba 房产公司、Bb 投资公司对上述借款本金及所有资金利息承担连带责任。

（三）二审（生效）判决的主要观点

1. 借款法律关系的主体

借款法律关系的主体应为 Y 与 B、B 妻。主要事实理由包括：

（1）借条是认定借款法律关系的基本证据，2011 年 2 月 24 日，B 和 B 妻作为借款人出具了书面借条，Ba 房产公司、Bb 投资公司以及 Bb 投资公司开县分公司作为担保人在借条上盖章。

（2）2009 年 10 月 19 日，Y 出具授权委托书给 B 及 Ba 房产公司财务部，载明其授权YH全权处理;“B董事长抵给本人抵欠款的B-d项目商品住宅房,并代本人收取处置该抵债房的全部收款事项。”该授权委托书的真实性得到各方当事人的认可,其中的内容印证了B与Y个人之间存在债权债务关系。

(3) B上诉主张,个人之间没有借款关系,涉诉款项是Yb公司与Bb投资公司共同合作开发Ba房产公司的B-d项目,停止合作后,退还给Yb公司的款项,并提交新证据,以证明存在上述基础法律关系。但从提交的新证据内容分析,也仅仅证明B和Y个人曾有约定共同控制B-d项目的财务管理,尚不能证明Yb公司与Bb投资公司之间具有合作关系。如果上述两公司确实存在合作开发房地产的法律关系,Bb投资公司应当持有双方签订的合作协议,但Bb投资公司以及作为该公司法定代表人的B,均没能提交合作协议或其他证据,证明以上两公司合作开发B-d项目,更没有证据证明本案借条上的款项即为合作项目的款项。

(4) B在二审中的主张与其一审时提交的证据及相关陈述矛盾。B在二审中主张,Yb公司与Bb投资公司之间是合作开发房地产的法律关系。但在一审中,其主张Yb公司与Bb投资公司之间是借款关系,其提交的Ba房产公司以及B-c公司支付给Yb公司款项的电汇凭证,注明用途为“还借款”,Ba房产公司也在一审庭审时陈述,公司之间并没有经营业务关系。以上证据和主张与B在二审中的主张明显自相矛盾。

(5) 根据借条的内容,B和B妻系共同借款人,一审判决判令B和B妻共同承担还款责任与借条内容相符。无论该款是否用于B和B妻的家庭共同生活,均不影响其共同债务的成立。

因此,B对自己所主张的合作开发房地产的基础法律关系,以及该基础法律关系与涉诉款项的关系等未能提交充分的证据证明,不足以否定借条的证明力。一审判决认定出借人为Y,借款人为B、B妻并无不当,应予以维持。

2. 借款金额

主要理由包括:

(1) 自然人之间的借款合同属于实践性合同,出借方应当就已经实际支付款项进行证明。但本案书面借条中载明,“债务方与Y之间以前发生的银行汇款单、借条、收据全部作废,自行当面销毁,债务人和债权人都没有异议。”由于该条款的约定,出借人Y不能提交相关的凭证具有合理性,此外,B、B妻也在借条中认可,“此借条中确定的金额双方反复核对无误,双方都不存在任何异议”。一审法院根据以上证据认定B、B妻尚欠Y本金2 600万元,利息900万元并无不当。

(2) 本案借条载明,对2 600万元本金及900万元利息,本息共计3 500万元债务的还款期限为:2011年3月30日前归还本金2 000万元,余款于2011年12月30日前还清。依据借条的约定,2 000万元本金应从2011年3月31日起计算利息,而余下的本金600万元则应从2011年12月31日起计算利息。

（四）二审判决的主要内容

（1）B、B妻在本判决生效之日起10日内偿还给Y借款本金2 600万元及利息，其中2 000万元本金从2011年3月31日起按月利率2%计算利息，600万元本金从2011年12月31日起按月利率2%计算利息，利息计至付清之日；

（2）上诉人B、B妻在本判决生效之日起10日内偿还给Y借款利息900万元；

（3）Ba房产公司、Bb投资公司对B、B妻承担的本判决第二、三项债务承担连带清偿责任。

（五）二审判决的法律依据

二审判决的法律依据是《中华人民共和国合同法》第207条、第211条第2款，最高人民法院《关于人民法院审理借贷案件的若干意见》第6条，2007年《中华人民共和国民事诉讼法》第153条第1款第（2）项、第（3）项的规定。

三、救济策划

律师的工作任务，是在B坚称以下记载信息属实的情况下，为B初步论证可行的法律方案：

第一，本案借款纠纷的实际债务人是Ba房产公司、Bb投资公司，而不是B和B妻，借条内容是Y事先聘请专业人士设计完成的，不是自己真实意思表示。

第二，本案最重要的证据借条签名属实，但是，B与B妻实际上并未获得借条上记载的全部款项。

第三，B与Y发生经济往来的起始时间是2007年，B和B妻的个人账户与Ba房产公司、Bb投资公司、B-c的账户完全独立，无财产混同现象。

第四，Ba房产公司、Bb投资公司自成立以来一直合法经营，无逃税行为和其他违法犯罪行为。

（一）律师对资料的要求

律师要求B提供已经获得的可能与案件相关的全部资料，并对资料的真实性（或者与原件一致性）、合法性、完整性负责。

资料包括两个部分：第一部分，案件一审、二审的完整诉讼卷宗复印件（整本复印，不得有遗漏）；第二部分，其他可以取得的与案件有关的证据，包括但不限于各种书面文件、录音、证人证言、书面承诺。

（二）委托方提交的全部资料

B提供了五份电子文件和两套纸质资料（复印件）。但是，未按照律师要求提供案件一审、二审的完整诉讼卷宗。

1. 五份电子文件

（1）上诉答辩意见；

(2) 民事上诉状;

(3) 二审判决书;

(4) 借条(Y 本人书写,无其他人签字);

(5) 收据(本案主要证据)。

2. 第一套纸质资料(复印件)

(1) 民事上诉状;

(2) Y 民间借贷纠纷案件证据目录;

(3) 借条;

(4) 银行进账单;

(5) Ya 公司深圳分公司用款申请单;

(6) 人民法院协助执行通知书;

(7) 补充上诉意见;

(8) 会议纪要;

(9) 财务专用章移交;

(10) 财务专用章移交清单;

(11) 授权委托书;

(12) YH 身份证复印件;

(13) 收据(共 15 份,其中以“Ba 房产公司”为付款方的收据共 14 份,以“B-c 公司”为付款方的收据 1 份);

(14) 一审民事判决书和二审民事判决书。

3. 第二套纸质资料

二审法院平级人民检察院民事行政检察提请抗诉报告书。

(三) 救济方案

1. 启动再审程序

本案再审程序,可以由最高人民法院或者二审高级人民法院启动,可以由最高人民检察院或者二审同级人民检察院启动,也可以由当事人启动。

本案已经由二审同级人民检察院提请最高人民检察院提出抗诉,建议积极收集和整理新的证据,并做好法律文件的准备工作。

2. 其他救济途径

其他救济途径主要是从刑事角度和行政角度,通过对 Y 方不利证据的收集,为相关国家机关启动相应的刑事侦查或行政处罚程序提供证据和线索,并根据国家机关获得的更多证据,维护自己的合法权利。

下文新证据清单中的第 4 项、第 5 项、第 6 项、第 7 项证据,分别是涉嫌非法集资违法犯罪行为的证据、涉嫌洗钱违法犯罪行为的证据、涉嫌资金来源有关的其他违法犯罪的证据、Y 方涉嫌逃税的违法犯罪证据,它们分别指向 4 个违法犯罪的领域——这是民间借贷等地下金融活动中出现概率较高的 4 个违法犯罪领域。如果找到其中一方面的证据，就可能有助于委托人维护自己的合法权益。其中，涉税违法犯罪的证据最容易收集，也最容易被依法查处。

（四）申请再审的要点

在本案可能的再审程序中，首先，确定Y对借条内容的举证责任；其次，确定本案主体是公司而非个人；再次，确定争议借款及其利息的准确数额。

1. 关于借条内容的举证责任

本案的核心证据是Y方出示的有B、B妻签字的借条。从借条的文义上看，该借条确定了双方的债权债务关系，可以作为对方证明借款存在的初步证据。

由于该借条涉及的数额巨大，争议双方的经济往来从2007年开始产生，因此双方争议的巨额借款中通过银行转账的部分，应当可以从银行转账记录中得到证明。对于Y方主张不是通过银行转账而是进行直接现金交收的借款部分，因为数额巨大，Y方应当可以提供时间、地点、证明人、现金运输工具、现金来源等信息，否则数额受到局限或者主张的合理性将受到怀疑。

因此，建议通过对B、B妻、Ba房产公司、Bb投资公司以及B-c公司各个主体全部银行账户的相关证据的收集、整理，证明没有收到对方的与借条记载数额基本相当的借款；同时，申请再审法院依法调取对方全部相关银行账户与我方的关联信息和纳税资料。

确定银行转账部分的数额，有利于限制或者否定对方主张的直接交收部分的数额，也有利于将证明借款真实数额的责任转移到对方。而关于最高人民法院的相关司法解释，应当结合本案实际作为论证的依据，不能简单援引而不作深入分析。

2. 关于本案主体问题

本案主体问题产生的前提，是对借款事实的全部或者部分确认。如果是我方对借款部分承认导致法院对相应部分借款的确认，应当谨慎确定真实借款部分的数额，并严格按照证据规则的要求认真处理。

B方主张借贷双方是企业而不是个人。果真如此，则本案的案由是“企业借贷纠纷”而不是“民间借贷纠纷”。但是，区分B方是个人借款还是公司借款的意义，应当根据B方相关各公司章程和实际情形而定。如果法院确认Y方主张的全部借款事实，则Ba房产公司、Bb投资公司不被揭开公司面纱，即上述两公司的法人人格不被否定，区分B方是个人借款还是公司借款才有实际意义。不过，即使如此，一旦法院确认对方主张的全部借款事实，因为Ba房产公司、Bb投资公司在法律上的担保人地位，B方即使成功区分本案的主体，最终实际获得的利益可能也不会很大。

本案中，一审和二审法院接受了Y方的观点，认为公司之间的资金往来实际是Y、B个人的资金运动，等于在没有任何确凿证据的情况下，单凭Y方的说辞就将公司的资金流动等同于Y、B个人之间的资金流动，或者已经否认了资金往来相关公司的法人格——揭开了 Y、B 各自任负责人的公司的面纱,双方的相关公司成为各自融通资金的工具。

3. 关于借款和利息的准确数额

和本案区分 Y 方主体是公司还是个人一样,确认 B 方借款的事实也是关于借款和利息计算的前提。而巨额借款的事实,不能仅凭“借条”就可以确认。

(五) 新证据清单

收集和整理新的证据,是本案再审中实现 B 方目的之关键环节。这里的所谓新证据,包括新形成、新获取的证据和本案一审、二审中 B 方未提交的证据以及对本案争议的最终解决可能有所助益的其他证据,即包括最高人民法院《关于民事诉讼证据的若干规定》之内的新证据和一审、二审中因为疏忽而尚未提交的证据。这些证据包括但不限于:

(1) B 方各主体(包括 B 本人、B 妻、Ba 房产公司、Bb 投资公司以及 B-c 公司)的全部银行账户中与对方相关的全部证据;

(2) B 方各主体与对方相关的其他全部书面证据(包括传真、电邮、信件、单据等);

(3) 与 Y 方投资合作事实有关的证人证言等新证据;

(4) Y 方涉嫌非法集资违法犯罪行为的证据;

(5) Y 方涉嫌洗钱违法犯罪行为的证据;

(6) Y 方资金来源不足或者涉嫌其他资金来源违法的证据;

(7) Y 方涉嫌逃税的违法犯罪证据;

(8) Y 方交易对手、交易伙伴、高级管理人员或者核心员工可以提供的所有不利于对方的证据。

上述新证据的第(1)项,通过 B 方银行资金流转的证据,证明 B 方从 Y 方由银行渠道获得的资金总量以及余额,根据其他证据确定余额与本案中借条记载数额的合理差距——该差距是 Y 方主张借款中的现金相关数额。

第(2)项,是出于谨慎的考虑,尽量全面收集证据,以免因为 Y 方人员的自我判断取代专业律师的判断而导致证据遗漏。

第(3)项,证明 B 方关于投资合作的事实,因为现有证据无法支持 B 方的观点。

第(4)项和第(5)项、第(6)项,从 Y 方资金来源的角度,证明 Y 方资金不足以达到借条所记载的数额,或者发现其资金来源方面的法律薄弱环节。

第(7) 项,逃税是一般企业、企业家最容易出现的违法犯罪行为。

第(8) 项,从 Y 方的成员入手,换个角度获得可能对 B 方有利的信息。

(六) 再审程序中应申请调取的证据

如果启动了再审程序,则 B 方应当申请人民法院调取 Y 方(包括 Y 本人、Ya 公司、Yb公司以及B方涉及Y方的其他法律主体）全部银行账户在本案争议相关时间内的全部资金流动记录。

在本案一审、二审过程中，争议双方和人民法院均没有重视本案的资金来源问题。Y方资金来源和资金流入Y方的过程证据，可以显示Y方在本案争议相关时期的资金总流入及其向B方输出资金的总量、从Y方输入资金的总量以及差额。通过银行渠道的资金流入，应当是Y资金流入总量的主要部分，非银行渠道的资金流入，应当由Y提供进一步的说明。

四、焦点问题评析

1. 如何“揭开公司面纱”？如何确认逃税？

本案涉及公司法的主要法律问题是否定公司法人人格——即揭开公司面纱问题，涉及税法的主要法律问题是逃税问题，公司法和税法的交叉法律问题是税收问题。

揭开公司面纱是本案的核心法律问题，本文将进行重点讨论。逃税问题作为本案的一个切入点，税务设计作为引发本案主体争议的重要原因，是另外两个重要的法律问题。税务设计不当就会产生逃税问题，对涉税违法犯罪行为的关注也是本文的着力点，但是限于篇幅，逃税、税务设计在本文中不单独展开，而是作为案件讨论的一部分将在适当的位置被提及。

2. 公司法如何规定揭开公司面纱？税法如何认定逃税行为？

关于揭开公司面纱问题，我国《公司法》第20条第3款规定：“公司股东滥用公司法人独立地位和股东有限责任，逃避债务，严重损害公司债权人利益的，应当对公司债务承担连带责任。”第64条规定：“一人有限责任公司的股东不能证明公司财产独立于股东自己的财产的，应当对公司债务承担连带责任。”2006年1月1日开始施行的现行《公司法》的上述规定，被公认为是我国公司法的“揭开公司面纱”条款，根据该条款可以在特定情形下否认公司的法人人格，相应的股东不再受到公司“有限责任制度”的保护，从而对公司的相应债务承担责任。

关于企业所得税，《企业所得税法》第4条规定：“企业所得税的税率为25%。”该法第3条第3款规定：“非居民企业在中国境内未设立机构、场所的，或者虽设立机构、场所但取得的所得与其所设机构、场所没有实际联系的，应当就其来源于中国境内的所得缴纳企业所得税。”适用税率为20%。第6条规定：企业以货币形式和非货币形式从各种来源取得的收入，为收入总额，包括利息收入和其他收入。

关于个人所得税，我国《个人所得税法》第6条规定，利息、股息、红利所得，偶然所得和其他所得，以每次收入额为应纳税所得额计算个人应纳税所得额。第3条规定，特许权使用费所得，利息、股息、红利所得，财产租赁所得，财产转让所得，偶然所得和其他所得，适用比例税率，税率为20%。

与本案可能有关的税收犯罪涉及的《刑法》条款，是第201条和第211条、第

212 条。第 201 条规定:“纳税人采取欺骗、隐瞒手段进行虚假纳税申报或者不申报,逃避缴纳税款数额较大并且占应纳税额百分之十以上的,处三年以下有期徒刑或者拘役,并处罚金;数额巨大并且占应纳税额百分之三十以上的,处三年以上七年以下有期徒刑,并处罚金。扣缴义务人采取前款所列手段,不缴或者少缴已扣、已收税款,数额较大的,依照前款的规定处罚。对多次实施前两款行为,未经处理的,按照累计数额计算。有第一款行为,经税务机关依法下达追缴通知后,补缴应纳税款,缴纳滞纳金,已受行政处罚的,不予追究刑事责任;但是,五年内因逃避缴纳税款受过刑事处罚或者被税务机关给予二次以上行政处罚的除外。”

《刑法》第 211 条规定:“单位犯本节第二百零一条、第二百零三条、第二百零四条、第二百零七条、第二百零八条、第二百零九条规定之罪的,对单位判处罚金,并对其直接负责的主管人员和其他直接责任人员,依照各该条的规定处罚。”

《刑法》第 212 条规定:“犯本节第二百零一条至第二百零五条规定之罪,被判处罚金、没收财产的,在执行前,应当先由税务机关追缴税款和所骗取的出口退税款。”

3. 学术界观点

我国学者对公司法人格否认有广义说和狭义说之分。广义说认为有两层含义:一是指对公司人格的彻底剥夺;二是于特定法律关系中否认公司法人格。狭义说仅指广义说中的第二层含义,也被称为“揭开(刺破)公司面纱”。[①] 本文采用的是狭义说。

揭开公司面纱,是一项源于英美法系的公司法人人格否认制度,是针对因股东滥用有限责任制度而导致公司股东和公司债权人利益失衡状态,实现个案实质公平的判例法制度。我国《公司法》第 20 条第 3 款和第 64 条,把英美判例法上发展了几十年的“揭开公司面纱”判例制度以成文法的方式引入后,吸引了理论界和实务界的强烈关注。“这是在成文法中最明确地规定公司法人格否认(揭开公司面纱)的立法例。”[②]关于第 20 条第 3 款与第 64 条的关系,有学者认为,第 20 条第 3 款规定在《公司法》的总则部分,在《公司法》中具有统领的作用,即无论有限责任公司还是股份有限公司,无论是多名股东的公司还是只有一个股东的公司,出现公司独立人格被股东滥用的问题,都可以适用该款规定;而第 64 条是规定在有限责任公司中“一人有限公司的特别规定”一节中,因此,欲揭开一人公司的面纱,首先要满足第 20 条第 3 款的条件。[③] 但是,《公司法》之所以对一人公司的法人格否认进行专门规定,将“公司财产独立于股东自己的财产”的举证责任分配给股东,是因为一人公司更容易出现公司财产与股东财产混同的情形,因此债权人的债权面临的风险更大,所以《公司法》第 64 条对一人公司的法人格否定设置了这种“财产

① 参见郭升选:《“公司人格否认”辨》,载《法律科学》2000 年第 3 期,第 85 页。
② 王保树、崔勤之:《中国公司法原理》,社会科学文献出版社 2006 年版,第 48 页。
③ 参见朱慈蕴:《公司法人格否认:从法条跃入实践》,载《清华法学》2007 年第 2 期,第 118 页。

混同”则不论债权人利益受到损害的程度是否“严重”的法定情形。当然，一人公司被否定法人格不仅限于财产混同这一种情形，财产混同是股东和公司“人格混同”的一种，人格混同又是公司滥用公司法人独立地位和股东优先责任的情形之一，一人公司在财产混同情形之外的其他诸多情形，则必须适用《公司法》第20条第3款的规定。

《公司法》第20条第3款没有对“公司债务”的类型进行限制，按照学理解释，这里的“公司债务”应是广义的，包括合同之债、侵权之债、无因管理之债、不当得利之债等。从本款规定可以看出，我国关于揭开公司面纱的规定包括三个条件：公司股东的行为是“滥用公司法人独立地位和股东有限责任”，目的是“逃避债务”，结果是“严重损害公司债权人利益”，三者缺一不可。其中，“严重损害公司债权人利益”是否“严重”的判断，不可能有整齐划一的标准，但是这不是难点。根据法律规定，揭开公司面纱的难点，在于“滥用公司法人独立地位和股东有限责任”的“滥用”判断标准的确定，即我国《公司法》没有确定“滥用的标准”，导致实践中难以准确适用有关揭开公司面纱的法律规定。立法机关认为，“这里对公司法人人格否定的适用条件仅作出两项原则规定，主要是因为实际中股东滥用公司法人独立地位或者股东权利的情况很多，也很复杂，难以一一列举，在法律中确定适用的原则，主要是为司法机关提供具体适用法律的依据，具体情况可由司法机关认定和裁判”。[①] 也就是说，我国法律实践中否定公司法人人格而由股东对公司债务承担连带责任的判定，并无一定或者不变之标准，人民法院和仲裁机构可以根据实际情形进行判定。

也正因为揭开公司面纱是公司有限责任制度的例外情形，而有限责任制度是现代公司法的法律基石，所以各国对否认公司法人格都非常慎重。虽然各国在适用公司法人格否认规则时所依据的要件并不统一，但有学者认为，下列因素一般在法官审理这类案件并最终成功地揭开公司面纱时被给予特别考虑：

（1）公司资本严重不足；

（2）股东和公司之间财产混同；

（3）股东像对待个人财产一样对待公司财产；

（4）隐瞒或歪曲公司的真正信息；

（5）公司控制股东与公司进行了大量的关联交易；

（6）公司没有必要的记录，等等。

这其中，如果存在股东对公司债权人实施虚伪陈述或其他诈欺行为，几乎绝大多数国家和地区都会力主揭开公司面纱。[②] 我国有学者认为，“滥用公司法人独立地位和股东有限责任”作为否认公司法人格的客观要件，“一般是指公司法人格被

---

① 李飞、王学政主编：《中华人民共和国公司法释义》，中国市场出版社2005年版，第104页。

② 参见朱慈蕴：《公司法人格否认：从法条跃入实践》，载《清华法学》2007年第2期，第121页。

滥用和公司法人格徒具形式。前者,如像股东过度控制与支配公司、公司资本严重不足、为不法目的设立公司、利用公司法人格对债权人欺诈等;后者,如像公司与股东在财产、业务、账目等持续混同,以及完全无视公司法关于股东大会等组织机构的强制性规范等”。① 有学者认为,还应当包括“股东为赚取高额利润或逃避债务,常常擅自挪用公司财产”的情形。② 但是,如果认为上述情形应当是并列关系,即符合其中之一就可以认为符合“滥用标准”,则太容易证明公司达到“滥用标准”,对公司的有限责任制度会形成很大的冲击,比如上述条件中的“股东过度控制与支配公司”“资本严重不足”都不能作为独立判断“公司股东滥用法人独立地位和股东有限责任”的评判标准;但是,如果将上述所有条件作为缺一不可的要件,则评判标准显得过于苛刻而使得关于否定公司法人格的规定成为一纸空文。因此,“滥用标准”实在是一个需要根据个案来公允判断的问题,需要充分考虑个案的特点。

关于公司法人格否定的举证责任,如前所述,虽然《公司法》第 20 条第 3 款未就证明责任作出任何表述,但是结合《公司法》第 64 条的规定,可以推断出以下结论:一人公司证明“公司财产独立于股东自己的财产”的举证责任在股东一方,而其他形式的公司证明“公司财产独立于股东自己的财产”的举证责任和其他证明责任,则在主张否认公司法人格的一方。因此,在否认公司法人格的司法程序中,举证责任的分配应当根据《民事诉讼法》的规定进行。我国《民事诉讼法》第 64 条第 1 款规定:“当事人对自己提出的主张,有责任提供证据。”即“谁主张,谁举证”。因此,除了根据《公司法》第 64 条主张股东对公司债权承担连带责任的情形之外,提出否认公司法人格主张的债权人,负有举证责任证明以下三个方面:

(1) 自己作为债权人的债权应受法律保护;

(2) 公司股东具有滥用公司法人独立地位和有限责任的行为;

(3) 自己作为债权人的利益受到了严重损害。

我国否定公司法人格的主体,仅限于债权人,这一点根据《公司法》第 20 条第 3 款的规定与第 64 条的规定不难看出。我国的公司或者公司股东提出否认公司法人格的主张缺乏法律依据,也缺乏逻辑基础。就公司而言,公司提起人格否认的诉讼请求,意味着公司在进行自我否定;就股东整体而言,公司的独立法人人格和股东的有限责任制度,使其享受了公司债务带来的收益却免受公司债权人的直接追索,还有决定公司改制成为其他企业形式的权利,没有必要采取否认公司法人格的途径实现其经济目的。即便是处于弱势地位的小股东,因其他股东滥用公司法人格受到的利益损失,可以通过直接诉讼或者派生诉讼这些较为容易的法律手段实现救济,完全没有必要通过否认公司法人格来维护自己的利益。而且,人格否认是“一时一事之否认”,而非全盘否认或永久否认。“一时”,是指公司面纱暂时被揭

① 王保树、崔勤之:《中国公司法原理》,中国社会科学文献出版社 2006 年版,第 48 页。

② 安建主编:《中华人民共和国公司法释义》,法律出版社 2005 年版,第 42—43 页。

开,待债权人利益得到补偿后,公司面纱又将恢复,而不是永久性关闭公司;"一事",是指在特定事件中否认其人格,而不是所有事件。①

4. 笔者对案例的综合评价与结论

近年来,我国民间融资发展迅猛,民间借贷纠纷大量出现,但是单纯凭借"借条"主张巨额债权又能够一审、二审全部胜诉的案件并不多见。有法官在最高法院网站上撰文认为,根据最高人民法院《关于依法妥善审理民间借贷纠纷案件,促进经济发展维护社会稳定的通知》的要求,对"欠条""借条"的认定,要结合其他相关证据判断。"借条"应至少与以下环节相结合判断:

(1) 资金来源。资金有进项才能有借出,否则很难自圆其说。

(2) 款项交付。款项交付因交易习惯和数额大小均有所不同,但应依据当地通行的做法而定。

(3) 证据审查。在原、被告双方提供的关联证据均较少的情况下,法院应积极依职权调查取证,不应简单依据证据优势原则作出判断。要对借条本身进行多方面鉴定,尤其是对证人证言的查证,以免出现伪证现象。同时,还要走访相关群众,促使案件脉络不断清晰呈现。②

本案一审、二审法院将"借条"作为关键证据采纳,而不去深究相应的资金来源、银行账户变动、现金交付的合理性,其主要根据在于本案"借条"已经明确记载的两项内容——"注:1. 债务方与 Y 之间以前发生的银行汇款单、借条、收条全部作废,自行当面已经销毁,债务人与债权人都没有异议。2. 此借条中确定的金额双方反复核对无误,双方都不存在任何异议。"这两项记载表明,这张"借条"本身通过文字记载表明双方的借贷都是有合法证据证明的,"借条"是总括性的法律文件,已经不需要其他证据支持,而且因为证据已经销毁也不可能再得到相应的证据支持了,以此尽力排除对借贷行为和借贷数额的合理怀疑。但是,从记载的已经销毁的证据类型看,"银行汇款单、借条、收条"中的"银行汇款单"是可以被银行提供的其他书面证据取代的,所以即使销毁也可以获得同样证明力的证据;"借条、收条"都是对借贷行为的书面确认,与本案的"借条"性质相同——巨额借条也应结合其他证据综合验证方可被法庭采纳,因此即使毁掉也不妨碍进一步挖掘借贷的原始证据。也就是说,该借条记载的"债务方与 Y 之间以前发生的银行汇款单、借条、收条全部作废,自行当面已经销毁,债务人与债权人都没有异议",并不妨碍本案对借条的进一步司法审查。而另一个记载"此借条中确定的金额双方反复核对无误,双方都不存在任何异议",只是表明在用"借条"取代以往"银行汇款单、借条、收条"的时候双方没有异议,并不能以此断定该"借条"关于数额的记载准确无

---

① 参见陈国奇:《试论法人格否认法理中的"不当劳动行为"——日本近期两则判例的启示》,载《人大复印资料》〈经济法学 劳动法学〉2007 年第 9 期。

② 参见郤永林、李思泉:《从本案看民间借贷关系的认定》,载 http://www.chinacourt.org/article/detail/2011/12/id/470824.shtml,2013 年 5 月 6 日访问。

误。因为,在“借条”签字确认的时候,可能出现签字人意志不自由、错误理解、错误判断、错误表达等情形,也可能出现双方合谋进行“手拉手”虚假诉讼情形。因此,“借条”的记载无论怎样排除借贷事实有关的证据,都应当结合资金来源、账户变动、交易习惯等实际情形进行判断。因此,在本案这种巨额借贷争议中,借条中即使有本案类似的记载,也不能独立担负起证明借贷事实的任务。

B方负有责任举证或者申请人民法院依法调取证据证明借条记载的不真实,但是,本案中B方没有将B方各个主体的全部银行账户信息、公司相关会计资料作为证据提交给人民法院,也没有及时申请人民法院调取Y方各个主体的银行账户信息和相关会计信息,失去了在两审诉讼程序中以此否定借条记载的合理性的机会,属于B方的重大疏漏。

本案的借贷,包括双方相关公司账户之间的资金往来——这部分资金不能在不否认双方相关公司的法人格的情况下,径直判断其归属于股东。在这个问题上,一审法院和二审法院没有根据《公司法》的规定和足够的证据判定B作为股东对公司账户往来资金承担个人责任,也同样没有根据《公司法》的规定和在没有足够证据的情况下判定Y与Y方公司的财产混同,判决的法律依据也没有《公司法》第20条的相关规定,应当是很大的疏漏。当然,根据借条的记载,本案中B方相关的公司对B、B妻的债务承担连带保证责任,即使证明债务应当归B方公司承担而非B、B妻个人承担,如果败诉,B仍然会根据自己在相关公司中的股权比例、公司章程的规定等,最终承担借条中确定的相当大比例的债务。在全部两审诉讼中,B方也没有根据《公司法》的规定,提出不得将公司账户上的资金与B作为股东的财产混同。但是,所有这些都不能构成两审法院无视《公司法》关于股东有限责任的规定,忽视本案中公司债务与股东债务区别的理由。

Y方在本案中,极力主张借贷法律关系的主体不是公司而是个人,至少可以从以下四个方面找到理由:

(1)本案中的公司之间的借贷不是我国法律保护的“民间借贷”,借贷的利息不受法律保护。

(2)本案中的个人之间的借贷一旦被认定属实,就属于被法律保护的“民间借贷”,其利息不超过人民银行同期贷款利率4倍的部分将受到法律保护。

(3)企业所得税的税率是25%,个人所得税中利息所得的税率是20%。

(4)个人作为借贷法律关系的主体,使Y方得到利息和税收实惠的同时,B方公司对债务承担连带保证责任,Y方被生效判决确认的债权将得到B方个人和公司的双重资产保障。另外,如果本案的主体是Y方公司,则Y方胜诉后,其公司应当在会计账册和纳税上有所反映,而作为个人胜诉并获执行后,因为我国司法和税务信息的脱节,Y方有逃税的空间。由此可知,税收设计是本案Y方将借贷主体锁定为个人的一个重要原因。也正因为企业所得税与个人所得税的税率不同,B方在本案中表现出来的公司账户与个人财产部分混同的现象,正好为B方下一步行动指出了一个可能有效的进攻方向，B 方可以将 Y 方涉嫌逃税的证据作为下一步收集证据工作的一个重点。

五、结语

1. 学术理论与观点的建议

我国作为以成文法为主的国家，没有判例法的传统。因此，我国著名的公司法学者、清华大学博士生导师朱慈蕴教授认为，必须尝试以成文法的形式在公司法中规定揭开公司面纱制度，明确何种场合下可以适用揭开公司面纱，以便法院处理此类案件时有法可依。建议《公司法》修改时作如下规定："公司股东应当遵守法律、行政法规和公司章程，依法行使股东权利，不得滥用股东有限责任制度损害公司债权人和其他利害关系人的利益。公司股东应当维护公司的独立人格。公司股东在人员、财务、业务等方面与公司混同的，应当对公司债务承担连带责任。公司股东应当尊重公司的独立人格。公司股东滥用公司人格规避法律义务或者合同义务，或者通过各种途径制造空壳公司，应当对公司债务承担连带责任。"这其中，空壳公司主要指公司资本不实或不足之场合。朱慈蕴教授指出，此时适用揭开公司面纱原则，应当注意"公司资本不足"，是基于经济上的判断而不是基于法律上的判断，而且只能在个案中由债权人提出指控，由法院根据客观标准推断公司资本与公司经营之事业性质、规模及其隐含的风险相比是否非常之小；若公司设立时，已有足额之资本，只是后来在竞争中因经营不善或其他原因而导致资本亏损时，则不能认为是资本不足，但因支配股东的不当行为或不法行为致公司亏损成为空壳公司，支配股东不可以公司设立时资本充足为抗辩理由。当然，公司资本不足通常不会单独作为适用揭开公司面纱的要件，因为一旦公司资本显著不足，其中通常伴有股东之欺诈、虚假行为。①

有学者认为，滥用标准中的"人格混同"——即公司法人格形骸化情形——比较容易建立大家容易接受的标准。公司法人格形骸化，实质上是指公司与股东完全混同，使公司成为股东的或另一公司的另一个自我，或成为其代理机构和工具。形骸化有三种表现形式：财产混同、业务混同和组织机构的混同。财产混同表现为公司营业场所、主要设备与股东的营业场所或居所等完全同一；公司与股东使用同一办公设施；公司与股东的资本或其他财产混合，公司资本或财产移转为非公司使用，或两个实体拥有完全同一的所有权；公司财产无记录或记录不实，公司账簿与股东账簿不分或合一等。业务混同也是公司形骸化的重要表征。例如，公司与股东或不同公司之间从事相同的业务活动；具体交易行为不单独进行，而是受同一控制股东或同一董事会指挥、支配、组织；公司对业务活动无真实记录或连续记录等。

---

① 参见朱慈蕴：《公司资本理念与债权人利益保护》，载《政法论坛》（中国政法大学学报）2005 年第 3 期，第 133—134 页。

组织机构上的混同,诸如集团公司中公司之间董事会成员的相互兼任;总经理及公司的高级管理人员的统一调配、聘任或任命;公司与股东或两个不同实体的董事或经理的完全一致,甚至雇员都完全一致;公司在人事任免、发展计划等重大事项决策上不履行必要程序或无必要记录;无视公司的法律形式,不保持必要的公司记录或根本没有记录等。①

一些专家、学者认为,完善"揭开公司面纱"制度,最理想的立法模式是在《公司法》中专设"关联企业规制"一章,目前可以考虑通过最高人民法院的司法解释对该原则及其在破产程序中的运用进行规定。笔者建议,在司法解释中应明确规定适用"揭开公司面纱"制度的具体情形,如当公司资本显著不足,利用公司人格回避合同义务、侵权责任及其他法律义务,公司与股东或其他关联公司的业务、财产发生全部、持续的混同时,股东或其他关联公司应对该公司的债务承担连带责任。公司股东、实际控制人因被"揭开公司面纱"而承担连带责任的,不得以其应承担之责任再向公司申报债权,进行追偿,也不得主张抵消,不允许其将在特定关系中所应承担的责任转嫁由全体债权人承担。在破产程序设计上,还应考虑对债权人知情权的保障,以使债权人能够及时发现债务人法人人格被滥用。为此,在关联公司成员向人民法院申请破产时,应要求其提交并说明公司股东及关联企业的情况,并允许债权人对此进行查阅。②

2. 立法建议

我国《公司法》确定了揭开公司面纱制度,已经过去了 7 个年头,各级人民法院在司法实践中应当积累了大量案例和审判经验,对我国从 2006 年 1 月 1 日新《公司法》实施以来滥用公司法人格和股东有限责任侵害债权人利益的情形,应当运用科学的统计分析工具进行量化研究,根据我国的实际情况,参考美国、英国、日本等国行之有效的法律制度和实践,确定其中最为典型类型,作为今后完善我国《公司法》揭开公司面纱制度的重要参考和依据。

我国《公司法》揭开公司面纱的法律制度,在立法层面,建议将典型的情形列举出来并加上概括性的规定,这样可以提高人们对典型情形判断的效率和避免不必要的争议,同时又用概括性的条款进行"兜底",以免挂一漏万。另外,应当明确规定该制度仅限于债权人提出、仅限于个案而非全面、永久地否认特定公司的法人格,严格限制其适用范围,以免动摇公司法人制度的根基。

因为法律修改的程序比较复杂,建议在《公司法》修改之前,根据我国的惯常做法,由最高人民法院出台司法解释,对可以确定的典型情形在司法层面进行统一操作,同时观察效果以便改进。

---

① 参见陈国奇:《试论法人格否认法理中的"不当劳动行为"——日本近期两则判例的启示》,载《人大复印资料》(经济法学 劳动法学)2007 年第 9 期。

② 参见王欣新、蔡文斌:《论关联企业破产之规制》,载《人大复印资料》(民商法学)2009 年第 2 期。

3. 律师实务操作建议

在实务中，为了避免被揭开公司面纱而使股东对公司的债务直接承担法律责任，建议公司聘请专业会计人员处理会计工作（小型公司也可以将会计工作外包给正规的专业公司），严格遵守我国会计法律、法规的规定，尤其注意公司账户与个人账户的分离、公司财产与股东个人财产分离，定期审计以及时发现问题、适当转移会计风险和获得公司合法经营的证据，依法纳税并将税务筹划控制在合法的范围之内。

集团公司则应当注意避免对子公司的过分控制，避免关联公司之间财务的混同，尽量避免关联公司之间的营业场所、从业人员、主要设备等要素的混同，避免关联公司之间无实质交易的资金转移，避免其中部分公司的完全“空壳化”。与我国有关的跨国公司在税收筹划时，应当密切关注我国税务法律、法规的进步，不可机械照搬过去的做法或者其他企业的做法，以免被税务机关“揭开公司面纱”，并应当预留与税法进步的“接口”，以免公司为贪图小利而付出更大的成本。

股东与公司财产损害赔偿纠纷案

——《公司法》第 20 条第 3 款的适用条件

重庆百君律师事务所　熊杰

一、争议焦点

1. 公司依据股东之间的约定，占用股东的资产，公司应否赔偿股东资产占用损失？

2. 股东未按照股东间的约定向公司提供足额借款，是否构成滥用公司法人独立地位和股东有限责任？

3. 已签订股权转让协议，但未办理股权转让变更工商登记，是否发生公司股权转移的效果？

二、基本案情

原告：某锰业有限责任公司

被告：某矿业发展有限公司

被告：某实业有限公司

被告：某投资集团有限公司

审理法院：某县人民法院

案由：财产损害赔偿纠纷

2004 年 10 月 10 日，某锰业有限责任公司（以下简称“锰业公司”）与某实业有限公司（以下简称“实业公司”）签订《投资合作协议》，约定：实业公司出资 102 万元，锰业公司以其价值 98 万元的库存生产资料出资，设立重庆某矿业发展有限公司（以下简称“矿业公司”）；锰业公司提供其所属的设施、设备、厂房、场地及矿山的经营权给矿业公司使用，实业公司借用 1 500 万元流动资金给矿业公司使用；锰业公司提供给矿业公司使用的设备、设施、矿山开采权证、进矿公路等投入形成的资产，经双方委托的中介机构审计后，以双方认定的资产净值作为出资。2004 年 11 月 9 日，某县工商行政管理局核准矿业公司成立并颁发营业执照。矿业公司成立后，实业公司向矿业公司借款 600 万元，锰业公司名下的部分资产交矿业公司使用。2005 年 9 月 30 日，实业公司和某投资集团有限公司（以下简称“投资公司”）签订《股权转让协议》（锰业公司也在该协议上盖章），约定实业公司将其持有的矿业公司股权全部转让给投资公司，但未办理股权转让变更登记。矿业公司自 2005 年 1 月起全面停业，2009 年 11 月 18 日被某县人民法院判决解散。在矿业公司清算过程中，锰业公司向矿业公司清算组申报，矿业公司应向其赔偿800万元资产占用损失的债权未获清算组确认，锰业公司遂向某县人民法院提起诉讼，要求矿业公司赔偿其资产占用损失800万元，实业公司和投资公司承担连带赔偿责任。

三、代理思路

根据客户投资公司介绍的情况，律师拟出了代理此案的整体思路：从三个层次抗辩锰业公司的主张：

（1）矿业公司系依据股东间的约定占用锰业公司的部分资产，属于合法占用，不构成侵权，不存在侵权赔偿的问题，矿业公司也无向锰业公司支付占用费的合同依据。

（2）实业公司虽然是矿业公司股东，但无滥用矿业公司法人独立地位和股东有限责任的行为，不应当对矿业公司债务承担连带责任。

（3）投资公司虽与实业公司签订股权转让协议，但尚没有获得实业公司拟转让的矿业公司股权，还没有取得矿业公司股东资格，无滥用矿业公司股东权利或者矿业公司法人独立地位和股东有限责任的可能。

以上三层抗辩理由层层设防，只要任何一层抗辩理由成立，投资公司就不应在本案中承担责任。

四、法院裁判

1. 锰业公司的诉讼请求及主要理由

锰业公司于2011年7月8日向某县人民法院提起民事诉讼，主要诉讼请求为：

（1）要求矿业公司赔偿其资产占用损失800万元；

（2）实业公司和投资公司承担连带赔偿责任。

锰业公司主要诉讼理由为：

（1）矿业公司占用其资产，应当赔偿其资产占用损失；

（2）实业公司和投资公司作为矿业公司股东，滥用矿业公司法人独立地位和股东有限责任，应当对矿业公司的赔偿义务承担连带责任。

2. 矿业公司的主要答辩理由

矿业公司在庭审中提出如下主要答辩理由：

（1）矿业公司于2005年1月全面停业，没有占有使用矿业公司资产；

（2）矿业公司即使占有使用了锰业公司资产也是合法占有使用，锰业公司无权要求矿业公司赔偿损失；

（3）矿业公司与锰业公司之间并没有就资产占用问题达成任何协议，不存在向锰业公司承担违约赔偿责任的问题。

3. 实业公司的主要答辩理由

实业公司在庭审中除同意矿业公司的答辩理由外,另提出如下主要答辩理由:

(1) 实业公司已全面适当履行股东出资义务,其只应以出资为限对矿业公司承担责任;

(2) 实业公司并没有违反《投资合作协议》约定的义务,即使违反,矿业公司也应当另行起诉,提起违约之诉;

(3) 实业公司在本案中不存在滥用公司独立法人地位和股东有限责任的情形。

4. 投资公司的主要答辩理由

投资公司在庭审中除赞成矿业公司和实业公司的答辩意见外,提出如下主要答辩理由:

(1) 投资公司与锰业公司之间无合同关系,也不存在侵权赔偿关系,无向矿业公司承担侵权责任或者违约责任的事实依据;

(2) 投资公司尚不是矿业公司股东,不存在股东滥用公司法人独立地位和股东有限责任的可能。

5. 法院裁判要旨

某县人民法院一审判决认为:锰业公司将其名下的固定资产交矿业公司使用,属矿业公司履行其与实业公司签订的《投资合作协议》中约定的义务,矿业公司占有使用锰业公司的资产有合法依据,因此矿业公司不应当承担侵权损害赔偿责任。矿业公司与锰业公司之间无合同关系,故矿业公司无承担违约赔偿责任的可能。在《投资合作协议》中未约定占有使用费,事后各方当事人也未就占有使用费达成协议,故矿业公司占有使用锰业公司资产,无支付占有使用费的义务。对锰业公司要求矿业公司承担占有使用锰业公司资产损害赔偿责任的诉讼请求,不予以支持。实业公司未足额向矿业公司出借流动资金,不属于实业公司滥用公司法人独立地位和股东有限责任。投资公司虽然与实业公司签订股权转让协议,但协议约定股权在完成工商变更登记后,始属于受让方投资公司所有,投资公司不是矿业公司股东,无股东滥用公司法人独立地位和股东有限责任的可能。锰业公司以实业公司和投资公司滥用公司法人独立地位和股东有限责任为由,要求实业公司和投资公司承担连带损害赔偿责任的理由不能成立,且矿业公司不应承担损害赔偿责任,故对锰业公司要求实业公司和投资公司承担连带损害赔偿责任的诉讼请求不予支持。遂判决驳回锰业公司的诉讼请求。

五、相关法律规定

(1)《中华人民共和国合同法》第 64 条规定:“当事人约定由债务人向第三人履行债务的,债务人未向第三人履行债务或者履行债务不符合约定,应当向债权人承担违约责任。”

(2)《中华人民共和国公司法》第20条第3款:"公司股东滥用公司法人独立地位和股东有限责任,逃避债务,严重损害公司债权人利益的,应当对公司债务承担连带责任。"

(3)《中华人民共和国公司法》第33条第2款规定:"记载于股东名册的股东,可以依股东名册主张行使股东权利。"第3款规定:"公司应当将股东的姓名或者名称及其出资额向公司登记机关登记;登记事项发生变更的,应当办理变更登记。未经登记或者变更登记的,不得对抗第三人。"

六、焦点问题评析

1. 公司依据股东之间的约定占用股东资产的行为具有合法依据

《中华人民共和国合同法》第64条规定了当事人可以为第三人利益订立合同,第三人可以直接请求债务人履行债务。当事人可以在合同中为第三人设定权利而不能设定义务。本案中,锰业公司和实业公司在《投资合作协议》中约定,锰业公司将其名下的特定资产提供给矿业公司使用,属于为第三人利益订立的合同,矿业公司有权利依据《投资合作协议》占用股东矿业公司资产。锰业公司依据《投资合作协议》的约定,将其部分资产提供给矿业公司使用,属于履行约定义务的性质。因此,矿业公司占用锰业公司资产的行为具有合法依据,不构成侵权,也无须向锰业公司承担义务。

2. 股东未足额向公司出借资金并不构成滥用公司法人独立地位和股东有限责任

我国现行《公司法》第20条第3款规定:"公司股东滥用公司法人独立地位和股东有限责任,逃避债务,严重损害公司债权人利益的,应当对公司债务承担连带责任。"全国人大法律委员会《关于〈中华人民共和国公司法(修订草案)〉修改情况的汇报》指出,"在现实生活中,有的股东滥用权利,采用转移公司财产、将公司财产与本人财产混同等手段,造成公司可用于履行债务的财产大量减少,严重损害公司债权人利益。"这就是说,基于我国公司制度实践中面临的社会现实问题而作出了前述规定。这一规定,突破了股东有限责任的原则,要求在特定情形下,公司股东需对公司债务承担连带责任。但这一规定本身过于抽象和原则,在实践中,如何具体适用和把握这一规定,就成为一个值得探讨和研究的问题。

笔者认为,适用《公司法》第20条第3款,至少应当满足如下四个条件:

(1) 行为主体须是公司股东

须是公司股东,而不是公司其他人如董事、监事、高级管理人员实施了滥用公司法人独立地位和股东有限责任的行为。

(2) 须有滥用公司法人独立地位和股东有限责任的行为

滥用公司法人独立地位和股东有限责任的行为有哪些,我国《公司法》未作出明确界定,有待理论上进一步研究和司法实践中进一步完善。笔者认为,滥用公司法人独立地位和股东有限责任的行为主要包括:公司股东以逃避公司债务为目的隐匿、转移公司财产的;将公司财产与股东财产混同的;进行欺诈清算的等应属于滥用行为。鉴于股东有限责任是现代公司制度的基石,不宜轻易动摇。对于滥用公司法人独立地位和股东有限责任的行为应该严格把握,慎重认定。

(3) 须以逃避债务为目的

以逃避债务为目的,是一种直接故意,是行为人内在的一种心理活动,并不直接客观地表现于外。只要从其行为外观或者效果上能够推定其具有逃避债务的目的即可。此项条件宜从宽把握。

(4) 须严重损害公司债权人的利益

无论股东行为如何,如果公司财产足以偿还公司债务,公司债权人利益没有受到严重损害,则无须要求股东承担连带责任。所谓严重损害公司债权人利益,应理解为因股东实施了滥用公司法人独立地位和股东有限责任的行为,导致公司财产减少,公司财产不足以清偿公司债权,债权人利益受到损害。

本案中,实业公司应当按照《投资合作协议》的约定向矿业公司支付1 500万元流动资金借款,实业公司实际只支付了600万元,实业公司可能构成违约。但实业公司按照《投资合作协议》的约定向矿业公司支付流动资金贷款,是一种合同义务,而非公司法或者公司章程上的义务,与矿业公司法人独立地位和股东的有限责任无涉,实业公司拒绝向矿业公司支付借款,不会影响矿业公司的法人独立地位,因此,即使实业公司违反《投资合作协议》的约定,也只应当按照《投资合作协议》的约定或者相关法律规定,向相关当事人承担违约责任,而不应当依据《中华人民共和国公司法》第20条第3款的规定使矿业公司承担连带责任。

3.《股权转让协议》中明确约定股权变更工商登记完成后,实业公司转让的股权才属于投资公司享有

在股权转让过程中,受让人应在完成工商变更登记后方才取得股东资格。股权是现代社会十分重要的财产权。股权转让,是经济生活中十分常见的行为。在股权转让过程中,受让方在什么时候获得受让的股权,什么时候取得受让目标公司的股东资格?是公司法实践中一个极其重要的问题。

通常,一个完整的股权转让活动包括如下环节:

(1) 转让方与受让方签订股权转让协议;

(2) 股权转让协议生效;

(3) 受让方向转让方支付股权转让价款;

(4) 转让方向受让方交付股权凭证(出资证书);

(5) 公司股东名册变更登记;

(6) 公司登记机关进行股东变更登记。

对于股权转让过程中,股权什么时候从转让方转移给受让方,有不同主张,有主张股权转让协议生效时股权发生转移的;有主张支付50%以上的股权价款时股权发生转移的;有主张转让方向受让方交付出资证明书时股权发生转移的;有主张

完成公司股东名册变更登记时股权发生转移的;有主张完成股权变更工商登记时股权转移的。以上各种主张,均有特定理由,且均有适用的情形。

在股权转让活动中,判断股权在什么时候从转让方转移给受让方时,宜按照如下规则处理:

(1) 股权转让协议的成立与生效,不受股权变更登记的影响,除非当事人直接将股权变更登记作为股权转让协议的生效条件。

(2) 如果股权转让协议已经成立,但未生效,不可能发生股权转移的效力。

(3) 股权转让协议中对股权在什么时候转移给受让人有约定的,只要该约定不违反法律、行政法规的强制性规定,应从其约定。但该种约定在没有进行股权变更登记时,仅在当事人间具有约束力,不具有对抗效力。

(4) 股权转让方和受让方将股权已经发生转移的事实通知公司,办理了公司股东名册变更登记的,对于公司来讲,发生公司股东变更的效力,股权受让方即新股东可以依据股东名册向公司主张股东权利,对于股权受让方来讲,取得对抗公司的效力。如果公司未设置股东名册,只要股权转让方与受让方将股权发生转移的事实通知公司,向公司提交了股权变动的相关证明文件,如股权转让协议、公司其他股东同意股权转让的文件等,对于公司来讲,就发生股东变更的效力。

(5) 股权转让工商变更登记完成时,使股权变更取得对抗第三人的效力。

本案中,矿业公司未设置股东名册。实业公司与投资公司虽然签订了《股权转让协议》,但未办理股权转让工商变更登记,且在《股权转让协议》中明确约定了股权变更工商登记完成后,实业公司转让的股权才属于投资公司享有。因此,投资公司在本案中不具有矿业公司股东资格,没有滥用矿业公司股东权利或者滥用矿业公司法人独立地位和股东有限责任的可能,失去了依据《中华人民共和国公司法》第 20 条第 3 款对矿业公司债务承担连带责任的前提条件。

七、结语

本案涉及的法律问题,在公司法实务中具有一定的代表性。投资者在设立公司前,通常会签订协议,在协议中就公司成立后,各个投资者向公司承担特定的义务进行约定。公司成立后,公司可以依据股东之间的约定向负有特定义务的股东主张权利。2005 年修订后的《公司法》,对公司股东滥用股东权利给公司、公司其他股东造成损害的赔偿责任,以及股东滥用公司法人独立地位和股东有限责任严重损害债权人利益的法律责任进行了明确规定,但该等规定比较原则和抽象,需要在具体司法实践中根据个案把握和具体化。此外,在股权转让活动中,受让方在何时取得受让的股权,成为公司的股东,也是公司法实务中一个十分重要的问题。对于前述三个重要法律问题,本案均有涉及,并以案例形式进行了有价值的探索和回答。对相关法律问题的判断,提供了一定程度的参考标准。

从一起案例看公司章程条款和公司强制性规定冲突的问题

北京市京泽律师事务所　张茂泉

一、争议焦点

1. 公司章程条款与公司法冲突时如何认定章程条款的效力？
2. 如何继承股东权利？
3. 如何确定公司增资的认缴依据？
4. 如何确定章程关于表决要求条款的效力？
5. 如何认定公司监事设置的合法性？

二、基本案情

某有限责任公司注册资本为541万元，由49个自然人投资设立。2006年7月，公司召开股东会，以超过表决权2/3的多数通过了《关于修改〈公司章程〉的决议》，之后，原告童某等13个股东向法院提起诉讼，要求判决该决议无效。

争议的公司章程内容包括以下四项：

(1) 自然人股东死亡后，合法继承人继承部分股东权利和所有义务，继承人可以出席股东会议，但必须同意由股东会作出的各项有效决议；

(2) 股东按照出资比例分取红利，公司新增资本时，按照股东会决议可以优先认缴出资；

(3) 股东会议作出有关公司增加资本或者减少注册资本，分立、合并、解散或者变更公司形式及修改章程的决议，必须经出席会议的股东所持表决权的2/3以上通过；

(4) 公司不设监事会，设监事1名，由公司工会主席担任。公司董事、总经理及财务负责人不得兼任监事。

股东会决议还对被告公司原有章程的其他部分内容作了修改。童某等13人认为，修改后的公司章程中上述4条内容违法，故向法院提起诉讼，要求确认修改公司章程的决议无效。

三、法理解析

(一) 公司章程是公司经营的基本准则

公司章程是指“公司设立人依法订立的规定公司组织及活动原则的文件，是公司活动的行为准则，也是确定股东权利义务的依据”。[①] 其外在表现形式为“记载公司组织及行动的基本自治规则的书面文件”。[②] 由此可知，公司章程是关于公司组织与经营中最根本的事项的规定。根据我国《公司法》第25条之规定，公司章程应当包括：公司名称和住所、公司经营范围、公司注册资本、股东的姓名或者名称、股东的出资方式、出资额和出资时间、公司的机构及其产生办法、职权、议事规则等内容。

公司章程的效力根据作用对象的不同，可划分为内部效力与外部效力。内部效力是指公司章程在公司股东之间是创造价值、分配财富的依据，对公司的董事、监事等高级管理人员来说，公司章程是规范其经营行为的行为准则，因此对公司内部成员具有约束力。外部效力则是指公司章程的公示力。一般来说，公司章程应当向社会公开，公司的交易对象通过查阅公司章程能对公司股东的资信状况、偿债能力等基本交易信息有大致的了解，并在内心产生一定的信任感，随后作出愿与之发生交易的意思表示，从而使公司的交易机会得以增加。

（二）公司章程是契约性的自治规范

公司章程具有契约性的特点。从公司章程的制定方式上看，公司章程由发起人的共同意思表示制定，即公司发起人对公司设立的相关事项进行协商并形成了合意。根据契约法的一般原理，当事人的意思表示及合意就构成了契约成立的要件，公司章程的制定方式符合契约的成立要件，因而带有契约的属性。

公司章程是自治性规则。公司章程的自治性包含两个层面的意思：

（1）自治性首先体现为公司章程制定者的意思自治。正是由于意思自治精神的存在，商事主体才得以充分发挥其创造力，积极参加商事活动，积累更多的财富；

（2）“自治性”也意味着公司章程的效力仅在公司成员的范围内有效，不具备约束公司成员以外第三人的效力，因为第三人既非公司章程的制定者，也不是公司的内部人，公司章程对其当然没有约束力。

从理论上看，各国法学界在公司章程性质的认定上存在“自治法说”与“契约说”两种观点，其中大陆法系国家持较为流行的“自治法说”观点，日本通说就持此说；英美法系国家多持“契约说”观点。[③] 例如英国学界就认为公司章程是一种“法定合同”[④]（the Statutory Contract）。笔者认为，上述两种观点并非互相对立，它们只是从不同角度揭示了公司章程的性质。如前所述，公司章程确实兼采契约性与自治规范性的特点，因此任何孤立的其他观点的看法都是片面的，故应当对其进行综合考察。尽管我国立法上多采大陆法系国家的观点，但也没有否认公司章程的契

---

① 李昌麟主编：《经济法学》，中国政法大学出版社1999年版，第221页。
② 孙晓洁：《公司法基本原理》（第二版），中国检察出版社2006年版，第199页。
③ 参见孙晓洁：《公司法基本原理》（第二版），中国检察出版社2006年版，第200—202页。
④ 参见刘俊海：《股份有限公司股东权的保护》，法律出版社2004年版，第94页。

约属性,我国《公司法》第28条规定:"股东应当按其足额缴纳公司章程中规定的各自所认缴的出资额。……股东不按照前款规定缴纳出资的,除应当向公司足额缴纳外,还应当向已按期足额缴纳出资的股东承担违约责任。"就是最好的例证。

综上,公司章程是股东、发起人意思自治的体现,当事人可以通过自由协商一致,约定相互之间的权利义务关系,是由公司根据自己的经营目的、状况等依法自行制定的,其体现为"一种法律以外的行为规范""由公司自己来执行,无需国家强制力来保证实施",且"其效力仅及于公司和相关当事人,不具有普遍的约束力"。①

(三)公司章程与《公司法》强制性规范存在冲突的部分,不发生效力

公司作为社团法人,通过经营活动获取利润是其设立的根本目的,当事人是自身利益的最佳判断者,因此属于私法范畴的公司法,不应对当事人的合法自主经营活动横加干涉,应充分尊重当事人的自主意思,彰显私法自治的精神,这也是公司法条文大多为任意性规范的内在原因。

从公司不完全契约理论的角度上说,公司实质上是投资者、其他相关主体通过契约安排而运行的一项制度,但它存在着以下问题:

(1)契约当事人的理性是有限的,当事人的信息是不完全的,信息传递过程中存在缺陷,会出现信息截留、以偏概全的现象,契约主体地位不可能完全平等,现实中,人在智力、财力、地位上是有差别的。没有经验和分析能力的散户投资者会成为不公平的章程的牺牲品。

(2)由于长期性和不确定性,公司章程的后续变化极大,这样缺乏法律强行规范的章程,不但不利于股东利益,还会给法院裁判带来难度。②

(3)制定、修改公司章程程序的固有局限性难以保证实质公平。制定、修改公司章程往往采用"资本多数决""人头多数决"的方式。但无论采用哪一种方式,都可能导致公司治理中的合理压迫,少数派股东的利益在完全私法自治下得不到保护。

因此,完全的章程自治存在一定缺陷,公司章程的意思自治必须在强制性规范所划定的范围内进行,一旦超出法定的范围,就会造成上述的不利后果。

(四)涉案《公司法》条文的强制性与任意性辨析

有观点认为,涉案的《公司法》条文并未写明"必须""应当"等字样,并就此推论其为任意性规范,不能仅因章程条款不完全符合法律条文的明确规定而就此认定其为无效。纯粹从文义上认定法律条款性质的观点,存在相当大的片面性,得出的结论也值得商榷。在笔者看来,认定涉案法律条文性质还应从公司法,乃至商法本身的性质入手加以探究。有学说认为,商法属于纯粹的私法领域,其中不应包括

① 王保树主编:《中国商事法》,人民法院出版社2001年版,第105页。

② 参见汤欣:《论公司法与合同自由》,载梁慧星主编:《民商法论丛》(第16卷),法律出版社2000年版,第288—290页。

任何公法的调整方法。如徐学鹿教授就认为:“现代商法适应现代经济与科学技术的发展,是私法……而且是市场交易关系领域内的私法。”[①]也有学者认为,商法是一个“渗透着公法因素的私法领域”。[②] 18、19 世纪以来,商法为纯粹的私法的观点,已经不再普遍得到认同,随着商业的繁荣与商事关系的不断复杂化,公司经营不再只是股东与股东之间的事,而是牵扯了大量的社会关系,仅依靠公司股东自治显然无法顾及,商事主体自我调节作用的局限性显露无遗,因此,国家便有了运用公法调整方法的手段对公司经营活动进行强制干预的必要,这就是所谓的“公司法属于公法化的私法”[③]观点的起源,笔者亦赞同此说。

虽然充分的意思自治具有发挥当事人创造力、促进交易的优点,但是完全实行意思自治无法避免公司治理中产生的因权利滥用而造成的不公平现象,如大股东利用其优势地位,在公司章程中设置以牺牲小股东利益为代价而规避自身损失的条款等。因此,在公司法中引入强制性规范,可以对当事人的自治行为设定底线,不使股东名义上是意思自治、契约自由,实则却为损害他人利益的行为合法化,股东的行为一旦超出法律规定的底线,就应当承担相应的法律责任,这完全符合法律强制性规范的特征。从立法宗旨上看,在《公司法》中设置强制性规范,其目的就是为了规范公司人员的行为、保障股东利益,若没有国家强制力作为后盾,这些法条就会沦为“指导性意见”,仅能体现法律的指引性特征,对当事人没有法律上的强制约束力,其立法初衷就无法实现,因此,以“目的解释”的法律解释方法对上述条文进行分析,也能够得出涉案条文为强制性规范的结论。

四、焦点问题评析

(一) 继承人应当全面继承公司章程规定的股东权利

本案所涉《公司章程》规定,公司股份的继承人只得继承部分股东权利,排除了股东的表决权与参与经营管理的权利,但继承人却须履行全部股东义务,如此一来,本案公司章程是否违反《公司法》的强制性规定?《公司法》第 76 条规定:“自然人股东死亡后,其合法继承人可以继承股东资格;但是,公司章程另有规定的除外。”据此,有观点认为,根据《公司法》的规定,公司章程可以对股东资格继承问题另行规定,且章程约定的效力高于法律的缺省性的规定,这也符合商事法“有约定从约定,无约定从法定”的基本原则,并且是股东意思自治在商事活动中的体现,所以公司章程完全可以基于契约自由的考虑,对股份继承人权利进行一定的限制。笔者认为,上述观点是由于对《公司法》第 76 条存在误读,以及对股东基本权利性质的认识不足所致。

---

① 徐学鹿:《商法总论》,人民法院出版社 1999 年版,第 172 页。
② 王保树:《商法的改革与变动的经济法》,法律出版社 2003 年版,第 9 页。
③ 江平主编:《新编公司法教程》(第二版),法律出版社 2003 年版,第 3 页。

1. 股东固有权利与非固有权利的划分[1]

以股东权利能否被股东会决议与公司章程剥夺为标准,股东权可划分为固有权利与非固有权利。固有权利系股东获得股东资格之时起股东即享有的相关权利,这些权利不得因股东会决议或者公司章程而受剥夺。相应的,股东非固有权利可以通过相应的程序受到某些限制。有观点认为,既然《公司法》第76条规定了例外情形,通过公司章程的另行规定,就可以限制公司股东权利,其实不然。通过对股东固有权利与非固有权利的分析,就可以发现上述观点的不足之处在于忽视了股东的固有权利,将上述两类股东权利混为一谈,并且认为只要是股东的意思自治,便可对股东权利不加区分地限制,其中谬误显而易见。

2. 股东共益权与自益权的划分

以股权行使所为的不同利益为标准,股东权亦可划分为自益权与共益权。股东自益权是指股东为从公司获取财产利益而享有的一系列权利;共益权是指股东为参与公司决策、经营、管理、监督和控制而享有的一系列权利,不含有直接的财产内容。[2] 通常来说,股东固有权属共益权范畴,这也是由共益权自身性质所决定的。

站在自益权与共益权的内在联系的角度分析,股东投资设立公司的目的在于为自己获取收益,而实现这一目的的手段就是行使共益权,参与公司的管理和决策,故共益权亦可表述为"为全体股东的共同利益而间接为自己利益而行使的权利"。[3]《公司法》第4条规定的股东基本权利,就同时包括了属于自益权的资产收益权与属于共益权的参与重大决策权,而股东行使表决权就是股东参与重大决策的手段,股东行使共益权是享有完整自益权的前提和保障,两者不可分割。涉案公司章程规定,继承人可以继承部分股东权利,包括可以出席股东会议等,但继承人必须同意由股东会作出的各项有效决议。该条款虽规定了股东继承人出席股东会的权利,但实际上剥夺了继承人在股东会上的表决权,该股东出席股东会的权利也就仅存于章程文本之上,根本无法发挥其应有作用。在此种情况下,股东只能坐等分红,而不能参与公司的经营管理,当其合法权益受到处于优势地位的其他股东侵犯时,其权利救济手段也随之丧失,自身权益无法得到保障,显然背离了公平原则,所以,章程中的该条款应当是无效的。

(二)除非全体股东一致约定不按照出资比例优先认缴出资,否则,公司新增资本时,股东应当按照实缴的出资比例认缴出资

本案所涉公司章程规定,股东有权"按照出资比例分取红利,公司新增资本时,按照股东会决议可以优先认缴出资"。但根据《公司法》第35条之规定:"股东按照实缴的出资比例分取红利;公司新增资本时,股东有权优先按照实缴的出资比例

① 参见何芳枝:《公司法论》,中国政法大学出版社2004年版,第164页。
② 参见刘俊海:《股份有限公司股东权的保护》,法律出版社2004年版,第54页。
③ 施天涛:《公司法论》(第二版),法律出版社2006年版,第240页。

认缴出资。但是,全体股东约定不按照出资比例分取红利或者不按照出资比例优先认缴出资的除外。”有观点认为,根据《公司法》第 35 条,全体股东可以约定不按照出资比例认缴出资,但没有明确禁止公司可以股东会决议的方式决定认缴出资,股东会作为公司的权力机关,其决议是股东意志的集中体现,当然可以自由决定增资中认缴出资的问题。

笔者认为,上述观点虽然肯定了股东意思自治原则,但对《公司法》第 35 条的含义存在理解上的偏差。争议的焦点在于公司的股东会决议能否代替《公司法》第 35 条中所述“全体股东约定”? 由于有限责任公司带有闭合性的特征,在公司增资时,本公司的股东优先认缴权是由股东资格而衍生的一项权利,其目的在于保持现有的股权结构和股东之间信赖关系的维系。因为股东会决议的通过条件相比全体股东一致同意较为宽松,故无法保证所有的股东充分表达自己的意思,也无法排除优势地位股东倾轧小股东利益情况的发生,《公司法》之所以对不按股权比例认缴新增资本的条件作出严格限制,也应是基于这点上的考虑,从价值取向的角度看,《公司法》出于更侧重对弱小股东利益保护的目的,对股东意思自治作了一定限制。

因此,涉案公司章程中规定的由股东会决议决定新增资本的方式,不符合《公司法》的强制性规定,理应无效。

(三) 应当按照《公司法》的强制性规范确定章程关于表决要求条款的效力

所谓表决要求,是指“法律要求决议的形成必须经过出席股东会议的一定比例以上的股东通过”。本案中,该《公司章程》在公司重大事项的表决要求方面,并没有完全遵照《公司法》的规定。该《公司章程》规定:“股东会议作出有关公司增加资本或者减少注册资本,分立、合并、解散或者变更公司形式及修改章程的决议,必须经出席会议的股东所持表决权的三分之二以上通过。”而根据《公司法》第 44 条的规定,有限责任公司的股东会会议作出修改公司章程、增加或者减少注册资本的决议,以及公司合并、分立、解散或者变更公司形式的决议,必须经代表 2/3 以上有表决权的股东通过,因此,争议焦点在于涉案公司章程对法定的股东表决要求作扩大解释的做法,是否为法律所允许?

笔者认为,《公司法》对有限责任公司的重大事项表决机制的规定,是由有限责任公司的特征决定的。根据《公司法》的规定,我国有限责任公司由 50 名以下股东出资设立,相对于股份有限公司来说,有限责任公司的股东人数较少,召集所有股东召开股东会并不十分困难,因此,在决定公司重大事项方面具有相当的灵活性;此外,有限责任公司仍带有一定的人合性,使全体股东参与对重大事项的表决,可使股东充分发表意见,使股东之间的相互信赖得以维系,同时也能保证股东的知情权,从而保护股东在重大事项中的表决权,防止出现少数股东操纵股东会,损害其他股东利益的情况发生。因此,《公司法》通过强制性规定的方法,确立了有限责任公司股东的表决要求。从法律解释的角度看,如果对“代表三分之二以上表决权”进行扩大解释,认为出席股东会议的股东所持表决权的 2/3 也符合这一规定,显然与《公司法》的立法目的背道而驰。因此,应当对“代表三分之二以上表决权”作限制性解释,它仅指代表全体有限责任公司的2/3以上表决权。综上,本案公司章程的该项规定与公司法的强制性规范不符。

(四)应从保护小股东利益和职工利益出发,适用《公司法》第52条的规定,合法设置公司监事会

《公司法》第52条规定:“有限责任公司设立监事会,其成员不得少于三人。股东人数较少或者规模较小的有限责任公司,可以设一至二名监事,不设立监事会。”本案中,《公司章程》规定:“公司不设监事会,设监事一名,由公司工会主席担任。公司董事、总经理及财务负责人不得兼任监事。”该条款存在以下两方面的问题:

1. 该公司是否属于《公司法》规定的依法可以不设立监事会的情形?

据法院审理查清的事实,涉案公司的注册资本为人民币541万元,拥有49名自然人股东,故资本上已具备一定的规模,股东人数几乎也已达到有限责任公司的最高限额,因此不属于《公司法》第52条规定的“股东人数较少”与“规模较小”的情形,故涉案章程规定该公司只设立1名监事的规定与法律规定不符。从实际运营效果来看,只设立1名监事显然无法对众多公司成员的经营活动起到有效的监管作用,无法有力阻止公司高级管理人员违反忠实义务侵害公司利益的行为,不利于股东权益的保护。

2. 监事选任机制是否合法?

根据《公司法》第52条之规定,监事会应当包括股东代表和适当比例的公司职工代表,股东代表由股东会选举产生,职工代表由公司职工通过职工代表大会、职工大会或者其他形式民主选举产生。该公司章程直接规定了监事由公司工会主席担任,从表面上看,似乎并未违反法律规定,因为工会主席也是由工会委员选举产生的,是代表公司职工利益的,确实也能起到一定的监督作用。但对此细加分析可以发现,该公司章程条款违反了《公司法》的相关规定。

(1) 由于工会会员是公司职工自愿申请并取得会员资格,并非所有职工都是工会会员,而作为职工代表的监事,应是由全体职工选举产生的,故工会主席和职工代表监事的选举受不同法律调整,且两者的主体和范围亦不相一致。讼争条款实际上剥夺了一部分职工(未加入工会的职工)依法享有的选举监事的权利。

(2) 该公司的做法削弱了监事的监督职能,理由在于:工会主席的本职工作是代表劳动者与企业经营者谈判,维护劳动者合法利益,与公司经营监管的职能存在本质上的区别,况且工会主席对公司经营方面的专业知识未必十分精通,即使由其对公司进行监管,会因为能力不足而造成监督不利的后果,所以由工会主席直接担任董事的做法,不仅违反了法律规定,而且对股东、公司权益保护来说也没有有效的促进作用,因此并不可取。

第三章　公司变更与重组

与职工持股会有关的股权转让纠纷

北京金诚同达律师事务所　贺宝银

一、争议焦点

1. 职工持股会持有的股份能否对外转让?
2. 如何确定股权转让合同的效力?
3. 如何确定股东身份和股东权利?

二、基本案情

A 集团有限责任公司、C 股份有限公司职工持股会和 D 公司,均系 C 股份有限公司的股东,持股比例分别为 34.77%、34.77% 和 25.03%。

2004 年 4 月 19 日,C 股份有限公司职工持股会与 B 集团股份有限公司签署了《股权转让协议书》,主要内容为:C 股份有限公司职工持股会将其持有的 C 股份有限公司 25.03% 的股权转让给 B 集团股份有限公司,B 集团股份有限公司同意全部受让上述股权。B 集团股份有限公司于合同签署当日支付全部股权转让价款。2004 年 4 月 20 日的股东名录载明,B 集团股份有限公司是 C 股份有限公司的股东之一。2004 年 7 月 29 日,主管工商行政管理局核准了变更股东登记申请。

2004 年 4 月 21 日,D 公司与 B 集团股份有限公司签署《股权托管合同》,主要内容为:D 公司将其持有的 C 股份有限公司 34.77% 的国有股权(处置权、剩余财产分配权、收益权除外)委托 B 集团股份有限公司托管。托管期限为 1 年,自 2004 年 4 月 22 日至 2005 年 4 月 21 日。合同签署后 3 日内,B 集团股份有限公司向 C 股份有限公司一次性注入现金 1 亿元,用以支持 C 股份有限公司有序经营,借款利率不高于同期银行贷款利息,借款期限与托管期限一致。B 集团股份有限公司确保 D 公司在托管期间内,财务年度分红率为托管股权额的 11%,实际分红超出 11% 的部分,由 B 集团股份有限公司享有,少于 11% 的部分,由 B 集团股份有限公司用现金补足。托管期间,若 C 股份有限公司修改公司章程、增加或减少注册资本、合并、分立、解散和清算、发行债券,B 集团股份有限公司应经 D 公司同意。如 D 公司转让股权,同等条件下B集团股份有限公司享有优先受让权。在托管期内,D公司如将托管股权转让,本合同终止。托管期届满后,若D公司股权转让尚未实现,D公司与B集团股份有限公司协商续签《股权托管合同》。此后《股权托管合同》年限延长至2008年12月31日。

2004年7月29日,经B集团股份有限公司提议,C股份有限公司召开了2004年度第一次临时股东大会,作出如下决议:根据2004年4月20日的股东名册修订公司章程第13条第1款,确定C股份有限公司的股东组成、持股数额及持股比例;另外,变更5名董事,新任5名董事的任期自决议作出之日起至本届董事会任期届满。

三、一审当事人诉辩主张

(一)A集团有限责任公司诉称

《股权转让协议书》违反了国家体改委等部门联合发布的《股份有限公司规范意见》《股份制企业试点办法》《定向募集股份有限公司内部职工持股管理办法》《关于立即制止发行内部职工股不规范做法的意见》关于内部职工股不得向公司外转让的规定;违反了C股份有限公司职工持股会章程中会员出资只能在本公司职工之间转让,不得在社会上转让交易的规定;违反了2001年12月18日C股份有限公司与A集团有限责任公司签署的《资产重组协议》第二章中关于C股份有限公司在重组协议签订日后1年内,依据国家有关法律办理职工持股会的处置事宜;也违反了C股份有限公司章程中关于发起人转让股份的时间限制。

《股权托管合同》违反了中国证券监督管理委员会《关于规范上市公司实际控制权转移行为有关问题的通知》中关于禁止上市公司股权托管的规定,A集团有限责任公司认为,此项规定也适用于非上市股份公司,股权托管违反了公司法制度。

B集团股份有限公司不具有C股份有限公司股东资格,无权以股东身份提议召开2004年7月29日召开的2004年度第一次临时股东大会。

请求:

(1)确认《股权转让协议书》无效;

(2)确认《股权托管合同》无效;

(3)确认C股份有限公司2004年度第一次临时股东大会决议无效;

(4)由B集团股份有限公司、C股份有限公司职工持股会和D公司承担本案全部诉讼费用。

(二)B集团股份有限公司辩称

关于《股权转让协议书》,出让方C股份有限公司职工持股会持有的股份为法人股,与内部职工股不同,不属于国家体改委部门规章规范的对象。关于《股权托管合同》,证监会通知规范的对象是上市的股份公司,鉴于C股份有限公司尚未上市，证监会通知不适用于本案《股权托管合同》。关于确认2004年度第一次临时股东大会无效的请求，根据北京市高级人民法院《关于审理公司纠纷案件若干问题的指导意见》（以下简称《审理公司纠纷意见》）第3条的规定，涉及因股东会议提起的诉讼，应以公司为被告。

（三）C股份有限公司职工持股会辩称

部门规章不能作为确认合同无效的依据，且《股权转让协议书》也没有违反国家体改委的部门规章；C股份有限公司职工持股会章程中关于职工持股会内部的出资必须在成员间转让的规定，并不是对C股份有限公司职工持股会股权转让的限制。关于对2004年度第一次临时股东大会决议的效力，尊重B集团股份有限公司的答辩意见。请求驳回A集团有限责任公司针对C股份有限公司职工持股会提出的全部诉讼请求。

（四）D公司辩称

A集团有限责任公司所依据的证监会通知，规范的对象是上市公司，并不适用于C股份有限公司。D公司是经相关人民政府授权，对授权范围内的国有资产行使出资者权利。D公司将股权托管给B集团股份有限公司不违反任何法律、法规，属于合法有效的行为。另外，B集团股份有限公司受让C股份有限公司职工持股会所持C股份有限公司股份的行为合法有效，已经成为C股份有限公司合法股东，有权提议召开临时股东大会。因此，2004年度第一次临时股东大会决议合法有效。

四、一审法院裁判

（一）一审法院认为

1. 关于《股权转让协议书》的效力

C股份有限公司职工持股会是C股份有限公司的发起人股东之一，持有社会团体法人等级证书，具有独立的诉讼主体地位。

根据C股份有限公司职工持股会章程可知，C股份有限公司职工持股会以其全部出资为限对C股份有限公司承担责任，主要业务范围为筹集、管理职工股，代表会员向公司投资并行使股东表决权。因此，应认定C股份有限公司职工持股会持有的股份为法人股，而不是内部职工股。

关于《股权转让协议书》是否违反法律和行政法规。法院认为，虽然原《公司法》第144条对股份转让场所有严格限制，但C股份有限公司是非上市公司，其股票并不能在证券交易所挂牌交易，只能通过协议方式转让其股份，新《公司法》第139条对此进行了修改，放宽了股份转让场所的限制；同时，原《公司法》第147条对发起人转让股份的期限有比较严格的限制，本案中C股份有限公司职工持股会在1999年作为C股份有限公司发起人股东之一，其于2004年转让股份时，已经超过3年。因此《股权转让协议书》并未违反《公司法》的相关规定。另一方面,A集团有限责任公司主张《股权转让协议书》无效的依据为国家体改委等部门发布的意见、办法及规定等,均为部门规章,且规范的对象是内部职工股,因此均不成为认定《股权转让协议书》无效的依据。

关于《股权转让协议书》是否违反C股份有限公司职工持股会章程、C股份有限公司章程和《资产重组协议》的规定。法院认为,C股份有限公司职工持股会章程对转让的限制仅针对会员,而不是C股份有限公司职工持股会;C股份有限公司章程关于发起人转让股份的时间限制,如果从1999年股改计算,并不违反"三年内不得转让"的规定。《资产重组协议》并不能剥夺或限制C股份有限公司职工持股会的权力,且《资产重组协议》的相关规定并未限制C股份有限公司职工持股会向股东以外的人转让其持有的C股份有限公司的股份,只是强调"依据国家有关法律办理"。因此,《股权转让协议书》不违反C股份有限公司职工持股会章程、C股份有限公司章程和《资产重组协议》的规定。

综上,本院认定《股权转让协议书》合法有效。

2. 关于《股权托管合同》的效力

法院认为,证监会的通知,规范的是上市公司的行为,而C股份有限公司为非上市公司。从《股权托管合同》内容来看,B集团股份有限公司在享有权利的同时,也对D公司承担义务,包括经济上的义务,确保了国有资产的保值增值,仅是经营权在一定期间交给B集团股份有限公司,股权的所有权依然属于D公司。B集团股份有限公司即使要收购D公司持有的C股份有限公司的股权,也要严格遵照法律和行政法规,不得损害国有资产,A集团有限责任公司的股东权益亦会得到保护。

关于《股权托管合同》是否违反《资产重组协议》的约定。法院认为,《资产重组协议》是C股份有限公司与A集团有限责任公司之间订立的,约定的是合同双方的权利义务,没有也不应剥夺或限制D公司依照法律和公司章程行使股东权利。而且D公司托管股权的行为,并不属于设定新担保,或是给予B集团股份有限公司不当得利的情形,《股权托管合同》没有违反《资产重组协议》的相关规定。

综上,本院认定《股权托管合同》合法有效。

3. 关于C股份有限公司2004年度第一次临时股东大会决议的效力

股东大会作出的决议属于公司法人行为,此类诉讼,应当以公司为被告。因此,A集团有限责任公司请求确认2004年度第一次临时股东大会决议无效,应当以C股份有限公司为被告,与要求确认《股权转让协议书》《股权托管合同》的效力不是同一法律关系。A集团有限责任公司应当就此项诉讼请求另行起诉。

(二)一审法院判决

依据原《公司法》第11条第1款、第102条、第143条、《合同法》第8条第2款,最高人民法院《关于使用〈中华人民共和国合同法〉若干问题的解释(一)》第4

条之规定，判决：

（一）驳回A集团有限责任公司的诉讼请求；

（二）案件受理费、诉讼保全费由A集团有限责任公司承担。

五、二审法院裁定

A集团有限责任公司不服一审判决，依法向二审人民法院（最高人民法院）提起上诉。请求：(1) 二审人民法院依法撤销一审判决，在查清事实的基础上依法改判；(2) 本案的一审、二审诉讼费用由被上诉人承担。

二审人民法院经审理后作出民事裁定书，认为原审判决认定事实不清、证据不足。依照2007年《中华人民共和国民事诉讼法》第153条第1款第(3)项的规定，裁定撤销一审民事判决，发回一审法院重审。

六、重审一审诉辩主张

（一）A集团有限责任公司诉称

《股权转让协议书》《股权托管合同》违反法律、法规及C股份有限公司章程的相关规定，应为无效协议。

关于《股权转让协议书》无效。A集团认为，

(1) 依据C股份有限公司《职工持股会章程》的规定："会员出资只能在本公司职工之间转让，不能在社会上交易。"会员出资与职工持股会的全部出资性质相同，上述对个体会员转让出资的限制就是对C股份有限公司职工持股会的限制，C股份有限公司职工持股会不能向本公司以外的人员转让股份；

(2) 转让行为违反了A集团有限责任公司与C股份有限公司《资产重组协议》关于重组后A集团有限责任公司享有决策权及经营管理权的约定。

关于《股权托管合同》无效。A集团认为，该合同违反了《公司法》对股东、董事会及总经理权利的强制性规定，《股权托管合同》以合法形式掩盖非法目的，协助B集团股份有限公司取得对C股份有限公司的控制权。

关于2004年度第一次临时股东大会决议无效。A集团认为，B集团股份有限公司未经C股份有限公司董事会决议、股东大会决议修改公司章程及工商变更登记，以非C股份有限公司股东身份，违反法定召集程序召开2004年度第一次临时股东大会，所以股东大会决议无效。

A集团请求：

(1) 确认《股权转让协议书》无效；

(2) 确认《股权托管合同》无效；

(3) 确认B集团股份有限公司违反法定程序召集C股份有限公司2004年度第一次临时股东大会，并以C股份有限公司名义形成的临时股东大会决议无效；

（4）由B集团股份有限公司、C股份有限公司职工持股会、D公司和C股份有限公司承担本案全部诉讼费用。

（二）B集团股份有限公司辩称

《股权转让协议书》《股权托管合同》是各方真实的意思表示，符合法律及公司章程规定，是合法有效的。B集团认为：

（1）《股权转让协议书》中的C股份有限公司职工持股会所持股份为法人股，可以对外依法转让；

（2）《股权托管合同》不存在《合同法》规定的无效情形，且在2008年12月31日股权托管届满，《股权托管合同》已经终止。2004年度第一次临时股东大会的召集、表决程序合法有效，B集团股份有限公司作为股东，享有提请召开临时股东大会的权利。

（三）C股份有限公司职工持股会辩称

C股份有限公司职工持股会具备独立的社团法人资格，持有的法人股与会员出资是完全不同的概念，作为法人股享有对外转让的权利，且C股份有限公司职工持股会章程明确允许C股份有限公司职工持股会对外转让，转让程序符合C股份有限公司《职工持股会章程》的规定。另外，2004年6月，C股份有限公司职工持股会在向会员分配股权转让价款后，已经解散，民政部门不再给予年检。

（四）D公司辩称

（1）股权托管行为未违反法律、法规、公司章程及《资产重组协议》的规定，且未损害其他股东的利益；

（2）A集团有限责任公司诉求的《股权托管合同》无效，没有任何事实和法律依据；

（3）D公司和B集团股份有限公司均是合法注册的企业法人，具有完全民事行为能力，第三方无权干涉；

（4）A集团有限责任公司主张《股权托管合同》违反C股份有限公司章程的相关条款规定存在错误，该条款约束的主体是C股份有限公司，与《股权托管合同》无关；

（5）C股份有限公司章程规定，股东名册是证明股东持有公司股份的证据，B集团股份有限公司提议召开临时股东大会时，C股份有限公司的股东名册已将其登记为公司股东，A集团有限责任公司主张2004年度第一次临时股东大会决议无效不能成立；

（6）D公司与B集团股份有限公司之间的《股权托管合同》已于2008年12月31日届满终止，A集团有限责任公司要求确认《股权托管合同》无效的诉讼请求已无实际意义。

（五）C股份有限公司辩称

（1）在资产重组完成后，A集团有限责任公司作为C股份有限公司的股东，多次违反《公司法》关于不得抽回出资的规定，侵害了C股份有限公司的权益；

（2）关于《股权转让协议书》《股权托管合同》的效力，同意B集团股份有限公司、C股份有限公司职工持股会及D公司的答辩意见；

（3）B集团股份有限公司履行了出资义务，并且被记载于股东名册，成为公司股东，召集2004年度第一次临时股东大会合法有效。

七、重审一审法院裁判

（一）重审一审法院认为：

1. 关于《股权转让协议书》的效力

认定《股权转让协议书》合法有效，不支持A集团有限责任公司合同无效的诉讼请求（详情参见一审法院关于《股权转让协议书》的效力认定）。

2. 关于《股权托管合同》的效力

认定《股权托管合同》合法有效，不支持A集团有限责任公司合同无效的诉讼请求（详情参见一审法院关于《股权托管合同》的效力认定）。

3. 关于C股份有限公司2004年度第一次临时股东大会决议的效力

B集团股份有限公司与C股份有限公司职工持股会签订《股权转让协议书》后，B集团股份有限公司履行了出资义务，并被记载入C股份有限公司的股东名册，根据C股份有限公司章程第20条的规定，股东名册是证明股东持有公司股份的证据。B集团股份有限公司已经具备了合法的股东身份，有权依据C股份有限公司章程相关条款的规定，提请召开临时股东大会。召开临时股东大会及表决程序符合C股份有限公司《章程》的规定，且临时股东大会决议的内容未违反法律、行政法规及C股份有限公司《职工持股会章程》的规定。因此，认定2004年度第一次临时股东大会决议有效，A集团有限责任公司要求确认无效的诉讼请求不成立，本院不予支持。

（二）重审一审法院判决：

依据《合同法》第8条、修订前《公司法》第11条第1款、第102条、第143条，最高人民法院《关于适用〈中华人民共和国合同法〉若干问题的解释（一）》第4条之规定，判决：

（一）驳回A集团有限责任公司的诉讼请求；

（二）案件受理费、诉讼保全费由A集团有限责任公司承担。

八、重审上诉诉辩主张

A集团有限责任公司不服重审法院一审民事判决，向最高人民法院提起上诉。

（一）A 集团有限责任公司诉称

（1）A 集团有限责任公司提交的新证据《关于进一步实施有关重组事项的报告》，说明 C 股份有限公司职工持股会及 D 公司再次确认继续履行《资产重组协议》，承诺重组后，A 集团有限责任公司享有决策权及经营管理权。而《股权转让协议书》的内容显然违反《资产重组协议》的目的。另外，根据国务院《社会团体登记管理条例》及《审理公司纠纷意见》的规定，C 股份有限公司职工持股会所持职工股份不能对外转让，违反了社团法人不得从事营利活动的规定。

（2）《资产重组协议》并未履行完毕，2002 年换发的营业执照记载“资产未作转移”，此营业执照沿用至今，而原审法院臆造为无争议。

（3）原审判决名为重新审理，实为复制原一审判决的全部论证观点及法律依据，主张《股权转让协议书》无效，主要依据 C 股份有限公司职工持股会章程、《社会团体登记管理条例》及《审理公司纠纷意见》的规定。主张《股权托管合同》无效主要依据的是《公司法》，股权托管行为以合法行使掩盖非法目的，D 公司协助 B 集团股份有限公司取得对 C 股份有限公司的控制权。

（4）原审判决认定事实错误，片面理解 B 集团股份有限公司具备股东资格，将必须经工商局批准许可的股东变更曲解为备案登记。

请求：

（1）依法撤销判决，在查清事实的基础上依法改判；

（2）一审、二审诉讼费用和诉讼保全费用由被上诉人承担。

（二）D 公司辩称

（1）《股权转让协议书》合法有效。股权托管行为并没有恶意串通，损害第三方利益，且股权托管后，C 股份有限公司的利润逐年提高。

（2）C 股份有限公司完全遵守了《公司法》、公司章程关于董事产生的规定，由股东大会选举产生董事。A 集团有限责任公司以《资产重组协议》抗辩新公司章程的内容也不能成立，一方面，A 集团有限责任公司首先违反《资产重组协议》，将重组进入 C 股份有限公司的经营资产抽回，另行独立经营，给 C 股份有限公司造成了重大损失，其不正当性已被生效的法院判决确认。另一方面，却要求 C 股份有限公司依照《资产重组协议》履行义务，由其出任公司董事、总经理，不符合《公司法》、公司章程的规定，也严重违反了诚实信用和公平原则。

（3）A 集团有限责任公司的诉讼请求已无事实基础和根据。A 集团有限责任公司声称《资产重组协议》并未履行完毕，但 A 集团有限责任公司 2004 年将重组进入 C 股份有限公司的经营资产抽回，并重组入其他公司，客观上已不可能再将上述资产投入 C 股份有限公司。另外，《股权托管合同》已于 2008 年 12 月 31 日终止，A 集团有限责任公司要求确认合同无效的诉讼请求已无实际意义。

（4）对《股权转让协议书》和临时股东大会决议的合法有效没有异议。请求驳回A集团有限责任公司的上诉请求。

(三) C股份有限公司职工持股会辩称

原审法院认定事实清楚、适用法律正确。

(1) C股份有限公司职工持股会章程规定,会员代表大会有权对职工持股会向股东以外的人转让股份作出决议。本次C股份有限公司职工持股会转让其所持股权,已经会员代表大会一致同意,符合C股份有限公司职工持股会章程的规定。

(2) C股份有限公司职工持股会不是《资产重组协议》的当事人,不存在违反《资产重组协议》问题。另外,A集团有限责任公司上诉状中提到《关于进一步实施有关重组事项的报告》的内容是在资产完成之后,协商未组入C股份有限公司的超市的转让问题,而没有任何确认A集团有限责任公司在C股份有限公司享有决策权及经营管理权的承诺。

(3) C股份有限公司职工持股会转让股权而解散的行为,并不构成"从事营利性经营活动",符合相关法规的规定。请求驳回A集团有限责任公司的上诉请求。

(四) B集团股份有限公司辩称

(1) 关于《股权转让协议书》的效力同意C股份有限公司职工持股会答辩意见。

(2)《股权托管合同》的内容符合《公司法》的规定,是当事人的真实意思表示,且没有侵害第三方利益。《资产重组协议》的当事人是A集团有限责任公司和C股份有限公司,没有也不应该剥夺D公司依照法律及公司章程行使股东权利。股权托管行为是借助B集团股份有限公司的管理经验,使C股份有限公司摆脱危机,托管期的业绩也证明了这一点。另外,《股权托管合同》于2008年12月31日因履行期届满而终止。

(3) B集团股份有限公司履行出资义务,并被记载于C股份有限公司的股东名册,成为C股份有限公司的合法股东。请求驳回A集团有限责任公司的上诉请求。

(五) C股份有限公司辩称

(1) 资产重组已完成。A集团有限责任公司将相关净资产入资C股份有限公司,已经资产评估和验资并进行工商变更登记,领取了新的营业执照,完成了资产重组工作。

(2) 关于B集团股份有限公司股东资格的问题。C股份有限公司章程规定,股东名册是证明股东持有公司股份的充分证据。B集团股份有限公司履行出资义务并被记载于股东名册,且经过工商登记备案变更,是C股份有限公司合法股东。

(3) 关于《股权转让协议书》的效力,同意C股份有限公司职工持股会及B集团股份有限公司的答辩意见。关于《股权托管合同》的效力,同意D公司及B集团股份有限公司的答辩意见。请求驳回A集团有限责任公司的上诉请求。

九、重审二审法院裁判

（一）重审二审法院（最高人民法院）认为

本案实际为争夺C股份有限公司的控制权而引发的案件。从商业运营上，C股份有限公司先引入A集团有限责任公司，之后，C股份有限公司职工持股会将其股份转让给B集团股份有限公司，D公司又将其股权托管给B集团股份有限公司，B集团股份有限公司成为C股份有限公司的实际控制人。A集团有限责任公司欲成为C股份有限公司第一大股东未能实现，遂引发了A集团有限责任公司与C股份有限公司之间一系列案件。本案中当事人争议的问题，既有对事实认定的争议，也有对法律认定的争议。

1. 争议的事实在于重组是否完成

A集团有限责任公司以相关净资产入资C股份有限公司，完成了资产评估和验资，并于2002年8月27日进行了工商变更登记，领取了新的营业执照，完成了资产重组工作。此外，A集团有限责任公司与C股份有限公司关于《资产重组协议》解除一案，A集团有限责任公司撤回起诉的行为，也表明其对重组已经完成的认可。

2. 关于《股权转让协议书》效力的认定

职工持股会与会员（职工股东）之间是委托持股关系，职工持股会是否具有转让股权处分权，取决于职工股东的授权和持股会的章程。C股份有限公司职工持股会章程明确规定，职工股只能在本公司职工间转让，不得向社会转让，而章程同时明确规定了职工持股会向股东以外的人转让的程序。本案的股权转让经过会员代表大会的同意，股权转让行为并不违反公司章程，也没有违反法律、法规。A集团有限责任公司主张《股权转让协议书》无效的上诉理由没有法律依据，本院不予支持。

3. 关于《股权托管合同》效力的认定

《股权托管合同》的履行期从2004年4月22日到2008年底，现已履行完毕。托管行为并不存在违法之处，且因《资产重组协议》是A集团有限责任公司与C股份有限公司双方订立的，不能限制D公司行使股东权利，A集团有限责任公司主张《股权托管合同》无效的上诉理由没有法律依据，本院不予支持。

4. 关于临时股东大会决议的效力认定

确认股东大会决议效力，应以C股份有限公司为被告。股东大会是股份公司的权力机构，代表公司行使法定和公司章程所规定的职权。本案中，A集团有限责任公司以B集团股份有限公司为被告，请求确认B集团股份有限公司违反程序召集临时股东大会并形成决议无效，显属不当。临时股东大会召开程序并不违反公司章程，大会决议内容也没有违反法律、行政法规以及C股份有限公司章程的相关规定。因此,从法律上否认临时股东大会决议的效力,依据不足。

(二) 重审二审法院判决

原判决事实清楚,适用法律并无不当。本院依据 2007 年《民事诉讼法》第 153 条第 1 款第(1)项之规定,判决:

(一) 驳回上诉,维持原判;

(二) 一审案件受理费和诉讼保全费按照一审判决执行,二审案件受理费由 A 集团有限责任公司负担。

本判决为终审判决。

十、焦点问题评析

本案的焦点主要集中在职工持股会持有的股份能否对外转让、合同效力的认定以及关于 B 集团股份有限公司是否有权提议召开临时股东大会,下面笔者从以下三个方面进行简要分析:

(一) 职工持股会持有的股份可以对外转让

职工持股会是指依法设立的从事内部职工股的管理,代表持有内部职工股的职工行使股东权利,并以社团法人名义承担民事责任的组织。根据《民法通则》第 50 条的规定,本案中,C 股份有限公司职工持股会于 2001 年取得由某市民政局颁发的《社会团体法人等级证书》,拥有社团法人资格。《民法通则》第 36 条规定:"法人是具有民事权利能力和民事行为能力,依法独立享有民事权利和承担民事义务的组织。"其行为应当符合法律、法规及公司章程的规定。目前,对社团法人股权转让并没有禁止性法律规定,而 C 股份有限公司职工持股会章程明确规定,会员代表大会具有向股东外转让股份的决定权。2004 年 4 月 19 日,C 股份有限公司职工持股会召开会员代表大会,同意将职工持股会持有的股权转让给 B 集团股份有限公司,股权转让程序、内容合法有效。另外,A 集团有限责任公司主张 C 股份有限公司职工持股会违反了社团法人不得从事营利活动的规定也不成立,从事营利活动应当是一种持续行为,且以获得利益为目的,而本案中,C 股份有限公司职工持股会将所持股份转让后解散,不符合相关规定,属于依法转让股权的民事法律行为。

(二) 应当按照《合同法》第 52 条的规定确定合同无效

认定合同是否有效,应当严格依据法律、行政法规的规定。《合同法》第 52 条规定了合同无效的情形:"(一) 一方以欺诈、胁迫的手段订立合同,损害国家利益;(二) 恶意串通,损害国家、集体或者第三人利益;(三) 以合法形式掩盖非法目的;(四) 损害社会公共利益;(五) 违反法律、行政法规的强制性规定。"本案中的 B 集团股份有限公司与 C 股份有限公司职工持股会签署的《股权转让协议书》,B 集团股份有限公司与D公司签署的《股权托管合同》是各方当事人意思自治的体现，合同内容没有违反法律、行政法规的强制性规定，属于合法民事法律行为。

（三）应根据股东名册的记载来确定股东资格和股权权利

本案中要解决B集团股份有限公司是否有权利提议召开临时股东大会，要先确定B集团股份有限公司是否具有合法的股东资格。股东基于投资或其他民事法律行为取得股东资格后，对公司享有股东权利。认定股东资格，具体体现在各种形式的证据上，如公司章程、工商备案登记、股东名册、出资证明书等，司法裁决往往依据上述物化证据分析产生争议的股东是否具有股东权利。根据《公司法》第140条的规定，股份公司的股权转让后，由公司将受让人名称记载于股东名册；另据《公司法》第32条的规定，记载于股东名册的股东，可以依股东名册主张行使股东权利。据此股东名册是认定股东资格的重要依据，在没有相反证据的情况下，股东名册具有确定股东资格的效力，可以据此推定股东与公司的关系。另外，根据C股份有限公司章程的规定，股东名册是证明股东持有公司股份的证据。本案中，《股权转让协议书》签署当日，B集团股份有限公司就履行了支付股权转让价款的义务，被记载于公司股东名册内，所以，记载于股东名册的B集团股份有限公司，已经是C股份有限公司的股东，可以依据股东名册主张行使股东权利。

受让股东的股权被原股东擅自转让时的司法救济

——王某、吴某与陶某等人股权转让合同纠纷案

安徽徽商律师事务所　吴正林

一、争议焦点

1. 受让股东没有在股东名册和工商登记中登记为股东，但是拥有出资证明书并享有股东权利，能否认定其股东资格？

2. 股权转让后尚未向公司登记机关办理变更登记，原股东将仍登记于其名下的股权转让，受让股东是否需要先提起股东身份确认之诉，在股东身份确认后才能要求认定原股东的转让股权合同无效？

3. 如何认定第三人是否善意受让股权？

二、基本案情

原告：王某、吴某

被告：陶某、张某、李某、胡某

受理法院：合肥市瑶海区人民法院

案由：股权转让纠纷

安徽万众科教发展有限公司原有张某、李某和赵某3名股东，股权比例分别为80%、10%和10%。2007年6月30日，万众公司召开股东会，100%股权的股东通过决议：原股东李某、赵某将全部股权转让给王某、吴某、胡某，李某、赵某不再担任公司的股东；张某出让公司46%的股权，剩余持股34%。转让后，王某、吴某和胡某等人成为公司股东。该次股权变动，因公司对外融资，股权被质押，未到工商部门办理变更登记。后经多次股权变动，至2011年3月前，万众公司实际股东为原告王某和吴某，被告张某和胡某，分别持有公司股权16%、7%、67%、10%，因相同的原因，此期间的股权变动亦未到工商部门办理变更登记。但是两原告王某和吴某及被告胡某均取得了公司出具的出资证明书，签署了新的公司章程，但新的公司章程没有在公司登记机关登记。从2007年7月开始，原告王某、吴某等人开始参与公司的各项重大决策，参与公司的股东会，实际参与公司的经营管理。公司于2007年底进行了增资扩股，王某、吴某等人均增加了投资。

2011年3月29日，在两原告不知情的情况下，张某、李某与陶某、胡某签订了一份《股权转让协议书》，以张某、李某和案外人赵某为转让方，陶某、胡某为受让

方,约定将公司登记资料中记载的张某的80%股份、李某的10%股份、赵某的10%股份转让给陶某和胡某。签订协议书的时候,张某向陶某告知了其虽然在公司登记中记载了80%的股份,但实际只享有67%的股权。李某和赵某均已经没有股份,公司实际股东是王某占16%、吴某占7%、胡某占10%。而胡某作为原来的股东,对于王某和吴某是实际股东的情况一清二楚。在签订上述《股权转让协议书》时,赵某远在澳大利亚,由张某代其签了字。对于签订《股权转让协议书》的事,赵某并不知情。

三、策划和代理

王某、吴某知悉事实真相后,认为张某、李某、陶某、胡某4人侵害了其股东权利,遂委托安徽徽商律师事务所代理本案诉讼。

笔者综合上述事实认为,张某明知自己只有67%的股权,李某明知自己已经没有股权,仍然以工商登记的股权比例对外转让股权,是无权处分行为。陶某、胡某明知张某并不享有80%的股份,也明知李某和赵某在公司里已经没有股份,仍然同意张某、李某、赵某以工商登记的股东身份和股权比例转让股权,是非善意的第三人。赵某并未到场,张某代赵某签名所形成的《股权转让协议书》属于尚未成立的合同。根据最高人民法院《关于适用〈中华人民共和国公司法〉若干问题的规定(三)》第28条、《中华人民共和国物权法》(以下简称《物权法》)第106条及相关法律的规定,上述股权转让行为应为无效。

王某、吴某为此向合肥市瑶海区人民法院提起诉讼,要求确认被告陶某、张某、李某、胡某4人签订的《股权转让协议书》无效。

四、法院裁判

安徽省合肥市瑶海区人民法院(2011)瑶民一初字第01706号民事裁定书认为,由于两原告不是万众公司的登记股东,也未提起确认其为万众公司股东资格的诉讼,又未能向法院提供其与万众公司股东之间的股权转让合同及其向股权出让方支付对价的证据;故两原告现对万众公司的股权不享有实际权利,其与4被告及赵某间签订的股权转让协议没有利害关系。依据《中华人民共和国民事诉讼法》第64条第1款、第108条第1款第(1)项之规定,裁定驳回原告王某、吴某的起诉。

王某、吴某不服一审裁定,向合肥市中级人民法院提起上诉。上诉期间,案外人出面要求受让王某和吴某的股份并与本案各方当事人达成一致协议。考虑到法院的一审裁定对两原告没有造成实质性损害和影响,两原告遂撤回上诉。

五、相关法律规定

最高人民法院《关于适用〈中华人民共和国公司法〉若干问题的规定(三)》第

28 条第 1 款规定:“股权转让后尚未向公司登记机关办理变更登记,原股东将仍登记于其名下的股权转让、质押或者以其他方式处分,受让股东以其对于股权享有实际权利为由,请求认定处分股权行为无效的,人民法院可以参照物权法第一百零六条的规定处理。”

《中华人民共和国物权法》第 106 条第 1 款规定:“无处分权人将不动产或者动产转让给受让人的,所有权人有权追回;除法律另有规定外,符合下列情形的,受让人取得该不动产或者动产的所有权:(一) 受让人受让该不动产或者动产时是善意的;(二) 以合理的价格转让;(三) 转让的不动产或者动产依照法律规定应当登记的已经登记,不需要登记的已经交付给受让人。”

六、焦点问题评析

1. 受让股东没有在股东名册和工商登记机关中登记为股东,但是拥有出资证明书并享有股东权利,可以认定其具有股东资格

认定股东资格,应当保持各方主体的利益平衡,既要维护社团法律关系特别是公司内部各种法律关系的相对稳定,同时又要优先保护善意第三人的利益,充分维护第三人与公司的交易安全,体现商法的公示主义和外观主义。一般来说,认定股东资格需要“双重标准,内外有别”。处理股东与股东之间、股东与公司之间的股权争议时,应重点关注股东的意思表示,主要依据认定股东的实质要件,而涉及股东与第三人、公司与第三人之间关系的股东资格认定或股权确认时,主要依据股东的形式要件。

认定股东资格有多种形式的证据,最主要的是公司章程、实际出资、出资证明书、股东名册、工商登记以及实际享有股东权利等。在这些证据中,公司章程对内是确定股东及其权利义务的重要根据。当股东资格在股东内部发生争议时,公司章程可以作为重要证据。但章程并不具备推定股东资格的效力。实际出资不是股东资格的决定性条件,不能仅以未出资否定股东资格,也不能简单地认定实际出资者就是股东。出资证明书具有证明股东资格的效力,但是持有出资证明书不是认定股东资格的必要条件。以实际享有股东权利主张股东资格较难,但实际享有股东权利可以作为对抗股东名册的重要依据。股东名册具有推定效力,证权性功能,股东名册上记载的股东一般推定为股东,如果有人提出异议,必须提供否定记载内容的相应证据。工商登记具有公示性,同样具有证权性,并具有对抗第三人的效力。

就本案而言,在受让股东与原股东之间认定谁具有股东资格,首先应看股东名册的记载。万众公司与现实中绝大多数有限责任公司一样,没有设置股东名册,这样就应该看用以判断股东主体的实质性要件。受让股东与原股东就股权转让召开了股东会,形成了股东会决议,双方都签字确认了,说明受让股东成为公司股东具有明确的、真实的意思表示。此后,受让股东支付了股份转让款,取得了公司的出

资证明书，已经说明其具备了公司股东的实质要件。再后来，连续 4 年参加公司股东会，就公司的重大事项行使表决权，参与增资扩股，说明已经实际享有股东权利。而原股东自从参与了转让股权的股东会并在股东会决议上签字后，就没有再参加公司的经营管理，不再行使股东权利，自然失去了股东资格。这些证据说明，没有在股东名册和工商登记中记载，但是拥有出资证明书并实际享有股东权利的人，完全可以认定其具有股东资格。

本案的工商登记对认定股东身份并非是具有决定性的影响因素。从《公司法》第 33 条第 3 款的规定看，工商登记可以证明股东资格，但最重要的是对抗第三人。虽然存在工商登记，但是有充分的实质要件证据证明工商登记应变更而没有变更的，应以实质要件来认定股东资格。本案受让股东的股份没有在工商登记中体现，主要原因是因为公司股权被质押无法办理股权变更，不能因此而否认受让股东的股东资格和身份。

2. 股权转让后尚未向公司登记机关办理变更登记，原股东将仍登记于其名下的股权转让，受让股东并不需要先提起股东身份确认之诉，不需要在股东身份确认后才能要求认定原股东的转让股权行为无效

受让股东直接起诉确认原股东与第三人之间的股权转让合同无效，包括确认受让股东的股东身份与要求确认合同无效两个方面的内容。就像一般的侵权纠纷案件，法院在审判过程中既要审查被害人具有何种权利，又要审查权利受侵害的情况以及应当如何承担责任，本身就是两个方面。而一般的侵权纠纷案件，法院不会要求权利人先起诉要求确认权利所在，再起诉侵权责任。从民事案由的角度分析，最高人民法院《民事案件案由规定》中就有“股权转让纠纷”的案由。最高人民法院对修改前法（2011）42 号《关于印发修改后的〈民事案件案由规定〉的通知》，第 3 条第 3 款规定：“同一诉讼中涉及两个以上的法律关系的，应当依当事人诉争的法律关系的性质确定案由，均为诉争法律关系的，则按诉争的两个以上法律关系确定并列的两个案由。”这样的规定，说明最高人民法院在受理案件方面，也是本着方便诉讼尽可能一次性解决问题的原则。只有这样才能避免当事人重复起诉，多次起诉。

本案的审理法院要求原告先进行股东身份确认之诉，再进行股权转让合同确认无效之诉，这样的裁定，无异于制造重复诉讼，浪费司法资源。由于在受让股东诉请宣告原股东转让股权合同无效的案件中必须对受让股东的身份进行认定，因此根本没有必要要求原告另案处理股东身份之诉。最高人民法院《关于适用〈中华人民共和国公司法〉若干问题的规定（三）》第 28 条的规定，也直截了当地规定了可以直接起诉，应当依据该司法解释直接就受让股东的股东身份以及原股东与第三人签订的《股权转让协议书》的效力作出司法裁决。如果要求受让股东先进

行股东身份确认之诉，再起诉确认原股东转让股权无效，显然是多此一举，重复诉讼。

3. 应根据“受让人在受让时不知道或者不应该知道转让人无处分权”认定第三人是否善意受让股权

在原股东转让股权损害受让股东权益的纠纷中，主要存在两种类型的法律关系，即公司内部的法律关系和公司外部的法律关系。公司内部的法律关系主要指原股东与受让股东之间的法律关系。公司外部的法律关系主要指受让股东与公司外部第三人之间的法律关系。在公司内部法律关系纠纷中，应当首先保护当事人的真实意思表示，确认当事人对股权归属的商业安排。在不损害公司和其他股东利益的情况下，确认受让股东的实际股东身份。这是民事领域真意主义的要求，也是保护权利归属的重要体现。在公司外部法律关系纠纷中，应当首先尊重工商登记的对外公示效力，维护交易秩序和交易安全，不轻易否定合同效力，保护善意第三人的利益。这是商事领域外观主义的体现。

是否为善意第三人，首先应看何为“善意”。“善意”从字面意思理解，是善良之心意，很明显是人的主观心态。从法律的角度分析，应是“受让人在受让时不知道或者不应该知道转让人无处分权”。应从两个方面来判断。

（1）看推定的标准。《公司法》第33条第3款规定：“公司应当将股东的姓名或者名称及其出资额向公司登记机关登记；登记事项发生变更的，应当办理变更登记。未经登记或者变更登记的，不得对抗第三人。”据此，公司登记资料使股东身份有了外部表现形式。基于对公示的信赖，只要是登记的股东，就推定他具有股东资格，第三人都有合理理由相信他就是真正的股东，相信他具有处分权。

（2）在推定受让人是善意的同时，应由实际权利人对受让人是否存在恶意进行举证。所谓恶意包括三种情形：① 明知登记资料不真实，登记的股东不是真正的股东；② 一般人皆可知登记资料不真实，而受让人却不知；③ 因重大过失而不知登记之股东不具有股东资格。

从本案来看，被告方明知登记股东的股份已经转让，明知登记股东已经丧失了股东资格，仍然与之签订股权转让协议书，说明被告方受让股权不是善意的。根据最高人民法院《关于适用〈中华人民共和国公司法〉若干问题的规定（三）》第28条和《物权法》第106条之规定，应当认定原股东与第三人签订的股权转让协议书是无效的。

七、结语

本文从一起普通的股权转让纠纷案例入手，试图对股东资格认定、受让股东的维权渠道以及认定善意第三人的标准等问题进行分析。通过分析和论证，笔者认为：

（1）没有被登记的股东，如果实际出资拥有出资证明书并实际享有股东权利，应当认定其具有股东资格。

（2）受让股东权利受侵害，无须先提起股东身份确认之诉，可以直接依据司法解释的规定向原股东提起转让股权无效之诉。

（3）明知或应知转让人无处分权的，应当不认定为善意第三人。

本案受让股东权利遭受侵害，源于公司迟迟没有为其办理股东变更登记。因此，受让股东争取及时办理工商变更登记，是避免权利受侵害的最好途径和办法。

民营企业股权转让纠纷案

——民营企业股权转让过程中真实意思表示的认定

四川亚峰律师事务所　许巧蓉

一、争议焦点

1. 股权受让人的行为是否能够成为转让股权的对价?

2. 工商登记材料中的股权转让协议和股权转让当事人之间其他股权转让协议约定不一致的,如何认定?

二、基本案情

原告(委托人):王某、李某

被告:刘某

审理法院:四川省大邑县人民法院

案由:股权转让纠纷

2007 年 7 月 24 日,自然人股东王某、李某共同出资设立成都 A 蓄电池有限公司(以下简称“A 公司”),公司注册资本为 50 万元,其中王某以货币出资 40 万元,李某以货币出资 10 万元。

2010 年 6 月 30 日,王某、李某与刘某签订《股权转让协议书》,约定:王某将其持有的 A 公司 29% 的股权转让给刘某,李某将其持有的 A 公司 20% 的股权转让给刘某,转让完成后,刘某将持有 A 公司 49% 的股权,王某持有 A 公司 51% 的股权;刘某应在协议签署之日起 1 个月内向 A 公司支付 10 万元作为流动资金注资,在刘某取得合法股东身份后 6 个月内,刘某应再次向 A 公司支付 10 万元;王某同意依据公平对等的原则对 A 公司进行投入;王某、李某、刘某共同对 A 公司目前的资产状况进行盘点,并协商确定资产的价值,资产现状不足 20 万元的部分由王某向 A 公司出资进行补足。

其后,刘某分别于 2010 年 7 月 1 日、2010 年 8 月 2 日向 A 公司投入 10 万元。

2010 年 11 月,A 公司股东开始进行股权变更登记手续。2010 年 11 月 28 日,李某与刘某签订《股权转让协议》,约定李某将其持有的 A 公司 20% 的股权(10 万元)转让给刘某;刘某在协议签订之日起 30 日内向李某付清股权转让价款。2010 年 12 月 2 日,王某与刘某签订《股权转让协议》,约定王某将其持有的 A 公司 29% 的股权(14 万元)转让给刘某;刘某在协议签订之日起 30 日内向李某付清股权转让价款。该两份《股权转让协议》在工商管理机关进行备案,并在公司管理机关进行了股东变更登记。

三、策划和代理

1. 行为不能够作为股权转让的对价，本案中各方当事人对股权转让价款有明确约定

2010年6月30日，王某、李某、刘某三方签订的《股权转让协议书》虽然约定了刘某应当对A公司投入20万元现金，但该约定的行为不是股权转让行为的对价。2010年6月30日的《股权转让协议书》，未对股权转让价款进行明确约定。

2010年11月28日、2010年12月2日的两份《股权转让协议》中明确被告应当在签订协议后30日内，向二原告支付股权转让价款，这是对2010年6月30日《股权转让协议书》中股权转让价款的补充。本案中各方当事人对股权转让价款是有明确约定的。

2. 签订于2010年11月28日、2010年12月2日的两份《股权转让协议》，是各方当事人的真实意思表示

2010年11月28日、2010年12月2日的两份《股权转让协议》的内容与2010年6月30日《股权转让协议书》的内容不矛盾。如前所述，后两份《股权转让协议》是对原《股权转让协议书》的补充，而且后两份《股权转让协议》在工商行政机关有备案，协议上的签名亦是被告刘某本人签署，其真实性不容置疑。

四、法院裁判

1. 原告的诉讼请求

2012年2月20日，王某、李某分别向大邑县人民法院起诉，王某要求刘某向王某支付股权转让价款14万元及违约金；李某要求刘某向李某支付股权转让价款10万元及违约金。

2. 被告刘某的主要答辩理由

庭审中，被告刘某辩称，原告起诉依据的是2010年11月28日、2010年12月2日的两份《股权转让协议》，是为了完成工商股权变更登记而签订的，不是真实的。各方真正履行的股权转让协议是2010年6月30日王某、李某、刘某三方签订的《股权转让协议书》，刘某按照该协议书的约定履行了义务，向A公司共计支付了20万元。被告在签订《股权转让协议书》后，一直在A公司工作，原告从未向被告催收过股权转让价款，故请求驳回原告的诉讼请求。

3. 法院裁判要旨

四川省大邑县人民法院判决认为：

（1）王某、李某、刘某于2010年6月30日签订的《股权转让协议书》，虽名为股权转让协议书，但是从其约定的内容来看，明确了“支付10万元作为流动资金注

资……”其后A公司向刘某出具的收据也载明，是投入款而非股权转让款，收款对象是A公司，并非是股东王某、李某。

(2) 2010年11月28日、2010年12月2日的两份《股权转让协议》经工商管理机关备案，不能否认其真实性。

据此，大邑县人民法院判决被告刘某分别向王某给付股权转让款14万元及违约金，向李某给付股权转让款10万元及违约金。

五、焦点问题评析

1. 未明确约定股权转让价款的股权转让协议的性质

最高人民法院《关于适用〈中华人民共和国合同法〉若干问题的解释(二)》第1条第1款规定："当事人对合同是否成立存在争议，人民法院能够确定当事人名称或者姓名、标的和数量的，一般应当认定合同成立。但法律另有规定或者当事人另有约定的除外。"由此可见，股权转让合同的必备条款有三：当事人、标的、数量，价格条款可以依《合同法》第61、62条补充。

有一种观点认为，股权转让合同是有偿合同，故价格条款是股权转让合同的必备条款，缺少该内容，合同无法履行。因此，应当认定本案中2010年6月30日签订的《股权转让协议书》无效。

笔者认为，股权转让合同虽然本质上属于合同法范畴，但由于其标的的特殊性，其相关问题的解决不完全仅仅局限于合同法范畴，往往还涉及公司的法律制度。所以，对股权转让合同的效力认定进行审查认定，应当依据《民法通则》《合同法》《公司法》，以及其他法律、法规，并参照与《公司法》有关的部门规章的相关规定。因此，对于未约定股权转让价格的股权转让协议的效力认定问题，应该根据上述法律并结合具体案件加以认定。

《合同法》第61条规定："合同生效后，当事人就质量、价款或者报酬、履行地点等内容没有约定或者约定不明确的，可以协议补充；不能达成补充协议的，按照合同有关条款或者交易习惯确定。"本案一审法院的判决也并未否定2010年6月30日签订的《股权转让协议书》的效力，只是认为该协议书未明确约定股权转让的对价。而2010年11月28日、2010年12月2日的两份《股权转让协议》要件完备，是对各方当事人股权转让意思表示的补充。

2. 未约定股权转让价款不能等同于零价转让或赠与

股权是股东基于出资取得的、依法定或公司章程的规定，参与公司事务并享受相应财产利益的权利。公司股权的价值由多种因素构成，包括公司发展前景等对股权价值产生重要影响的因素。股权转让合同作为有偿合同，除非转让对价格有特别约定，否则不能认定股权为无偿或零价转让。

同时，赠与合同必须明示赠与，本案中的后两份股权转让协议约定了股权转让价款的支付时间，当事人的股权转让行为明显不包含赠与的意思表示。

3. 行为不能够作为股权转让的对价

最高人民法院通过魏凤娇与吴笑月等股份转让纠纷案确立了以下规则:如认定受让人以行为作为取得股权转让的对价,必须得到转让方的认可并且经过特别约定,否则,受让方的行为作为股权出让的对价不能成立。如受让方主张的这种对价,在股权转让协议中却没有约定,出让人事实上也未予认可,因此不应认定。

4. 通过工商登记备案可以确定股权转让协议效力和意思表示的真实性

有一种观点认为,有限责任公司股权发生变更时,应该在工商部门进行变更登记,有关资料需要进行备案。但股权转让协议是股权转让人与受让人之间确定股权转让中双方权利义务的合同,其在性质上属于合同法调整范畴。股东名义的变更和股权转让协议的备案仅仅是股权变更的公示方式,对外具有公示公信力,其对内效力仍应根据合同法原理,遵循意思自治原则,根据当事人的意思表示和履约行为进行审查。

笔者认为,在股权转让协议进行工商备案登记之后,股权转让协议的各方当事人根据意思自治原则,对协议进行变更或者补充,其效力当然应当得到确认。但在本案中,仅凭发生在工商备案登记前的一份协议,不能否认工商登记备案的协议是各方当事人的真实意思表示。工商登记备案信息具有公示公信力的基础,即在于经备案的协议的真实性在形式上得到了登记机关的确认。如经过工商管理机关备案的协议的效力都还处于待定状态,则无从确保其公示公信力。

因此,除非协议当事人确有充分证据证明经工商备案的协议不是其真实意思表示,均可通过工商登记备案确定股权转让协议效力和意思表示的真实性。

六、结语

本案案情相对简单,涉案金额也不大,但对于我国中小企业自然人股东之间发生的股权转让行为具有典型意义。中小企业的自然人股东由于缺乏对公司股权和股权转让行为中各个环节的法律性质的准确了解和掌握,在股权转让实践中经常使自身暴露在风险中。

这样的背景也对法官的审判工作和律师的代理工作提出了更高的要求。在解决纠纷的过程中,不宜简单粗暴地以欠缺必备条款、形式不符合法律规定等理由认定合同无效,而应该综合考察股权转让过程中的证据,考察股权转让前后的公司治理情况,洞察股权转让各方当事人的真实意思表示。

股东权确权赔偿纠纷案

——最高人民法院首例判决:瑕疵出资股东的股东权利应受限制

北京市金杜律师事务所　张保生

一、争议焦点

1. 公司的法定代表人变更但未进行工商登记变更,新任法定代表人能否代表公司进行诉讼?

2. 公司的股东出资不到位,其他股东是否有权起诉出资不到位的股东,要求其履行对公司的出资义务?

3. 明知股权存在出资瑕疵仍受让瑕疵股东之股权是否负有补足出资的义务?

4. 股东出资不到位,其股东权利是否应受限制?

二、基本案情

原告(二审被上诉人):北京首都国际投资管理有限责任公司

被告(二审上诉人):安达新世纪巨鹰投资发展有限公司

第三人:协和健康医药产业发展有限公司

审理法院:黑龙江省高级人民法院(一审)

　　　　　最高人民法院(二审)

案由:股东权确权赔偿纠纷

协和健康医药产业发展有限公司(原名天津海泰国际生物科技发展有限公司,以下简称"协和健康公司")系由首都国际投资管理有限责任公司(以下简称"首都国际公司")、天津 A 公司(以下简称"A 公司")和天津 B 公司(以下简称"B 公司")于 2003 年在天津成立的有限责任公司,注册资本 3 亿元。根据协议约定,上述三发起人应分别出资 1.3 亿元、1.3 亿元和 4 000 万元。2003 年 5 月 12 日,首都国际公司汇入协和健康公司出资款 1.3 亿元;5 月 12 日、13 日,A 公司将 1.3 亿元出资汇入协和健康公司临时验资账户,又于 5 月 16 日自该账户转出;5 月 9 日至 13 日,B 公司将 4 000 万元汇入协和健康公司临时验资账户,又于 5 月 16 日自该账户转出 3 000 万元。

此后,协和健康公司的股东和股权结构发生了数次变动,但未发生新的出资行为。安达新世纪巨鹰投资发展有限公司(以下简称"安达巨鹰公司")通过受让其他股东的股权,成为协和健康公司的股东。截至 2005 年 7 月,安达巨鹰公司共持有协和健康公司16500万股的股权，占协和健康公司总股权的55%，成为协和健康公司的控股股东，并办理了相应的工商变更登记手续。安达巨鹰公司受让股权后，向协和健康公司委派了董事长，实际控制了协和健康公司。在上述股权变动后，首都国际公司持有协和健康公司股权1100万股。

向安达巨鹰公司转让股权的协和健康公司的前手股东/原股东，均未对协和健康公司履行出资义务，安达巨鹰公司在受让股权时完全知悉这一情况，并分别在每次股权受让时与转让人、协和健康公司签订协议书、补充协议等，约定由安达巨鹰公司承接受让人对协和健康公司的出资义务。安达巨鹰公司在受让上述股权后，一直没有履行对协和健康公司的股东出资义务，也未支付股权对价。

2006年3月25日，首都国际公司的原董事长陈某提出辞职。同年5月8日，首都国际公司董事会选举苏某为董事长。但由于原董事长陈某不配合，首都国际公司迟迟不能办理董事长变更的工商变更登记手续。

2006年5月16日，浙江省宁波市中级人民法院（以下简称宁波中级法院）通知首都国际公司：安达巨鹰公司拖欠浙江象山巨鹰投资管理有限公司（以下简称“浙江巨鹰公司”）款项4905.328924万元一案已经进入执行程序，安达巨鹰公司与浙江巨鹰公司达成执行和解协议，安达巨鹰公司以其持有的协和健康公司的股权16500万股折价3500万元抵偿给浙江巨鹰公司，要求首都国际公司在20日内答复是否对该股权行使优先购买权。

首都国际公司在收到宁波中级法院要求其行使优先购买权的通知后，委托我所为其提供法律服务。根据其介绍的情况，我们理解：安达巨鹰公司对协和健康公司未出资，情况属实；如果宁波中级法院裁定安达巨鹰公司以股权抵债，安达巨鹰公司持有的协和健康公司股权16500万股将被执行到浙江巨鹰公司名下。而在浙江巨鹰公司支付合理对价（法院裁定以股抵债）、受让安达巨鹰公司持有的协和健康公司股权后，协和健康公司可能将无法向浙江巨鹰公司主张安达巨鹰公司未缴付的出资义务，而浙江巨鹰公司在仅仅支付3500万元的对价后，就将取得协和健康公司的控股股东地位，这将导致协和健康公司和首都国际公司的利益严重受损。

三、策划和代理

（一）整体思路

根据客户介绍的情况，经过紧急研究，我们初步拟定了代理此案的整体思路：

（1）找出合法的理由，申请宁波中级法院中止对安达巨鹰公司持有的协和健康公司股权的执行；

（2）向人民法院提起诉讼，要求安达巨鹰公司补足对协和健康公司的出资，在其补足出资前确认安达巨鹰公司不享有对协和健康公司的股东权利，以维护协和健康公司和协和健康公司其他已出资股东的合法权益。

根据《民事诉讼法》第234条[①]和最高人民法院《关于人民法院执行工作若干问题的规定(试行)》第102条第3款[②]的规定,执行的标的物是其他法院或仲裁机构正在审理的案件争议标的物,需要等待该案件审理完毕确定权属的,人民法院应中止对争议标的物的执行。据此,如果协和健康公司对安达巨鹰公司提起诉讼,确认安达巨鹰公司不享有对协和健康公司的股东权利,则宁波中级法院依法应中止执行安达巨鹰公司持有的协和健康公司的股权。

(二)现实障碍和法律前沿问题的挑战

1. 协和健康公司因被安达巨鹰公司控制而不对安达巨鹰公司提起诉讼,由首都国际公司提起股东代表诉讼

安达巨鹰公司对协和健康公司出资不到位,侵犯了协和健康公司的合法权利,协和健康公司可以依法对安达巨鹰公司提起诉讼。但是,如上所述,安达巨鹰公司系协和健康公司的控股股东,协和健康公司已被安达巨鹰公司控制,协和健康公司不可能对安达巨鹰公司提起诉讼。

对此,我们经研究认为,依据《公司法》第152条[③]的规定,首都国际公司作为协和健康公司的股东,在协和健康公司利益遭受侵害而协和健康公司又不能/不愿提起诉讼的情况下,首都国际公司可以自己的名义提起股东代表诉讼。而且,就本案情况而言,安达巨鹰公司不履行对协和健康公司的出资义务,不仅侵犯了协和健康公司的利益,而且违反了与首都国际公司签订的公司章程中各方关于出资的约定。因此,首都国际公司对安达巨鹰公司提起诉讼,应该具有诉讼主体资格。

此外,根据《公司法》第152条的规定,股东提起股东代表诉讼,非因情况紧急的应先履行前置程序(先要求监事会、监事、董事会或董事提起诉讼)。本案中,因宁波中级人民法院即将执行安达巨鹰公司所持协和健康公司股权,该情况可以视

---

① 2007年《民事诉讼法》第234条规定:"有下列情形之一的,人民法院应当裁定中止执行:(一)申请人表示可以延期执行的;(二)案外人对执行标的提出确有理由的异议的;(三)作为一方当事人的公民死亡,需要等待继承人继承权利或者承担义务的;(四)作为一方当事人的法人或者其他组织终止,尚未确定权利义务承受人的;(五)人民法院认为应当中止执行的其他情形。中止的情形消失后,恢复执行。"

② 最高人民法院《关于人民法院执行工作若干问题的规定(试行)》第102条规定:"有下列情形之一的,人民法院应当依照民事诉讼法第二百三十四条第一款第五项的规定裁定中止执行:……(3)执行的标的物是其他法院或仲裁机构正在审理的案件争议标的物,需要等待该案件审理完毕确定权属的。"

③ 《公司法》第152条规定:"董事、高级管理人员有本法第一百五十条规定的情形的,有限责任公司的股东、股份有限公司连续一百八十日以上单独或者合计持有公司百分之一以上股份的股东,可以书面请求监事会或者不设监事会的有限责任公司的监事向人民法院提起诉讼;监事有本法第一百五十条规定的情形的,前述股东可以书面请求董事会或者不设董事会的有限责任公司的执行董事向人民法院提起诉讼。监事会、不设监事会的有限责任公司的监事,或者董事会、执行董事收到前款规定的股东书面请求后拒绝提起诉讼,或者自收到请求之日起三十日内未提起诉讼,或者情况紧急、不立即提起诉讼将会使公司利益受到难以弥补的损害的,前款规定的股东有权为了公司的利益以自己的名义直接向人民法院提起诉讼。他人侵犯公司合法权益,给公司造成损失的,本条第一款规定的股东可以依照前两款的规定向人民法院提起诉讼。"

为紧急情况，因此，首都国际公司可以据此直接提起股东代表诉讼。

2. 首都国际公司原董事长被免职后，不配合公司办理工商变更登记手续，由董事会委任的新董事长代表公司提起诉讼

如上所述，首都国际公司原董事长陈某在辞职并被免职后，迟迟不配合公司办理工商变更登记，首都国际公司董事会委任的新董事长，未在工商局办理变更登记手续，其是否有权代表公司提起诉讼，可能存在争议。对此，根据我们的建议，首都国际公司召开临时董事会作出决议，授权管理层和新任董事长代表公司对安达巨鹰公司提起诉讼。

3. 股东不出资是否享有股东权利，没有明确的法律规定

透析公司法立法精神，挑战法律前沿问题，以安达巨鹰公司不出资为由主张其不享有股东权利。

股东不出资是否享有股东权利，或其股东权利是否应受到限制，没有明确的法律规定作为依据，也没有相关判例可供参考，法学理论界对此问题也一直存在较大争议。但笔者认为，作为代理律师，应从案件的基本证据和基本事实出发，从现行法律规定中尽量寻找可能的法律依据。没有法律规定的，则可以通过解读法律的立法精神，为法院裁判提供参考。

瑕疵出资股东的股东权利应否受限制的问题，实质反映了股东出资与股东权利的本质关系问题。我们经认真研究法律和相关案件材料，从《公司法》和协和健康公司章程的具体规定中找到了一些相关依据。《协和健康公司章程》第 15 条规定："股东按其出资比例对公司享有权利和承担义务。"第 23 条规定："股东会会议由出席会议的股东按照出资额行使表决权。"2004 年《公司法》第 4 条规定："公司股东作为出资者按投入公司的资本额享有所有者的资产受益、重大决策和选择管理者等权利。"

根据上述规定，可以主张，股东享有股东权利的前提条件是股东必须履行出资义务，股东作为出资者，必须按照对公司的出资比例（即实际投入公司的资本额）来享有资产受益、重大决策和选择管理者等股东权利。安达巨鹰公司虽名义登记为协和健康公司的股东，但其对协和健康公司并未投入任何出资，也未支付任何股权受让对价，无对价即无权利，安达巨鹰公司不具备享有股东权利的基础，其各项股东权利依法应予限制。在股东未出资的情况下，如果仍然允许该股东行使利润分配请求权、表决权、新股认购权等多项股东权利，无异于鼓励不劳而获，使该股东不出资却享受投资收益，这明显有违法律公正和公平的原则。

尽管本案面临重重挑战，我们依然代表首都国际公司在黑龙江省高级人民法院以安达巨鹰公司为被告提起诉讼。在案件立案后，我们代理首都国际公司申请宁波市中级人民法院中止执行安达巨鹰公司持有的协和健康的股权，得到了宁波中级人民法院的支持。

四、法院裁判

（一）首都国际公司的诉讼请求

2006年6月初，笔者代理首都国际公司在黑龙江省高级人民法院对安达巨鹰公司提起诉讼，同时将协和健康公司列为第三人。具体的诉讼请求为：

（1）确认安达巨鹰公司不享有对协和健康公司16 500万股股权的股东权利；

（2）安达巨鹰公司立即补足对协和健康公司的出资；

（3）安达巨鹰公司赔偿首都国际公司违约金3 000万元；

（4）安达巨鹰公司承担本案的全部诉讼费用。在诉讼过程中，根据黑龙江省高级人民法院的释明，我们代理首都国际公司对上述第（1）项诉讼请求进行了说明，请求依法确认安达巨鹰公司在实际履行出资义务前不享有16 500万股的股东权利。

（二）安达巨鹰公司的主要答辩理由

在一审诉讼中，安达巨鹰公司提出如下主要答辩理由：

（1）首都国际公司变更法定代表人没有法律效力，此次诉讼未经法定代表人陈某同意或授权，其诉讼代理人也未经陈某授权；

（2）首都国际公司的前两项诉讼请求均是关于安达巨鹰公司和协和健康公司的法律关系，首都国际公司没有诉权；

（3）协和健康公司的股东投资均已到位，安达巨鹰公司以“承债式收购”方式受让股权，同时承担了原股东对协和健康公司的债务16 500万元。请求驳回首都国际公司的诉讼请求。

（三）法院裁判要旨

黑龙江省高级人民法院一审判决认为：

（1）公司法定代表人的更换并不影响诉讼的进行。首都国际公司通过合法程序召开了股东会和董事会，免去了原董事长陈某的董事及董事长职务，并选举苏某为新任董事长。在陈某带走营业执照导致首都国际公司无法及时进行工商变更登记的情况下，首都国际公司亦就本次诉讼专门授权管理层处理。首都国际公司提起诉讼符合法律规定，其代理人有合法授权。

（2）依据《公司法》第28条的规定，首都国际公司作为协和健康公司的股东，在其自身按期足额缴纳出资的情况下，可以向其他不按期足额出资的股东主张违约责任。因此，首都国际公司有权向安达巨鹰公司提起诉讼。

（3）向安达巨鹰公司转让股权的股东未履行出资义务，安达巨鹰公司受让股权后亦未履行出资义务。股东权利的享受和行使须按其投入公司的资本额大小确定，股东在没有履行出资义务的情况下主张权利，则其投资收益与出资风险之间应不存在联系，明显有违公平原则，亦损害其他股东利益，应对其股东权利加以限制。

(4) 安达巨鹰公司未按约定缴纳出资，除应向公司足额缴纳外，应当向已按期足额缴纳出资的股东首都国际公司承担违约责任，安达巨鹰公司于2005年7月20日登记为协和健康公司股东，应于该日起依照发起协议的约定，按照首都国际公司的实际出资比例承担违约责任。

据此，黑龙江省高级人民法院一审判决如下：

(1) 安达巨鹰公司于判决生效后10日内履行对协和健康公司16 500万元出资义务；

(2) 如不能补足上述出资，则其不享有对协和健康公司16 500万股的表决权、利润分配请求权及新股认购权；

(3) 安达巨鹰公司于判决生效后10日内按首都国际公司的出资份额向其赔偿违约损失(自2005年7月20日起至实际给付之日按16 500万元每日万分之三计算)。

安达巨鹰公司不服一审判决，向最高人民法院提起上诉，并主张：一审判决安达巨鹰公司不履行出资义务即限制其股东权利，没有法律依据。除此之外，其上诉理由与一审答辩理由基本相同。最高人民法院经审理驳回了安达巨鹰公司的上诉，维持了一审判决。

五、焦点问题评析

(一) 法定代表人依据公司章程规定的程序发生变更但未作工商变更登记，新任法定代表人有权代表公司进行诉讼

我国2007年《民事诉讼法》第49条规定："法人由其法定代表人进行诉讼。"根据《公司法》第7条[①]的规定，公司营业执照应当载明公司法定代表人的姓名等事项，公司营业执照记载的事项发生变更的，公司应当依法办理变更登记。在司法实践中，法院一般根据工商登记确定公司的法定代表人，在立案时通过审查营业执照，确定谁有权代表公司提起和参加诉讼。

在本案中，首都国际公司的原法定代表人系安达巨鹰公司(作为大股东)委派的。在本案诉讼前，原法定代表人已提出辞职，后经公司股东会、董事会决议，免去了其董事长职务，并选举出了新的董事长。但原法定代表人拒绝配合公司办理法定代表人的工商变更登记手续。安达巨鹰公司在一审答辩和二审上诉中均主张：只有经工商部门核准登记，取得法定资格的公司法定代表人才有权代表公司参加

① 现行《公司法》第7条规定："依法设立的公司，由公司登记机关发给公司营业执照。公司营业执照签发日期为公司成立日期。公司营业执照应当载明公司的名称、住所、注册资本、实收资本、经营范围、法定代表人姓名等事项。公司营业执照记载的事项发生变更的，公司应当依法办理变更登记，由公司登记机关换发营业执照。"

诉讼;代表首都国际公司进行诉讼的法定代表人未经工商变更登记,无权代表公司或委托他人代理参加诉讼。

最高人民法院终审判决认为:首都国际公司原董事长已被合法免职,并且公司已选举出新董事长;首都国际公司向法院提交了由公司盖章的法定代表人身份证明书和授权委托书,系首都国际公司的真实意思表示,亦不违反法律、法规的禁止性规定;首都国际公司尚未到工商部门进行法定代表人的变更登记,以及陈某的个人行为,均不能否定首都国际公司对法定代表人的合法变更,现任法定代表人有权代表公司进行诉讼。

公司在经营管理过程中,因经营管理需要、股东变更或其他原因,变更法定代表人的情况经常发生,原公司法定代表人因利益驱动或其他原因不配合办理工商变更登记的情况也时有发生。在此情况下,谁有权代表公司提起诉讼或应诉,存在一定争议。根据该判例,如果公司依据公司章程的规定依法选举了新任法定代表人,即使未办理工商变更登记手续,新任董事长也有权代表公司提起诉讼或应诉。鉴于最高人民法院判例的示范效应,该案对该问题的裁判意见具有一定现实参考价值。

(二) 已缴付出资的股东可以对瑕疵出资股东提起诉讼,公司的诉讼地位应列为第三人

2005 年修订前的《公司法》中没有关于股东代表诉讼的规定。修订后的《公司法》第 152 条对股东代表诉讼作出了明确规定,使公司法真正成为“可诉之法”,成为新《公司法》的亮点之一。本案中,首都国际公司前两项诉讼请求(请求确认安达巨鹰公司不享有股东权利、请求安达巨鹰公司补缴出资),实际行使的是股东代表诉讼权利。

股东代表诉讼,亦称股东派生诉讼,是当公司利益遭受损害时,股东在一定条件下以自己的名义就公司损害提起的诉讼。股东代表诉讼衍生于一般民事诉讼,但是它又有许多不同于一般民事诉讼之处,具有代位性和代表性的双重性质。一方面,原告股东与侵害公司利益的被告之间不存在直接利益关系,原告股东仅享有形式意义上的诉权。因此,从诉权行使的目的而言,股东代表诉讼是一种间接诉讼,具有代位性,是与债权人的代位权诉讼颇为类似的一种诉讼类型。另一方面,当某个或某些股东提起代表诉讼时,该类共益诉权相应转移由提起代表诉讼的股东单独享有,他同时也代表着其他处于相同受害状态下的股东。法律承认原告股东的起诉行为的效力及于公司和其他股东,因此,股东代表诉讼又具有代表性,具有代表人诉讼的特征。①

现行《公司法》对起诉股东的资格、可以列为被告的范围、诉讼的事由、诉讼的

---

① 参见周剑龙:《日本的股东代表诉讼制度》,载王保树主编:《商事法论集》(第 2 卷),法律出版社 1997 年版

前置程序等作了规定,但仍有一些具体问题没有规定,亟待最高人民法院通过司法解释的方式予以解决。

1. 公司的诉讼地位

我国《公司法》对公司在股东代表诉讼中的地位没有规定。在司法实践中,应该将公司置于何等地位呢?我国民诉法学者在探讨公司在代表诉讼中的地位时有不同看法。无论是原告、被告,还是第三人,各种观点都有其支持者。

对此,笔者认为:

(1) 由于公司本来就拒绝以公司的名义提起诉讼,因此不应列为原告。

(2) 根据我国《民事诉讼法》的规定,被告必须是与本案有直接利害关系的原告诉请的对象。而在股东代表诉讼中,若将公司列为被告则将面临公司虽为被告却并非原告诉请对象且原告胜诉后利益又归属公司的悖论,这与我国的诉讼理论与制度存在矛盾,因此,公司作为被告亦不可取。

(3) 由于公司是诉权的实质意义上的享有者,原告股东的胜诉权益也属于公司,所以将公司列为第三人较为合适。而若原告未列时,则由法院追加公司为第三人。

最高人民法院公布的《关于适用〈中华人民共和国公司法〉若干问题的规定(二)》(征求意见稿)第29条规定:“人民法院审理股东代表诉讼案件,应当将公司列为第三人。”该规定出台时,本条虽未被规定,但在本案中,笔者将公司列为第三人的诉讼地位安排,得到了最高人民法院判决的确认。

2. 诉讼管辖

目前世界各国通常规定公司所在地法院对股东代表诉讼案件具有管辖权。《日本商法》规定:“欲提起代表诉讼的股东应向公司总部所在地的地方法院起诉。”即不论该股东是在日本国内还是在国外,代表诉讼的裁判管辖权属于公司登记所在地的地方法院。

我国最高人民法院公布的《关于适用〈中华人民共和国公司法〉若干问题的规定(二)》(征求意见稿)第29条规定:“股东依据公司法第一百五十二条之规定提起的股东代表诉讼,由公司住所地人民法院管辖。”之所以作出有别于《民事诉讼法》一般规定的特殊规定,是因为公司自身或原告股东之外的股东有可能成为共同诉讼人参加诉讼,这样就为公司或其他股东参加诉讼提供了方便。

当然,在最高人民法院正式出台相关司法解释前,根据《民事诉讼法》有关一般管辖的规定,此类案件应可以根据“原告就被告”原则或“侵权行为地”原则确定;当多个股东分别提起股东代表诉讼时,先立案的法院有管辖权。本案中,我们即依据“原告就被告”原则,代理首都国际公司在被告安达巨鹰公司住所地法院黑龙江省高级人民法院提起诉讼,得到了法院支持,被告亦未提出管辖权异议。

3. 诉讼担保

诉讼担保是指法院在受理案件之前或诉讼过程中,应被告的请求,要求原告提供一笔资金或财产，以在原告败诉的情况下对因诉讼产生的费用及可能给被告造成的损害进行担保的制度。它实质上是对股东提起代表诉讼的一种制约。许多国家法律要求股东代表诉讼中的原告提供诉讼担保，以防止滥诉现象。

我国《公司法》并未规定诉讼担保制度，因此，目前在我国符合条件的股东提起股东代表诉讼，无需提供诉讼担保。但建议最高人民法院的相关司法解释设定合理的诉讼担保制度。

4. 原告股东败诉时的诉讼赔偿

设计股东代表诉讼制度的出发点，就是在保护小股东利益和防止滥诉二者间寻找平衡点。因此，在诉讼结束后，对于遭受损害的一方，法律应规定给予一定赔偿或补偿，以平衡原告与被告两者的利益。

在以往的司法实践中，在原告股东败诉的情况下，法院很少判决原告向被告作律师费用等费用方面的补偿或赔偿。对此，笔者建议最高人民法院在制定相关司法解释时，借鉴《日本商法》第 268 条第 2 款“股东败诉时，除非是恶意提起诉讼，否则对公司不负损害赔偿之责”之规定，即诉讼若不成功则只有在原告有恶意的情况下，方对公司损害负赔偿责任，反之，即便败诉也不负赔偿责任。

5. 诉讼中意思自治的限制

股东代表诉讼中，股东依法有权就争议标的与被告达成协议或私下和解。但该行为有可能对公司及其他股东的权益构成损害，因此有必要对其和解协议等加强审查，具体可规定该类协议须经法院审查方可生效，而法院审查的标准应该是协议是否侵害公司或其他股东的利益。

6. 股东代表诉讼的既判力

所谓既判力，作为一种规则，是指法院关于案件的终审判决对双方当事人及其继受者来说具有绝对约束力，禁止他们就同一请求或诉因再行起诉。一般说来，对股东代表诉讼实体问题的最终判决具有既判力，对公司和所有的股东(包括开始为原告但后来又退出的那些股东)皆有约束力，经法院批准的和解协议也具有同样的效果。但是，在股东代表诉讼过程中，对程序问题的裁决不应具有绝对的既判力，比如，在诉讼自动撤回或者因股东不具备原告资格、未按法院要求提供被告主张的费用担保等被驳回时，不影响其他股东依法再行起诉。建议最高人民法院在起草相关司法解释时，对该类问题予以明确。

(三) 明知股权存在出资瑕疵仍受让瑕疵股权之股东负有补足出资的义务

对于受让股权的股东是否应补缴其前手未足额缴付的出资问题，我国法律并无明确规定。有观点认为，瑕疵出资股东对公司资本的充实责任为法定的特别民事责任。此种责任的承担主体仅及于公司设立时的瑕疵出资股东自身，而不及于瑕疵出资的原始股东之继受股东，因为股东权转让的标的是股权，而不包括股东的出资义务及违反该义务的责任。司法实践中，各地法院对该问题的处理不一。

本案中，安达巨鹰公司的前手股东未履行对协和健康公司的出资义务，安达巨鹰公司在受让股权时对此是明知的。笔者在诉讼中主张,安达巨鹰公司有义务补足出资。安达巨鹰公司辩称,其并非协和健康公司的发起人股东,不负有对协和健康公司的出资义务,只负有自其前手股东受让的对协和健康公司的普通债务。

一审和二审法院均采信了笔者的观点,判决安达巨鹰公司向协和健康公司履行出资义务,最高人民法院判决认为:"安达巨鹰公司对其受让的股权存在出资不实、股东资格有瑕疵应当是明知的。根据协议约定以及协和健康公司章程的规定,安达巨鹰公司向协和健康公司履行出资义务,是股权转让双方当事人的真实意思表示,亦不违反法律、法规的强制性规定,其应对协和健康公司承担出资不实的法律责任,即应向协和健康公司履行出资义务。安达巨鹰公司主张发起人股东出资义务已经完成,只存在对协和健康公司的债务,其对协和健康公司股权的收购是承债式收购,上述主张没有事实根据,本院不予采信。"

(四)股东未对公司出资亦享有股东资格

目前,在法学界极少数学者坚持未出资股东不享有股东资格,其主要理由为:出资是股东对公司的根本义务,是其取得股东身份和资格的前提条件;未履行出资义务属于根本违约行为,将导致其股东资格的丧失。该观点是我国在原公司法实行资本法定制度的情况下,将资本法定原则绝对化的产物。

更多的学者反对"未出资股东资格否定说",主要理由如下:

(1) 股东资格的取得并不以出资作为前提条件,如通过继承、赠与、受让等途径继受取得股东资格的情形下,该股东资格的取得并非源于出资;

(2) 否定未出资股东的股东资格,如再要求其承担股东义务(出资并保证公司资本充实),将缺少法理依据,因此不利于维护公司债权人的利益。目前该学说为司法及理论界的主流观点,即:股东资格并不因股东未出资而被否定,未出资股东依然享有股东身份和股东资格。

在司法实践中,法院在认定股东资格时,一般主要考察两个要件:

(1) 实体要件,即股东之间是否有共同出资设立公司的意思表示,具体表现为股东之间签订的公司章程;

(2) 形式要件,即公司置备的股东名册及工商部门注册登记资料所反映的股东情况。如果满足上述两个要件,即使登记在册的股东并未实际履行出资义务,法院一般不会因此否定股东的股东资格。

本案中,最高人民法院二审判决认为:"根据《公司法》的规定,股东出资不到位并不影响其股东资格的取得。"

(五)股东在未履行出资义务的情况下,其股东权利应当受到限制

股东权利,是指股东依其所持有的股份享有的权利的总称,是对股东多项具体权利的抽象概括。股东权利可分为自益权和共益权。自益权是股东以从公司获得经济利益为目的的权利,主要包括:分取红利权、剩余财产分配权、新股认购优先

权、出资转让权、股份转让过户申请权、可转换股份转换请求权。共益权是股东以参与公司的经营管理为目的的权利，主要包括：表决权、选任公司董事及管理人员权、代表诉讼提起权、股东大会召集权、提案权、质询权、股东会或董事会议决议撤销诉权、公司重要文件查阅权。

本案争议的实体核心焦点问题是：在原始股东出资未到位的情况下，安达巨鹰公司受让该瑕疵股权，在工商部门登记为协和健康公司的股东，既未支付股权转让的对价，也未履行对协和健康公司的出资义务。在上述情况下，安达巨鹰公司是否享有股东权利，其股东权利是否应受限制？

1.《公司法》的相关规定

2005 年修订前的《公司法》第 4 条规定："公司股东作为出资者按投入公司的资本额享有所有者的资产受益、重大决策和选择管理者等权利。" 2005 年修订的《公司法》对《原公司法》第 4 条进行了修改，修改为："公司股东依法享有资产受益、参与重大决策和选择管理者等权利。"该条删除了"作为出资者按投入公司的资本额"，说明现行《公司法》不再将出资作为股东享有股东权利的必要条件，而是采取了更为笼统且原则性的规定——"依法享有"。

2. 学界观点

多数学者主张，对未出资股东的自益权的行使应予以全面限制，主要理由是：股东的自益权完全是为自身获取经济利益的权利，如果股东未出资而允许其享有自益权，明显有违法律公正和公平的基本原则，对此加以限制是必要的。对于未出资股东的共益权是否应当限制，学术界至今未形成主流观点，主要原因是：如果完全限制未出资股东的共益权，将影响公司的正常经营管理，从长远看不利于维护股东及公司债权人的利益保护，甚至会导致公司僵局；如果不限制上述共益权，将有可能导致未出资股东控制公司经营管理权，损害其他出资股东利益的情况。

笔者认为，根据现行《公司法》的规定，未全部或部分出资股东的股东权利的行使，只要符合公司章程的规定，并不当然受到限制，但如果公司章程中仍然有"按投入公司的资本额享有或行使股东权利"等类似规定，各股东仍需遵循，未出资股东的股东权利应受到限制。

由于法学理论界对未出资股东是否享有股东权利长期存在争议，我国现行立法和司法解释也未作出明确规定，导致很多法院在审判实践中无所适从。

3. 国外关于出资不到位股东的股东权利的立法情况

大多数国家的公司立法都规定，对于怠于履行出资义务的发起人、认股人，公司（或发起人）可以催告其在一定期限内缴纳，逾期仍不缴纳者即丧失其认股权，所认股份可另行募集。

德国是典型的实行法定资本制的国家，要求公司章程确定的资本总额在公司设立时全部发行，并由股东全部认缴。关于股东未及时履行出资义务问题，《德国股份公司法》第 64 条规定：对没有及时支付所要求款项的股东，可以确定一个有警告的延长期限，期满后将宣告他们不再拥有其股票或支付款。

日本旧商法实行严格的法定资本制，章程中规定资本总额，并要认足相当于资本总额的全部股份。1950年日本在关于公司资本制度的立法中开始引进英美法中的授权资本制。关于原始股东的出资问题，《日本公司法》规定了发起人（原始股东）的认购担保责任、缴纳担保责任：

（1）认购担保责任（《日本商法》第192条第1款），指在公司设立时发行的股份中，公司成立后仍有尚未被认购的股份或股份认购的要约被取消时，视为发起人已共同认购该股份。在此情况下，履行认购担保责任的其他公司发起人可以自然取得认购部分的股权。

（2）缴纳担保责任（《日本商法》第192条第2款），指公司成立后，仍有未缴纳的股款或尚未全部给付非货币出资时，由发起人承担连带缴纳股款或交付未给付财产的义务，缴纳担保责任也称出资担保责任。与认购担保责任不同，履行缴纳担保责任的发起人只是代行出资义务，并不能因此而当然全部或部分取得履行责任部分的股权，而只能向未履行出资义务的股东行使求偿权（在公司履行了失权程序的情况下除外）。法律为了避免发起人的求偿权不能得到实现，赋予保护其利益的选择权，发起人既可以在缴纳或给付期日起6个月内向责任股东行使求偿权，也可以请求原来的认股人以认购价格将其股份卖给自己（《日本商法》第192条第3款）。

4. 最高人民法院《关于适用〈中华人民共和国公司法〉若干问题的规定（二）》（征求意见稿）的相关规定

最高人民法院《关于适用〈中华人民共和国公司法〉若干问题的规定（二）》（征求意见稿）第14条规定："记载于股东名册的股东依据公司法第三十三条第二款向公司主张行使股东权利，公司以其没有按期缴纳出资或者出资不足，主张在其补缴出资前相应限制其表决权、利润分配请求权及新股认购权的，人民法院应予支持。"

上述征求意见稿是经过最高人民法院多次讨论后形成的，代表了司法实践及法律界的主流意见，即：未按期出资股东的股东权利应当受到限制，在补缴出资前不享有表决权、利润分配请求权及新股认购权。

5. 本案中最高人民法院的判决

本案中，最高人民法院判决认为，根据《公司法》的规定，股东出资不到位并不影响其股东资格的取得。但享有股东权利的前提是承担股东义务，与出资义务相对应的股东权利只能按出资比例行使，这是民法中权利与义务统一、利益与风险一致原则的体现。本案中，由于安达巨鹰公司并没有履行出资义务，其股东权利的行使应当受到一定限制，这种限制应根据具体的股东权利的性质确定，即与出资义务相对应的股东权利只能按出资比例行使。故原审法院判决安达巨鹰公司如不能补足出资，则其不享有对协和健康公司16 500万股的表决权、利润分配请求权及新股认购权。

最高人民法院二审判决以《公司法》的规定和民法基本原则为依据，权威性地明确了有出资瑕疵的股权应受限制的规则，并附带阐明了出资不实不影响股东资格取得的观点。鉴于最高人民法院判决在我国司法体制中具有权威的性质，故本案的二审判决就该问题所表明的观点，对我国未来类似问题的审判无疑具有准则式的指导作用。

6. 需要通过立法或司法解释进一步解决的相关法律问题

即使未按期出资股东的股东权利的行使需要受到限制，在司法实践中达成了共识，但在立法及司法操作层面仍存在不少问题亟待解决。

（1）需要通过立法或司法解释对应当限制的股东权利的内容进行明确规定，即明确哪些权利是与出资义务相对应的权利而应当受到限制，哪些权利不应受到限制。

（2）如果未出资股东一直不履行出资义务，其他股东是否可代为履行出资义务，在代行该出资义务后，其他股东可否主张其代行出资部分的股权？

（3）在判决执行中也存在一些问题，即如何限制，如果未出资股东陆续履行了部分出资义务，其股东权利应当如何按步骤恢复？

（4）未出资股东是否仍有权参加股东会，其他股东行使表决权作出股东会决议是否有效？

（5）未出资股东的股东权利被法院判决应当受到限制的情况下，该股东此前参加股东会作出的股东会决议是否仍然有效？也即类似限制股东权利的判决对此前的法律行为是否有追溯力？

以上问题均为我国目前立法及司法解释的空白，有待法律界进一步研究解决。

六、结语

本案涵盖了若干公司法律前沿问题，在一起案件中能够涉及如此多的程序性和实体性争议问题实属罕见。在《公司法》修订后不久，对有关股东权利（包括诉讼权利和实体权利）具体行使的规定尚未有十分明确规定的情况下，笔者根据《公司法》的立法精神，克服重重现实障碍和法律前沿问题的挑战，代表委托人提起诉讼，请求法院判决瑕疵出资股东缴付出资并对其股东权利进行限制，该诉讼最终获得最高人民法院的支持。

该案例在最高人民法院2006年召开的民商事审判工作会议上被作为典型案例交流，在业内具有相当大的影响。据悉，该案是最高人民法院判决的首起因股东出资不到位而限制股东权利案。同时，最高人民法院判决对如下争议问题进行了确认：明知股权存在出资瑕疵仍受让之股东负有补足出资的义务；工商部门未办理法定代表人的变更登记，不影响公司的新任法定代表人代表公司进行诉讼；股东不出资不影响其股东资格的取得。该案对类似的公司诉讼无疑具有重要的指导和参考意义。

A 与 B 的股权转让合同纠纷

北京市中淇律师事务所　张秀华

一、争议焦点

1. 未经过工商管理机关的股东变更登记,股权转让合同是否有效?

2. 其他股东未放弃优先购买权,股权转让合同是否有效?股东的优先购买权能不能对抗善意的第三人 A?

3. 本案所涉 1 500 万元是投资款还是高额借贷?约定支付投资回报款的合同之担保人是否应承担连带责任?

二、基本案情

原告:A,自然人

被告一:B 公司

被告二:E,自然人

第三人:村合作社 C

审理法院:某市中级人民法院(一审)

某省高级人民法院(二审)

最高人民法院(再审)

案由:合同纠纷

原告 A 为自然人,被告 B 为依法注册成立并合法存续的有限责任公司。2008 年,被告 B 与一村合作社 C 合作成立了有限责任公司 D,主要经营养殖技术开发、水产养殖、生态观光等生态项目,注册资金为 1 200 万元人民币。被告 B 公司出资 1 200 万元人民币,占股份总额的 90%,村合作社 C 以提供劳务服务为合作条件,占股份总额的 10%。上述出资额全部到位,D 公司依法正常运营。

2010 年 7 月 21 日,原告 A 与被告 B 公司签订了股权转让合同,双方在股权转让合同中约定:原告 A 以 1 500 万元人民币向被告 B 公司买受其在 D 公司的股权 18%,原告 A 交付所有款项,即持有上述合同约定的 D 公司的相应股份 18%。2010 年 10 月 15 日,原告 A 根据被告 B 的指示,将购买款项 1 500 万元支付给了 D 公司。D 公司向原告 A 出具了已收到 1 500 万元人民币投资款的收据。随后,原告 A 参与到 D 公司经营鳄鱼生态村项目的经营和管理中。在上述股权转让过程中,D 公司的另一个股东村合作社 C,没有出具任何同意或不同意上述股权转让及是否放弃其优先受偿权的书面文件。同时,上述的股权转让也没有去当地工商行政管理部门办理相关的股东变更登记手续。

B公司还向A借款6 519.6万元,E为此项借款提供了担保。

2011年4月1日,原告A与被告B自愿终止合作关系,同日,原告A与被告B、被告E(被告B公司股东)签订《终止合作合同书》。主要内容如下:

(1) 欠款人B及担保人E在2011年4月16日前向债权人A偿还清(归还)双方其他债务关系产生约借款6 519.6万元及1 500万元投资款。A退出合作并自愿办理相关退出手续,其相应股权退换给E。若在2011年4月16日前B和E没有还清上述全部款项8 019.6万元,E将其在B公司所持有的全部股权和权益(股份份额)以全部股权的全部转让价50万元转让给A或A指定的主体持有……E将完全退出B……

(3) 欠款人B及担保人E在2011年6月29日前向债权人A偿还其入股D公司的回报款1 500万元……

2011年4月14日,被告B和被告E向原告A寄送《关于请求受领款项及办理法律手续的通知函》,通知原告A提供账号接收《终止合作合同书》第1条约定的款项合计人民币8 019.6万元,并要求原告A办理退出合作事项及就相关问题签订法律文书。原告A在收到8 019.6万元款项后,按约定退出了B公司的全部经营活动。

因被告B和被告E未按《终止合作合同书》第3条约定支付回报款1 500万元,2011年8月,原告A向某中级人民法院提起诉讼。第三人村合作社C以其未享有股东优先购买权为由主张股权转让合同无效,参与到诉讼中来。

三、代理思路

本案代理人在接受委托后,全面系统地收集了本案所涉的相关证据材料,认真听取了委托人的详细介绍,对本案的基本情况有了全面了解。同时,研究了与公司法相关的理论及法律的相关规定,拟定了以下整体代理思路。

1. 本案从形式上看是合同纠纷,该纠纷实质上是股权转让的效力问题。

2. 本案首先要确认的是原告A与被告B公司签订的股权转让合同的效力。只有这个合同的有效性得到确认,才能保证原告A与被告B、被告E(被告B公司股东)签订的《终止合作合同书》的法律效力,原告A的诉讼请求才能得到法院的支持。鉴于第三人已经参加到诉讼中来,股权转让合同效力的确认有以下两方面的障碍。

(1) 原告A与被告B公司签订了股权转让合同后,虽然原告A支付了相应的投资款,且原告A也实际参与到D公司的经营中,但并未去当地工商行政管理部门办理股东变更手续。而在司法实践中,股东身份的认定往往是以工商行政部门股东登记为准。在司法实践中,对这类合同的效力问题,有不同的处理结果。为此,本案所涉及的股权转让合同的效力需要从公司法立法的原则、股东权利的产生等公司法理论方面,结合法律的具体规定综合论证。

(2) 原告A与被告B公司签订的股权转让合同,因转让的是B公司所持有的D公司的18%的股权。根据《公司法》的相关规定,D公司的另一个股东合作社C,对该股权享有优先购买权。在本案中,合作社C并未签有任何的同意或不同意上述股权购买及是否放弃其优先购买权的书面文件。鉴于合作社C已经作为第三人参与到诉讼中来,且因其未享有对上述股权的优先购买权而主张股权购买合同无效之事实,在本案中如何运用公司法的理论和相关法律的具体规定,来论证股权转让合同的效力是个重点问题。代理人查阅了已往的判例,对于股东的转让权和其他股东的优先购买权的利益冲突,各个法院有结果完全不同的判决。代理人需要从公司法理论与实践两方面找到对本案股权转让合同的有效性进行确认的有力依据。

3. 被告B公司答辩意见中提出《终止合作合同书》中所涉的1 500万元投资回报款实质是"民间高利贷"。该问题的解决首先要确认该合同的有效性。其次要根据法律的规定和本案的具体情况,分析确认1 500万元的性质是投资款。只有确认了该笔款项是投资款,诉讼请求才能获得法院的支持。

4. 因《终止合作合同书》中约定了被告E是返还1 500万元投资款的担保人,该担保合法有效。应依法追究被告E的连带偿还责任,以保障委托人权益的充分实现。

5. 原告A的1 500万元人民币投资款的实际收回问题。为避免将来判决下发后被告B公司无可执行财产,笔者向法院提出了诉讼保全申请并依法提供了相应的担保,法院依法作出了民事裁定书,依法冻结了被告B公司在D公司拥有的45%的股权,及其在某市现代农业发展有限公司拥有的55%的股权。

四、法院裁判

1. 原告A的诉讼请求

原告A的诉讼请求为:

(1) 判决被告B公司偿还原告A投资回报款人民币1 500万元及其利息,利息按合同约定从2011年6月30日起计算至款项还清之日止,暂计至2011年8月11日金额为人民币1 380 822元。

(2) 被告E承担连带偿还责任。

(3) 本案的诉讼费由被告承担。

2. 被告B公司的答辩意见

被告B公司的答辩意见为:

(1) 原告A与被告B公司签订的股权转让合同无效。原因是该股权转让未去工商行政管理部门办理股东变更登记。

(2) 本案不产生各被告应向原告A支付投资回报款1 500万元的事实依据和法律依据。原告A要求支付1∶1的回报款行为,实质上是"民间高利贷"违法违规行为,《终止合作合同书》无法律效力。

请求驳回原告 A 的诉讼请求。

(3) 被告 E 的答辩意见

答辩意见与被告 B 公司相同。因《终止合作合同书》无法律效力,因此,其不承担连带偿还责任。

4. 第三人村合作社 C 的意见

(1) 股权转让合同无效。原因是未办理股东变更登记。同时,其未享有股东优先购买权。

(2)《终止合作合同书》无效,原因同被告答辩意见,C 不承担连带还款义务。

五、法院裁判要点

一审法院认为:原告 A 与被告 B 公司签订的股权转让合同约定,原告 A 买受被告 B 公司 18% 的股份。该转让合同系原、被告双方的真实意思表示,合同内容也不违反我国法律、法规的强制性规定。双方未去工商行政管理部门办理股东变更登记属于合同履行问题,不是合同的生效条件。故被告 B 公司以此为由要求法院确认股权转让合同无效的答辩,理由不充分,一审法院不予支持。

《公司法》第 72 条第 2 款规定:"股东向股东以外的人转让股权,应当经其他股东过半数同意。股东应就其股权转让事项书面通知其他股东征求同意,其他股东自接到书面通知之日起满三十日未答复的,视为同意转让。其他股东半数以上不同意转让的,不同意的股东应当购买该转让的股权;不购买的,视为同意转让。"第 3 款规定:"经股东同意转让的股权,在同等条件下,其他股东有优先购买权。"上述法律规定了股东优先购买权,但该权利并不是对转让股份的股东之股权的限制。只要股东与第三人签订的股权转让合同的意思表示真实,不违反法律、法规的禁止性规定,股权转让合同就应该有效。且在本案中,第三人村合作社 C 虽然未签有任何关于股权转让及优先受偿权的书面文件,但在上述股权转让合同签订及履行过程中,自 2010 年 10 月原告 A 参与到 D 公司日常的经营和管理中始,至本案诉讼,第三人村合作社 C 也未主张其优先购买权,这充分证明第三人村合作社 C 事后认可了原告 A 作为 B 公司之股东的事实。因此,第三人村合作社 C 以其未享有股东优先购买权为由而主张股权转让合同无效,本院不予支持。

综上所述,股权转让合同应认定为有效。

原告 A 与被告 B、被告 E 于 2011 年 4 月 1 日自愿终止签订的《终止合作合同书》,该《终止合作合同书》不违反法律、行政法规的强制性规定,应认定为有效合同。本案《终止合作合同书》是双方从各自利益出发均衡全面利弊得失后自愿达成的终止合作合同,投资回报款是双方意思自治的约定,投资合作与民间借贷分属于不同的法律关系,两被告以投资回报款过高属于"民间高利贷"为由主张《终止合作合同书》无效,于法无据,本院不予支持。

原告A与被告B、被告E确认《终止合作合同书》除第3项外均已履行,据此可以确认原告A已经履行了其在《终止合作合同书》中约定的退出合作并办理了相关退出手续等义务。被告B未按照《终止合作合同书》第3项约定支付原告A投资款1500万元,已构成违约。为此,法院判决如下:

(一)被告B于判决生效之日起10日内偿还原告A人民币1500万元及逾期付款违约金(按中国人民银行同期同类贷款利率从2011年6月30日起算至本判决确定的还款之日止)。

(二)被告E对被告B上述第(一)项判决的债务承担连带偿还责任。被告E承担偿还责任后,有权向被告B追偿。

(三)由被告B负担本案的案件受理费人民币120085元及诉讼保全费5000元。

被告B、被告E不服一审判决,向某市高级人民法院提起上诉。被告B、被告E的上诉理由和其在一审时的答辩理由一致。某市高级人民法院驳回了被告B、被告E的上诉请求,维持原判。

二审判决生效后,B、E向最高人民法院提起再审。再审的理由与其一审的答辩理由基本一致。最高人民法院认为:根据B、E的再审申请,本案合同纠纷审查的焦点主要是涉案《股权转让合同》与《终止合作合同书》的效力问题。经审查,最高人民法院确认涉案的《股权转让合同》与《终止合作合同书》合法有效。驳回了B、E的再审申请。

六、焦点问题评析

(一)股东与第三人自愿签订的股权转让合同,是双方的真实意思表示,未去工商行政部门办理股东变更登记手续,该股权转让合同应为有效

我国《公司法》第33条第2款规定:"公司应当将股东的姓名或者名称及其出资额向公司登记机关登记;登记事项发生变更的,应当办理变更登记。未经登记或者变更登记的,不得对抗第三人。"该规定明确了股权转让是需要通过在工商行政管理部门变更股东登记进行公示的。如果股权变更没有进行变更登记,不能对抗善意第三人。没有进行股东变更登记的股权转让合同的效力如何呢?实践中,有以下两种截然不同的观点:

(1)股权转让合同无效。理由是:我国《公司法》第33条明确了公司股东登记的规定。《中华人民共和国公司登记管理条例》(以下简称《公司登记管理条例》)第31条规定:"有限责任公司变更股东的,应当自股东发生变动之日起30日内申请变更登记,并应当提交新股东的法人资格证明或者自然人的身份证明。"上述规定说明,工商行政部门的股东登记是确定公司股东身份的合法、有效证明,股东变更登记是股权转让的强制性规定及必要条件,因此,股东变更登记是判定股权转让

的依据。没有进行股东变更登记的股权转让合同无效。

(2) 股权转让合同有效。理由是:股权转让合同是合同双方真实意思表示一致的结果,内容不违反国家法律、法规的强制性规定,因此,股权转让合同是有效的。工商行政机关的股东变更登记是股权转让合同的履行问题,并不是股权转让合同的生效条件。且上述法律、法规的规定表明,办理股东变更登记的义务主体是公司而非股东,因此,在实践中,因公司未办理股东变更登记从而确认股权转让合同无效,逻辑上行不通,而且也不公平。

笔者个人赞同第二种观点。原因如下:

(1) 股东权是股东基于股东资格而享有的股东从公司获得收益并参与公司管理的权利。《公司法》第 4 条规定:“公司股东依法享有资产收益、参与重大决策和选择管理者等权利。”股东权是完全独立的一项权利,股东对自己所拥有的股东权有完全的处分权。在股权转让过程中,受让者的股权不是工商行政管理机关创设的,而是股权转让合同履行的结果。因此,股权转让合同只要符合合同的有效条件,就有法律效力。

(2)《公司法》第 33 条和《公司登记管理条例》第 31 条虽然规定了股东变更登记制度,但并未规定股东变更登记是股权转让的必要条件,也未规定股权转让需经过股东变更登记才生效。股权是持股人享有的物权,我国对物权的权属和流通采用公示公信的原则。股权变更登记的规定就是规定了登记为股权变更的公示方式。股权变更登记的作用,是使股权变更产生公示的效力,它不影响股权转让合同的效力。

(3) 根据法律、法规的规定,股东变更登记是公司应尽的义务,是公司的管理行为,不应成为股权转让合同生效的条件。

(4)《公司法》第 33 条规定说明未办理股东变更登记的股权转让不能对抗第三人。股权转让合同的效力是有范围限制的,对于股权转让合同之外的第三人不发生对抗的效力。但在第三人之外的公司内部其他人之间,包括公司内部、股东之间、公司和股东之间都是有效力的、有约束力的。

(5) 公司股权转让和工商股东变更登记有着密切关系。公司股权转让是基础,工商股东变更登记是股权转让的延伸和扩展,工商股东变更登记是对股权转让效力的进一步确认和加强。股东变更登记,使得股权转让的效力从公司内部、股东之间、股东和公司之间扩展到公司外部及第三人,从而使股权转让产生对抗第三人的效力。

在本案中,原告 A 与被告 B 公司签订了股权转让合同,该合同内容完全符合我国法律、法规的规定。合同签订后,原告 A 支付了相应的投资款,原告 A 也实际参与到 D 公司的经营管理中去,这说明股权转让合同已经完全履行。某市中级人民法院的判决确认“《股权转让合同》是双方真实意思表示,不违反法律、行政法规强制性规定,应认定为有效合同”。

在实践中，随着市场经济的发展和不断完善，市场主体之间的股权转让行为大量存在。在现实的经济生活中，股权转让合同签订和履行后，未去工商行政管理部门办理股东变更登记的情况也大量存在。在股权转让合同纠纷的处理过程中，如何依公司法的原则和规定来确认这类股权转让合同的效力，保护股东的利益，维护合同当事人的合法权益，非常重要。实践中，由于对上述相关问题的立法有不同理解，也导致对这类合同效力认定上产生很大的差异。为此，建议相关立法机关尽快制定明确、详细的规定，以确认此类合同的效力。

股东未放弃优先购买权，股东的优先购买权不能对抗善意第三人，为此，股权转让合同应认定为有效合同。

我国《公司法》第72条规定了股东的优先购买权。股东向股东以外的人转让股权，经其他股东同意的，在同等条件下，其他股东有优先购买权。

在现实经济生活中，对于股东未放弃优先购买权，股权转让合同的效力问题，有以下几种观点：

(1) 股权转让合同无效。这种观点认为，《公司法》第72条的规定，属于强制性法律规定。股东未放弃优先购买权的股权转让合同，直接违反了《公司法》第72条的规定，为此，股权转让合同无效。

(2) 股权转让合同未生效。根据法律规定，其他股东是否放弃优先购买权是股权转让协议的法定生效条件。对于侵犯其他股东优先购买权的股权转让合同，仍然属于成立但未生效的合同。

(3) 股权转让合同可撤销。股权转让合同是当事人意思表示一致的结果，只要意思表示真实，该合同就有法律效力。但因该合同侵犯了其他股东的优先购买权，该合同显失公平。为保护其他股东的优先购买权，享有优先购买权的股东可依法申请将该合同撤销。

笔者个人观点认为，其他股东未放弃优先购买权的股权转让合同为有效合同。原因如下：

(1) 民法的基本原则是当事人意思自治，作为民法特别法的《公司法》也遵循了这一原则，从公司法的立法理论看，应充分保证股东转让其股权的自由，保证股权转让的顺利实现。同时，股权是物权，也是一种绝对权，股东有权利对自己的股东权进行最终的处分。如果对股东权的转让进行过多的限制，势必会与民法及《公司法》的立法宗旨相背离。

(2) 根据《合同法》的规定，合同依法成立就发生法律效力。未经其他股东放弃优先购买权的股权转让合同，应遵循合同效力认定的一般逻辑，只要股权转让合同的当事人意思表示真实，除非当事人有特别约定或法律、行政法规有特别规定，否则合同成立就发生法律效力。这样来确定股权转让合同的效力，也是《合同法》与《公司法》相互衔接、立法一致的体现。

(3)《公司法》第72条第3款关于股东优先购买权的规定，在一定程度上是对股权转让的限制，同时，也是对其他股东享有优先购买权的保护。但对优先购买权的保护不一定非要以确认股权转让合同无效为前提。如双方当事人没有其他约定，股权转让合同自成立时生效。这样，股权转让合同在双方当事人之间是有效的。但享有优先购买权的股东如主张权利，该股权转让合同的履行就会发生障碍。根据我国工商行政部门的规则，股东变更登记需公司提供股东会决议或全体股东同意转让的协议。如享有优先权的股东在决议或协议上不签字，公司的股东变更登记就不能实现。股权转让协议的受让方的股东权因不能公示而不能对抗第三人。因此，受让人就有向转让股东主张违约责任的可能。在这种情况下，股权转让合同不能完全履行，也是对股东优先权的保护。当然，在享有优先权的股东事后同意股权转让又放弃优先权的情况下，股权转让合同才能完全履行。

综上所述，笔者本人对《公司法》第 72 条第 3 款的理解是，其他股东未放弃优先购买权的股权转让合同是合法有效的。如果其他股东主张优先购买权，股权转让合同的效力只发生在合同当事人之间，不能对抗享有优先购买权的股东，因该转让不能办理工商变更登记也不能对抗第三人。股权转让合同受让方因股权转让合同不能完全履行，可以追究转让方的违约责任。与此同时，在股权转让合同有效的前提下，享有优先购买权的股东可以主张其优先权，该优先权是受到法律保护的。当优先购买权和股权转让的受让方的股权发生矛盾冲突时，根据法律规定，必然会导致股权转让合同的不能履行及受让方股权的不能完全实现。受让方的权利可以通过追究转让方的违约责任来最终实现。

综上所述，股权转让合同的效力和其履行是两个问题，不能因为其履行中可能出现的障碍就不认可合同的效力。在实践中，正确理解并适用《公司法》第 72 条的规定，不仅可以使股东的优先购买权得到保护，而且，受让人可以通过追究转让人的违约责任维护其权益。这样的处理既维护了各方当事人的利益，又使法律认可的相关价值得到了实现，也解决了权利冲突。

在本案中，原告 A 与被告 B 公司于 2010 年 7 月 21 日签订了股权转让合同。随后，该合同完全履行。原告 A 在购买该股权时是善意的，且已经支付了相应的对价。原告 A 作为公司 D 的股东参与了公司全面的经营管理活动。在上述股权转让合同签订和履行的长时间里，享有优先购买权的第三人村合作社 C 并未主张其优先购买权，应视为其认可了原告 A 作为 B 公司之股东的事实。法院确认了该股权转让合同是有效的。

在司法法实践中，对上述问题的观点繁多，各个法院的处理结果不一，这直接导致了同样的纠纷出现差异很大的判决结果的发生。鉴于这样的情况大量存在，为了达到适用法律的一致性，建议立法机关对上述问题尽快出台相关的具体法律规定或司法解释，以保证执行和适用法律的统一。

（二）股东在合同中约定的投资高回报条款应为有效条款，应受到国家法律的保护

公司股东基于对公司的出资而享有股东权。我国《公司法》第 4 条明确规定：

“公司股东依法享有资产收益、参与重大决策和选择管理者等权利。”由此可见，资产收益权是股东的主要权利之一，也是公司股东对公司出资的原动力。对股东收益权的有效保护是《公司法》及其他法律、法规的重要作用之一。

近年来，由于市场主体融资的困难，我国出现了大量的高利率民间贷款。有些民间借贷采用了形式上投资的方式。对于高利率的民间借贷，最高人民法院《关于人民法院审理借贷案件的若干意见》第6条规定：“民间借贷的利率可以适当高于银行的利率，各地人民法院可根据本地区的实际情况具体掌握，但最高不得超过银行同类贷款利率的四倍(包括利率本数)。超出此限度的，超出部分的利息不予保护。”这个规定是各级法院在实践中处理民间借贷案件的主要法律依据。

股权投资和民间借贷是不同的法律关系。在实践中，对于确定一笔资金是高利率民间借贷还是股权投资，关键点是该笔资金是不是真正作为出资额投到了公司。如果出资人根据《公司法》的规定，依法签订股东协议并出资到位，就可以确定其是股权投资。对于合法有效的股权投资，我国《公司法》及相关的法律、法规是完全保护的，而民间借贷，根据上述最高人民法院的司法解释，在一定范围内进行保护。

在本案中，原告A与被告B、被告E于2011年4月1日签订的《终止合作合同书》中约定了1∶1的投资回报款。两被告在庭审过程中主张，原告A从支付到收回投资人民币1500万元不满6个月，却主张1∶1的回报款行为，实质上是“民间高利贷”的违法行为。上述合同中的关于投资回报款的约定无效。实际上，原告A签订了有效的出资合同并完全履行，且完全参与了其所入资公司的经营管理，原告A的投资行为是合法有效的。法院最终确认了该投资回报款的有效性，保护了投资人原告A的合法权益。

(三)在合同中，担保人的担保意思表示真实就应依法承担连带责任

我国《担保法》第18条规定：“当事人在保证合同中约定保证人与债务人对债务承担连带责任的，为连带责任保证。连带责任保证的债务人在主合同规定的债务履行期届满没有履行债务的，债权人可以要求债务人履行债务，也可以要求保证人在其保证范围内承担保证责任。”第19条规定：“当事人对保证方式没有约定或者约定不明确的，按照连带责任保证承担保证责任。”

在本案中，《终止合作合同书》约定了被告E是被告B偿还投资回报款的担保人，但并未约定具体的担保方式。根据上述法律规定，被告E应承担连带保证责任。在庭审中，被告E提出该协议书是其受胁迫所签，但并未提供相关的有效证据。可以确认被告E的担保意思表示真实。法院在判决书中明确了其连带担保责任。

七、结语

本案当事人利益冲突严重，争议较大，案件的焦点问题意见相左。本案涉及的

相关法律问题在实践中有各种不同的观点,各个法院对相关问题的判决也各不相同。整个案件经过了一审、二审以及最高人民法院的再审,代理过程复杂曲折。代理人最初设计的代理思路清晰、案件重点要点把握准确,最终获得了胜诉,最大限度地保护了委托人的合法权益。

公司法律关系涉及的主体繁多、权利冲突不断,特别是本案所涉及的股权转让部分,纠纷很多。而现行《公司法》的规定不尽完善,甚至有些法律问题是空白。对这些问题的法律确认、定性和处理,需要根据公司法的理论、立法原则、公司法与其他法律规范的衔接等诸多因素综合考量。《公司法》在诸多方面也需要进一步修改和完善,包括本案所涉及的股权转让过程中的很多问题,都需要立法的进一步明确。

第四章　公司解散与清算

公司解散案件的诉讼要件分析

北京市地平线律师事务所　陈启

一、争议焦点

1. 公司解散诉讼案件的受理条件是否同时也是法院的裁判依据?
2. 如何认定解散公司的三大诉讼要件?

二、基本案情

北京某有限公司(以下简称“公司”)于2004年成立,股东为张某、李某两人,均持有公司50%的股权;张某任公司执行董事兼经理,负责公司全面工作;李某任公司监事,负责产品销售工作。张某和李某从2007年开始,因为经营理念分歧产生矛盾,并不断发生冲突,张某利用控制公司经营管理的职权,不断排挤李某,李某于2008年被迫离开公司。张某在李某离开公司之后,采用伪造公司财务账目,将公司的财务会计报表改为亏损等手段,大肆侵吞公司资产,将公司上千万元的盈利占为己有。后来公司因偷漏税款,被税务机关处以一百余万元的罚款。

由于公司被张某实际控制,李某自离开公司后,根本无法进入公司,也无法行使股东经营管理的权利和监事的职权。经多方协调,公司于2009年召开了自成立以来的第一次股东会。李某以公司管理经营混乱、一直不分配利润为由,提出表决公司解散的要求,遭到张某的拒绝。由于张某和李某各持有公司50%的股权,上述事项在表决时没有获得通过。股东会结束后,李某又多次向张某和公司发出口头通知,要求召开股东会,但张某和公司置之不理。在此期间,张某和李某也曾经多次口头协商股权转让的事宜,由于转让价格问题,一直未能达成一致。

基于公司法人治理结构已经瘫痪、股东权利完全被剥夺的现实情况,李某于2011年向某人民法院提起了公司解散诉讼,张某和公司辩称:公司的生产经营没有出现停滞的状况,经营管理没有出现严重困难;公司的继续存续不会使李某的股东利益受到重大损失,李某的起诉不符合《公司法》规定的起诉条件。

三、法院裁判

某人民法院最终驳回了李某的诉讼请求，理由是：

（1）《公司法》及司法解释规定的持续两年以上未形成有效的股东会决议，应指有关公司经营决策的有效决议，而该公司于2009年召开的股东会系对解散而非公司经营管理委托进行的决策，不属于无法达成有效股东会决议的范围。

（2）公司的生产经营没有出现停滞状况，李某提交的证据不足以证明公司的经营管理发生严重困难，在没有证据证明公司经营管理发生严重困难的情形下判决解散公司，不符合公司法资源最大化利用原则。

（3）李某未能提供与张某协商股权转让以及通过其他途径解决公司僵局的相关证据，李某的起诉不符合《公司法》对于公司僵局“通过其他途径不能解决”的规定。

四、焦点问题评析

（一）《公司法》规定的公司解散案件的立案要件不完全等同于裁判要件

现行《公司法》第183条规定：“公司经营管理发生严重困难，继续存续会使股东利益受到重大损失，通过其他途径不能解决的，持有公司全部股东表决权百分之十以上的股东，可以请求人民法院解散公司。”根据以上规定，“公司经营管理发生严重困难”“继续存续会使股东利益受到重大损失”“通过其他途径不能解决”是持有公司全部股东表决权10%以上的股东提起公司解散诉讼时必须同时具备的三个诉讼要件。

最高人民法院2008年发布的关于适用《中华人民共和国公司法若干问题的解释（二）》（以下简称《司法解释》）第1条对公司解散诉讼的受理条件进一步作出规定：“单独或者合计持有公司全部股东表决权百分之十以上的股东，以下列事由之一提起解散公司诉讼，并符合公司法第一百八十三条规定的，人民法院应予受理：（一）公司持续两年以上无法召开股东会或者股东大会，公司经营管理发生严重困难的；（二）股东表决时无法达到法定或者公司章程规定的比例，持续两年以上不能作出有效的股东会或者股东大会决议，公司经营管理发生严重困难的；（三）公司董事长期冲突，且无法通过股东会或者股东大会解决，公司经营管理发生严重困难的；（四）经营管理发生其他严重困难，公司继续存续会使股东利益受到重大损失的情形。股东以知情权、利润分配请求权等权益受到损害，或者公司亏损、财产不足以偿还全部债务，以及公司被吊销企业法人营业执照未进行清算等为由，提起解散公司诉讼的，人民法院不予受理。”上述规定存在以下值得商榷的地方：

（1）司法解释将上述四种情形列为公司解散诉讼的受理条件，是否意味着上述四种情形仅仅是原告在立案时，法院在立案审查时的案件受理条件？法院在裁判公司解散案件时，是否也应根据司法解释中的四种情形作出裁判？这一点司法解释没有作出明确规定。

（2）“继续存续会使股东利益受到重大损失”“公司经营管理发生严重困难”“通过其他途径不能解决”是《公司法》规定的解散公司必须同时具备的诉讼要件，但《司法解释》第1条却把“公司继续存续会使股东利益受到重大损失的情形”归为“公司经营管理发生严重困难”的表现形式，从逻辑上讲是不科学的。

（3）司法解释没有对“通过其他途径不能解决”进行解释、说明，是不合理的。

（二）应当以“管理困难”认定“经营管理发生严重困难”

“经营管理”不是一个法律上的概念，根据百度搜索的结果，“经营管理”指的是在企业内，为使生产、营业、劳动力、财务等各种业务，能按经营目的顺利地执行、有效地调整所进行的系列管理、运营之活动。由此可见，“经营管理”实际上包含了经营和管理两个环节，经营是指企业开展生产销售、创造利润等工作的活动；管理是指企业建立组织机构、规章制度、理顺工作流程等工作的活动。对于企业发展，经营、管理是相辅相成、缺一不可的。经营活动的业绩一般是用收入、利润等业绩可以直接衡量的，管理活动的业绩一般无法用具体的量化指标衡量，在一定程度上是服务于经营活动的。

明确了“经营管理”的含义，就会发现，《公司法》及《司法解释》存在以下问题需要明确：

1.《公司法》及《司法解释》中的“经营”和“管理”的关系不明确

股东提起公司解散诉讼，是否必须证明公司既存在经营困难也存在管理困难？股东直接证明公司存在管理困难，能否判决解散公司？

《司法解释》中规定的三种“经营管理发生严重困难”的具体情形，都属于公司僵局的表现形式：公司法人治理结构、组织机构出现了严重困难，不能正常运行，即公司管理发生了严重困难。《司法解释》并未规定公司经营困难的具体情形。“经营困难”和“管理困难”的关系，目前立法还不太明确。

笔者认为，“经营管理困难”主要是指“管理困难”，即因股东之间发生激烈矛盾和冲突，公司的法人治理结构出现瘫痪状态，股东会、董事会无法正常就经营管理事项作出决议，公司的决策机制陷入僵局。本案中，依据《公司法》的规定，“公司解散”属于股东会职权范围，表决“公司解散”事项当然属于股东会决议的范围，某人民法院的理由是不能成立的。再者，由于张某和李某的激烈矛盾，导致公司成立以来仅开过一次股东会，而且未作出有关决议，公司的人合性彻底丧失，法人治理结构已经瘫痪，公司非常明显地出现了“管理困难”，即使公司生产经营没有出现停滞状态，也应认定为“经营管理困难”。某人民法院片面地认为，股东在起诉解散公司案件中，“管理困难”和“经营困难”必须都具备，驳回了李某的诉讼请求，是不符合《公司法》立法本意的，法院应该判决解散公司。

2.“经营困难”包括哪些法定情形，公司不分配利润、资不抵债、公司亏损是否属于“经营困难”的情形?

“经营困难”一般来说,包括业务处于停产状态、资金链断裂、产品积压、市场萎缩、严重亏损、资不抵债、濒临破产等情形。因此,公司不分配利润、资不抵债、公司亏损等三种情形都可以归于“经营困难”,但《司法解释》却将上述三种情形排除在外,是非常不合理的。事实上,提起公司解散诉讼的股东一般是小股东或者未掌握公司控制权的股东,其与大股东或者掌握公司控制权的股东产生严重对立、冲突,并且无法了解公司的业务经营情况,根本无法提供公司存在停产状态、资金链断裂、产品积压、市场萎缩等情况的证据。本案中李某在举证时就存在类似情况。

最高人民法院关于《司法解释》的相关书籍中指出,把公司不分配利润、资不抵债、公司亏损等三种情形排除在公司解散诉讼的受理情形之外,理由是如公司不分配利润,股东可以根据《公司法》第75条的规定行使异议股东股权收购请求权,笔者认为是有失偏颇的。异议股东股权收购请求权的行使,首先必须召开不分配利润的股东会;其次股东必须对不分配利润的股东会决议投反对票;再次公司必须存在连续5年盈利,而且不向股东分配利润的情况。本文中的案例,公司被张某实际控制,张某根本不会把不分配利润的议案提交股东会讨论,李某不存在在股东会上投反对票的可能;而且公司在张某的控制下,将会计账目做为亏损,公司不符合连续5年盈利的条件,李某无法行使异议股东股权收购请求权。资不抵债、公司亏损一般来说,是最为典型的“经营困难”的情形,《司法解释》一概将其排除在外是不合理的。笔者认为,如果股东能够证明公司存在“管理困难”,并且公司资不抵债、严重亏损,则法院应将资不抵债、严重亏损列为“经营管理困难”的表现形式。

(三)应当结合公司管理困难、股东实际遭受利益损失情况,认定“公司继续存续会使股东利益受到重大损失”,不宜以利润分配请求权受损作为唯一依据

对于理解“公司继续存续会使股东利益受到重大损失”的规定,需要明确以下问题:

1. “股东利益”包含股东的哪些权利和利益?股东能否以利润分配请求权损害为由提起公司解散诉讼?

《公司法》第4条规定:“公司股东依法享有资产收益、参与重大决策和选择管理者等权利。”资产收益权、参与重大决策权和选择管理者权是股东的基本权利,此外股东还享有知情权、建议质询权、异议股东股权收购请求权、股权优先认购权、提起派生诉讼权、提起股东权益受损诉讼权、强制解散公司请求权、剩余财产取回权等权利,以上权利都是由基本权利派生出来的权利。本文主要围绕股东的基本权利进行论述。

股东行使基本权利(即资产收益权、参与重大决策权和选择管理者权)主要是通过召开股东会,遵循“资本多数决”的原则,对公司的重大事项进行决议。因此,《司法解释》第1条规定了“公司持续两年以上无法召开股东会或者股东大会,公司经营管理发生严重困难的”“股东表决时无法达到法定或者公司章程规定的比例，持续两年以上不能作出有效的股东会或者股东大会决议，公司经营管理发生严重困难的”“公司董事长期冲突，且无法通过股东会或者股东大会解决，公司经营管理发生严重困难的”三种应受理的情形。如果公司出现以上三种情形，股东、董事之间的矛盾和冲突直接会损害股东行使参与重大决策权和选择管理者权，但并不一定会直接影响股东的资产收益权利的行使。

股东通过出资获得公司股权，享有获取利润、参与公司盈余分配的权利。如果股东资产收益权得不到实现，股东的投资就会失去意义，因此资产收益权是公司法要保护的股东最核心的权利。但公司法并没有赋予股东因资产收益权受损害而提起公司解散诉讼的权利。相反，《司法解释》明确规定了股东以利益分配请求权受到损害，提起公司解散诉讼的，法院不予受理。如前所述的原因，立法者认为股东可以根据《公司法》第 75 条的规定行使异议股东股权收购请求权，笔者认为是不合理的。本文案例中，公司被税务机关罚款，资产正在不断流失和消耗，李某的利润分配请求权受到了严重损害，但李某不具备《公司法》第 75 条规定的行使异议股东股权收购请求权的条件，也不能提起公司解散诉讼，李某的利润分配请求权根本无法得到法律的保护。针对以上情况，笔者建议修改《司法解释》，对于不符合行使异议股东股权收购请求权条件的股东，如果利润分配请求权受到了严重损害，可以提起公司解散诉讼。

2. “会使股东利益受到重大损失”是否应由法院进行自由裁量？“重大损失”该如何认定？

公司发生严重经营管理困难，必然会导致股东利益受到损失。而“会使股东利益受到重大损失”的规定，从字面上看，意思是如果公司不解散会使股东利益受到重大损失，是对公司将来继续存续会导致股东利益受到重大损失的后果的预测和判断。按照上述理解，在认定“会使股东利益受到重大损失”时，应该完全由法院进行自由裁量。

笔者认为，上述理解是不正确的，应结合“公司经营管理发生严重困难”的规定，参照以下几个方面的因素进行综合判断：

（1）应当从公司设立发展的过程以及股东投资公司的目的和期望分析，充分考虑股东利益已经受损害的情况和股东的期待利益会受损害的可能性；

（2）从股东会、董事会的召开时间、次数以及表决过程中无法达成一致的时间、次数，考虑法人治理结构的僵局会对股东利益造成损害的程度判断；

（3）分析股东发生矛盾、冲突的种类、表现形式，判断股东之间矛盾、冲突是否具有更加激化的可能性。

“重大损失”应从股东矛盾、冲突的持续时间、激烈程度、股东利益已经受到损害的现实情况考虑。本案中，张某在李某离开公司之后，采用伪造公司财务账目，将公司的财务会计报表改为亏损等手段，大肆侵吞公司资产，将公司上千万元的盈利占为己有，如公司不解散，李某的股东权益会遭受更为重大的损失，李某的起诉完全符合法律规定的条件。

（四）不应以“通过其他途径不能解决”作为股东提起公司解散诉讼的前置条件

笔者认为，不应把“通过其他途径不能解决”作为股东提起公司解散诉讼的必须的前置条件。因为，《公司法》和《司法解释》并未明确界定“其他途径”的范围，不应强制当事人穷尽所有途径之后才能起诉。法院对“通过其他途径不能解决”的认定，应重点从当事人采取其他方式、途径解决经营管理困难的必要性、可能性进行认定，并结合当事人之间矛盾、冲突的起因、过程、持续时间、严重程度、当事人的意愿等多个方面，综合判断是否事实上已经符合“通过其他途径不能解决”的条件。本案中，李某多次要求召开股东会解决公司僵局，并且多次与张某就股权转让事宜无法达成一致，股东之间的冲突导致公司的人合性已经彻底丧失，应认定为“通过其他途径不能解决”。

“其他途径”具体来说，应包括两个方面：

（1）内部救济途径，包括股东提起召开股东会的请求，股东行使知情权、质询建议权，股东行使异议股东股权收购请求权，股东之间协商股权转让事宜，股东与公司协商收购股东股权。

（2）外部救济途径，包括行业协会或行政部门调解，股东行使知情权诉讼，股东提起股权回购诉讼，股东提起派生诉讼，股东提起股东权益受损诉讼等。

当然，以上救济途径并不需要当事人全部穷尽，法院可以审查股东是否采取过多种方式、途径解决经营管理困难，是否具有效果，股东双方解决矛盾、冲突的态度和意愿等相关情况判断股东采取其他途径的可行性，并组织当事人双方进行协商、调解，如果仍然无法达成调解方案，法院应作出解散公司的判决。

五、结语

《中华人民共和国公司法》和最高人民法院《关于适用〈中华人民共和国公司法〉若干问题的规定（二）》确立了公司解散案件的诉讼机制。但由于法律条款的模糊和不周延，人民法院在审理公司解散诉讼案件过程中，对于相关诉讼要件和裁判要件，把握的标准和尺度大相径庭。本文通过具体案例，揭示现行公司解散诉讼制度存在的问题，并提出了相关的意见和建议，供有关部门参考。

清算责任纠纷

福建天衡联合律师事务所　张东平
福建天凯律师事务所　苏清枝

一、争议焦点

1.《外商投资企业清算办法》被废止后，对于该规定废止之前出现解散事由而尚未清算的中外合资经营企业，其清算应适用什么规定？

2. 中外合资经营企业未及时进行清算而导致无法进行清算的，合营者（股东）是否应对公司的债务承担连带清偿责任？

二、基本案情

原告（二审上诉人）：DAC 有限公司

被告（二审被上诉人）：福建某某旅行社，台湾某某旅行社股份有限公司

审理法院：福建省福州市中级人民法院（一审）

　　　　　福建省高级人民法院（二审）

案由：清算责任纠纷

1993 年 2 月 23 日，福建新国际旅游发展有限公司经相关部门批准登记成立，企业类型为中外合资企业，经营投资人为福建省××旅行社和台湾某旅行社股份有限公司。2003 年间，台湾某旅行社股份有限公司更名为台湾××旅行社股份有限公司。

2000 年 10 月 20 日，福建省福州市鼓楼区人民法院作出（2000）鼓民初字第 676 号民事调解书，福建新国际旅游发展有限公司和福建新国际旅游发展有限公司福州健美中心与中国建设银行福州市沁园支行达成调解协议，确认福建新国际旅游发展有限公司和福建新国际旅游发展有限公司福州健美中心，应偿还中国建设银行福州市沁园支行贷款本金人民币 190 万元及相应的利息。2002 年 7 月 15 日，福州市鼓楼区人民法院作出（2001）榕执申字第 492 号民事裁定书，裁定福建新国际旅游发展有限公司福州健美中心被查封的财产，以 285 000 元的价格抵偿给申请人中国建设银行福州市沁园支行。

2004 年 6 月 28 日，中国信达资产管理公司福州办事处受让取得截至 2003 年 12 月 31 日的（97）年建仓字第 44 号《借款合同》项下的借款本金 1 477 356 元及 420 558.54元利息等债权及全部从权利，并依法进行了公告；2004 年 11 月 29 日，中国信达资产管理公司福州办事处将上述债权及全部从权利转让给中国东方资产管理公司福州办事处，并依法进行了公告；2008 年 9 月 22 日，中国东方资产管理公司

福州办事处将上述债权及全部从权利转让给 DAC,并依法进行了公告。中国东方资产管理公司福州办事处与 DAC 公司包括本案项下不良债权资产包的资产转让协议,向相关部门办理了备案确认手续。

2004 年 11 月 30 日,福建省工商行政管理局作出闽工商外企罚〔2004〕第 39 号行政处罚决定书,因福建新国际旅游发展有限公司未在规定期限内接受 2003 年度检验,该局决定吊销福建新国际旅游发展有限公司的营业执照。福建新国际旅游发展有限公司应停止经营活动,并依法组织清算,自清算结束之日起 30 日内,由清算组织到该局办理注销登记。然而,福建新国际旅游发展有限公司至今未进行清算。

三、代理思路

站在原告的立场,我们首先考虑的是如何确定本案的被告。福建新国际旅游发展有限公司已于 2004 年被吊销营业执照,且其至今尚未进行清算,该公司已无法进行清算,也未发现有价值的财产可供执行。鉴于福建新国际旅游发展有限公司被吊销营业执照后至今未进行清算,根据《中华人民共和国公司法》(以下简称《公司法》)及最高人民法院《关于适用〈中华人民共和国公司法〉若干问题的规定(二)》(以下简称《公司法司法解释二》)的有关规定,有限责任公司的股东因怠于履行义务导致公司无法清算的,应对公司的债务承担连带清偿责任。本案的福建新国际旅游发展有限公司虽是中外合资经营企业,但中外合资经营企业也是有限责任公司,笔者认为,这些规定对于中外合资经营企业同样是适用的,因此,我们决定把福建新国际旅游发展有限公司的合营者(股东)作为本案的被告,要求其对福建新国际旅游发展有限公司福州健美中心拖欠原告的债务承担连带清偿责任。

欲使原告的上述诉求得到支持,最为关键的是要论证基于何种理由和依据证明福建新国际旅游发展有限公司的合营者(股东)应对该公司的债务承担连带清偿责任。对此,我们的主要论证思路如下:

(1) 法律适用问题。由于《外商投资企业清算办法》(以下简称《办法》)已被 2008 年 1 月 15 日国务院颁布的第 516 号令——国务院《关于废止部分行政法规的决定》所废止,因此,本案不适用《办法》,而应适用《公司法》及其司法解释和《中华人民共和国中外合资经营企业法》(以下简称《合资企业法》)及《中华人民共和国中外合资经营企业法实施条例》(以下简称《实施条例》)的相关规定。

(2) 根据《公司法》及《公司法司法解释二》的规定,有限责任公司的股东因怠于履行义务而导致公司无法清算的,应当对公司债务承担连带清偿责任。本案中,由于福建新国际旅游发展有限公司合营者(股东)怠于履行清算义务而导致该公司无法进行清算,应对该公司的债务承担连带清偿责任。此外,即使对于中外合资企业的合营者(股东)是否应承担《公司法司法解释二》规定的相关清算责任存在争议,当股东滥用公司法人独立地位以及股东有限责任,导致公司无法清算、损害债权人的合法权益时,根据《公司法》第 20 条的规定,应该揭开公司面纱,直接否认公司法人格,令股东对公司的相应债务承担连带清偿责任。

(3) 退一万步说,即使根据《办法》的有关规定,合营者(股东)同样也应对公司的债务承担连带清偿责任。因为《办法》《合资企业法》及其《实施条例》对于外商投资企业在出现清算事由后怠于清算的责任没有任何规定,根据《公司法》第 218 条和最高人民法院《关于适用〈中华人民共和国公司法〉若干问题的规定(一)》(以下简称《公司法司法解释一》)第 2 条的规定,理应适用《公司法》的有关规定,故中外合资企业的合营者(股东)怠于履行义务而导致公司无法清算的,也应对公司债务承担连带清偿责任。

因此,根据本案事实以及对相关问题的上述分析,笔者认为,福建新国际旅游发展有限公司的合营者(股东)应对该公司拖欠原告的债务承担连带清偿责任。

四、法院裁判

福州市中级人民法院一审判决认为:因 DAC 公司为某境外当事人,本案属涉外民商事案件。根据最高人民法院《关于涉外民商事案件诉讼管辖若干问题的规定》第 1 条的规定,本案适用集中管辖的规定,该院对本案有管辖权。本案所涉合同的签订地、履行地均在中华人民共和国境内,依据《中华人民共和国合同法》第 126 条第 1 款的规定,适用中华人民共和国法律为本案准据法。

本案所涉债权在转让过程中,各债权人均登报对债权转让事宜进行公告并催促还款,所转让的资产内容与公告的资产内容相符,转让的债权标的及受让主体均不违反法律、法规的禁止性规定,本案的债权转让协议也已经相关部门备案确认,债权转让合法有效,依法可认定 DAC 公司为福建新国际旅游发展有限公司的合法债权人。

企业法人被吊销营业执照后,应当依法进行清算,清算程序结束并办理工商注销登记后,该企业法人才归于消灭。福建新国际旅游发展有限公司被吊销营业执照的时间为2004 年 11 月 30 日,根据法不溯及既往的原则,认定因福建新国际旅游发展有限公司被吊销营业执照所引发的法律责任问题,应当适用当时的法律法规和司法解释。因福建新国际旅游发展有限公司是中外合资企业,本案应适用 1996 年 7 月 9 日施行的《外商投资企业清算办法》。《外商投资企业清算办法》第 3 条规定:"企业能够自行组织清算委员会进行清算的,依照本办法关于普通清算的规定办理。企业不能自行组织清算委员会进行清算或者依照普通清算的规定进行清算出现严重障碍的,企业董事会或者联合管理委员会等权力机构(以下简称企业权力机构)、投资人或者债权人可以向企业审批机关申请进行特别清算。企业审批机关批准进行特别清算的,依照本办法关于特别清算的规定办理。企业被依法责令关闭而解散,进行清算的,依照本办法关于特别清算的规定办理。"据此,福建新国际旅游发展有限公司被吊销营业执照后,应当依照普通清算或特别清算的规定办理。

针对普通清算程序，根据《外商投资企业清算办法》第8条的规定，企业进行清算，应当由企业权力机构组织成立清算委员会。因此，福建省某某旅行社和台湾某某旅行社股份有限公司作为福建新国际旅游发展有限公司的股东，依法不是进行普通清算的责任主体。如果福建新国际旅游发展有限公司不能自行组织清算委员会进行清算，或依照普通清算的规定进行清算出现严重障碍，则依照特别清算的规定办理。针对特别清算程序，福建新国际旅游发展有限公司的权力机构、投资者或者债权人均是提起特别清算的权利主体，可以向企业审批机关申请特别清算。《外商投资企业清算办法》第36条规定："企业进行特别清算，由企业审批机关或其委托的部门组织中外投资者、有关机关的代表和有关专业人员成立清算委员会。"因此，福建省某某旅行社和台湾某某旅行社股份有限公司也不是福建省新国际旅游发展有限公司进行特别清算的责任主体。综合以上分析，可认定福建省某某旅行社和台湾某某旅行社股份有限公司不是福建新国际旅游发展有限公司进行清算的责任主体，不负有对福建新国际旅游发展有限公司组织清算的义务。现DAC公司以福建省某某旅行社和台湾某某旅行社股份有限公司作为福建新国际旅游发展有限公司的股东，而怠于履行清算义务致使该公司无法进行清算为由，要求福建省某某旅行社和台湾某某旅行社股份有限公司对福建新国际旅游发展有限公司的债务承担连带清偿责任，不符合法律规定，其诉讼主张不能成立，不予支持。据此，一审法院判决如下：驳回DAC公司的诉讼请求。

一审判决后，DAC公司不服，提起上诉，被上诉人均未作书面答辩。

福建省高级人民法院二审判决认为：上诉人系以两被上诉人作为福建新国际旅游发展有限公司的股东，因怠于履行清算义务导致福建新国际旅游发展有限公司无法清算，应对福建新国际旅游发展有限公司的债务承担连带清偿责任为由提起诉讼，根据最高人民法院《民事案件案由规定》的规定，本案案由可确定为清算责任纠纷。本案在二审阶段的主要争议焦点是法律适用问题。根据最高人民法院《公司法司法解释一》第1条的规定：《公司法》实施后，人民法院尚未审结的和新受理的民事案件，其民事行为或事件发生在《公司法》实施以前的，适用当时的法律、法规和司法解释。这是对2005年10月27日颁布的《中华人民共和国公司法》溯及力的司法解释，遵循的是法不溯及既往原则。本案中，福建新国际旅游发展有限公司系中外合资经营企业，于2004年11月30日被吊销营业执照，由此产生的公司清算问题，《外商投资企业清算办法》有相应规定，应适用该办法。《外商投资企业清算办法》规定了两种清算方式，即由企业自行组织清算委员会进行的普通清算和向企业审批机关申请进行的特别清算。其中第8条规定："企业进行普通清算，应当由企业权力机构组织成立清算委员会。"企业的权力机构是指企业董事会或者联合管理委员会等，是当时法律规定的普通清算责任主体。第36条规定："企业进行特别清算，由企业审批机关或其委托的部门组织中外投资者、有关机关的代表和有关专业人员成立清算委员会。"显然，根据上述规定，两被上诉人不是福建新国际旅游发展有限公司的责任主体，上诉人要求两被上诉人对福建新国际旅游发展有限公司的债务承担连带责任没有法律依据。综上，原审判决认定事实清楚、适用法律正确。据此，福建省高级人民法院判决如下：驳回上诉，维持原判。

五、相关法律规定

1.《中华人民共和国公司法》(2005年修订，以下简称《公司法》)第20条、第218条；

2. 最高人民法院《关于适用〈中华人民共和国公司法〉若干问题的规定(一)》(以下简称《公司法司法解释一》)第1条、第2条；

3. 最高人民法院《关于适用〈中华人民共和国公司法〉若干问题的规定(二)》(以下简称《公司法司法解释二》)第18条；

4.《中华人民共和国中外合资经营企业法》(2001年3月15日修订后公布施行，以下简称《合资企业法》)第6条；

5.《中华人民共和国中外合资经营企业法实施条例》(2011年1月8日修订后公布施行，以下简称《实施条例》)第30条、第90条、第91条、第92条、第95条；

6.《外商投资企业清算办法》(1996年6月15日国务院批准，1996年7月9日对外贸易经济合作部发布，2008年1月15日被国务院废止)第3条、第8条、第35条、第36条；

7. 2008年1月15日国务院第516号令国务院《关于废止部分行政法规的决定》；

8. 国家工商行政管理总局、商务部《关于外商投资企业解散注销登记管理有关问题的通知》(2008年10月20日颁布施行，以下简称《通知》)第1条；

9. 商务部办公厅《关于依法做好外商投资企业解散和清算工作的指导意见》(2008年5月5日颁布施行，以下简称《指导意见》)第1条、第5条；

10. 商务部办公厅、外交部办公厅、公安部办公厅、司法部办公厅《外资非正常撤离中国相关利益方跨国追究与诉讼工作指引》(2008年11月19日颁布施行，以下简称《指引》)第3条。

六、焦点问题评析

（一）《外商投资企业清算办法》被废止后，对于该办法废止之前已解散但尚未清算的中外合资经营企业，其清算不应适用办法，而应适用《公司法》及其司法解释和《合资企业法》及其《实施条例》的有关规定

1.《外商投资企业清算办法》被废止后，现行有效的法律、法规已明确规定对中外合资经营企业的清算问题应该适用《公司法》及其司法解释和《合资企业法》及其《实施条例》

2008年1月15日国务院第516号令国务院《关于废止部分行政法规的决定》决定废止该办法，废止理由为：该办法“已被2005年10月27日中华人民共和国主席令第42号公布的《中华人民共和国公司法》代替”。也就是说，从此以后，外商投资企业的清算应当适用的是《公司法》（当然也包括最高人民法院为公司法的理解适用而发布的司法解释），而不再适用该办法。

国家工商行政管理总局、商务部2008年10月20日颁布施行的《关于外商投资企业解散注销登记管理有关问题的通知》第1项规定：“关于法律适用原则。根据《关于外商投资的公司审批登记管理法律适用若干问题的执行意见》（工商外企字〔2006〕81号）所确立的法律适用原则，外商投资的公司办理解散、清算、注销应当适用《公司法》《公司登记管理条例》的有关规定。中外合资的公司还应适用《中外合资经营企业法实施条例》第90、95条①……”据此，关于中外合资经营企业的清算应适用《公司法》的有关规定，同时适用《中外合资经营企业法实施条例》第95条的相关规定。②

商务部办公厅于2008年5月5日颁布施行的《关于依法做好外商投资企业解散和清算工作的指导意见》第5条规定：“《办法》废止前，特别清算已经开始的，特别清算程序可继续进行，清算委员会依法作出的清算报告具有法律效力。”该规定的言下之意是，只有在《外商投资企业清算办法》废止之前已经开始特别清算的，特别清算程序才继续进行；如果在该办法废止之前公司已经解散但尚未开始特别清算，则不再启动特别清算程序，也就是不能再适用该办法，而应适用《公司法》及其司法解释以及其他相关规定。而实践中也正是这样执行的。

商务部办公厅、外交部办公厅、公安部办公厅、司法部办公厅2008年11月

---

① 《中外合资经营企业法实施条例》第90条是关于中外合资企业解散的规定。第95条规定：“合营企业的清算工作结束后，由清算委员会提出清算结束报告，提请董事会会议通过后，报告审批机构，并向登记管理机构办理注销登记手续，缴销营业执照。”

② 该条规定是关于清算结束后的程序性规定，并无实体方面的内容。

19 日颁布施行的《外资非正常撤离中国相关利益方跨国追究与诉讼工作指引》第 3 条规定:“不履行正常清算义务给债权人造成损失的,根据最高法院《关于适用〈中华人民共和国公司法〉若干问题的规定(二)》的最新规定,作为有限责任公司的股东、股份有限公司的控股股东和董事以及公司实际控制人的外国企业或个人仍应承担相应民事责任,对公司债务承担连带清偿责任。”该指引更是直接明确了关于对外商投资企业清算责任的追究,适用《公司法司法解释二》的规定。

综上,《外商投资企业清算办法》已被废止,且被《公司法》所取代,此后中外合资经营企业的清算程序、清算责任等清算问题,都应适用《公司法》及其司法解释的有关规定以及《合资企业法》及其《实施条例》的特别规定(如果有),而不再适用《外商投资企业清算办法》的规定。

2. 就本案而言,福建新国际旅游有限责任公司的清算问题依法不适用《外商投资企业清算办法》的规定,而应当适用《公司法》及其司法解释以及《合资企业法》及其《实施条例》的特别规定(如果有)

福建新国际旅游有限责任公司在 2004 年 11 月 30 日被吊销营业执照,当时,《外商投资企业清算办法》尚未被废止,如果在吊销营业执照后即进行清算,就应适用该办法;但事实是,该公司迟至原告起诉之时仍未进行清算,而此时《外商投资企业清算办法》早已被废止了,此时讨论该公司的清算问题就不再适用《外商投资企业清算办法》了,而应适用取而代之的《公司法》的相关规定。

至于法院提及的《公司法司法解释一》第 1 条规定:“公司法实施后,人民法院尚未审结的和新受理的民事案件,其民事行为或事件发生在公司法实施以前的,适用当时的法律法规和司法解释。”笔者认为,公司解散和清算虽然从程序上是相继发生的,但这是两个性质完全不同的程序、阶段和行为。本案福建新国际旅游有限责任公司的解散事由(被吊销营业执照)确实发生在《公司法》实施以前,但解散不是本案争议的问题;本案争议的是该公司的清算问题,法院确定的本案案由也是“清算责任纠纷”。具体而言,本案争议的是关于该公司合营者(股东)怠于履行清算义务及其应承担的责任问题。对此,该公司在 2004 年出现法定的解散事由后,至今未对公司进行清算,即该公司不仅在《公司法》修订实施前没有进行清算,在《公司法》修订实施后,直至本案讼争时仍然没有清算,故这种“怠于履行清算义务”的民事行为不能局限地认定为是“发生在公司法实施以前的”行为,原告是基于该公司直至诉讼时仍未清算这一事实而提出相关诉求的,理应认定为其“指控”的行为是发生在《公司法》实施之后的民事行为,从而不应适用当时的法律、法规和司法解释,而应该适用现行有效的法律规范。

（二）中外合资企业未及时进行清算，导致无法进行清算的，合营者（股东）应对公司的债务承担连带清偿责任

1. 如前所述，本案不适用《外商投资企业清算办法》的规定，而应适用《公司法》及其司解释的规定，以及《合资企业法》及其《实施条例》的特别规定（如果有）

《合资企业法》及其《实施条例》对于合营者（股东）怠于履行清算职责的责任问题没有作出特别规定。《合资企业法》及其《实施条例》①未明确中外合资企业解散后具体由谁负责成立清算委员会，但由于“董事会是合营企业的最高权力机构，决定合营企业的一切重大问题”②，有观点认为，董事会应依法成立清算委员会对公司进行清算。但即便如此，根据《中外合资经营企业法》第 6 条③的规定，董事是由中外合资经营企业的合营者（股东）委派和撤换的，合营者（股东）与董事之间的关系是委任关系，如果董事未及时组成清算委员会进行清算的，作为董事委派方的合营者（股东）应该采取有效措施督促董事及时履行职责；在董事经督促仍不履行职责的情况下，合营者（股东）应该对其予以撤换，并委派能履行职责的新的董事进行清算；如果合营者（股东）未尽此职责，不闻不问，就属于怠于履行清算义务，应依法承担相应责任。因此，《合资企业法》及其《实施条例》的上述规定，并不能免除合营者（股东）的清算责任。

而《公司法司法解释二》第 18 条第 2 款规定：“有限责任公司的股东、股份有限公司的董事和控股股东因怠于履行义务，导致公司主要财产、账册、重要文件等灭失，无法进行清算，债权人主张其对公司债务承担连带清偿责任的，人民法院应依法予以支持。”商务部等发布的《外资非正常撤离中国相关利益方跨国追究与诉讼工作指引》第 3 条规定：“不履行正常清算义务给债权人造成损失的，根据最高法院《关于适用〈中华人民共和国公司法〉若干问题的规定（二）》的最新规定，作为有限责任公司的股东、股份有限公司的控股股东和董事以及公司实际控制人的外国企业或个人仍应承担相应民事责任，对公司债务承担连带清偿责任。”据此，中外合资

---

① 《中华人民共和国中外合资经营企业法实施条例》第 30 条规定：“董事会是合营企业的最高权力机构，决定合营企业的一切重大问题。”

第 90 条规定：“合营企业在下列情况下解散：（一）合营期限届满；（二）企业发生严重亏损，无力继续经营；（三）合营一方不履行合营企业协议、合同、章程规定的义务，致使企业无法继续经营；（四）因自然灾害、战争等不可抗力遭受严重损失，无法继续经营；（五）合营企业未达到其经营目的，同时又无发展前途；（六）合营企业合同、章程所规定的其他解散原因已经出现。前款第（二）、（四）、（五）、（六）项情况发生的，由董事会提出解散申请书，报审批机构批准；第（三）项情况发生的，由履行合同的一方提出申请，报审批机构批准。在本条第一款第（三）项情况下，不履行合营企业协议、合同、章程规定的义务一方，应当对合营企业由此造成的损失负赔偿责任。”

第 91 条规定：“合营企业宣告解散时，应当进行清算。合营企业应当依法成立清算委员会，由清算委员会负责清算事宜。”

第 92 条规定：“清算委员会的成员一般应当在合营企业的董事中选任。”

② 参见《中华人民共和国中外合资经营企业法实施条例》第 30 条的规定。

③ 《中外合资经营企业法》第 6 条规定：“合营企业设董事会，其人数组成由合营各方协商，在合同、章程中确定，并由合营各方委派和撤换。”

经营企业的合营者(股东)如果怠于履行义务而导致公司无法进行清算的,其依法应当对债权人的债权承担连带清偿责任。

2. 从公司"法人格否认"的视角分析,中外合资经营企业的合营者(股东)也应对其怠于清算的行为承担相应的责任

《公司法》第20条规定:"公司股东应当遵守法律、行政法规和公司章程,依法行使股东权利,不得滥用股东权利损害公司或者其他股东的利益;不得滥用公司法人独立地位和股东有限责任损害公司债权人的利益。……公司股东滥用公司法人独立地位和股东有限责任,逃避债务,严重损害公司债权人利益的,应当对公司债务承担连带责任。"《合资企业法》及其《实施条例》等相关规定虽然没有公司法人格否认制度的规定,但根据《公司法》第218条的规定,公司法人格否认制度也适用于中外合资经营企业。中外合资经营企业解散事由出现后,应该及时组织清算,而作为董事委派者的合营者(股东),有义务促使和确保公司及时依法清算。但实践中,中外合资经营企业的合营者(股东)借助公司法人独立地位以及股东有限责任制度的保护,认为公司即使不进行清算,也需要对债权人承担责任,合营者(股东)仅需以出资额为限承担有限责任,因此合营者(股东)没有动力对中外合资经营公司进行清算,这造成了现实中存在大量的"僵尸公司",这对债权人利益的保障极其不利。《公司法》为强调衡平股东与债权人等相关人的利益,因此规定了公司法人格否认制度。具体到中外合资企业的清算责任,如果公司合营者(股东)凭借公司法人独立地位以及股东有限责任的保护,对于解散的公司不及时清算,导致公司无法进行清算,给债权人造成损害的,实际上就是股东滥用公司法人独立地位以及股东有限责任,因此,应该揭开公司面纱,否认公司的法人格,使合营者(股东)对债权人的债权承担连带清偿责任。

3. 退一万步讲,即使根据《外商投资企业清算办法》的有关规定,合营者(股东)怠于清算的责任也同样不能免除

(1) 根据《外商投资企业清算办法》的规定,外商投资企业的清算有普通清算和特别清算;在企业因依法被责令关闭而解散等情形无法进行普通清算时,企业董事会等权力机构、投资者、债权人可以向企业审批机关申请特别清算。对此,笔者认为,在此情形下申请特别清算,对于投资者而言,既是其权利,同时也是其义务和责任;他可以促使董事会等权力机构申请,也可以自行申请;既不促使董事会申请,自己也不申请,就是怠于履行清算职责,就应承担责任。(2)《外商投资企业清算办法》只对外商投资企业的清算事由、清算程序作了相关规定,而对于外商投资企业在出现清算事由后怠于清算的责任却没有任何规定,也没有规定在此情形下由某个其他主体对债权人承担责任而投资者不承担责任,因此,不能根据《外商投资企业清算办法》主张免除投资者对债权人的民事责任;同时,相关的《合资企业法》也没有这方面的规定。因此,根据《公司法》第218条"外商投资的有限责任公司和股份有限公司适用本法……"之规定,对于本案理应适用《公司法》及其司法解释

的有关规定；而根据《公司法司法解释二》第 18 条的规定，福建新国际旅游发展有限公司的合营者（股东）应对原告的债权承担连带清偿责任。

七、结语

本案是司法实践中有代表性的典型案例，笔者认为，法院的判决值得商榷，不利于解决中外合资经营企业的清算问题。实践中，存在大量的外商投资“僵尸公司”，即外商投资的公司因为各种原因解散后不依法进行清算，甚至故意借解散之机逃废债务。这种“僵尸公司”的存在，严重影响了正常的经济秩序，损害了债权人的利益。为完善外商投资企业的退出机制，维护正常的经济秩序，维护债权人的合法权益，对这类“僵尸公司”依法进行清算，并追究其怠于履行清算义务责任方的法律责任至关重要。笔者认为，对于《外商投资企业清算办法》被废止后解散以及该《外商投资企业清算办法》被废止前已经解散，但迄今为止尚未依法进行清算的外商投资企业的清算问题，不应再适用《外商投资企业清算办法》的规定，而应该适用《公司法》及其司法解释以及《合资企业法》及其《实施条例》等相关规定。中外合资企业解散后不依法清算，并导致公司最终无法清算，属于合营者（股东）怠于履行清算义务的行为，根据《公司法》以及《公司法司法解释二》的相关规定，合营者（股东）应对公司的债务承担连带清偿责任。

当然，在此问题上，之所以出现分歧，根源在于有关立法以及司法解释的规定不够具体明确。因此，对此问题的彻底解决，有赖于最高人民法院以司法解释、指导案例等形式予以进一步明确。

北京兴昌达博公司破产重整案

北京市公元律师事务所　张庆　贾艺文

一、基本案情

（一）律师工作任务

在整个破产程序中提供法律服务，包括设计破产重整方案、编制重整计划草案等。

（二）破产案件的背景

北京兴昌达博房地产开发有限公司（下称“兴昌达博公司”）系2001年注册成立，为开发麓鸣花园项目而设立的项目公司，注册资本金为人民币1亿元。公司股东分别为北京东方达博置业投资有限公司（以下简称“东方达博公司”）出资人民币7 000万元，占注册资本70%、黄某出资人民币2 000万元，占注册资本20%；北京兴昌高科技发展总公司（以下简称“兴昌高科公司”）出资人民币1 000万元，占注册资本10%；法定代表人为王××。

2001年3月，兴昌达博公司与其股东兴昌高科公司签署协议，共同开发位于北京市昌平区南邵乡东部的500亩土地，作为麓鸣花园项目用地。兴昌达博公司在项目用地的拆迁没有完成、土地的各项手续不齐备、不具备开工条件的情况下，在当地村集体工厂的土地上强行开工建设，之后又在未取得预售许可手续的情况下，开始进行麓鸣花园房屋的销售，并在很短时间内就销售了上千套房屋。因该块土地的相关手续一直没有办妥，拆迁工作无法进行，待2004年项目用地才完成征收手续时，拆迁费用已经比2001年签订合同时提高了3.4亿元。兴昌达博公司将收到的数亿元的认购房款挪作他用，已无力支付拆迁费用，麓鸣花园项目被迫搁置，长时间处于停工状态。麓鸣花园项目原计划于2003年完工并完成入住的承诺没有兑现。为此，大量业主开始要求退房。自2003年起，麓鸣花园项目的六十余名业主以兴昌达博公司为被告，向昌平区人民法院提起诉讼，要求兴昌达博公司交房或解约返还房款，涉诉标的总额达到1 100万元。昌平区人民法院判决兴昌达博公司或交房或退款，但因该公司既无房可交又无钱可退，结果都没有能够执行。项目实施过程中，为解决兴昌达博公司的资金困难，加快麓鸣花园项目建设，兴昌高科公司通过提供借款、垫付土地征用补偿款、代退房款等方式，为兴昌达博公司提供资金累计76 358 654元人民币，但兴昌达博公司未能依约按时返还所欠款项。为了彻底解决麓鸣花园项目遗留的历史问题，全面保护债权人的利益，维护社会的稳定，北京市、区两级党委和政府部门鉴于兴昌达博公司现有资产难以清偿到期债务，严重缺乏清偿能力，决定同意兴昌高科公司提出的促使兴昌达博公司进入破产程序的设想。既是债权人又是股东的兴昌高科公司特委托公元律师事务所，对是由债权人申请破产还是由债务人申请破产两个方案的利弊进行了专门法律分析，最终确定由兴昌高科公司以债权人身份申请兴昌达博公司破产。由于本案涉及近300户购房债权人的利益，在案件的处理上要更多考虑社会稳定因素。兴昌达博公司开发的房地产项目及土地使用权已大部分用以抵押担保，如果进行破产清算，购房债权人的受偿比例将很低，必将引发众多购房债权人的不满，极易造成社会的不稳定。因此，在一开始为兴昌达博公司设计破产方案时，律师采取的是先对兴昌达博公司进行破产清算，在理清债权债务关系之后，再转做重整程序，通过重整，盘活兴昌达博公司，从而解决购房债权人要求房屋的诉求，消除社会不稳定因素。

（三）重整程序的启动

2007年9月11日，兴昌高科公司以债权人身份向昌平区法院申请兴昌达博公司破产，9月19日昌平区法院裁定受理破产申请。通过前期的债权申报、债权审核与确认、资产清查与评估、财务审计等工作，兴昌达博公司的债权债务关系已大致理清。2007年11月4日，兴昌高科公司作为拥有兴昌达博公司10%股权的出资人，向昌平区人民法院提出了对兴昌达博公司进行破产重整的申请。法院在受理破产重整申请后，进行了形式审查和实质审查。2007年11月16日，法院裁定兴昌达博公司重整。

（四）重整计划草案的编制、表决与通过

重整期间，管理人的一项重要职能是制定、提交、说明、协商重整计划草案。律师作为管理人的法律顾问，负责起草重整计划草案的具体工作。所谓重整计划草案是指由债务人或者管理人制定的，以清理债务、维持债务人继续营业、复兴债务人为目的，经债权人会议通过、法院批准的多方协议。它包括重整计划草案的制定主体和期限、重整计划草案制定的原则、重整计划草案的内容等多个事项。重整计划草案的制定是重整程序的核心环节之一，也是重整计划执行阶段的依据和规则，可以说，重整计划草案的制定是否合理、能否执行，对于整个重整程序的成功至为重要。

关于重整计划草案的内容，根据《中华人民共和国企业破产法》（以下简称《企业破产法》）第81条的规定，重整计划草案应当包括下列内容：债务人的经营方案、债权分类、债权调整方案、债权受偿方案、重整计划的执行期限、重整计划执行的监督期限、有利于债务人重整的其他方案。本案中，律师在设计兴昌达博公司重整计划草案时，将该草案分为重整计划草案的编制说明和重整计划草案正文两部分。重整计划草案说明是为了让债权人、出资人等相关利害关系人更好地理解重整计划草案的内容，它对其中的一些特殊问题进行了解释和说明，如对个别债权进行调整或清偿的说明、债务人与关联公司之间债权抵顶的问题、对个别债权人进行退房处理的说明、拆迁费支出的说明、破产费用的支出说明等。重整计划草案除包含我国《企业破产法》第 81 条规定的内容外,还结合本案的具体情况加入了购房债权人房屋交付的解决方案、拆迁安置方案、施工方案、重整计划执行的监督等内容。

重整计划草案中的经营方案实际上是对债务人重整的具体措施,它直接关系到债务人重整目标的实现。本案中,律师为兴昌达博公司设计的重整计划草案中债务人的经营方案,包括五个方面的内容:

(1) 债务人的资产状况;

(2) 股权结构和法人治理结构的重新安排;

(3) 资金筹措和使用计划;

(4) 拆迁安置方案;

(5) 施工方案。

一般来说,股权调整是债务人经营方案的一项重要内容,通过股权的调整筹措资金、引入新的投资者,或者改变公司的经营控制结构已成为实务中债务人重整的普遍做法。本案中,兴昌达博公司的股权结构在调整前,最大股东是东方达博公司,占注册资本的 70%,自然人黄某占 20% 的股权,兴昌高科公司占 10% 的股权。而东方达博公司实际上完全由兴昌达博公司法定代表人王某控制,兴昌达博公司另一个 20% 的股东黄某,实际上也是兴昌达博公司法定代表人王某的关系人。也就是说,兴昌达博公司 90% 的股权都是由该公司的法定代表人王某控制。从 2002 年开始,兴昌达博公司挪用麓鸣花园的建设资金和预售楼盘的资金,购置土地和进入证券市场,致使正常的施工建设出现资金困难。为了获取资金,在兴昌达博公司法定代表人王某的直接指挥下,兴昌达博公司以高利贷、抵押已售商品房的形式借入资金,但仍然难以周转并最终导致资金链断裂。对于兴昌达博公司陷入破产的境地,大股东和法定代表人王某存在着明显的过错和难以推卸的责任。因此广大业主对王某以东方达博公司名义主导兴昌达博公司的重整已经失去信任,强烈要求由占该公司 10% 的股东、具有国有性质的兴昌高科公司来主导兴昌达博公司的重整。而且,当地政府也愿意支持和推动兴昌达博公司的重整。律师在设计兴昌达博公司重整计划草案时,对兴昌达博公司的股权结构和法人治理结构作出了调整。鉴于兴昌达博公司的净资产已为 -2548.6 万元,而根据管理人的测算,启动兴昌达博公司开发的麓鸣花园项目至少需要 2 亿元人民币资金的直接投入。2008 年 6 月 29 日,管理人向兴昌达博公司的股东北京兴昌高科技发展总公司、北京东方达博置业投资有限公司和黄某邮寄送达了《关于北京兴昌达博房地产开发有限公司破产重整筹资及股权调整的函》,要求在 2008 年 7 月 13 日前将出资提交给昌平区人民法院,最低出资额不得少于 1 000 万元人民币,不设上限。股权将按照此次出资额占此次总出资额的比例进行调整。逾期未提交出资的,视为放弃出资的权利,鉴于公司净资产为 -2548.6 万元,出资人的股权已没有价值,股东的权益已化作为零,在股权调整时,不再考虑未出资股东的股权。上述函件发出之后,截至

2008 年 7 月 7 日，兴昌高科公司出资 2 亿元人民币、东方达博公司及自然人黄某未出资。重整计划草案中，管理人又延长了出资人筹资的期限至本重整计划经债权人会议通过后 60 日内，或北京市昌平区人民法院裁定批准后 30 日内的内容，并规定届时将按照各位出资人新的出资额确定兴昌达博公司股权结构。因兴昌高科公司已出资 2 亿元，在规定的筹资期限届满后，如东方达博公司和自然人黄某未出资，兴昌达博公司的股权结构将调整为兴昌高科占有 100% 股权的国有独资公司。

债权调整方案是重整计划当中另一项重要内容。重整成功的一个重要因素就是减免债权，减轻债务人的负担，增加其营业能力。所谓的债权调整主要是在不低于破产清算程序中债权清偿率的基础上减免债权。债权调整方案应制定每类债权的具体调整计划，常用的调整方式包括延期偿付、减免本金清偿额、减免利息、变更清偿条件、债权转股权等。上述方案一般是综合交叉运用，达到既减轻债务人负担又能让债权人接受的效果。债权调整方案对不同类别的债权可采取不同的调整方案，但对同一类别的债权调整应当公平。在本案中，对各类别的债权分别作出了如下调整：

1. 有财产担保的债权本金不予调整，免除人民法院裁定进入重整之日前的利息、罚息、违约金等。重整计划执行期间暂停行使担保权，法院重整期间及重整计划执行期间的利息、罚息、违约金等予以免除。

2. 依法补缴拖欠的职工工资、经济补偿金、社会保险。

3. 依法清偿税款，重整计划执行期间按章纳税。

4. 普通债权分为以下四种情况进行调整：

(1) 以 13 套房屋作为还款保障的债权及以个人购房名义套取的北京某银行某支行按揭贷款，其债权本金不予调整，免除利息、罚息、违约金及其他损失；

(2) 拟交付房屋的 296 名购房债权人的债权不再以现金清偿，免除利息、罚息、违约金及其他损失；

(3) 66 名退房债权人的债权本金不予调整，免除利息、罚息、违约金及其他损失；

(4) 其他普通债权本金不予调整，免除利息、罚息、违约金及其他损失。

5. 待定债权中，诉讼中案件涉及的款项及海军法院追缴执行款因未确定是否给付，暂列入待定债权。

债权调整方案确定后即确定债权清偿方案。债权清偿方案包括清偿时间、地点、清偿条件、债务履行担保等内容。债权的清偿方案必须按照《企业破产法》第 113 条规定的清偿顺序，并保证同一类别的债权得到公平清偿。

因本案是房地产公司破产重整，在制定重整计划草案时，将购房债权人解决方案单独列为一章。主要内容是指，除以售房形式作为还款保障的购房债权人、以个人购房名义套取银行按揭贷款的购房债权人以及退房购房债权人之外的 296 名购房债权人房屋交付的解决方案。对这部分债权人,尽可能向其交付符合合同约定的房屋,其债权不再以现金清偿。在重整计划执行过程中,对 296 名购房债权人的房屋交付将按原合同规定的价格执行。在规划不变的前提下,对 296 名购房债权人的房屋交付将尽量按照原合同约定的位置、户型执行。对购买了不符合商品房销售条件房屋的 139 名购房债权人而言,如其愿意等待交付房屋,待其所认购的房屋满足商品房销售许可条件后,按照原价格重新办理商品房买卖手续。若该部分购房债权人不愿意再等待交付房屋,则可以提出合同解除申请。对于逐步满足销售许可条件的购房债权人,应当按照重整计划草案的规定付清购房尾款。296 名购房债权人不再有向兴昌达博公司主张破产立案前因迟延交房而发生的利息、罚息、违约金及其他损失的权利。认购有销售许可手续房屋的购房债权人接受在重整计划执行过程中对于房屋调整的安排。若在重整计划执行过程中需要调整房号及户型的,购房面积增加的应按现价补交超出面积的房款;面积减少的,按照现价退还房款。在此基础上,重新签订商品房预售合同的,在交房时对面积出现误差的,将按照正式签订的预售合同执行。如后期项目因政策原因无法按照原规划建设时,296 名购房债权人可自愿选择退款或在新规划批准后按照原认购条件优先购买新规划内的同类型房屋。购房面积增加的,应按现价补交超出面积的房款;面积减少的,按照现价退还房款。为保障重整计划顺利实施,管理人将积极协助债务人同有关政府部门沟通规划事宜,如规划确需调整,296 名购房债权人对此需表示认可并接受调整方案。

除上述内容外,本案重整计划草案还包括拆迁安置方案、施工方案、重整计划的执行期限、重整计划执行的监督及重整的必要条件等内容。本案重整计划的执行期限为 36 个月,自人民法院裁定批准重整计划草案之日起计算。重整计划执行的监督期限与重整计划的执行期限一致。

根据《企业破产法》第 84 条的规定,管理人在法定期限内向法院提交重整计划草案后,法院召开了第三次债权人会议,对重整计划草案表决。表决时将债权人按照第 82 条的规定分为四个组别:① 对债务人的特定财产享有担保权的债权;② 债务人所欠职工的工资和医疗、伤残补助、抚恤费用,所欠的应当划入职工个人账户的基本养老保险、基本医疗保险费用,以及法律、行政法规规定应当支付给职工的补偿金;③ 债务人所欠税款;④ 普通债权。本案中,由于《重整计划草案》对兴昌达博公司股东的股权进行了重大调整,根据《企业破产法》第 85 条的规定,特设出资人组对该事项进行表决。第一轮表决结果是有财产担保债权组与出资人组未通过。第二轮表决,出资人组拒绝再次表决,有财产担保债权组通过。但管理人认为,兴昌达博公司重整计划草案符合我国《企业破产法》第 87 条第 2 款的规定,能够充分公平地保障全体债权人和出资人的合法权益,且其中的经营方案具有可操作性。律师于 2008 年 8 月 6 日,向昌平区人民法院提交了如下民事申请书,申请人民法院批准该重整计划草案。法院认为,该重整计划草案符合《企业破产法》第

87 条的规定而强制批准。目前,重整计划的执行已经进入尾声,重整计划的完成指日可待。

二、案例评析

(一) 破产重整程序启动的设计

如前文所述,由于本案涉及的购房债权人人数众多,社会影响面较广,在一开始为兴昌达博公司设计破产方案时,便拟定了先进行破产清算,再转做重整程序的方案。但程序由谁启动,不同的案件要做不同的设计。根据《企业破产法》第 7 条①,本案可以提出破产申请的主体有两类:债务人和债权人,但二者提出破产申请的条件及向法院提交的材料有所不同。如果由债务人申请破产,债务人有向人民法院提交财产状况说明、债务清册、债权清册、有关财务会计报告、职工安置预案以及职工工资的支付和社会保险费用的缴纳情况的法定义务。因此,由债务人提出破产申请,虽然更便于受理法院审查债务人是否具有破产原因,但需要承担不能清偿到期债务的举证责任。而且,债务人提出破产申请,是否应当由债务人的权力机构依据章程作出决定?我国《企业破产法》未作规定。有鉴于此,在为兴昌达博公司设计破产方案时,律师认为,由于申请破产关系到公司将来的存续与发展,是公司中一项重要事务,应当由公司的股东会决议同意后,方可由债务人向人民法院提出破产申请。如由债务人提出破产申请就需要债务人及股东的积极配合。本案中,正是由于债务人和部分股东的不予配合,从而使由债务人提出破产申请的方案无法实施。如果由债权人申请破产,只要满足债务人到期不能清偿债权的条件即可,也仅需要提交申请书,无需证明其他情况。因此本案选择了由兴昌高科公司以债权人身份向人民法院提起破产申请的方案。由于兴昌高科公司对兴昌达博公司享有的债权为一般普通债权,且债权额高达 7 000 多万元。因此,由其提起破产申请较为顺利。根据《企业破产法》第 70 条②,法院受理债权人的破产申请后,有权申请重整的为债务人与出资额占债务人注册资本 1/10 以上的出资人。虽然没有法律的明确规定,但债务人申请重整,仍需按照《企业破产法》第 8 条的规定提交重整申请书和有关证据,因此,兴昌高科公司又以出资额占债务人注册资本 10% 的出资人身份申请重整。这种设计思路,使得破产重整程序得以顺利启动。

---

① 《企业破产法》第 7 条规定:"债务人有本法第二条规定的情形,可以向人民法院提出重整、和解或者破产清算申请。债务人不能清偿到期债务,债权人可以向人民法院提出对债务人进行重整或者破产清算的申请。企业法人已解散但未清算或者未清算完毕,资产不足以清偿债务的,依法负有清算责任的人应当向人民法院申请破产清算。"

② 《企业破产法》第 70 条规定:"债务人或者债权人可以依照本法规定,直接向人民法院申请对债务人进行重整。债权人申请对债务人进行破产清算的,在人民法院受理破产申请后、宣告债务人破产前,债务人或者出资额占债务人注册资本十分之一以上的出资人,可以向人民法院申请重整。"

(二) 重整计划草案的制定原则

重整计划草案应包括哪些事项,《企业破产法》有明确的规定,但每一项具体内容如何制定,要遵循一定的原则。为了使重整计划草案切实可行,并能得到债权人会议的通过和法院的裁准,根据我国《企业破产法》的有关规定,律师在起草重整计划草案时遵守了如下原则:

1. 公平合理原则

充分考虑各方的利益,尽量做到公平合理。所谓公平合理,是指如果一组债权人或出资人反对一项重整计划草案,该项重整计划草案就要保证这些持反对意见的组获得公平对待,即根据破产法处于同一优先顺序的债权人必须获得按比例的清偿。

2. 债权人利益最大化原则

债权人利益最大化原则,是指重整计划草案必须保证每一个反对这项计划的债权人或出资人,在重整程序中至少可以获得他在清算中本可获得的清偿,目的在于保护对重整计划草案持反对意见的少数人的利益。这条原则主要体现在我国《企业破产法》第 87 条所规定的内容。

3. 绝对优先原则

绝对优先原则是指如果任何一组债权人或出资人反对一项重整计划草案,该重整计划草案必须保证,只有这个组的成员获得充分清偿后,在优先顺序上低于这个组的其他组才可以获得清偿,安排的债权清偿顺序不能违反我国《企业破产法》第 113 条规定的分配顺序。

4. 切实可行原则

在制定重整计划草案时,要充分评估现有的各种条件,如资金条件、经营条件、政府支持、政策环境等,针对债务人的实际情况及其所处的境遇制定现实、可行的重整计划草案,不可不顾现实条件的限制,制定脱离实际的重整计划草案。

三、建议

我国《企业破产法》发展较晚,相关的司法解释并不完善,有关重整的法律规范目前仅存在于《企业破产法》中,2011 年最高人民法院颁布的《关于适用〈中华人民共和国企业破产法〉若干问题的规定》,也未直接涉及重整程序。因此,本案在具体操作过程中遇到了一些法律适用问题。

(一) 债务人的出资人作为重整申请人的相关问题

根据我国《企业破产法》第 70 条第 2 款的规定,债务人的出资人申请对债务人进行重整需要符合以下两个条件:

(1) 重整申请必须在债权人申请对债务人进行破产清算且人民法院受理后、宣告债务人破产前提出;

(2) 该出资人的出资额必须占债务人注册资本1/10以上。

由此可知,出资人的重整申请权是一种后续重整申请。但根据我国《企业破产法》第2条第2款的规定,企业可以进行重整的条件是不能清偿到期债务,并且资产不足以清偿全部债务或者明显缺乏清偿能力的,或者有明显丧失清偿能力可能的。《企业破产法》将出资人的提出重整申请的时间限定在债权人对债务人提出破产清算申请,并为人民法院受理后、宣告债务人破产前不尽合理,这不仅使得出资人在企业有明显丧失清偿能力可能的情形下不能及时提出重整申请,而且往往使企业错失了重整复苏的最佳时机,因此就可能使该条规定本身失去实际意义,出资人申请破产重整的权利也将难以实现。因此,建议我国立法应当放宽对出资人提出重整申请的时间限制,明确在债权人、债务人未申请重整的情况下也可以申请重整。

另外,对"出资额须占债务人注册资本额的十分之一以上"的规定该如何理解,该1/10以上的出资额是否可以合并计算?关于出资人的重整申请权,《日本社会更生法》第30条第2款规定,持相当于已发行股票总数1/10以上股份的股东可提出重整申请。我国台湾"公司法"第282条规定,连续6个月持有已发行股份10%以上的股东可以提出重整申请,当然,股东作为重整申请人在人数上并无限制,其为一个或数人联合申请概无不可。①

为保护股东的正当合法权益,避免大股东利用持股优势损害小股东的利益,对出资人的出资额应当允许合并计算。但出资额占注册资本额1/10以上的出资人申请重整时,是否需要经公司权力机关以会议决议的形式作出意思表示方可提起?对此,学界也有着不同的理解。部分学者认为,对公司进行重整乃是公司的重大事项,必须经公司股东会或股东大会通过方可提起。另外部分学者认为,当出资额达到一定比例时申请重整乃是股东根据破产法享有的一项法定权利,无须经公司权力机关表决通过。对此笔者认为,在公司出现重整原因时,可能部分出资人希望企业能进行重整,部分出资人不愿重整。如果要求出资人在行使重整申请权时必须经公司权力机关表决通过,当出资份额较大的出资人不愿重整时,就可能在表决时投反对票,从而阻止其他股东提出重整申请,这必然使小额出资人处于十分不利的地位,也违背了破产法立法的目的与初衷。因此,在出资人的出资额单独或合计达到注册资本额1/10以上时,不必经公司权力机关表决通过,即可行使重整申请权。

(二) 重整草案编制主体的问题

我国《企业破产法》将重整计划草案的制定权赋予了债务人或管理人,债权人、股东、新出资人等利害关系人无制定重整计划草案的权利,且在重整计划草案制定的过程中也无任何可以参与的机会。这种法律制度的缺失可能会使相关利害关系人的权益无法得到有效保障,也不利于调动相关利害关系人参与重整程序的

---

① 参见李永祥、丁文联主编:《破产程序运作实务》法律出版社2007年版,第278页。

积极性。因为破产重整制度设立的主要目的是维护债权人的合法权益和挽救濒临破产的企业。因此,无论是债务人还是管理人制定重整计划草案,都可能忽视对股东、新出资人利益的保护。出资人唯一可以参与表达自己意愿的机会只能是在重整计划草案提交债权人会议表决时,而此时即使出资人对重整计划草案投反对票,重整计划草案也可能因法院的强制批准而生效。且出资人作为破产企业的实际控制人,对公司的经营、资产、财务等情况也较为了解,有可能制定出较管理人、债务人更具有可行性的重整计划草案。因此,从公平保护相关利害关系人权益及使重整计划草案更具有可执行性的角度出发,笔者认为,我国可以借鉴有些国家或地区的做法,允许债权人、股东、新出资人等利害关系人制作重整计划草案。但有关利害关系人制作的重整计划草案应当提交给债务人或管理人,债务人或管理人认为该重整计划草案具有可行性的,可以提出修改意见后提交债权人会议讨论。本案中,在制定重整计划草案的过程中,律师也给予兴昌达博公司出资人设计重整计划草案的机会,但因其设计的重整计划草案从整体上看不具有可执行性,最终未能提交债权人会议讨论。但管理人在设计重整计划草案时,尽可能地借鉴和吸取了出资人设计的重整计划草案中的合理部分,并充分听取了债权人、债务人及债务人股东等相关利害关系人的意见和建议。

(三)小额债权组的设置问题

本案中,在重整计划草案债权分类中,普通债权包含了三种不同的情况:

(1)以 13 套房屋作为还款保障的债权及以个人购房名义套取的北京某银行某支行按揭贷款的债权;

(2)购房债权人债权,具体包括 296 名购房债权人本金、利息和 66 户退房债权人本金、利息;

(3)普通债权人债权本金和利息。

在债权调整方案中,对这三类债权都统一保留了本金,免除了利息、罚息、违约金和其他损失。但在购房债权人的解决方案中,296 名购房债权人是按照原合同规定的价格执行,在规划不变的情况下,对 296 名购房债权人的房屋交付尽量按照合同约定的位置、户型执行。而对 66 户退房债权人,则是按照其他普通债权清偿方式清偿。按说普通债权组的所有成员都应当按照统一的公平尺度受偿,可是 296 户债权人是要得到交付房屋的,这显然是不同的受偿方式,甚至是不同的数额。

鉴于上述情况,在进行债权分组时,律师建议管理人根据我国《企业破产法》第 82 条第 2 款的规定:"人民法院在必要时可以在普通债权组中设小额债权组对重整计划草案进行表决。"因此,可以将 296 名债权人单独设立一个小额表决组。但上述建议未能得到法院的采纳。法院认为,小额债权组不是一个独立的、与其他顺序的债权组相平行的表决组,即使设立了也不可单独计票,也要汇总到普通债权组统一计票,所以没有必要。律师认为,公平是在同一表决组内按照完全相同的标准划分的债权,就应当按照完全相同的受偿方式一视同仁地对待。比如 66 户退房的债权人就应当在清偿比例、清偿时间、给付方式上相同,这就是公平。如果能将296户购房债权人单独设立一个表决组对重整计划草案进行表决,还是更为理想的。

(四) 出资人表决问题

《企业破产法》虽然规定了可以设置出资人组,但对于出资人组通过重整计划草案的标准,我国《企业破产法》没有规定。对此,有学者认为,应当采取公司法规定的股东会的表决方式,即重整计划草案经参与表决的出资人所持表决权的2/3以上同意即为通过。[①] 也有人认为,应当参照债权人组通过重整计划草案的标准,即不仅人数要达到出席债权人会议的过半,而且其所代表的表决权数额也要达到该组表决权总额的2/3以上方为通过,还有人主张将两者结合起来,人数比照债权人组1/2以上的要求,股权比例适用《公司法》的规定。对此,律师认为,可参照股东会修改公司章程的表决程序,经出席会议的股东所持表决权的2/3以上通过,更符合公平、公正的原则。本案中,在出资人组对重整计划草案进行表决时,律师便是按照《兴昌达博公司章程》中股东会的议事方式和表决程序进行的,即出资人按照出资比例行使表决权,该事项经参与表决的出资人或其授权代表所持表决权的2/3以上同意即为通过。

(五) 重整计划的效力范围

根据《企业破产法》第92条[②],经人民法院裁定批准的重整计划的效力范围及于债务人和全体债权人,无论其支持、反对重整计划或者根本就未参加对重整计划的表决,均应受生效重整计划的约束。同时,生效的重整计划对债权人的影响还包括以下两方面:

(1) 债权人未依照破产法规定申报债权的,在重整计划执行期间不得行使权利,但这并不意味着该债权被彻底消灭,其依然有效,在重整计划执行完毕后,可以按照重整计划规定的同类债权的清偿条件行使权利。

(2) 重整计划不影响债权人对债务人的保证人和其他连带债务人所享有的权利,重整计划生效后,债权人依然可以要求债务人的保证人和其他连带债务人清偿其在重整计划中未受清偿的债权。但在实务中,对《企业破产法》第92条第1款的理解存在着分歧:一种观点认为,既然法条已有明确规定,因此,经人民法院裁定批准的重整计划,就仅对债务人和全体债权人具有约束力,对出资人和其他利害关系人没有约束力。另一种观点认为,经人民法院裁定批准的重整计划,不仅对

---

① 参见王欣新:《上市公司重整实务问题研究》,载 http://rmfyb.chinacourt.org/public/detail.php?id=119062。

② 《企业破产法》第92条规定:"经人民法院裁定批准的重整计划,对债务人和全体债权人均有约束力。债权人未依照本法规定申报债权的,在重整计划执行期间不得行使权利;在重整计划执行完毕后,可以按照重整计划规定的同类债权的清偿条件行使权利。债权人对债务人的保证人和其他连带债务人所享有的权利,不受重整计划的影响。"

债务人和全体债权人具有约束力,而且对重整的其他利害关系人也具有约束力。由于对此问题认识的分歧,在本案中就引起了管理人、债权人和出资人等不同利益主体的激烈争论。出资人甚至依据重整计划对其不发生法律效力的观点,拒绝执行重整计划中关于股权直接调整的内容。对此,律师认为第二种观点更为合理。

首先,从我国《企业破产法》的立法目的及相关法条的综合理解来看,重整计划应当对包括出资人在内的所有利害关系人具有约束力。根据《企业破产法》第85条第2款的规定:"重整计划草案涉及出资人权益调整事项的,应当设出资人组,对该事项进行表决。"第87条第2款第(4)项规定:重整计划草案应符合"对出资人权益的调整公平、公正"。当对出资人权益进行调整时,出资人参与对重整计划草案的表决。如果重整计划对出资人不具有约束力,《企业破产法》的上述规定将会变得毫无意义。况且除了债务人、债权人,还存在其他利害相关人,如管理人、中介机构等,不能说重整计划对他们没有约束力。

其次,重整计划对包括出资人在内的所有利害关系人具有拘束力的规定,是国外之立法惯例。如《韩国统一倒产法》第250条第1款规定,重整计划对公司、全体重整债权人、重整担保人和股东、持股权人、为重整而担负债务或提供担保的人和新公司(因合并或分立合并而设立的新公司除外)均发生效力。该法第252条又规定,法院批准重整计划之后,重整债权人和重整担保权人、股东、持股权人的权利将按照计划变更。[①]《美国破产法》第1141条第(a)款规定,不论该债权人、资本股票持有人或者普通合伙人的债权或权益是否被重整计划所削减,也不论该债权人、资本股票持有人或者普通合伙人是否已经接受了重整计划,确认后重整计划的条款对债务人、依照重整计划发行股票的任何实体、依照重整计划取得财产的任何实体、任何债权人、资本股票持有人或者债务人的普通合伙人,都具有约束力。[②]

最后,如果重整计划对出资人等其他利害关系人不具有约束力,破产重整之立法目的将难以实现。在重整过程中,为获取重整资金、保障重整成功,一般都会涉及对出资人等其他利害关系人权益进行调整。然而,在调整时可能会因为出资人等其他利害关系人不同意调整而被重整计划强制进行调整的情形。如果重整计划对出资人等其他利害关系人不具有约束力,当其不同意对其权益的调整时,就会以重整计划对其不具有约束力而拒绝执行,这必然导致重整计划无法执行,从而使破产重整之立法目的无法实现。当然不可否认的是,我国《企业破产法》第92条的规定确实存在缺陷,容易引起歧义,应当加以完善。

(六)重整计划的性质

根据《企业破产法》第92条的规定可知,经法院裁定批准的重整计划不仅对

---

① 参见郑志斌、张婷:《困境公司如何重整》,人民法院出版社2007年版,第377页。

② 参见李飞主编:《当代外国破产法》,中国法制出版社2006年版,第667—668页。

全体债权人、债务人具有约束力,而且应当对包括出资人在内的其他利害关系人也具有约束力。然而,重整计划的这种约束力究竟是合同法上的约束力还是具有司法上的强制执行力?对此我国《企业破产法》没有规定,实践中的观点也不尽相同:一种观点认为,对债权人会议表决通过并经人民法院裁定批准的重整计划,或由人民法院强制批准的重整计划,具有准司法的性质,法院的裁定批准是对重整计划的一种司法确认,除对相关利害关系人具有约束力外,如果确定有给付义务,且适合强制执行的,还应具有强制执行力,否则法院的裁定就无法发生作用,重整计划的执行也将无法顺利进行。另一种观点认为,重整计划是债权人、债务人及相关利害关系人在法院的主持下对其权利、义务的一种自由协商与约定,具有合同的性质,其效力应当是合同法上的约束力,不具有强制执行力,否则就可能因个别债权的强制执行造成多数债权人之间在债务清偿上的不公平。对此,笔者认为,应当赋予重整计划准司法的性质,如果重整计划具有给付内容应当具有强制执行力,原因有三:

(1) 人民法院对重整计划的审核与批准具有准司法的性质。破产重整制度虽然以当事人意思自治为基础,但又不是完全的自治,它更多贯彻了国家干预的原则,直接用国家的强制规定维护大多数当事人意思自治的有效性及保障重整的成功。在对重整计划草案进行表决时,即使各表决组通过重整计划草案,仍需要提请法院批准,法院在审查后如发现重整计划草案不符合《企业破产法》的有关规定,也有权推翻债权人会议的表决不予批准;而在各表决组未能通过重整计划草案时,只要符合法定条件,人民法院有权予以强制批准。由此可以看到,无论各表决组是否通过重整计划草案,都需要人民法院的审核与批准,重整计划草案也只有在人民法院裁定批准后方可生效。人民法院对重整计划草案的审查、批准行为是一种司法行为,法院以裁定的形式批准重整计划草案事实上是对重整计划内容的一种司法确认,它赋予了重整计划准司法的性质。

(2) 重整计划具有强制执行力是保障重整成功的需要。重整是一项成本高、耗时长的制度,而公司重整进行到重整计划执行阶段,往往已经花费了较长的时间,耗费了大量的人力、物力及财力,可谓是到了重整的关键环节,而此时,如果不赋予重整计划以强制执行力,债务人、出资人或其他利害关系人可能随意违背,重整计划将无法执行,破产重整的立法条文也将形同虚设。实务中,许多情况不依靠法院的强制力来协助执行,重整计划很难实施下去。

(3) 赋予重整计划以强制执行力也是各国或地区之普遍做法。如我国台湾地区"公司法"第 305 条第 2 款明确规定,法院认可之重整计划,对于公司及关系人均有拘束力,其所载之给付义务,适用于为强制执行之标的者,并得予强制执行。《德国支付不能法》第 257 条第 1 款规定,支付不能债权人的债权已经得到确认并且在审查期日末，未受债务人争辩的，如同根据具有执行力的判决一样，可以根据以确定裁判认可的支付不能方案，同时结合在债权表上的登记，请求对债务人实施强制执行。《韩国统一倒产法》第255条也规定，在重整计划批准的裁定确定时，具有与确定判决同样的效力。然而，重整计划的这种强制执行力，应当是对同类性质的全体债权人的共同执行，且不得违反破产法规定的清偿顺序，因为，如果是对债权人的个别执行，将可能出现先执行的人得到了全部清偿，而后执行的人无法得到任何清偿，这有违破产法的公平原则。

河北省首例房地产公司破产办案实录

河北冀华律师事务所　张智远

一、基本案情

过去的十多年，恰好是我国房地产业快速发展时期，绝大多数房产开发商都经历了盈利、持续发展的模式，鲜有房地产开发企业资不抵债走向破产的实例。由于偶然原因，笔者作为破产律师，主办了河北省首例也是目前唯一一例的房地产公司破产案件。目前该破产案件前期工作基本已经完成，后期办理房产证等社会性工作仍在继续。① 作为首例房地产公司破产案件律师，在办案中进行了大量研究分析工作，积累了不少经验，特别是在破产中政府最为关注的社会稳定问题的处理，以此，与同行进行交流。

二、破产企业基本情况

河北省某房地产公司（以下简称“地产公司”）系河北省一家大型国有企业的全资子公司，成立于1991年底，注册资金1 000万元，具备房地产开发二级资质，主营房地产综合开发及配套设施建设，企业破产时有职工50余人。1994年地产公司被评为河北省房地产开发综合实力前40强企业，开发了某市首个高层住宅项目和第一家五星级酒店，累计开发建筑面积40多万平方米，累计投资规模超过10亿元。

但由于市场机会把握不当、多个合作项目失败等多重复杂因素，导致公司亏损严重。当时，一家全国知名集团公司正在与河北省政府协商对该大型国企的整体收购，但鉴于该地产公司法律纠纷众多，情况极其复杂，该知名集团在其他收购条件都已经谈好的情况下，提出了剥离地产公司的并购条件，最终使这家房地产企业走上破产清算的道路。

三、破产申报实录

（一）破产酝酿阶段

破产酝酿主要由内部准备—职代会—国资委审批三大阶段构成。

1. 内部准备阶段

2005年4月，地产公司向总公司提请《破产报告》，报告涉及公司的资产及负

---

① 由于笔者本人工作原因（出国读取博士学位），在2009年辞去了破产管理人律师工作。截至本文截稿之日，破产办证工作仍在进行。

债情况、存在的及潜在的主要问题、下一步工作思路等内容,并于2005年9月递交了地产公司的财务情况,请示总公司充分考虑地产公司目前的形势,尽早明确地产公司的工作思路。

2006年5月,根据地产公司的基本情况,我们起草了《地产公司破产申请基础文件》《地产公司破产项目基本知识问答》。随着破产申报工作的展开,配合办理进度,相应出具了《关于地产公司特别清算下一步具体工作的建议》《关于地产公司破产申请具体工作的建议》等文件。

2006年10月,地产公司正式起草《某公司破产申请议案》,指出:"近年来,由于市场变化、经营管理不善等因素,导致公司严重亏损,无法正常经营。经会计师事务所审计,截至2006年8月31日,公司资产总计××元,负债总计××元。公司现已严重资不抵债,无力清偿到期债务,按照法定程序,应进行破产还债申请。经公司研究,拟对公司进行破产还债申请。破产中的职工安置纳入上级部门统一安置。"

2. 职代会

2006年10月,地产公司召开全体职工大会,会议表决通过《某地产公司破产申请议案》,大会认为,公司严重亏损,丧失清偿到期债务能力,无力维持正常经营,破产申请符合公司的实际情况,切实可行,同意地产公司申请破产还债,同意按照总公司并购时的《职工安置方案》纳入整体安置(该方案已经政府主管部门批准)。

3. 国资委审批

2006年10月,总公司向国资委呈送《关于某地产公司申请破产还债的请示》,随附文件有《某地产公司破产申请书》。

2006年10月,国资委作出×号《关于同意某地产公司破产的批复》。

(二)破产沟通阶段

1. 与主管政府部门进行沟通

地产公司在资不抵债、丧失清偿到期债务能力,无力维持正常经营的情况下,及时向总公司作出情况报告,请示下一步工作安排。总公司在向法院申请破产前,严格依照法律规定履行了清算职责,在发现所属地产公司资不抵债后,及时向国资委进行请示,并严格按照回复的程序办理以及进行下一步工作。

2. 与主管法院进行沟通

地产公司于2006年10月向主管法院——某市中级人民法院申请破产后,根据国资委的指示精神,对破产清算组组成人员情况及实施破产准备以来的工作情况都及时向主管法院作出情况说明,以维护企业职工利益、确保债权债务公平清偿、完善市场主体退出机制为原则前提与主管法院及时沟通,以便快速稳定地完成地产公司的破产申报工作。

(三)破产申报审计

2006年8月,地产公司与会计师事务所有限公司签署《业务约定书》,2006年

10月，会计师事务所作出××号《某公司清算专项审计报告》，其载明：截至2006年8月31日，地产公司资产总额××元，负债总额××元，资产负债率为155%。地产公司已严重资不抵债，失去偿债能力，依照法律规定，应当申请破产。

（四）破产正式申报

2006年10月26日，我们向法院提交《破产申请书》《关于某地产公司经济案件诉讼的情况说明》《某地产公司经济案件诉讼情况表》《某地产公司涉及担保情况说明》《某地产公司涉及担保情况附表》及《某地产公司企业亏损情况说明》等文件。地产公司随附上述文件一同向主管法院提交了破产立案申请文件，主要有：

（1）破产申请书；

（2）上级主管部门同意破产的批文；

（3）企业营业执照复印件；

（4）法定代表人与财务负责人姓名、联系方式；

（5）企业职工情况说明及安置方案；

（6）企业亏损情况说明；

（7）企业审计报告；

（8）企业财产明细表；

（9）企业账户开户情况；

（10）企业债权清册；

（11）企业债务清册；

（12）企业设计担保情况说明；

（13）企业诉讼情况。

其中破产申请书中提出了地产公司的基本问题有：

（1）公司职工工资、社会保险没有着落，拖欠职工集资款无力清偿；

（2）债务压力巨大；

（3）公司面临重大诉讼；

（4）开发小区设施及房产证存在巨大隐患。

地产公司已无力清偿到期债务，不能正常经营，不能支付职工工资、职工集资款及各种社保费用，公司职工大会表决同意公司破产还债。上级主管单位亦批准申请人破产还债，请求人民法院依法裁定宣告某地产公司破产还债。

四、破产受理及指定清算组实录

（一）破产受理

2006年11月，某市中级人民法院正式对地产公司破产立案，案号为××号。

2006年11月，某市中级人民法院基于申请人因管理不善，造成严重亏损，不能清偿到期债务呈连续状态的原因，并经上级主管部门同意后作出××号民事裁定书,裁定申请人符合法定破产条件,依照法律规定宣告申请人(债务人)地产公司破产。

2006年11月,某市中级人民法院出具致地产公司全体职工的公告,公告指出:全体职工要维护公司内的秩序,保护好企业财产,不得隐匿、私分、转让、出售企业财产,不得擅自处理企业的账册、文书、资料、印章。如有违反,将依法追究有关单位和个人的法律责任。

(二) 指定清算组

2006年11月,地产公司上级主管部门致函主管法院《关于某地产公司破产清算组组成人员推荐函》:地产公司由于经营管理不善,已严重资不抵债。经该公司职工大会表决通过并经国资委批复同意,地产公司于2006年10月申请破产。经研究推荐5名人员组成破产清算小组,其中副组长为律师事务所律师。

法院于2006年11月根据《中华人民共和国企业破产法(试行)》(新《企业破产法》虽已通过但尚未施行)的有关规定,作出××号(决)—2号决定书,决定成立地产公司破产清算组(以下简称"破产清算组")。

五、破产清算实录

(一) 破产接管实录

破产清算组接管了地产公司移交的财产、账册、文书、资料和印章等。但鉴于地产公司企业管理混乱,原法定代表人及其他一些有关人员辞职,造成接管困难,致使交接工作进行了较长一段时间,至2006年12月底,交接工作基本完成。

(二) 债权申报实录

破产清算组根据《中华人民共和国企业破产法(试行)》第9条的规定,对已知债权人发出××号民事裁定书、××—3号申报债权通知书。在规定时间内,破产清算组共发出申报债权通知书269份,对已知债权人全部通知完毕。另外,根据最高人民法院《关于审理企业破产若干问题的规定》,定于2007年3月召开第一次债权人大会。

截至2007年3月,破产清算组接受债权申报××笔,涉及43家债权当事人,总计申报债权金额为××元。其中3家××元债权额设定抵押申报,有关债权人已申请优先受偿权;还有8家提出执行异议。在债权申报工作中,个别债权人主张将诉争标的划至破产财产之外,针对不同情况,笔者又连同其他组员及时进行了处理。

另外,破产清算组还对若干名地产公司债务人发出破产裁定书和××—4号履行债务及交还财产通知书。

(三)财产清理实录

地产公司的财产主要体现在存货(已建成未出售的商品房)。由于地产公司在经营过程中存在许多严重问题,既有自身销售,又有委托销售,还存在一房多卖、假按揭,用商品房抵顶工程、材料款的情形,甚至由于拖欠施工单位工程款导致施工单位不交付房屋钥匙,造成了销售房屋没有在房管部门备案等现象,使得资产核查极为艰难。同时,对破产财产的界定更为艰难。截止到首次债权人会议召开前,原账面资产在破产前基本全遭处置或司法拍卖。由于时间短,涉及面多等因素,财产清理部分成为破产清算组的主要工作。在清理期间,破产清算组遇到了很多困难,例如针对"假按揭"问题,主持起草了《关于如何解决"假按揭"问题的初步意见》等系列文件。

六、地产公司破产特殊问题办理实录

地产公司大量债务形成在某小区项目。2007 年,小区所在地政府致函破产清算组,函告某小区的历史遗留问题及解决办法。接函后,破产清算组进行了深入了解,发现在某小区还存在几大特殊问题亟待解决,在处理工作中确定了以下思路:(1)集中精力处理影响外部稳定的遗留问题,为总公司重组前后争取较为和谐的外部环境,尽快解决小区居民电力设施为建筑施工用电问题(建筑施工用电价格高于居民用电),消除安全隐患,保障住户基本生活条件,力争缓解问题小区业主集体上访现象。(2)以总公司重组为契机,加强队伍建设,催生团队新的凝聚力,为"二次创业"奠定人力基础。一是关心职工生活,在保障职工基本收入的前提下,稳定职工队伍。二是加强学习,提高素质,严明纪律,弘扬正气,使团队精神焕然一新。三是引导并激励职工尽早进入市场,着手项目开发的基础性工作,为尽快重返房地产行业创造条件。

(一)小区水电气等生活配套设施破产管理

由于小区项目一直使用施工用电,高压电缆在地面铺设,不合规范,而冬季取暖又以电为热源,电容量根本不够,随着入住户增加,用电缺口更为凸显,时刻存在着安全隐患、跳闸、烧闸、欠费停电等问题,配套设施不全已严重影响正常秩序,业主已多次上访投诉。

2007 年 1 月,当地政府对小区长期拖欠水电费问题召开专门研究会议,并形成《主任办公会议纪要》。根据会议纪要的精神,并报经破产合议庭同意,经过多方努力及有关各方支持,在 2007 年中,彻底解决了居民用电、用水、燃气问题。

(二)小区物业移交管理

小区建成后,一直由地产公司所属的物业公司管理服务。地产公司破产及总公司被并购后,物业公司有关管理人员纳入改制安置范围,临时工继续在小区服务。

鉴于物业公司的特殊属性,律师结合当地居委会、房管物业管理部门及原合作方,并通过居委会征求业主意见,将物业公司进行了变更,由新的物业公司对小区进行管理服务,引入新物业公司的条件之一就是全部接收原物业公司临时工,而且待遇不降低,较好地维护了临时工群体的权益,维护了小区物业服务的有序交接、运转。原物业公司将有关资料、印章等向清算组进行了登记、交接,由清算组统一管理。

(三) 小区房产证办理

在建设小区时,项目土地、规划等开发手续在合作方名下,这使得小区房产证的问题一直无法解决。根据破产法院在做好破产工作的同时一定要维护好广大业主合法利益的原则指导下,法院、清算组及当地政府明确由清算组负责推进小区房产证办理。由于能否办证、何时办证、如何办证的问题关乎广大居民安居乐业乃至和谐社区构建的政治大局,所以破产清算组投放了大量精力在这些问题上,多次与当地政府、建设规划局、土地局、居委会召开协调会,专项研究小区房产办理产权证事宜。但由于小区土地抵押、开发手续不在破产企业名下、小区没有进行竣工验收等现实情况,办证进展缓慢。

七、案例评析

(一) 法律问题和社会问题的综合考虑

由于地产公司申请破产时为 2006 年 11 月,新的《企业破产法》虽已通过但未施行,新《企业破产法》施行时破产案由于案情复杂等原因亦未审结,需要适用最高人民法院《关于〈中华人民共和国企业破产法〉施行时尚未审结的企业破产案件适用法律若干问题的规定》来处理破产问题,这要求办理律师充分理解透彻国家有关破产法律及其他相关司法解释、规定等,合法合规地办理案件,最终达到保护债权人合法权益、促进经济发展、社会稳定的目的。

除此之外,在办理破产案件时,根据案件的实际情况特殊分析,编制适时的议事办法,例如此次地产公司破产案件,为更好地处理产生的问题,编制了《某地产公司破产清算组议事办法》《某地产公司破产清算组机构及成员分工》《某地产公司破产清算组财务管理办法》及《某地产公司破产清算组成员及工作人员报酬》等相应规定制度。

(二) 经济问题和稳定问题的综合考虑

实行破产制度既是市场经济竞争的要求,也是市场经济条件下资源重新配置、有序化和社会公平的要求。现代的破产制度应该解决企业破产后其资产在债权人之间的公平清偿问题,及时理顺债权债务关系,对社会资源重新进行优化配置,维护商事流转和交易的安全。

综合考虑债权人利益和小区社会稳定问题，地产公司在破产清算以来，破产清算组在破产法院的指导下，在债权人和政府有关部门的支持下，在清算组（2007年后改为破产管理人）工作人员的努力下，各项清算工作得以按照有关计划有条不紊地进行，一些重大事项取得了阶段性成果，实现了依法推进破产清算工作，切实维护了债权人、公司职工、小区业主的合法权益。祝愿该地产公司破产工作早日圆满解决。